# 企业合规改革试点疑难问题研究

欧阳本祺　主编

Research on
Difficult Problems of
Enterprise Compliance
Reform Pilot

法律出版社
LAW PRESS · CHINA
北京

**图书在版编目(CIP)数据**

企业合规改革试点疑难问题研究 / 欧阳本祺主编
. -- 北京：法律出版社，2024
ISBN 978-7-5197-8670-0

Ⅰ. ①企… Ⅱ. ①欧… Ⅲ. ①企业法－中国－文集
Ⅳ. ①D922.291.914-53

中国国家版本馆 CIP 数据核字(2024)第 004897 号

**企业合规改革试点疑难问题研究**
**QIYE HEGUI GAIGE SHIDIAN YINAN WENTI YANJIU**

欧阳本祺 主编

责任编辑 王 珊 王雅楠
装帧设计 李 瞻

**出版发行** 法律出版社
**编辑统筹** 学术·对外出版分社
**责任校对** 张翼羽
**责任印制** 陶 松
**经 销** 新华书店

**开本** 710 毫米×1000 毫米 1/16
**印张** 24.25 **字数** 369 千
**版本** 2024 年 2 月第 1 版
**印次** 2024 年 2 月第 1 次印刷
**印刷** 保定市中画美凯印刷有限公司

地址：北京市丰台区莲花池西里 7 号(100073)
网址：www.lawpress.com.cn
投稿邮箱：info@lawpress.com.cn
举报盗版邮箱：jbwq@lawpress.com.cn

销售电话：010-83938349
客服电话：010-83938350
咨询电话：010-63939796


**书号**：ISBN 978-7-5197-8670-0 **定价**：89.00 元
凡购买本社图书，如有印装错误，我社负责退换。电话：010-83938349

# 目　录

## 第一编　涉案企业合规不起诉研究



## 第二编　涉案中小企业合规制度构建研究

## 第三编　刑事诉讼全流程引导涉案企业合规经营研究

# 第一编

# 涉案企业合规不起诉研究

# 我国建立企业犯罪附条件不起诉制度的探讨

欧阳本祺*

**内容摘要**：我国现有的以双罚制为原则、以单罚制为例外的企业犯罪处罚制度，以及相对不起诉+绝对起诉的企业犯罪不起诉制度存在明显的缺陷。为了弥补这种追责体系上的缺陷，我国需要建立企业犯罪附条件不起诉制度。我国现有的企业刑事责任范围过于狭隘，企业刑事责任的根据应该从企业领导的错误决策转向企业组织体本身的缺陷。组织体责任论为建立企业犯罪附条件不起诉制度提供了前提，并指明了附条件不起诉制度的建构方向。我国企业犯罪附条件不起诉应该坚持平等原则和犯罪预防原则；应该由检察院自行决定并报省级检察机关核准，但无须法院的裁判；应该适用于所有的企业犯罪，不宜像未成年人附条件不起诉那样限缩其适用范围；应该采取综合性的适用标准；应该采取不起诉协议的形式，而不是检察建议的形式，同时通过立法规定不起诉协议的主要内容。

**关键词**：企业犯罪；企业刑事责任；附条件不起诉

---

* 欧阳本祺，东南大学法学院教授、博士生导师，东南大学企业合规检察研究基地主任，东南大学民事检察研究基地研究员。

从世界范围来看,最早的缓起诉协议(Deferred Prosecution Agreement,DPA)是20世纪60年代美国出现的一种用监禁刑以外的方法改造未成年犯和非暴力毒品犯的制度。其基本的政策观念是,避免定罪带来的耻辱和附随后果,从而使被告人得到改造并更容易融入社会。① 我国直到2012年修改《刑事诉讼法》时才设立附条件不起诉制度,而且规定附条件不起诉只能适应于部分未成年人犯罪案件。② 那么,缓起诉协议或者附条件不起诉的适用范围能否从未成年人犯罪扩展至单位犯罪呢?在这个问题上,美国的司法实践走在世界最前列。1994年美国检察官在Prudential Securities案中创造性运用了缓起诉协议,使得该案成为适用缓起诉协议处理法人犯罪的第一案。2003年美国《汤普森备忘录》(Thompson Memo)第一次以官方文件的形式正式确立了法人缓起诉制度。③ 在后安达信时代,缓起诉协议成为美国检察官解决公司刑事调查的首选办法。④ 继美国之后,2013年英国颁布《犯罪与法院法》(Crime and Courts Act 2013),正式确立了企业缓起诉制度;2016年法国通过《萨宾第二法案》(Spain Ⅱ),引入了企业缓起诉制度;2018年,新加坡、加拿大、澳大利亚等国相继确立了企业缓起诉制度。⑤

那么,我国能否引入这种企业缓起诉协议制度呢?我国学界对此持比较慎重的态度。例如,陈瑞华教授认为,对已经构成犯罪的企业不

---

① See Matt Senko, *Prosecutorial Overreaching in Deferred Prosecution Agreements*, 19 S. Cal. Interdis. L. J. 163 (2009).

② 我国的附条件不起诉是对国外的缓起诉协议的移植和改进,两者的基本理念相同,只是表述各异。国外"缓起诉"的核心词是"起诉",给人的感觉是最终还得起诉,只是暂时缓一缓而已;而"附条件不起诉"的核心词是"不起诉",只要满足一定条件最终就不起诉。所以我国修改《刑事诉讼法》时采用了"附条件不起诉"的表述。参见陈光中:《关于附条件不起诉问题的思考》,载《人民检察》2007年第24期。另外需要注意的是,我国的存疑不起诉、绝对不起诉、相对不起诉、认罪认罚特殊不起诉大致相对于美国的不起诉协议(Non-Prosecution Agreement,NPA)。

③ 参见叶良芳:《美国法人审前转处协议制度的发展》,载《中国刑事法杂志》2014年第3期。

④ See Court E. Golumbic & Albert D. Lichy, *The "Too Big to Jail" Effect and the Impact on the Justice Department's Corporate Charging Policy*, 65 Hastings L. J. 1293(2014).

⑤ 参见陈瑞华:《企业合规视野下的暂缓起诉协议制度》,载《比较法研究》2020年第1期。

起诉，可能违背我国罪刑法定原则或者罪责刑相适应原则。而且，检察院介入企业合规机制的重建，可能与我国检察机关的法律地位不符。① 叶良芳教授认为，缓起诉协议制度不符合我国刑事司法理念，不能引入缓起诉协议制度。而且，我国需要刑罚惩治的企业犯罪数量较少，不必引入缓起诉协议制度。② 即使是在美国，也有部分学者质疑缓起诉协议制度的合理性。有的学者认为，过度适应缓起诉协议会污染整个司法水域。因为缓起诉协议未能以有效的方式阻止公司犯罪活动；缓起诉协议破坏了对刑事司法系统的信任；缓起诉协议破坏了政府各部门之间的权力分离。③ 有的学者认为，检察官涉足公司合规治理，是在“走钢丝”，实际上是“以超出其能力或权力的方式进行治理试验”，会拖垮公司业务和股价。④ 但是，国外主流观点认为，在后安达信时代，缓起诉协议对公司和国家都具有实质性利益。对公司来说，可以避免刑事指控的污名化和可能的破产命运；对国家来说，缓起诉协议将可能的附随损害降到最小，同时可以实现检察官提出的大部分补救措施。⑤

本文赞同借鉴国外的缓起诉协议制度，建构我国企业犯罪的附条件不起诉制度。这不仅是因为建构企业犯罪附条件不起诉制度具有理论上的合理性，更是因为建构该制度具有实践上的重要意义。从理论上来看，首先，附条件不起诉制度是在肯定企业构成犯罪时的不起诉，并不是消灭其罪责刑，所以不违反罪刑法定原则和罪责刑相适应原则。其次，我国新时代社会主要矛盾发生了变化，刑法应该“积极融入社会治理的现代化、法治化进程”，⑥检察院参与社会治理，责无旁贷，并不与

---

① 参见陈瑞华：《企业合规视野下的暂缓起诉协议制度》，载《比较法研究》2020 年第 1 期。

② 参见叶良芳：《美国法人审前转处协议制度的演进及其启示》，载陈兴良主编：《刑事法评论》第 31 卷，北京大学出版社 2012 年版。

③ See David Lawlor, *Corporate Deferred Prosecution Agreements: An Unjust Parallel Criminal Justice System*, 46 W. St. L. Rev. 27 (2019).

④ See Court E. Golumbic & Albert D. Lichy, *The "Too Big to Jail" Effect and the Impact on the Justice Department's Corporate Charging Policy*, 65 Hastings L. J. 1293, 1313 (2014).

⑤ See Court E. Golumbic & Albert D. Lichy, *The "Too Big to Jail" Effect and the Impact on the Justice Department's Corporate Charging Policy*, 65 Hastings L. J. 1293, 1314 (2014).

⑥ 参见孙国祥：《新时代刑法发展的基本立场》，载《法学家》2019 年第 6 期。

检察机关的地位相冲突。[①] 最后,我国的司法理念也在不断发展,尤其是2018年《刑事诉讼法》设立认罪认罚从宽制度以后,协商性司法已经逐渐成为我国刑事司法的重要理念,[②]引入企业犯罪缓起诉制度完全符合协商性司法理念的发展趋势。当然,任何理论争议都要以本国的司法实践作为最终检验标准。我国企业犯罪的严重态势和蹩足的司法现状,迫切呼吁建立企业犯罪附条件不起诉制度。

## 一、弥补企业犯罪追责体系的缺陷需要建立企业犯罪附条件不起诉制度

如果企业犯罪数量不多,那引入和建立企业犯罪附条件不起诉制的必要性就不大;即使企业犯罪数量很多,但如果现有的企业犯罪追责体系结构合理,能够起到惩治与预防企业犯罪的效果,那么引入和建立附条件不起诉制度的必要性也不大。可惜,这两个假设条件在我国都不存在。恰恰相反,我国企业犯罪的数量增长迅速,而现有的企业犯罪追责体系缺陷明显。因此,我国需要建立企业犯罪附条件不起诉制度以弥补现有追责体系的缺陷,最终达到预防企业犯罪的目的。

研究显示,近年来我国企业犯罪的案件总数呈现快速增长趋势,2014年全国企业犯罪案件总数为657件,2015年为793件,2016年激增为1458件,2017年为2319件。[③] 一些以省市企业家犯罪为对象的研究,也印证了企业犯罪数量快速增长的结论。[④] 企业犯罪数量快速增

---

① 例如,最高人民检察院2019年《人民检察院检察建议工作规定》(高检发释字〔2019〕1号)第2条指出,检察建议就是我国检察机关积极参与治理的一种重要方式。面对社会的发展,尤其是在自侦部门转隶以后,检察机关应该积极探索参与社会治理的新方式。

② 参见朱孝清:《认罪认罚从宽制度对刑事诉讼制度的影响》,载《检察日报》2020年4月20日,第3版;董坤:《认罪认罚从宽中的特殊不起诉》,载《法学研究》2019年第6期。

③ 参见北京师范大学中国企业家犯罪预防研究中心发布的历年《中国企业家刑事风险分析报告》。该报告使用的是"企业家犯罪"这一犯罪学上的概念,并指出所谓的"企业家犯罪"是指企业家在经营活动中的各种犯罪,不包括企业家实施的与经营活动无关的个人犯罪。因此,从刑法学上来说,这里的"企业家犯罪"实际上就是"企业(单位)的犯罪"。

④ 参见刘艳红、杨楠:《企业管理人员刑事法律风险及防控路径——以JS省企业管理人员犯罪大数据统计为样本》,载《武汉大学学报(哲学社会科学版)》2019年第6期;么宁:《企业犯罪风险防控策略研究——以C市为样本》,载赵秉志主编:《刑法论丛》2017年第4卷,法律出版社2018年版;李翔:《单位犯罪司法实证问题研究报告——以上海地区2010~2012年为样本的分析》,载赵秉志主编:《刑法论丛》2015年第2卷,法律出版社2015年版。

长、居高不下的原因虽然是多方面的,但与我国现有的企业犯罪追责体系结构不合理也有很大的关系。换言之,我国现有的以双罚制为原则、以单罚制为例外的企业犯罪处罚制度,以及相对不起诉+绝对起诉的企业犯罪不起诉制度无法起到预防企业犯罪的效果。

(一)双罚制可能人为制造企业犯罪

双罚制是指在对企业判处罚金的同时,对企业中的自然人(包括直接负责的主管人员和其他直接责任人员)判处刑罚。原本对企业犯罪中的自然人应该判处与自然人犯罪相同的刑罚,但我国的立法和司法对企业犯罪中自然人的处罚却往往轻于自然人犯罪。在立法上,很多刑法条文对企业犯罪规定了轻于自然人犯罪的独立的法定刑。例如,《刑法》第175条规定,自然人犯高利转贷罪的,处3年以下有期徒刑或者拘役,并处罚金;数额巨大的,处3年以上7年以下有期徒刑,并处罚金。企业犯本罪的,企业中自然人的法定刑是3年以下有期徒刑或者拘役,不仅自由刑降低,而且没有附加刑。又如,自然人行贿罪的法定最高刑为无期徒刑,并处罚金或者没收财产;而单位行贿罪的法定最高刑为5年有期徒刑,并处罚金。在司法上,有的司法解释规定单位犯罪的立案标准远高于自然人犯罪,例如,自然人走私普通货物、物品,偷逃应缴税额在10万元以上不满50万元的,构成本罪;而单位走私普通货物、物品,偷逃应缴税额在20万元以上不满100万元的,才构成本罪。①

由于单位犯罪的法定刑低,而立案标准高,因此争取认定为单位犯罪成了自然人减轻或者开脱罪责的辩护策略。实践中,很容易发生将自然人犯罪认定为单位犯罪的错误,而且错误还很难纠正。因为作为被告的自然人通过这种策略获得了量刑上的优惠,而办案机关通过对单位的罚金,也获得了财政上的收入。因此,一旦将自然人犯罪错误地认定为企业犯罪,涉案的自然人和办案机关都有可能不会提出反对意见。但是,这种做法客观上损害了单位的利益,单位不仅要承担罚金的

---

① 参见最高人民法院、最高人民检察院2014年《关于办理走私刑事案件适用法律若干问题的解释》第16条、第24条。

财产损失，还要面临声誉损害，甚至倒闭的风险。[①] 因此，双罚制可能人为制造出数量众多的企业犯罪，不利于企业犯罪的预防。

### （二）单罚制可能放纵企业犯罪

我国的单罚制，是指虽然成立企业犯罪，但却不处罚企业而只处罚企业中的自然人。我国的单罚制与国外的单罚制完全相反，国外的单罚制只处罚企业而不处罚企业中的自然人。[②] 我国单罚制的合理性值得反思。既然企业是犯罪主体，就应该追究企业的刑事责任，否则就会出现犯罪不受追究的不合理现象。这不仅无助于预防企业犯罪，而且会变相鼓励企业犯罪。如果企业本身不承担刑事责任，那么企业就只需任命一名“负责坐牢的副总裁”，由这位副总裁充当企业犯罪的“替罪羊”，承担原本应归咎于企业的刑事责任。[③] 另外，司法实践中还存在将法定的双罚制企业犯罪作单罚制处理的情况。一些企业犯罪，原本刑法规定既处罚单位又处罚自然人，但是司法实践却只列自然人作被告，而未列单位为被告。一份调查报告显示，有高达34.7%的单位犯罪案件没有将单位列为被告，另一份调查报告显示，单位未列为被告的比例为14.7%。[④] 由于企业未被列为犯罪主体，也就没办法追究企业的刑事责任，虽然这些犯罪的罪名都是单位犯罪。更有甚者，对于私分国有资产的企业犯罪，有的司法实践竟然把企业列为被害人，而非被告人。[⑤]

### （三）现有企业犯罪不起诉的法律适用不尽合理

笔者以“不起诉决定书”“公司”为标题关键词，在12309中国检察网进行检索，共得出不起诉决定书2489份。涉及的不起诉类型包括相对不起诉、绝对不起诉和存疑不起诉，涉及的罪名主要包括虚开增值税专用发票罪，走私普通货物、物品罪，污染环境罪，单位行贿罪，串通投

---

① 参见娄秋琴：《从单位犯罪认定的视角谈公司企业权益的保护》，载《人民法院报》2018年9月12日，第6版。

② 参见黎宏：《完善我国单位犯罪处罚制度的思考》，载《法商研究》2011年第1期。

③ See Christopher A. Wray & Robert K. Hur, *Corporate Criminal Prosecution in A Post-Enron World: The Thompson Memo in Theory and Practice*, 43 Am. Crim. L. Rev. 1095 (2006).

④ 参见林荫茂：《单位犯罪理念与实践的冲突》，载《政治与法律》2006年第2期。

⑤ 参见李翔：《单位犯罪司法实证问题研究报告——以上海地区2010～2012年为样本的分析》，载赵秉志主编：《刑法论丛》2015年第2卷，法律出版社2015年版。

标罪,非法采矿罪,滥伐林木罪等。但是其中有些不起诉决定书的合理性值得商榷,法律适用的标准不够统一。

关于相对不起诉,根据我国《刑事诉讼法》第177条第2款规定,只有对犯罪情节轻微,依照刑法规定不需要判处刑罚或者免除刑罚的企业犯罪,人民检察院才能够作相对不诉。而《刑法》第37条中的"犯罪情节轻微",是指"已经构成犯罪,但犯罪的性质、情节及危害后果都很轻"①。因此,对于刑法中明确规定了"情节严重""后果严重"的企业犯罪,就不能适用相对不起诉。但是实践往往根据功利主义的需要,对"犯罪情节轻微"的限定要求进行虚化。例如,温州某有限公司在2015年至2018年,虚开增值税专用发票53份,税额82万余元,并且公司已经向税务机关申报抵扣税款。但是,检察院却对其作相对不诉。② 该案的不起诉决定就值得商榷。根据《刑法》第205条和最高人民法院2018年《关于虚开增值税专用发票定罪量刑标准有关问题的通知》,虚开增值税专用发票罪的法定刑分为三档:虚开的税额在5万元以上的,适用第一档法定刑;虚开的税额较大(50万元以上)或者有其他严重情节的,适用第二档法定刑;虚开的税额巨大(250万元)或者有其他特别严重情节的,适用第三档法定刑。因此,只要虚开增值税专用发票税额在50万元以上,就和"严重情节"一样评价,适用本罪的第二档法定刑,不应该再评价为"犯罪情节轻微"。本案中温州某有限公司虚开增值税专用发票税额合计高达82万余元,不应该不起诉。实践中,同类案件多被起诉。例如,江苏某照明科技有限公司在2016年12月至2019年4月,虚开增值税专用发票54份,税额合计人民币67万余元,被检察院依法提起公诉。③

在某石料公司非法采矿案中,该公司违反矿产资源法的规定,未经批准,擅自越界开采白云岩原矿64006吨,认定价格为人民币70余万

① 全国人大常委会法工委刑法室编著:《〈中华人民共和国刑法〉释义及实用指南》,中国民主法制出版社2011年版,第116页。

② 参见浙江省温州市瓯海区人民检察院不起诉决定书,瓯检公诉刑不诉〔2020〕155号。

③ 参见江苏省宿迁市沭阳县人民检察院起诉书,沭检诉刑诉〔2019〕1371号。

元。检察院对其作相对不诉。[①] 该案非法开采矿产品价值70余万元，远远超过10万元至30万元的立案标准，是否符合相对不起诉“犯罪情节轻微”的条件，可能还值得商榷。

关于绝对不起诉，根据我国《刑事诉讼法》第177条第1款的规定，只有当企业没有犯罪事实，或者具有《刑事诉讼法》第16条规定的情形之一时，人民检察院才能作绝对不诉。实践中，有的案件是否符合绝对不起诉的条件，还值得商榷。例如，在江苏某供应链管理有限公司虚开增值税专用发票案中，公司副总经理黄某某和财务总监韦某某为降低公司利润，找人虚开普通发票13张，价税合计1263万余元。根据司法解释，虚开普通发票金额累计40万元以上的，就构成犯罪。但是检察院对其适用了绝对不起诉。理由是本案虚开发票的行为不是公司决策机构按照决策程序决定的，“不能体现单位意志，不构成单位犯罪”[②]。如后文所述，我国司法实践对单位犯罪的理解可能值得商榷。单位犯罪不能仅限于单位决策机构按照决策程序决定的犯罪，那种单位组成人员在业务活动中实施的得到单位鼓励、教唆、纵容、默许的犯罪，也属于典型的单位犯罪。[③]

从社会效果来看，上述对企业犯罪相对不起诉或者绝对不起诉的做法，也许具有一定的合理性，避免了起诉企业所可能带来的附随效果。[④] 但是，上述不起诉的法律效果却值得商榷，不起诉的法律依据并不充分，而且不利于企业犯罪的预防。检察院在作出不起诉决定的时候并没有要求企业建立预防犯罪的合规计划，企业往往也不会改变滋生犯罪的管理制度和企业文化。

综上所述，我国现行企业犯罪的追究方式，无论是起诉以后的双罚

---

① 参见湖北省宜昌市点军区人民检察院不起诉决定书，鄂宜市点检刑不诉〔2019〕15号。

② 江苏省南京市雨花台区人民检察院不起诉决定书，宁雨检诉刑不诉〔2019〕2号。

③ 参见黎宏：《组织体刑事责任论及其应用》，载《法学研究》2020年第2期。

④ 2002年美国司法部起诉号称全球五大会计师事务所之一的安达信公司（Arthur Andersen），导致这家具有89年历史的公司倒闭，数万人失业，并对全球会计行业产生巨大影响，把“五大”变成了“四大”。See Christopher A. Wray & Robert K. Hur, *Corporate Criminal Prosecution in A Post-Enron World: The Thompson Memo in Theory and Practice*, 43 Am. Crim. L. Rev. 1095(2006).

制、单罚制处罚，还是不起诉，都存在很大的问题。由于我国双罚制中企业犯罪的刑罚较轻，立案标准较高，因而很可能将自然人犯罪错误地认定为企业犯罪，从而放纵或开脱了自然人的刑事责任，却加重了企业的刑事责任。相反，按照单罚制，企业构成犯罪却只处罚自然人，这样企业只需安排一名“负责坐牢的副总裁”承担刑事责任即可。这既不利于处罚业已发生的企业犯罪，也不利于预防未然的企业犯罪。另外，现行的对企业犯罪不起诉的做法，很容易歪曲适用法律规范，以避免起诉企业所可能引发的附随后果。因此，我国需要克服单罚制与双罚制的弊端，用新的附条件不起诉补充现有的相对不起诉和绝对不起诉，而这一切的前提是厘清并完善我国企业犯罪刑事责任制度。

## 二、扩张企业刑事责任的范围是建立企业犯罪附条件不起诉制度的前提

“世界各国都在改革其公司刑事责任制度，以引入缓起诉协议。当制度建构合理时，缓起诉协议有助于阻止犯罪，否则反而会增加公司违法行为的风险。”而建构合理制度的核心，就是要扩张公司刑事责任的范围，“广泛潜在的刑事责任使缓起诉协议更有效，刑事责任的威胁促使公司采取必要的行动以达成缓起诉协议”①。按照该标准，我国的企业刑事责任制度很不利于缓起诉协议制度的引入，因为我国公司刑事责任的范围过于狭隘。因此，引入或者建构我国缓起诉制度的前提，便是扩张我国企业刑事责任的范围。

### （一）企业决策责任论的范围过于狭隘

企业犯罪刑事责任范围的大小，取决于如何理解企业与企业员工之间的关系。② 对此，我国刑法理论与实践的通说采取的是企业决策责任论，认为只有企业员工按照企业决策实施的犯罪才能够由企业承担刑事责任。换言之，企业承担刑事责任的根据在于其作出了错误的决策。例如，张明楷教授认为，“单位犯罪是由单位的决策机构按照单位

---

① Jennifer Arlen, The Potential Promise and Perils of Introducing Deferred, July 2019. NYU School of Law, Public Law Research Paper No. 19 – 30.

② 参见石磊：《单位犯罪适用》，中国人民公安大学出版社 2012 年版，第 5 页。

的决策程序决定，由直接责任人员实施的”[①]。陈兴良教授认为，“单位犯罪是指公司、企业、事业单位、机关、团体为单位谋取非法利益或者以单位名义，经单位集体研究决定或者由负责人员决定，故意或者过失实施的犯罪”[②]。这一立场也为我国相关司法解释所接受：单位员工“以单位名义实施犯罪，违法所得归单位所有的，是单位犯罪”[③]。所谓“以单位名义实施”，是指“由单位集体研究决定，或者由单位的负责人或者被授权的其他人员决定、同意”[④]；“单位的员工主要按照单位的决策实施具体犯罪活动”[⑤]。司法实践也把是否经单位决策机构决定作为是否构成单位犯罪的标准。例如，在马某某等贷款诈骗案中，裁判理由指出，“单位犯罪是在单位意志支配下实施的，行为人的行为是单位意志的体现。……单位意志一般由单位决策机构或者有权决策人员通过一定的决策程序来加以体现”[⑥]。相反，如果企业员工的行为未经单位决策机构认可，则不构成单位犯罪。例如，检察院对江苏某供应链管理有限公司不起诉决定书认为，“本案虚开发票行为不是由被不起诉单位江苏某供应链管理有限公司决策机构按照决策程序决定，不能体现单位意志，不构成单位犯罪”[⑦]。

但是，企业决策责任论导致企业能够承担的刑事责任范围过于狭隘，甚至有学者认为“其本质上与单位犯罪否定论也相差无几”[⑧]。现代公司治理结构非常复杂，尤其是在一些大公司，普通公司员工在业务活动中的犯罪行为，很难说都是由公司高层领导直接决策或决定的，而

---

① 张明楷：《刑法学》(第5版)，法律出版社2016年版，第135页。

② 陈兴良：《单位犯罪：以规范为视角的分析》，载《河南省政法管理干部学院学报》2003年第1期。

③ 最高人民法院2001年1月21日公布实施的《全国法院审理金融犯罪案件工作座谈会纪要》。

④ 最高人民法院、最高人民检察院、海关总署2002年7月8日公布实施的《关于办理走私刑事案件适用法律若干问题的意见》第18条。

⑤ 最高人民检察院2017年6月2日公布实施的《关于办理涉互联网金融犯罪案件有关问题座谈会纪要》。

⑥ 《马汝方等贷款诈骗、违法发放贷款、挪用资金案——单位与自然人共同实施贷款诈骗行为的罪名适用》，载人民法院出版社编：《最高人民法院司法观点集成·刑事卷》，人民法院出版社2017年版。

⑦ 江苏省南京市雨花台区人民检察院不起诉决定书，宁雨检诉刑不诉〔2019〕2号。

⑧ 黎宏：《组织体刑事责任论及其应用》，载《法学研究》2020年第2期。

可能与公司的管理制度、企业文化、合规缺陷等有关。按照企业决策责任论，企业就无须对员工的这些犯罪行为负责。但这显然不合理，也不利于缓起诉协议制度的建立，“因为在公司不会被定罪的情况下，获得检察官的青睐没有任何意义”①。

那么，应该如何扩张企业犯罪的刑事责任呢？从比较法来看，在企业犯罪理论最为发达的美国，联邦法院和大多数州法院采取的是雇主责任。② 按照雇主责任原则，公司员工在业务活动中的所有犯罪都转嫁给作为雇主的公司来承担刑事责任。但是，雇主责任过于严苛，近似于严格责任，导致公司刑事责任过于宽泛。③ 我国不能采用这种带有严格责任性质的雇主责任。因为与美国刑法不同，我国刑法不承认严格责任，《刑法》总则第 14 条至第 16 条明确规定了过错责任原则，④任何人，不管是自然人还是企业单位，都只能对自己的过错行为承担刑事责任。因此，我国需要在雇主责任理论之外，探索扩张企业刑事责任的方法。

(二)从企业决策责任论到企业组织体责任论

如前文所述，企业决策责任的范围太窄，雇主责任的范围又太宽，因此需要探索企业犯罪新的归责方法。实际上，我国的企业决策责任论大体相当于美国刑法中的同一视责任原则，本质上也属于转嫁责任。⑤ 但转嫁责任违反了自己责任原则。刑事责任不同于民事责任，民事责任可以转嫁或者代位清偿，刑事责任只能罪责自负。因此，企业刑事责任的根据只能从企业自身寻找；企业员工的犯罪只能由员工自己承担刑事责任，即使其是为了企业利益。这就是企业责任与企业员工

---

① Jennifer Arlen, The Potential Promise and Perils of Introducing Deferred, July 2019. NYU School of Law, Public Law Research Paper No. 19 – 30.

② 参见王良顺：《美国法人犯罪的归责》，载《环球法律评论》2009 年第 6 期。

③ 参见周振杰：《企业刑事责任二元模式研究》，载《环球法律评论》2015 年第 6 期。

④ 有学者认为，我国刑法总则的责任主义只适用于自然人犯罪，而不适应于单位犯罪(参见时延安：《合规计划实施与单位的刑事归责》，载《法学杂志》2019 年第 9 期)。本文不赞同这种看法。

⑤ 美国公司犯罪理论中的转嫁责任包括雇主责任原则和同一视责任原则。根据前者，公司所有员工，即使是最底层员工的犯罪行为都由公司承担刑事责任；根据后者，只有公司中的高层人员，即能够被视为与公司具有同一性的员工的犯罪行为才能由公司承担刑事责任，其他员工的犯罪行为，公司不承担责任。

责任各自独立的二元模式。"20世纪90年代以来,越来越多的国家开始接受具有企业责任独立化特征的二元模式。"①在这一发展趋势下,学界提出了很多企业犯罪的刑事责任理论。② 这些理论"共同特点是都放弃了传统法人犯罪归责原则以自然人为中介的归责路径,以独立于自然人之外的法人本质特征说明法人犯罪的归责根据,既改变了法人犯罪的归责方向,又避免了传统法人犯罪归责原则所存在的种种问题"③。按照这种理论,企业承担刑事责任的根据不再是企业员工的犯罪行为,而是"单位的结构、制度、宗旨、单位高级管理人员的决定乃至单位的政策等客观要素";企业与企业员工之间可以构成共同犯罪。④ 换言之,"根据企业文化、经营管理以及经营活动中的缺陷来认定企业刑事责任"⑤。黎宏教授把这种企业犯罪刑事责任理论称为"组织体刑事责任论"⑥。

本文赞同我国企业犯罪应该从决策责任转变为组织体责任,企业承担刑事责任的根据不是企业领导的错误决策,而是企业组织体本身的缺陷。组织体责任论可以合理划定企业犯罪刑事责任的范围,克服决策责任论与雇主责任论的偏激。更为重要的是,组织体责任论能够促使企业采用有效的合规计划,健全企业管理结构,提升企业文化,最终达到预防企业犯罪的目的。组织体作为一种独立的刑事责任主体,是以企业合规计划为基础的,甚至可以说,组织体责任本质上就是一种合规责任。"有效的合规计划及其实施的程度被认为是衡量一个企业是否应受惩罚的合理标准。"⑦追究企业刑事责任的根据在于企业没有实施有效的合规计划;减免企业刑事责任的根据在于企业实施了有效

---

① 周振杰:《企业刑事责任二元模式研究》,载《环球法律评论》2015年第6期。

② 参见王良顺:《美国法人犯罪的归责》,载《环球法律评论》2009年第6期;周振杰:《企业适法计划与企业犯罪预防》,载《法治研究》2012年第4期。

③ 王良顺:《美国法人犯罪的归责》,载《环球法律评论》2009年第6期。

④ 参见黎宏:《组织体刑事责任论及其应用》,载《法学研究》2020年第2期。

⑤ 周振杰:《企业刑事责任二元模式研究》,载《环球法律评论》2015年第6期。

⑥ 黎宏:《单位刑事责任论》,清华大学出版社2001年版,第324页;黎宏:《合规计划与企业刑事责任》,载《法学杂志》2019年第9期;黎宏:《组织体刑事责任论及其应用》,载《法学研究》2020年第2期。

⑦ [美]菲利普·韦勒:《有效的合规计划与企业刑事诉讼》,万方译,载《财经法学》2018年第3期。

的合规计划。[①]

## 三、企业犯罪附条件不起诉制度的基本要素

组织体责任论的采纳为我国建立企业犯罪附条件不起诉制度提供了可能,并指明了附条件不起诉制度的建构方向。根据组织体责任论,是否对企业犯罪适用附条件不起诉,需要考虑的不是企业员工的犯罪行为或者员工在企业中的地位,而是企业的组织体机构,尤其是企业是否设立了有效的合规计划。对企业适用附条件不起诉的主要目的,是改善企业组织体结构,推行有效的合规计划,预防企业犯罪。具体来说,未来我国建构企业犯罪附条件不起诉制度,应该包括以下基本要素。

### (一)附条件不起诉制度的适用原则

陈瑞华教授提出,缓起诉协议制度的适用应当符合"利益兼得原则":从国家方面来看,避免刑法的水波效应,是缓起诉协议的政治收益;从检察机关来看,可以提高办案的执法效率和执法力度;从企业来看,可以避免更大的损失。[②] 利益兼得原则具有很大的合理性。确实,在考虑是否对企业适用缓起诉时需要考虑上述各方的利益。但是,基于我国的特殊情况,本文认为在利益兼得原则之外,还应考虑以下两个原则。

1. 平等适用原则

平等适用原则包括两层含义,一是大企业和小企业的平等适用,二是国有企业和民营企业的平等适用。美国缓起诉协议的适用具有明显的不平等性:受到缓起诉优待的主要是知名的跨国性企业。2001 年至 2012 年,签署缓起诉协议的所有企业中,61% 的是上市公司或者其分支机构,大约 1/3 的企业是美国 500 强或者世界 500 强企业。这就会导致

---

① 参见孙国祥:《刑事合规的理念、机能和中国的构建》,载《中国刑诉法杂志》2019 年第 2 期。

② 参见陈瑞华:《企业合规视野下的暂缓起诉协议制度》,载《比较法研究》2020 年第 1 期。

"Too Big To Jail"式的不平等性。[①] 平等适用原则在我国尤为重要,因为我国的民营企业和国有企业在很多方面处于事实上的不平等状态。2018 年习近平总书记《在民营企业座谈会上的讲话》指出,"国家保护各种所有制经济产权和合法利益,坚持权利平等、机会平等、规则平等"[②]。附条件不起诉的平等适用就体现了习近平总书记所说的"规则平等"。甚至可以说,现阶段我国探索建立企业犯罪附条件不起诉制度,侧重点应该放在民营企业上。因为民营企业已经成为推动我国经济发展的重要力量。截至 2017 年年底,我国民营企业数量超过 2700 万家,个体工商户超过 6500 万户,注册资本超过 165 万亿元。概括起来说,民营经济具有"五六七八九"的特征,即贡献了 50% 以上的税收,60% 以上的国内生产总值,70% 以上的技术创新成果,80% 以上的城镇劳动就业,90% 以上的企业数量。

2. 犯罪预防原则

在决定是否对企业适用缓起诉时,需要结合企业以往有无违法犯罪的历史以及企业合规计划的制定和执行情况,重点考虑附条件不起诉能否达到预防犯罪的效果。一定不能把附条件不起诉制度当作对犯罪企业的奖励,否则无异于鼓励犯罪。"如果各国采用 DPA 制度只是为了降低公司的预期制裁,而不是通过诱导公司自我报告和充分合作来强化执行,那么改革的努力可能会产生事与愿违的结果。"[③]

### (二)附条件不起诉制度的司法审查

从世界范围来看,附条件不起诉制度主要有两种模式,一是美国模式,二是英国模式。[④] 两者在很多方面都存在差异:(1)前者,检察官具有很大的自由裁量权,法官基本不干涉协议的签署;后者,启动谈判、签订 DPA 和修改条款都需要司法批准。(2)前者,联邦、州、县检察官和

---

① 参见李本灿:《认罪认罚从宽处理机制的完善:企业犯罪视角的展开》,载《法学评论》2018 年第 3 期。

② 习近平:《在民营企业座谈会上的讲话》,载人民政协网,https://www.rmzxb.com.cn/c/2018-11-01/2207031.shtml。

③ See Jennifer Arlen, The Potential Promise and Perils of Introducing Deferred, July 2019. NYU School of Law, Public Law Research Paper No. 19-30.

④ 参见陈瑞华:《企业合规视野下的暂缓起诉协议制度》,载《比较法研究》2020 年第 1 期。

其他被授权执行联邦和州法律的人都有权签订DPA;后者,只有指定的检察官,包括严重欺诈办公室和公诉主任,才有权签订DPA。(3)前者,DPA适用的犯罪范围很广,当局有相对广泛的自由裁量权;后者,DPA仅适用于特定犯罪。(4)前者,单位刑事责任的范围很广,包括同一视责任与雇主责任;后者,单位的刑事责任狭隘,只有受公司指令性思维和意志影响的犯罪行为才能归责于公司。①

可见,在附条件不起诉制度的司法审查方面,美国和英国差异极大。美国法院一般认为,企业缓起诉协议本质上属于检察官起诉裁量权的范畴,根据权力分配原则,对于起诉裁量权问题,原则上排斥司法审查。② 需要注意的是,美国法院对于检察官签订的辩诉交易协议与缓起诉协议持有不同的态度。在辩诉交易场合,法院承担实质性的看门人角色。法院必须审查认罪是否"自愿、以事实为根据、公平、滥用自由裁量权,或侵犯法官的量刑权"。如果辩诉交易不符合《联邦刑事诉讼规则》第11条的要求,法院就不能接受;如果法院认为交易过于宽大,或不符合公共利益,也不会接受辩诉交易。而在缓起诉场合,法院对检察官的起诉裁量权保持沉默,往往会在检察官提交审批的同一天就盖上DPA的橡皮图章。事实上,没有一家法院驳回(更不用说修改)DPA。③ 而英国的检察官在将缓起诉协议提交法院后,法院还需要经过两道程序进行审查。④

我国建立企业犯罪附条件不起诉制度时,既不能完全采用英国模式,也不能照搬美国模式。我国现行刑事诉讼法规定的5种不起诉,不管是证据不足不起诉、法定不起诉、相对不起诉、认罪认罚特殊不起诉,还是未成年人附条件不起诉,都是由人民检察院独立决定的,无须人民法院的裁判。因此,我国企业犯罪附条件不起诉制度不能采用英国模

---

① See Deferred Prosecution Agreements, Key Differences Between the US and UK, https://www.marsh > research (accessed Feb. 2, 2020).

② 参见叶良芳:《美国法人审前转处协议制度的发展》,载《中国刑事法杂志》2014年第3期。

③ See Court E. Golumbic & Albert D. Lichy, *The "Too Big to Jail" Effect and the Impact on the Justice Department's Corporate Charging Policy*, 65 Hastings L. J. 1293(2014).

④ 参见陈瑞华:《企业合规视野下的暂缓起诉协议制度》,载《比较法研究》2020年第1期。

式，企业犯罪附条件不起诉制度应该与其他不起诉制度保持一致，由人民检察院独立决定。同时，对于企业犯罪附条件不起诉，我国也不能像美国那样完全任由检察官自行决定。未来的立法设计，可以参考《刑事诉讼法》第 182 条，规定企业犯罪附条件不起诉须经省级人民检察院核准。

### （三）附条件不起诉制度的适用范围

英美刑法中的“人”被解释为包括自然人和法人，从而法人原则上可以构成自然人可犯之所有罪名，因此英美刑法中法人犯罪的范围非常广泛。[①] 但是，是否所有法人犯罪都可以适用缓起诉协议呢？美国和英国的做法不同。在美国，DPA 的适用范围很广，检察官有广泛的自由裁量权，原则上除了涉及国家安全、外交事务和政府官员违反公共信任的案件外，都可以适用 DPA。而且，美国 DPA 既可以适用于企业犯罪，也可以适用于自然人犯罪。[②] 相比而言，英国 DPA 的适用范围就狭隘得多。首先，英国 DPA 只能适用于企业犯罪，而不能适用于个人犯罪。其次，英国 DPA 也不能适用于所有企业犯罪，而只能适用于特定的企业犯罪。具体包括：（1）普通法中的共谋诈骗罪和骗取公共收入罪；（2）1968 年《盗窃法》规定的任何犯罪（如盗窃、虚假会计、单据的禁止等）；（3）1979 年《海关与货物管理法》规定的任何犯罪；（4）1981 年《伪造与仿冒法》规定的任何犯罪；（5）1985 年《公司法》第 450 条规定的犯罪（如销毁、毁损公司文件等）；（6）1994 年《增值税法》第 72 条规定的犯罪（欺诈性逃税）；（7）2000 年《金融服务和市场法》规定的任何犯罪；（8）2002 年《犯罪所得法》规定的任何犯罪；（9）2006 年《公司法》规定的任何罪名；（10）2006 年《欺诈法》规定的任何罪名；（11）2010 年《贿赂法》规定的任何罪名；（12）2007 年《洗钱条例》第 45 条所规定的犯罪。[③]

就我国企业犯罪附条件不起诉制度的建构而言，一种可能的思路

---

① 参见李本灿：《企业犯罪预防中合规计划制度的借鉴》，载《中国法学》2015 年第 5 期。

② See Deferred Prosecution Agreements: Key Differences Between the US and UK, https://www.marsh > research (accessed Feb. 2, 2020).

③ See Crime and Courts Act 2013, Schedule 17, Part 2, § 15 – 27.

是借鉴《刑事诉讼法》第282条未成年人附条件不起诉的立法模式，把企业犯罪附条件不起诉的适用范围限定为，《刑法》分则第三章、第六章、第八章中可能被判处3年以下有期徒刑的单位犯罪。但是，本文不赞同这种立法模式。因为我国单位犯罪的范围相对于英美两国来说要狭隘得多，我国的单位犯罪限于"法律规定为单位犯罪的"情形，总数也就160多个，只占所有罪名的1/3。① 而且，事实上单位犯罪的场合，对单位只能判处罚金，对直接负责的主管人员和其他直接责任人员判处的自由刑也较轻。本文赞同将企业犯罪附条件不起诉适用于我国刑法分则中的所有单位犯罪。

（四）附条件不起诉制度的适用标准

关于企业犯罪附条件不起诉的适用标准，各国采用的都是综合标准，而不可能是单一标准。美国1999年的《霍尔德备忘录》（Holder Memo）第一次提出检察官在决定是否起诉公司时需要考虑8个因素：（1）犯罪的性质和严重程度；（2）犯罪在法人内部的普遍程度；（3）公司类似行为的历史；（4）自首和合作；（5）公司合规计划及其程度；（6）公司补救措施；（7）起诉的附随后果；（8）非刑事救济措施的充分程度。② 虽然上述标准还不是针对缓起诉协议制定的，但后来的法律法规都将其作为缓起诉协议的适用标准，只不过在某些标准上有所细化或强调。例如，《汤普森备忘录》（Thompson Memo）强调第一个标准的重要性：在某些情况下"犯罪的性质和严重性……将导致起诉，而不管其他因素"③。这表明如果企业犯罪的性质很严重，那么无论其合作与合规改革如何有效，企业都将无法摆脱被起诉的命运。又如，《美国检察官手册》强调第七个标准（起诉的附随后果）的重要性：检察官在决定是否对企业进行刑事起诉时，可以考虑由此可能引起的附随后果；如果针对企业的刑事起诉将会对第三人产生重大影响，可以适用不起诉协议或者缓起诉协议。④

---

① 参见黎宏：《组织体刑事责任论及其应用》，载《法学研究》2020年第2期。

② See Federal Prosecution of Corporations, at Part Ⅱ(A).

③ Christopher A. Wray & Robert K. Hur, *Corporate Criminal Prosecution in A Post-Enron World: The Thompson Memo in Theory and Practice*, 43 Am. Crim. L. Rev. 1107 (2006).

④ See U. S. Attorneys manual, § 9 – 28. 1100 (Collateral Consequences).

英国法律为缓起诉协议设立了两个方面的标准：一是证据检验；二是公共利益检验。从证据检验来看，只有在证据足以证明所指控的犯罪事实的情况下，才谈得上缓起诉协议的适用。从公共利益检验来看，检察官需要考虑，相对于提起诉讼而言，缓起诉协议是否更加有利于公共利益的实现。检察官在考虑公共利益时，需要兼顾多个因素，如公司过去是否实施过类似行为，公司是否制定了积极有效的合规计划，公司的合作态度等。[①] 实际上，所谓的"证据检验"只是适用缓起诉协议的前提，如果没有足够证据证明存在企业犯罪，根据疑罪从无原则，原本就不存在起诉的问题。而"公共利益检验"也是一个综合标准。

我国构建企业犯罪附条件不起诉时，也应该采用综合标准。重点考虑企业犯罪的性质和严重程度，企业以前是否有过违法犯罪记录，是否存在自首、立功、坦白、认罪认罚等量刑情节，起诉的附随后果，企业的管理制度与合规计划等。例如，2018 年上海市浦东新区人民检察院出台了《服务保障浦东新区营商环境建设 12 条意见》。根据该意见，对于企业犯罪案件，检察院将聘请专家团队从经济安全、公共利益、市场秩序等方面进行综合评估。一方面提出可行性检察建议，规定涉案企业在一定时间段内进行整改，另一方面评估有无必要对涉案企业启动相关程序。对于整改到位、认罪认罚的企业，依法适用不起诉。这样既震慑企业重视整改，又最大限度保护市场主体的发展空间，给企业容错、改错的时间和空间，营造公平公正、宽松透明的营商环境。[②]

### （五）附条件不起诉制度的形式和内容

在传统的检察实践中，检察院往往以检察建议的形式参与社会治理，维护司法公正，预防和减少犯罪。2019 年《人民检察院检察建议工作规定》把检察建议分为五类：再审检察建议、纠正违法检察建议、公益诉讼检察建议、社会治理检察建议、其他检察建议。因此，在决定对企业犯罪附条件不起诉的同时向涉案企业提出检察建议，不失为一种可

---

① 参见陈瑞华：《企业合规视野下的暂缓起诉协议制度》，载《比较法研究》2020 年第 1 期。

② 参见陈伊萍：《浦东检察院推服务营商环境 12 条，探索单位犯罪认罪认罚从宽》，载澎湃网 2018 年 2 月 28 日，https://www.thepaper.cn/newsDetail_forward_2012272。

行的形式。但是,从我国刑事诉讼的立法与理论发展趋势来看,应该在现有的检察建议制度之外探索建立独立的企业犯罪不起诉协议制度。

2018 年《刑事诉讼法》所确立的认罪认罚从宽制度,对我国的刑事诉讼产生了重大而深刻的影响。最高人民检察院原副检察长朱孝清把这些变化概括为七个方面:合作取代对抗;抗辩协商取代权力机关单方定案;被追诉人诉讼主体地位彰显和辩护权加强;被害人的当事人地位实质化权利保护加强;检察机关主导认罪认罚案件的处理;刑事诉讼的重心前移至审查起诉阶段;诉讼构造改变。① 最高人民检察院的董坤研究员也认为,认罪认罚从宽制度尤其是其中的特殊不起诉制度,标志着我国刑事诉讼中的抗辩双方"从最低限度的合作迈向实质性协商……协商的内容和幅度发生了新的变化"②。可见,2018 年刑事诉讼法的修改具有很强的价值倾向,那就是意图改变传统的诉讼构造,承认甚至鼓励被告人与检察院进行合作与协商,赋予检察机关在审前更大的权力。因此,我国建立企业犯罪附条件不起诉制度时,应该继续秉承协商性司法理念,放弃检察建议的传统形式,而采用不起诉协议的形式。不能把检察机关与犯罪企业的不起诉协议庸俗地理解为"权钱交易"。

至于附条件不起诉协议的内容,可以参考国外缓起诉协议的相关经验。美国没有缓起诉协议的标准范本,协议的具体内容因个案而异,概括来说一般包括以下内容:(1)承认违法事实;(2)放弃时效权利;(3)协议终止日期;(4)声明自愿达成协议;(5)承诺遵规守法;(6)承诺与检察官合作;(7)保证法人雇员不作与协议相抵触的陈述;(8)同意违约的被诉后果;(9)违约的认定;(10)法人合并或解散时有关事项的处理;(11)违反税法的特别规定;(12)罚款和赔偿;(13)放弃律师—当事人特权;(14)聘请独立监事;(15)社区服务等。③ 英国通过立法的形式规定的主要内容包括:(1)DPA 必须包含与指控罪行相关的事实陈述。(2)DPA 必须规定一个考察期限。(3)DPA 至少需要对被告提出

---

① 参见朱孝清:《认罪认罚从宽制度对刑事诉讼制度的影响》,载《检察日报》2020 年 4 月 20 日,第 3 版。

② 董坤:《认罪认罚从宽中的特殊不起诉》,载《法学研究》2019 年第 6 期。

③ 参见叶良芳:《美国法人审前转处协议制度的发展》,载《中国刑事法杂志》2014 年第 3 期。

下列要求:(a)向检察官缴纳罚款;(b)赔偿犯罪的被害人;(c)向慈善机构或者其他第三方捐款;(d)剥夺犯罪所得;(e)实施有效的合规计划;(f)配合相关的犯罪调查;(g)支付检察官合理的办案费用。(4)被告缴纳的罚款数额大致相当于法院判决的罚金数。(5)被告人违反DPA的后果。[①] 未来我国可以借鉴英国的经验,以立法或者准立法的司法解释规定附条件不起诉协议的主要内容。

① See Crime and Courts Act 2013, Schedule 17, Part 1, §5.

# 刑事合规改革的可能异化与防范路径*

秦　策**

**内容摘要**：当下，由检察机关主导的合规不起诉改革试点工作已取得了斐然的成绩，但仍然需要通过建设性的反思来防止在进一步改革中出现偏离预定目标的异化。责任姑息型、贴身管理型、急切推进型和孤立发展型是四种当前急需防范的异化形式。为此，应当树立刑事合规改革的整体观，从企业合规与刑事合规的体系关联、刑事政策的“宽以济严”、企业责任与行为人责任的合理界分、企业犯罪的妥当归责、企业组织体量刑规则的系统确立等方面来入手，为刑事合规制度的健康发展营造适宜的环境与条件。

**关键词**：刑事合规；异化；整体论视角；企业刑事归责

## 一、导言：刑事合规改革需要建设性反思

2018年随着国家发展和改革委员会、国务院国有资产监督管理委员会等部门发布《企业境外经营合规管理指引》和《中央企业合规管理指引（试行）》，我国的

* 本文系2021年度江苏省人民检察院检察理论研究课题“中国特色企业合规制度构建与检察职能发挥”（SJ202105）的阶段性成果。

** 秦策，上海财经大学法学院教授、博士生导师。

企业合规建设进入全面推行阶段，以至于有人将 2018 年称为中国企业的合规元年。[①] 2020 年 3 月，最高人民检察院开展企业合规改革试点，启动了我国刑事合规制度的探索。仅一年之后的 2021 年 4 月，最高人民检察院又下发《关于开展企业合规改革试点工作的方案》，进一步扩大了试点改革的范围。同年，在十三届全国人大四次会议上，时任最高人民检察院检察长张军专门报告了这项工作，得到全国人大代表、全国政协委员的充分肯定。[②] 同年 6 月 3 日，最高人民检察院会同国务院国有资产监督管理委员会、财政部、中华全国工商业联合会等部门联合发布《关于建立涉案企业合规第三方监督评估机制的指导意见（试行）》（以下简称《指导意见》），同时发布《企业合规典型案例（第一批）》，12 月最高人民检察院发布《企业合规典型案例（第二批）》。这表明，我国的刑事合规制度改革正在稳步推进之中，成绩斐然。

刑事合规改革是企业合规制度建设的重要组成部分，对于优化营商环境具有重要的意义。这场改革也激发了理论界的研究热情。学者们对刑事合规改革的重点问题进行了探讨，不仅涉及刑事合规中国化模式的选择[③]，也涉及相关具体制度的构建[④]，一些学者还为《刑事诉讼法》的修改拟定了条款[⑤]。这些理论研究成果与检察机关的试点经验结合在一起，对我国刑事合规制度建设起到重要的促进作用。

但应该看到，目前我国的刑事合规建设尚处于起步阶段，在推进改革的同时，冷静的反思无疑是必要的。自改革之初，理论上的反思也零星地存在，例如，有学者质疑在我国推行刑事合规的正当性和合理性[⑥]，也有学者对一些具体的制度进行反思[⑦]。但是，这些反思要么因为倾向

---

① 参见郭青红：《新形势下的合规要点》，载搜狐新闻网 2022 年 1 月 17 日，https://www.sohu.com/a/283439546_100138309。

② 参见《最高检下发工作方案　依法有序推进企业合规改革试点纵深发展》，载最高人民检察院网，https://www.spp.gov.cn/spp/xwfbh/wsfbt/202104/t20210408_515148.shtml#1。

③ 参见陈瑞华：《论企业合规的中国化问题》，载《法律科学（西北政法大学学报）》2020 年第 3 期。

④ 参见李玉华：《我国企业合规的刑事诉讼激励》，载《比较法研究》2020 年第 1 期。

⑤ 参见杨宇冠：《企业合规与刑事诉讼法修改》，载《中国刑事法杂志》2021 年第 6 期。

⑥ 参见田宏杰：《刑事合规的反思》，载《北京大学学报（哲学社会科学版）》2020 年第 2 期。

⑦ 参见黎宏：《企业合规不起诉：误解及纠正》，载《中国法律评论》2021 年第 3 期。

于整体否定而缺乏建设性,要么因为局限于具体制度而显得狭窄。笔者认为,刑事合规改革发展到今天,我们需要更全面、更有针对性的建设性反思,其原因是多方面的:其一,刑事合规改革正走向"深水区",将面对先前没有遇到的更复杂问题,建设性反思有助于在坚持改革基本方向的基础上规划正确的发展路径,使这项改革获得行稳致远之前景。其二,前期改革成果适用的范围相对较为狭窄,如果将其推广适用于更为广泛的领域,制度衔接与实际效果等问题都会显现出来,这也需要通过反思来做出评估和相应的调整。其三,适时的理论反思还有助于我们避免制度改革中的"试点失真效应",即试点检验的只是在一定环境下实施改革方案产出特定预期效果的可能性或趋势,与真实司法情境并非完全契合,因此,试点所得出的结论不是必然可以外推的。① 在改革初期,无论是改革的设计者还是操作者,出于对新生制度的关爱,往往投入较多的资源和工作热情去推进制度的落实,心态上的预期偏于积极,理论的反思却略有不足。而一旦试点中的制度走入常态化运作,则易于陷入某种未可预期的阻滞,产生背离制度改革初衷的异化。

基于建设性反思的视角,笔者认为,从总体上看,当前刑事合规改革的基本方向是正确的,但同时也存在某些异化或者走向异化的苗头。所谓异化,是指这项新兴制度由于在功能、责任设置和发展路径等方面设计偏误,难以与现有的刑事法制度进行有效对接,在其被推广适用时出现运行不畅的情况,甚至走向该制度所追求目标的反面。这种异化既可能表现于具体制度的设定,也可能涉及改革路径的选择。本文将循着下述思路展开:首先,厘定刑事合规改革的可能异化形式(包括责任姑息型、贴身管理型、急切推进型和孤立发展型),并分析其具体表现和消极后果;其次,针对这些异化产生的原因,寻求防范和应对的基本立场。这些异化形式虽然形态各异,但都是源于对刑事合规性质的一种孤立化理解,因此需要立足于整体论的视角来为消弭这些异化确立逻辑起点,在此基础上寻求有针对性的防范异化的

---

① 参见何挺:《司法改革试点再认识:与实验研究方法的比较与启示》,载《中国法学》2018 年第 4 期。

具体路径。

## 二、刑事合规改革的可能异化形式：形态与效应

### （一）责任姑息型

从表面上看，刑事合规的引入只是对涉案企业的轻缓化处置，但从深层次来看，它是对企业犯罪刑事责任方案的整体性改造，企业和责任人的刑事责任设置是一个关键问题。就此问题，目前存在两种对立的表述：一是刑事合规应“放过企业，但不放过责任人”，这种观点与欧美刑事合规的做法相一致；二是刑事合规应“放过企业，也放过企业家”。后者也被称为“同时放过论”或“双不起诉论”①，目前在试点实践中得到不少检察官的认同。这种观点的支持性理由有二：第一，企业家本身是最活跃的市场要素，也是一种稀缺的社会资源；②第二，我国当前很多企业离不开相应的责任人，一旦追究其刑事责任将导致企业破产倒闭。由于这种观点不同于欧美国家刑事合规的通行观点，因此还有论者将这种“同时放过论”称为一种中国特色。

笔者认为，在前期合规不起诉试点的语境下，“同时放过论”具有一定的合理性，其原因在于，检察机关对涉案企业和个人作出不起诉决定的通常都是3年以下有期徒刑的轻罪。但是，如果未来将这一方案全面推广到3年以上有期徒刑的严重刑事案件，则有可能背离刑事法的基本原则，招致社会舆论对刑事正义的质疑，偏离合规制度设置的初衷，出现责任姑息型的异化，具体表现为以下负面效应：(1)侵蚀法律平等适用原则。严格来讲，“放过企业，也放过企业家”只是犯罪学或者政策学的表述，并非严谨的法律命题。用“企业家”这种社会身份来凸显宽纵其刑事责任的必要性，不免让人误以为纵容了一个特权阶层的存在。(2)导致“双重认罪认罚从宽”的不恰当优惠。如果企业的法定代表人涉嫌犯罪，他既可以代表自己认罪，也可以代表企业来认罪，这种双重认罪认罚将自然人的犯罪责任与企业组织体的犯罪责任混为一

---

① 李玉华：《企业合规本土化中的“双不起诉”》，载《法制与社会发展》2022年第1期。

② 参见张远煌：《刑事合规是“共赢”理念在企业治理中的体现》，载《检察日报》2021年8月31日，第3版。

谈。(3)导致刑罚功能的落空。“同时放过论”不仅宽纵了作为企业家的法定代表人,同时也会不可避免地宽纵其他责任人,乃至出现只要合规就无责任可追究的局面。(4)企业刑事责任与自然人刑事责任严重失衡。这似乎足以导致一种非常吊诡的局面,即如果自然人共同犯罪将会受到严惩,但如果共同注册一个企业,行为人在犯罪后则可以通过合规出罪而免除责任,这不符合罪刑均衡原则。(5)向社会各界,尤其是遵纪守法的企业传递了错误信号,导致企业经营者产生投机心理,即只要非法牟利行为不被司法机关发现,就可以继续下去,而且案发之后仍然能够获得合规不起诉的优惠,这反而不会促进企业经营者合规意识的提升。(6)不利于涉案企业朝向现代企业治理结构的改造。如果企业管理者因其对企业的强势控制所导致的“离不开”效应而获得免刑的优惠,那么,其对于企业的家长式治理将会延续,这既不利于涉案企业的实质整改,也不利于现代企业制度的建立。[①] (7)偏离企业合规建设的意旨。惩办责任人本是合规建设的应有之义,如果责任人被放纵,则会导致社会公众对于合规本身的不信任。总之,“同时放过论”在保护企业方面虽能发挥一定的作用,但基于刑事正义和经济发展的考虑,恐难以被广泛接受与长远发展。

### (二)贴身管理型

合规理念被引入刑事法领域意味着检察职能的转变,即由单纯办案走向服务于经济发展和企业治理。[②] 这种转变适应了经济发展新形势的需要,但同时也应当认识到,检察机关的服务职能存在一定的限度。如果检察机关在合规整改的过程中对涉案企业的经营管理业务过度介入甚至成为“第二管理者”,则会导致一种贴身管理型异化。在性质上,刑事合规属于对企业的外部监管措施,与企业经营有着密切的关系,但是,基于检察工作的特殊性,检察机关本身不适宜对企业进行直接监管,更没有必要参与企业合规监管的日常工作。[③] 正因如此,最高

---

① 参见陈瑞华:《企业有效合规整改的基本思路》,载《政法论坛》2022 年第 1 期。

② 参见华炫宁:《对非公经济平等保护的探索与深化——检察机关服务保障民营企业发展学术研讨会》,载《人民检察》2021 年第 16 期。

③ 参见杨宇冠:《企业合规与刑事诉讼法修改》,载《中国刑事法杂志》2021 年第 6 期。

人民检察院等9部门印发了《指导意见》，明确第三方组织是独立于检察机关和涉案企业的第三方“监管人”，检察机关应当与第三方组织保持适当距离，确保其独立性和客观中立性。①

尽管如此，当前合规不起诉试点中检察办案部门对企业活动仍然存在过度介入的情况，造成这种情况的原因大致有以下三个方面：一是涉案企业在涉罪之前大都未曾建立较为完善的合规制度，因此办案部门对其进行合规不起诉时，不得不对企业事务进行更深层的介入。二是办案人员对刑事合规作为外部监管的功能定位不清，导致对企业管理的内部事务过度介入。三是对于办案效果的“过度追求”，办案人员期待刑事合规运行取得良好效果，适用合规不起诉的企业能真正获得重生，因此在心态上往往把企业经营业绩的提高作为一种有意无意的追求。例如，在最高人民检察院发布企业合规改革试点典型案例中，好几例都提到了涉案企业因为刑事合规而提升了经营业绩。②

这种过度介入会导致贴身管理型异化，带来很多的消极影响：其一，造成公权力对于经济生活的不当干预，违背了市场经济的平等公平竞争理念。其二，造成刑罚适用的不平等，并产生一种违背常理的反效果，即企业涉嫌犯罪反而获得了政府机关的大力帮助，依法合规经营的企业则会产生对于刑罚的不信任，甚至产生一种“只要犯罪就能得好处”的吊诡想法。其三，办案机关会因为过度介入企业事务而不胜其累，可以预计，在刑事合规试点结束进入常规运行状态之后，这种不胜其累的状态还将会加剧。

---

① 参见董坤：《论企业合规检察主导的中国路径》，载《政法论坛》2022年第1期。

② 例如，在张家港市L公司、张某甲等人污染环境案中，通过开展合规建设，L公司实现了快速转型发展，逐步建立起完备的生产经营、财务管理、合规内控的管理体系，改变了野蛮粗放的发展运营模式，企业家和员工的责任感明显提高，企业抵御和防控经济风险的能力得到进一步增强。2021年L公司一季度销售收入同比增长275%，缴纳税收同比增长333%，成为所在地区增幅最大的企业。又如，在上海市A公司、B公司、关某某虚开增值税专用发票案中，涉案企业已经逐步建立合规审计、内部调查、合规举报等有效合规制度，聘请专业人士进行税收筹划，大幅节约生产经营成本，提高市场占有份额。参见《最高检发布企业合规改革试点典型案例》，载最高人民检察院网，https://www.spp.gov.cn/spp/xwfbh/wsfbh/202106/t20210603_520232.shtml?ivk_sa=1024105d。

### （三）急切推进型

合规不起诉改革试点之初，改革者试图建立“顶层设计—专家论证—基层试点”的良性循环体系，以取得稳步推进的效果，应该说这一策略颇适用于中国后发式司法现代化的发展路径，也取得了良好的成效。另外，我们也应该注意到，这种司法改革策略也易于导致急切推进型的异化，即在一些先决性条件尚未成就的情况下，就迫切地进入下一个改革阶段，难免会导致合规不起诉制度与整体的刑事法体系衔接不畅，甚至导致罪刑体系的扭曲与司法权之间的冲突。在实践中，这种急切推进型的异化又因为司法实践的两种改革“推动力”而得到强化：一是涉罪企业急于获得从宽处罚、不起诉的动机；二是检察机关急于取得改革试点成绩的动机。

任何一项新制度的建设都需要制度环境的先行酝酿，刑事合规也不例外。刑事合规建设需要什么样的制度条件？我们从美国刑事合规制度的发展历程中可见端倪。2003 年美国司法部“汤普森备忘录”（Thompson Memo）标志着“DPA 时代”的开始，它建议检察官在起诉企业犯罪时考虑使用“审前转处”协议（延期起诉和不起诉）来激励涉罪企业开展更大程度的合作和合规建设。自此之后，延期起诉和不起诉才得到广泛的使用。① 但不能忽略的是，在此之前，美国支撑合规不起诉的制度环境已比较完备。这包括：1909 年纽约中央与哈德逊河铁路公司诉美国案确立了企业犯罪的刑事归责原则——代位责任②；1984 年美国国会的《量刑改革法案》对组织刑罚体系的改造；1991 年《联邦组织体量刑指南》的制定。没有这些制度的支撑，合规不起诉制度难有生根的土壤。

在先决条件尚未成熟之际急切推进刑事合规拓展会带来以下消极

---

① 1999 年“霍尔德备忘录”虽然强调了延期起诉的可能性，但当时的联邦检察官却很少使用延期起诉协议（DPA）、不起诉协议（NPA）这些起诉替代方案。在 2003 年“汤普森备忘录”之前，司法部仅签订了 8 项 DPA 和 NPA。See C. Modlish, *The Yates Memo: DOJ Public Relations Move or Meaningful Reform That Will End Impunity for Corporate Criminals?*, Boston College Law Review, Vol. 58, Issue 2, p. 752 (2017).

② See New York Central & Hudson River Railroad v. United States, 212 U. S. 481, 492 (1909).

影响:其一,会导致企业犯罪罪刑结构的扭曲。在缺乏企业量刑规则的情况下,由于缺乏有关企业犯罪量刑情节的规定和规范化的整体框架,单方面通过合规不起诉来处置企业犯罪问题,会冲击本就粗疏的单位犯罪刑法体系,导致自然人刑事责任与企业刑事责任之间的失衡。其二,会导致企业犯罪追诉与审判的不规范乃至混乱。由于制度环境的不成熟,法学理论与实务界缺乏有关企业刑事归责、量刑尺度的共识,会造成检察机关求刑权和人民法院量刑权之间的紧张关系,甚至产生冲突。

(四)孤立发展型

当前我国的刑事合规改革是由检察机关启动和主导的,正如论者所言:无论是对合规总体宏观的理论论证、试点决策、规范制定,还是就合规具体试点的推进方式、进度调控和领域调整,检察主导已成为中国企业合规的鲜明特色。① 而且,在世界范围内,刑事合规体系的建立离不开检察机关的能动作用。例如,如果没有美国司法部不断通过企业法律追诉准则进行制度创新,显然难以产生合规不起诉和暂缓起诉这样的审前转处形式。②

不可否认,前期试点所取得的成绩已充分显示出检察职能的重要推动作用。但同时也应该注意到,无论是刑事合规还是企业合规,都应当是一个多方参与的结果,仅凭检察机关的推动难以完成这项包容面广泛的改革。对此,最高检也有深刻的认识,第三方监管机制的构建正是这一认识的体现。张军在担任最高人民检察院检察长时指出:“检察机关要会同公安、法院及市场监管等部门,发挥好指导、监督作用。”③根据最高检的部署,接下来涉案企业合规改革将会针对大、中、小微各类企业全面推开。④ 在此过程中,如果改革举措忽视其他部门尤其是人民法院的配合与协同,势必会陷入孤立发展的异化状态。

---

① 参见董坤:《论企业合规检察主导的中国路径》,载《政法论坛》2022 年第 1 期。

② 参见李奋飞:《论企业合规考察的适用条件》,载《法学论坛》2021 年第 6 期。

③ 张军:《创新检察履职,助力构建中国特色的企业合规制度》,载人民网 2020 年 12 月 28 日,https://baijiahao.baidu.com/s?id=1687311112962663638&wfr=spider&for=pc。

④ 参见孟亚旭:《最高检:涉案企业合规改革将在全国推开》,载微信公众号“京都刑辩研究中心”,https://xw.qq.com/amphtml/20220119A06MJS00。

人民法院对刑事合规改革的实质参与具有尤为重要的意义,但法院的作用不能仅限于对第三方监管机制的指导和监督,还应该包括对涉罪企业量刑标准以及合规有效性标准的建立。刑事合规改革如果缺乏人民法院的协同参与会有以下消极影响:其一,检察机关司法处置权与人民法院最终审判权之间界分不清。我国《刑事诉讼法》第 12 条规定,未经人民法院依法判决,对任何人都不得确定有罪。这就明确了定罪权仅属于法院所有,其他任何机关都不享有定罪的权力。[①] 当然,这并未排除检察机关基于起诉便宜主义而拥有特定的审前司法处置权,只是为了避免这一权力演变成实体裁判权,进而实质侵犯法院审判定罪权,需要对其行使范围进行限定。[②] 刑事合规改革的深化将会使更多的企业犯罪纳入其框架之中,势必需要重新厘定审判权与审前司法处置权之间的界限,此时如果缺乏人民法院的实质参与,而仅有检察机关的单方面推进,这一改革显然是难以有效开展的。其二,导致检察机关求刑权与人民法院审判权之间发生冲突。如果检察机关对涉案企业提起公诉,那么基于法理统一的原则,合规计划势必成为一个重要的量刑情节,对这一量刑情节给予多大的权重,需要在立法上预先规定,或至少应在两大司法机关之间达成共识性的法律文件,这样才能有效地适用于司法实践,否则必然会发生司法中的分歧乃至冲突,不利于促进刑事合规改革的进一步发展。

## 三、刑事合规改革的整体论视角

前述异化产生的根源在于对刑事合规性质的孤立化理解,将其视为专门用合规方式来处理企业犯罪问题的专项制度,忽略了其丰富的内涵与外部关联性。例如,责任姑息型异化产生的原因在于,未能从整体上平衡企业责任与行为人的责任,以及企业刑罚与自然人刑罚之间的关系;贴身管理型异化产生的原因在于,未能从整体上厘清企业合规与刑事合规之间的关系,以及司法办案与服务职能之间的关系;急切推

---

① 参见陈卫东:《检察机关适用不起诉权的问题与对策研究》,载《中国刑事法杂志》2019 年第 4 期。

② 参见潘金贵:《我国台湾地区的“缓起诉”制度及其借鉴意义》,载《西南政法大学学报》2006 年第 2 期。

进型异化产生的原因在于，未能从整体上把握刑事合规制度与作为其制度运行环境的刑事政策、企业刑事归责方式之间的关系；而孤立发展型异化产生的原因在于，未能在整体上从司法权能的角度来理解刑事合规制度的运作。

在性质上，刑事合规属于企业合规与刑事制度的一个交叉领域，其运作不仅涉及企业内部合规与外部监管之间的关系、企业犯罪刑事政策的整体设置，也涉及刑事实体法与刑事程序法之间、司法权之间的相互协调运行。如果缺乏整体论的视角，势必会导致这项制度偏离企业合规的意旨，或偏离刑事法律制度的目的理性。因此，树立刑事合规改革的整体观极有必要，分述如下。

### （一）企业合规与刑事合规的体系性地位

正如孙国祥教授所指出的，合规本来是企业内部管理的一部分，将其上升为刑事义务，刑法是否过度介入了企业的内部管理活动？对于这些问题需要进行体系性的思考。[①] 企业合规本属企业管理的内部事务，但因为外部法律责任的追究，其监管方式也从单纯的自我监管转向内部监管与外部监管并重。[②] 正如美国学者米勒所观察到的：合规，一个曾经不为人知的话题，现在正逐渐成为法律实践领域、法学院课程，以及理论界和实务界广泛关注的研究和分析领域。[③] 企业自身、行业组织、行政机构和司法机构都会参与其中，企业合规于是呈现一种体系化的发展态势。正因如此，美国学者奥罗斯科认为，企业合规需要一个通用的框架或理论以及共识性的理解，建构统一的企业合规法律与理论体系。[④] 而在这个体系中，才能真正厘清刑事合规的地位与性质。

在探讨企业合规与刑事合规的概念时，我国有学者认为美国更多地使用"企业合规"或"合规计划"（compliance program）概念，而刑事合

---

① 参见孙国祥：《刑事合规的理念、机能和中国的构建》，载《中国刑事法杂志》2019 年第 2 期。

② 参见陈瑞华：《论企业合规的基本价值》，载《法学论坛》2021 年第 6 期。

③ See Geoffrey Parsons Miller, *Compliance*: *Past*, *Present and Future*, University of Toledo Law Review, Vol. 48, Issue 3, p. 438 (2017).

④ See David Orozco, *A Systems Theory of Compliance Law*, University of Pennsylvania Journal of Business Law, Vol. 22, Issue 2, p. 253 (2020).

规概念只是德国学者的组合式表述，是容易引起误解和误导的表述。①事实上，美国文献并不排斥使用“刑事合规”（criminal compliance）这个概念，之所以更多使用合规计划这一术语，除了自然成长、约定俗成的原因之外，更重要的是，美国的检察机关本身属于行政性质，而非司法机关，因此合规问题上也无须刻意区分刑事合规与行政合规，二者体现出浑然一体的性质。

但是，在我国刑事处罚与行政处罚二元分立的体制之下，在概念上区分企业合规与刑事合规实有必要。这是因为，独立的刑事合规概念能够彰显其“刑事性”，易于办案人员领会刑事合规的基本性质。具体来说：其一，刑事合规属于企业犯罪刑事责任追究的特殊机制，其对刑事正义的追求仍应作为优先目标。其二，刑事合规不是对企业刑事责任的简单放弃，而应当将其融入刑罚目标考量，不能仅仅为了实现让个别企业存活下去的特殊效果，向社会传递“凡企业犯罪均可姑息免责”的错误信号，导致刑罚一般预防效果的减弱甚至落空。其三，刑事合规只是从外部激活企业内部合规动力的激励手段之一，不是司法机关直接介入企业管理的理由，在这个意义上，不应将企业经营业绩的提升作为合规整改成功的判断标准。不可否认，在我国的刑事体制下，如果企业合规与刑事合规之间缺乏较为明晰的界限，极有可能导致司法职能的定位不清。

### （二）刑事政策的整体观

刑事合规不仅是针对涉案企业的轻缓化处置方式，同时也是关于企业刑事责任的重新塑造，牵一发而动全身，因此有必要将其置于企业犯罪刑事政策的整体框架内来加以衡量。在美国，刑事合规的诞生与其有关企业组织体犯罪的刑事政策息息相关。总体来看，美国对企业犯罪的打击奉行“偏严”的刑事政策。一方面，“偏严”表现为法网严密。作为美国追诉企业犯罪的主导性归责原则，代位责任要求企业为每一位员工在职责范围内为企业利益而实施的犯罪行为承担刑事责任，最大限度地扩展了企业的责任范围。另一方面，“偏严”表现为刑罚

---

① 参见李勇：《企业合规需要重塑治理模式》，载《检察日报》2021年10月14日，第3版。

严厉。最初,美国针对企业犯罪的刑罚并未与自然人犯罪拉开差距,而1984年的《量刑改革法案》对企业罚金进行了大幅度提升,加大企业刑罚的力度。[①] 这体现了其"轻轻重重"刑事政策的"重重"侧面。正是在这个背景之下,刑事合规作为填补政策"缝隙"的措施应运而生,作为"轻轻重重"刑事政策的"轻轻"侧面而受到青睐。它既弥补了代位责任原则泛化刑事责任的缺陷,又恰好与该原则形成均衡互补的配置关系。这也表明,刑事合规不是孤立的制度,而是特定刑事政策的产物。

就刑事合规的刑事政策而言,我国的"宽严相济"与美国的"轻轻重重"刑事政策是有相通之处的。美国的"轻其轻者""重其重者"之间的均衡互补与我国的"宽以济严"恰可形成对等关系。我国近年来虽然制定了针对民营企业的平等保护政策,在合规试点之初也提出了民营经济发展的"严管厚爱"方针,[②]但是,总体来看,追诉企业犯罪的刑事政策尚不系统完善,对于企业犯罪刑事政策体系框架的整体反思仍有不足。我国的基本刑事政策是宽严相济,作为一种专门刑事政策的企业犯罪刑事政策也要置入这一体系。涉案企业合规不起诉无疑是体现了宽严相济中"宽"的一面,但是,需要有"严"的政策侧面与其对应才能取得"相济"的效果。不可否认,在严的侧面,我国对于企业刑事责任在设定上存在很多不足,法网尚不够严密,刑罚措施尚不够有力。例如,我国单位犯罪的"死刑"(吊销营业执照)和"自由刑"(责令停产停业)都规定于行政处罚之中,而行政罚款未必一定就轻于罚金,这使得行政处罚与刑事制裁出现强度上的倒置。而从刑事立法的趋势看,法人犯罪的刑事责任呈趋重化,刑事合规计划作为这种趋重化的调和,可以发挥其实现法人刑事责任轻缓化的效能。[③] 在法网不够严密、刑罚体系不完备的情况下片面追求企业犯罪的轻缓化处置,不仅不能发挥刑事合

① See Timothy A. Johnson, *Sentencing Organizations after Booker*, Yale Law Journal, Vol. 116, Issue 3, p. 641 (2006).

② 参见王俊:《最高检:依法推进企业合规管理试点,真严管、真厚爱》,载新京报2021年1月11日,https://baijiahao.baidu.com/s?id=1688562318916425167&wfr=spider&for=pc。

③ 参见孙国祥:《刑事合规的理念、机能和中国的构建》,载《中国刑事法杂志》2019年第2期。

规防范企业犯罪的效果，反而会为企业犯罪提供一把“保护伞”，①其效果势必会与宽严相济刑事政策发生背离。

（三）程序与实体的一体化视角

刑事一体化的要点是，刑法和刑法运行只有处于内外协调状态才能实现最佳社会效益，②其中，最重要的则是要处理好刑法和刑事诉讼法的关系。③ 刑事一体化的思维在刑事合规改革中显得尤为重要，因为刑事合规的良性运行特别需要程序法与实体法的整体观。国外刑事合规的最新成果表现为基于合规的不起诉和暂缓起诉制度的建立，当前合规不起诉改革试点也是从这两种制度作为切入点的，因而其制度规划较多地表现为程序法的性质。但是，刑事合规是一项综合性的制度，兼具实体与程序的性质，刑事一体化的视角提示我们，应当从实体与程序两方面进行全面考察和推进刑事合规建设。换言之，合规不起诉改革成功的关键不单单在于程序事项的完备，更在于作为前置条件的企业犯罪归责原则的重塑。

制度史的考察表明，刑事合规的发展历程，实际上也是有关企业组织体刑事归责模式的探索历程。例如，在美国，最初的代位责任原则将组织体意志简化为个别代理人的犯罪意图，企业刑事责任被泛化。《模范刑法典》建议在特定类型的案件中采用同一视原则，④虽然企业犯罪的规制范围有所缩减，但仍然是将企业意志与其内部某位自然人的主观心理状态相等置。1991 年《组织体量刑指南》根据企业运行的规律拟定了特别的量刑考察因素，合规计划于是成为一项重要的刑罚减免事由。在联邦检察官起诉企业犯罪的实践中，基于合规计划的暂缓起诉和不起诉也应运而生，进一步扩展了合规计划的出罪功能。与此同时，作为一种企业刑事归责理论的组织体刑事责任论在美国立法和司法实践中也得以落地生根。它表明，刑事合规不是一个孤立的制度，而

---

① 参见黎宏：《企业合规不起诉：误解及纠正》，载《中国法律评论》2021 年第 3 期。

② 参见储槐植：《建立刑事一体化思想》，载《中外法学》1989 年第 1 期。

③ 参见汪建成、余净：《对刑法和刑事诉讼法关系的再认识——从刑事一体化角度观察》，载《法学》2000 年第 7 期。

④ See Neil Cavanagh, *Corporate Criminal Liability: An Assessment of the Models of Fault*, Journal of Criminal Law, Vol. 75, Issue 5, p. 421 (2011).

是整体刑事归责体系的重要组成部分。

我国刑法中关于单位犯罪的规定比较重视单位作为一个整体的责任承担者,这与组织体刑事责任论存在契合之处[①],但是,由于立法的规定比较简略,难以支撑系统的企业刑事归责理论。因此,从刑事一体化视角出发,进一步推进刑事合规改革需要对现行单位犯罪立法及理论进行反思与重构,只有在有关企业犯罪刑事责任的重要实体法问题先行得到解决之后,合规不起诉与暂缓起诉制度的广泛应用才能获得坚实的基础。

(四)司法改革的协同论视角

人民检察院和人民法院是我国的两大司法机关,二者关系是分工负责、互相配合、互相制约。就两者在刑事司法改革中的地位问题,近来有"检察主导说"与"审判中心说"的对立观点,[②]分别强调人民检察院和人民法院各自的主体地位。根据学者的观察,从实然的角度,检法冲突是中国司法制度发展到一定阶段的必然产物,[③]但是,如果要使司法改革平衡运行,人民检察院和人民法院应当相互协同。司法改革的协同论是指围绕新制度的司法改革,人民检察院和人民法院应共同推进,就关键问题及早达成共识。如果两大司法机关缺乏必要的协同,很多问题在改革之初没有解决,在之后的运行当中也会暴露出来,导致不必要的冲突乃至司法权的对抗。

在刑事合规改革中,协同论视角极为必要。制度史的考察表明,刑事合规的产生和发展离不开检察机关与法院之间的共识与协同。例如,美国司法部对于合规的改革发挥了较多的能动作用,在建立合规不起诉、暂缓不起诉制度方面功不可没。但应当注意,美国从1909年代位责任的确立到合规不起诉的产生有100年的历史,从1991年《联邦组织体量刑指南》到合规不起诉的产生也已有10多年的经验积累,换言之,司法部与法院之间实际上就涉罪企业的合规从宽已经形成了诸多的共识。与此同时,暂缓不起诉制度的设置也体现了对法院审判权

---

① 参见黎宏:《组织体刑事责任论及其应用》,载《法学研究》2020年第2期。

② 参见张建伟:《检察机关主导作用论》,载《中国刑事法杂志》2019年第6期。

③ 参见尹伊君:《检法冲突与司法制度改革》,载《中外法学》1997年第4期。

的尊重。由于暂缓不起诉协议会记载有关的犯罪事实,需要取得法官的批准,①所以其与法院的审判权之间形成了一种缓冲。

在我国的现实司法体制中,协同论视角具有重要的现实意义。首先,它符合宪法原则和我国司法体制运行的特点。《宪法》第140条规定了检察权与审判权的活动原则——分工负责、互相配合、互相制约。在司法改革过程中,两机关之间的"互相配合"侧面应当得到强调。其次,它有助于对刑事合规的重要理论与实践问题尽早达成共识,有利于这项改革的深入。检察机关与人民法院都承担了服务保障民营企业发展的重任,目标和价值追求一致。但两大机关仍须在刑事合规改革中统一认识、协作配合,建构检察权和审判权之间的协调运行关系。否则,难免会在实践中产生不必要的权力损耗,使制度改革效果打折扣。

## 四、防范刑事合规改革异化的重点路径

当前,刑事合规改革已经进入新阶段。为了保障这项改革稳步前行,整体论视角的引入已势在必行,刑事政策和法律体系的有机融入是防范和克服刑事合规改革异化的必由之路。而这一融入也将会启动企业刑法②与企业刑事诉讼法③的制度重塑。从目前来看,防范刑事合规改革异化的路径包括以下几个方面。

### (一)刑事合规中检察职能的精准定位

我国的刑事合规改革率先由检察机关进行试点,而美国合规不起诉与暂缓起诉也是检察主导的产物,这表明检察机关在合规制度的建设运行当中具有举足轻重的作用。刑事合规改革意味着检察职能的改革与重塑。它意味着检察机关不仅停留在案件办理上,也要更为积极

---

① 参见陈瑞华:《企业合规视野下的暂缓起诉协议制度》,载《比较法研究》2020年第1期。

② 参见[日]松泽伸:《企业犯罪的概念和企业刑法的构想》,何琳译,载《经济刑法》2019年第1期。

③ 参见李奋飞:《企业合规改革的深入呼唤刑事诉讼法的修改》,载微信公众号"中国法律评论"2022年2月26日,https://mp.weixin.qq.com/s/1vxfqc8kpiAXRV62I4e17g;叶青主编:《刑事诉讼法学》(第4版),上海人民出版社、北京大学出版社2020年版,该书将"单位刑事案件诉讼程序"作为独立的特别程序之一。

参与社会治理，为企业发展营造良好法治环境。[①] 但是，应当注意，检察机关社会职能的拓展并非没有界限，应当限定在宪法和法律所赋予的权力范围内，并通过不断的反思，达致一种更精准和均衡的定位，其要点有二：

一是服务经济发展与守护刑事正义相结合。检察机关是国家法律监督机关，是法治建设的重要力量，是刑事正义的"守门人"。保障民营企业健康发展、服务国家经济发展战略是其履行检察职能的应有之义，但同时检察机关应当努力维护刑事责任适用的公平性，守住刑法的边界，既不能冤枉无辜者，也不能宽纵造成严重社会危害的犯罪人。还应意识到，刑事合规在性质上是一种基于刑事权力的外部监管，不同于企业内部合规或内部管理，因此办案机关不能过多地介入企业内部的经营管理，而应当利用刑事责任的工具来敦促或者激励企业对于合规的自主追求。在这个意义上，相对超然的外部监管模式更适合刑事合规的运行。

二是实现特殊预防与一般预防的兼顾。刑事合规的特殊预防作用体现在通过司法机关的外部压力，企业积极主动地寻找犯罪原因，提出合规整改方案，以修补管理上的漏洞，建立合规管理体系，根本性地避免再次犯罪的可能。但也应当注意将挽救个别企业的特殊预防与传递正确信号的一般预防结合起来。在市场经济的背景下，追求更高利润是企业的天然追求，在一定意义上，大多数企业有潜在的违法犯罪的可能性。我们不能因为片面强调对个别企业的挽救，却向社会中更多的企业发出了错误的信号，即合规可以成为企业及其高管规避刑事责任的"避风港"，从而使刑事合规失去其应有的一般预防效应。

### （二）企业和责任人刑事责任的合理界分

如前文所述，刑事合规"放过企业也放过责任人"的观点存在内在弊端，原因是该观点将企业刑事责任与自然人刑事责任必然地"捆绑"在一起，因此，需要对企业和行为人的刑事责任加以适当分离。对于企业责任与行为人责任的配置方案，学者们提出了新的思路。例如，陈瑞

---

① 参见童建明：《充分履行检察职责　努力为企业发展营造良好法治环境》，载《检察日报》2020年9月22日，第3版。

华教授主张区分系统性企业犯罪和非系统性企业犯罪①；李玉华教授则主张区分小微企业和大中型企业②，对系统性企业犯罪或小微企业犯罪采取"双不起诉"的政策，而在非系统性企业犯罪或大中企业犯罪的追诉中则考虑将企业和行为人的刑事责任分离。类型区分固然是一种有益的方法论，但这两种方案的缺陷在于区分标准的不精确和非法律性。企业犯罪的系统性和企业规模虽可从学理上得到理解，但是在司法适用时却不够清晰、明确，易于导致争议。何况，刑事责任的判断应当依据刑法所规定的定罪或量刑情节，如果完全依靠不甚明确的非法定标准来确定刑事责任，不仅有机械归罪之嫌，亦有可能违背罪刑法定原则。

在此，笔者提出一种"两层次分析方法"，即在明确特定犯罪为单位犯罪的前提下，对行为人的刑事责任和企业的刑事责任进行分离式和递进式的两阶层评价。

其一，行为人刑事责任之判断。办案人员基于案件事实和情节以及公共政策的考虑判断行为人是否构成犯罪和追究刑事责任，行为人可以通过认罪认罚获得刑事责任的减轻或者免除。这又分为两种情况：(1)如果行为人不构成犯罪，或者根据案件的事实和情节可以采取相对不起诉的方式，那么便不再具备追究企业刑事责任的基础，不应当对企业进行起诉。此类犯罪一般较为轻微，在处置上与"双不起诉"效果类同。如果企业的涉罪原因系由不合规因素导致，则检察机关可采取检察建议的方式要求企业自行整改，或者采取行政合规的方式，由行政机关介入督促企业合规整改。(2)如果行为人本身构成犯罪并且应当被起诉，则进入下一阶段的企业责任判断以及下一步的刑事合规计划。

其二，企业刑事责任之判断。在直接责任人员和直接负责的主管人员已经确定需要被追究刑事责任的前提下，这一阶段对企业需要承担何种刑事责任以及是否可采取合规不起诉的问题进行独立判断。这也分为两种情况：(1)如果法定代表人或者实际控制人对于犯罪不起主导作用，则其不应被追究刑事责任，可以由企业的法定代表人或

---

① 参见陈瑞华：《企业合规出罪的三种模式》，载《比较法研究》2021年第3期。

② 参见李玉华：《企业合规本土化中的"双不起诉"》，载《法制与社会发展》2022年第1期。

者实际控制人来代表企业的意志进行认罪认罚,并参与企业的合规整改。(2)如果法定代表人或者实际控制人对于犯罪起到主导作用,且已被提起公诉的情况下,其不可能代表企业来进行认罪认罚,更不能参与此后的企业合规整改。检察机关应当责成企业的决策机构或者其他高管提出新的人选来代表企业意志,提出合规方案,或者参与合规的整改。

### (三)现行单位犯罪归责原则的适应性改造

如前所述,组织体刑事责任的归责构成了刑事合规的制度基础。刑事合规制度之所以率先产生于美国,与代位责任的归责原则有莫大的关联。代位责任原则对追诉企业犯罪来说虽然有过于泛化之弊,但同时也产生了积极客观效果,即它迫使企业不得不加强自我规制,不仅在委派重大企业职责时谨慎行事,而且对于所有员工的职权行为都要加强监管,由此凸显了制定和执行合规计划的重要性,①从而为合规计划的刑事化作了必要的铺垫。

我国企业犯罪的归责原则是“单位意志论”,即单位成员实施的犯罪行为只有体现了单位意志,才能被认定为单位犯罪。自然人的意志只有上升为单位的意志,单位构成犯罪才具有主观基础。② 这种归责方式与产生于代位责任制度之下的合规制度难以完全适应。这是因为,单位意志往往体现于决策机构或者企业领导者的决策活动;而合规却是整个企业从高层到普通员工的整体性行为。在我国,必须按照单位的内部组成规则协调一致,通过符合规则和程序的决策活动和执行代表的行为才能形成单位意志。③ 而自然人有权代表或依据委托以公司名义实施的行为才能被看作公司的行为。④ 这种刑事归责导致单位犯罪的范围狭窄,企业与普通员工的犯罪行为之间往往无须合规的阻却即可轻易加以切割。如果将此模式与合规计划作简单嫁接,其效果必然是企业只重视领导层行为或“纸面”规章制度上的合规,而并不会关

---

① See William S. Laufer & Alan Strudler, *Corporate Intentionality, Desert, and Variants of Vicarious Liability*, American Criminal Law Review, Vol. 37, Issue 4, p. 1296 - 1297(2000).

② 参见杨国章:《法条竞合视野下的单位犯罪研究》,法律出版社 2019 年版,第 126 页。

③ 参见刘艳红主编:《刑法学》(上),北京大学出版社 2014 年版,第 145 页。

④ 参见时延安:《合规计划实施与单位的刑事归责》,载《法学杂志》2019 年第 9 期。

注企业员工的行为是否合规,而后者才是刑事合规的目标。由此而实现的合规效果是相当有限的,而企业也会失去自我监管的动力。

笔者认为,可以适度借鉴美国的代位责任制度,对我国的单位犯罪刑事归责方式进行适应性改造,以加强企业的合规监管责任。首先,就单位故意犯罪而言,企业员工在其职权范围内为企业谋取利益的行为构成犯罪的,应当在表见的范围内将此行为后果直接归咎于企业,换言之,除了企业决策者所表现出来的犯罪意志之外,企业普通员工在其职权范围内为企业谋取利益的亦可视为单位意志的来源。企业只有借助于企业高管明确的合规指令或者合规制度、文化的普遍确立才能推翻表见性的责任归咎。其次,就单位过失犯罪而言,对于刑法所规定的单位犯罪,如果刑法或前置法为企业设置了相应的监管义务,只要员工在业务范围内且为了企业利益而实施犯罪行为,原则上应引发企业的刑事责任,检察机关无须证明企业决策机构或负责人存在同样的犯罪意图亦可认定企业犯罪的成立,但如果企业能够证明其在管理上已尽到了尽职勤勉义务(包括合规计划)来防止员工犯罪,则可以免除刑事责任。总之,只有通过这样的适应性改革,才能将我国“单位意志论”归责模式与刑事合规制度有机结合起来,唯其如此,也才能充分发挥刑事合规的外部监管功能,敦促企业自发地加强内部监管。

### (四)检法两家携手适时制定“企业组织体量刑规则”

刑事合规意味着合规计划的刑事化,是一种足以减轻或免除企业刑罚的法定量刑情节,因此,企业组织体量刑规则的设置自然成为未来刑事合规规范化运作的制度前提。原因有二:其一,合规不起诉,无论是相对不起诉还是附条件不起诉,都是对量刑情节的综合运用,我国当下的量刑规则都是针对自然人犯罪而设置的,难以有效地规范组织体的刑罚裁量。其二,随着改革的深化,当前的合规不起诉势必会转化为更大范围的企业犯罪合规从宽现象,换言之,在一个成熟的刑事合规体系中,不仅要有由检察机关主导的合规不起诉,还应包括人民法院基于合规从宽的量刑裁量,这就需要统一的企业组织体量刑规则来加以规范。诚如学者所言,对单位刑事案件的合规不起诉制度和机制的构建,在实体法上要解决单位量刑的学理问题并形成相应的规则。①

我国的量刑规范化改革历经15年有余，颁行了常见犯罪的量刑指导意见，这对于统一量刑标准，促进量刑公开、公平、公正具有重要意义。② 但遗憾的是，企业（单位）犯罪量刑规范付之阙如。笔者认为，在接下来的刑事合规改革中，应当将建立符合中国特色的企业犯罪量刑体系作为优先考虑的事项。首先，应建立相对独立的"企业组织体量刑规则"。这一规则应当相对独立于适用自然人犯罪的量刑意见，并体现企业组织体犯罪的特点。其次，应将合规因素以规范化的方式纳入刑罚体系。合规计划会导致涉案企业刑事责任的减轻或者免除，因此应当明确其在量刑情节体系中的地位和权重，并作出相应的梯度设置。在此，可以借鉴美国的量刑规则，即先通过衡量犯罪严重程度来确定"基本罚金"（base fine），然后根据该组织行为所对应的"罪责分值"（culpability score）调整基本罚款数额，同时根据案件不同的情况调整合规计划在罪责分值中的比重。③ 在此基础上，量刑规则应当对不同性质的合规计划（如案前合规计划和案后合规计划）、合规整改实效等可能对量刑产生影响的因素作出具体的规定。最后，"企业组织体量刑规则"应由最高人民检察院和最高人民法院联手拟定。两大司法机关应当就企业合规在量刑中的酌情从轻处罚情节达成共识，统一认定标准，协调运行过程。如果说未来将要有更多的案件适用刑事合规，那么人民法院作为主导机关与检察机关协力，对于刑事合规制度的完善具有重要意义。

## 五、结语

在性质上，刑事合规是企业合规与刑事法律制度交叉融合的产物，申言之，它虽然以企业合规建设为目的和内容，但在运作方式上却必须遵循刑事法律制度的运作原理和规律。这样看来，刑事合规改革不是

---

① 参见时延安、孟珊：《单位量刑学理对完善不起诉制度的启示》，载《人民检察》2021年第7期。

② 参见陈学勇：《更高水平推进量刑规范化工作》，载《人民法院报》2020年11月6日，第3版。

③ See Pamela H. Bucy, *Organizational Sentencing Guidelines: The Cart before the Horse*, Washington University Law Quarterly, Vol. 71, Issue 2, p. 332 (1993).

某个单一制度或者刑事诉讼程序的建立，更不是只在起诉环节运行的专项制度，它意味着企业犯罪刑事政策、实体法和程序法的整体性变革。刑事合规建设如果缺乏成熟的政策和制度环境，势必带来对这项制度的狭隘化理解，进而导致各种形式的异化。就当前我国合规不起诉改革而言，尤其需要防范责任姑息型、贴身管理型、急切推进型和孤立发展型这四种异化形式。为此，应当树立刑事合规改革的整体观，从企业合规与刑事合规的体系关联、刑事政策的“宽以济严”、企业责任与行为人责任的合理界分、企业犯罪的妥当归责、企业组织体量刑规则的系统确立等方面入手，为刑事合规制度的健康发展营造适宜的环境与条件。当下，我国的经济发展已经对刑事合规制度的建立提出了迫切的需求，但是，现行的单位犯罪立法和现有的单位刑事责任理论还存在不足，需要我们从理论上和立法上作出必要的调适。如此，刑事合规建设将成为一个杠杆，撬动我国单位犯罪理论和实践的发展，以及企业犯罪刑事归责体系的合理化改造。

# 论我国企业合规刑法激励机制的法治化构建*

刘　霜**

当今世界正经历百年未有之大变局,经济全球化加剧我国企业在海外经营中的合规风险。中兴、华为等事件就是鲜明例证。企业合规是我国企业走向国际市场,契合国际规则和国际惯例的新方法、新策略。2020 年我国最高人民检察院积极倡导涉案企业合规改革,2022 年改革在全国检察机关推开。企业合规改革对于优化营商环境、促进社会经济健康发展具有重要作用。

## 一、我国企业合规改革的缘起与发展

### (一)我国企业合规改革的缘起

中兴事件引发社会各界强烈关注,企业(尤其是涉外企业)合规风险防控纳入公众视野。中兴事件大体可以分为以下两个阶段。

---

* 本文系 2022 年度最高人民检察院检察应用理论研究课题重点课题“涉案企业合规第三方监督评估机制的实践困境、解决路径与发展前瞻”的阶段性成果。

** 刘霜,天津大学法学院刑法学教授、博士生导师,中国刑法学研究会理事。

第一阶段:中兴通讯第一次被处罚。2016 年 3 月,美国商务部以中兴通讯涉嫌违反美国对伊朗的出口管制政策为由对中兴通讯施行出口限制。2017 年 3 月,中兴通讯在美国得克萨斯州联邦法院与美国财政部、商务部和司法部达成和解协议,并同意支付 8.9 亿美元罚金。2017 年中兴通讯第一次被处罚后,中共中央和国务院积极倡导和推进企业合规管理。2017 年 5 月 23 日,习近平总书记主持召开中央全面深化改革领导小组第三十五次会议,明确要求"规范企业海外经营行为……加强企业海外经营行为合规制度建设"①。

第二阶段:中兴通讯第二次被处罚,更换整个董事会成员。2018 年 4 月 16 日,美国商务部宣布暂停中兴通讯为期 7 年的出口特权。2018 年 6 月 7 日,中兴通讯与美国商务部工业与安全局(Bureau of Industry and Security,BIS)达成新的协议。协议要求:第一,中兴通讯更换整个董事会和高级领导层。第二,中兴通讯应保留由 BIS 挑选并负责国际清算银行的特别合规协调员团队,为期 10 年,以实时监控中兴通讯是否符合美国出口管制法律,这是国际清算银行首次采取如此严格的合规措施。

中兴事件敲响了企业合规的警钟,是我国企业合规改革的代表性事件。2018 年 11 月 1 日,习近平总书记在民营企业座谈会上指出:"民营企业家要讲正气、走正道……在合法合规中提高企业竞争能力。"②

此阶段我国学界尚未完全聚焦企业合规研究,刑法学者主要侧重于单位犯罪的认定、单位责任的完善等问题,偶尔提及企业合规。代表性学者为黎宏教授、周振杰教授和李本灿教授等。

### (二)我国企业合规改革的发展

以 2018 年为起点,我国企业合规改革划分为两个阶段。

1. 企业合规改革初步发展阶段(2018—2020 年)

第一阶段是我国企业合规改革的初步发展阶段,倡导机关是国家

---

① 《习近平主持召开中央全面深化改革领导小组第三十五次会议》,载中国政府网,https://www.gov.cn/xinwen/2017-05/23/content_5196189.htm。

② 《习近平在民营企业座谈会上的讲话》,载新华网 2018 年 11 月 1 日,https://baijiahao.baidu.com/s?id=1615945731846490254&wfr=spider&for=pc。

发展和改革委员会、国家质量技术监督局、外交部、司法部等多个部门。2018年国家发展和改革委员会、外交部等多部门连续发布多个重量级文件或者合规指南，因而2018年被称为我国企业合规元年。

2018年7月，国家质量监督检验检疫总局（现为国家市场监督管理总局）、国家标准化管理委员会联合发布的《合规管理体系指南》（GB/T 35770—2017）生效。同年11月，国务院国有资产监督管理委员会发布实施《中央企业合规管理指引（试行）》（国资发法规〔2018〕106号）。同年12月，国家发展和改革委员会、外交部、商务部等部门联合发布《企业境外经营合规管理指引》（发改外资〔2018〕1916号）。我国企业合规改革正式拉开帷幕。

2. 最高人民检察院倡导的涉案企业合规试点阶段（2020—2022年）

第二阶段是涉案企业合规改革试点阶段，倡导机关是最高人民检察院。2020年3月，最高人民检察院开启第一期涉案企业合规改革，具体部署在上海浦东、金山，江苏张家港，山东郯城，广东深圳南山、宝安6家基层人民检察院，试点开展企业犯罪相对不起诉适用机制改革。我国涉案企业合规改革试点工作开始。

2021年4月，最高人民检察院启动第二期涉案企业合规改革试点工作，试点范围较第一期有所扩大，涉及北京、广东等10个省（直辖市）。截至2021年12月底，10个试点省份共办理涉企业合规案件600余件，其中适用第三方监督评估机制案件300余件。一些非试点省份也在法律框架内不同程度地开展了涉案企业合规工作。①

值得注意的是，2018年发展和改革委员会等部门发布企业合规指南等类似文件，倡导的是有效合规计划，侧重于事前合规，即对于未涉罪企业倡导提前预防企业犯罪，引导企业提前构建企业合规体系，制定企业合规指南，目的在于预防企业犯罪。而由最高人民检察院倡导的是涉案企业合规改革，侧重于事后合规，即企业犯罪后，通过检察机关引导由第三方评估机制认定合规整改有效，对企业可以作出不起诉处

① 参见《检察机关深入推进涉案企业合规改革试点　针对企业突出管理问题提出对策建议》，载最高人民检察院网，https://www.spp.gov.cn/spp/xwfbh/wsfbt/202203/t20220306_547535.shtml。

理,目的在于优化营商环境,督促涉罪企业做出合规整改,以达到“放过企业,严惩责任人”的法律效果、社会效果及政治效果的统一。

涉案企业合规改革虽然在西方国家已有多年法治经验,在我国尚属新生事物。此阶段,学界的研究大多集中于刑事诉讼方面,尤其是涉案企业合规不起诉等方面。刑法学者虽也开始关注企业合规研究,但部分学者对此仍然存有疑虑。①

### (三)企业合规改革的全面铺开

2022 年 1 月全国检察长(扩大)会议在北京召开,会议提出,我国涉案企业合规改革第二批试点结束,最高人民检察院将总结经验,在全国检察机关全面推开。时任最高人民检察院检察长张军要求,“各地要积极主动争取党委政府支持,依法可适用合规监管整改的都要用,为推动立法打好基础”。

从 2020 年起,我国学界对于企业合规的关注度也日益提高。学者从不同角度关注企业合规问题,企业合规成为学术研究的热点问题。2018 年至 2021 年,发文量呈现爆发性增长。② 学者从最初的企业合规基本理论等引介性介绍,逐步进行深入研究,内容涉及企业合规的三重治理逻辑、企业合规的内生动力、企业刑事合规的法律定位、有效合规整改、刑事合规的程序构建等方面,学者对于企业合规理论研究渐入佳境。

## 二、企业合规刑法激励面临的三大疑难问题

在涉案企业合规改革中,最为重要的环节就是刑事激励,该环节面临三大亟待解决的难题:一是企业合规刑事激励面临法律依据不足的局面亟待解决,而落实合规刑事激励的根本之策是法治化。二是合规改革企业内在动力不足。合规改革由国家外部治理转为企业内部监

---

① 参见田宏杰:《刑事合规的反思》,载《北京大学学报(哲学社会科学版)》2020 年第 2 期;刘伟:《刑事合规的溯源、反思与构建》,载《江海学刊》2021 年第 4 期;万方:《企业合规刑事化的发展及启示》,载《中国刑事法杂志》2019 年第 2 期。

② 2022 年 7 月 21 日,以“企业合规”为关键词,以中国知网为检索平台,时间段设置为 2018 年(合规元年)至 2021 年。中国知网收录的关于企业合规的文章数量如下:2018 年发文量为 522 篇,2019 年为 702 篇,2020 年为 787 篇,2021 年则猛增至 1058 篇。

管，然而企业对于建立合规体系积极性并不高。唯有激励才能将制度推行。三是企业合规刑法激励的正当性理论缺失。当前，合规改革面临最大的质疑就是企业合规激励是否偏离司法正义，是否会导致对企业犯罪惩治力度的削弱。

### （一）企业合规刑事激励面临法律依据不足的局面

企业合规改革在我国刚刚起步，不可避免地面临法律依据不足的局面。最高人民检察院在倡导企业合规改革时，明确要求应当在法治轨道内进行，即"企业合规试点工作要坚守严格依法这条红线，现有的探索都要在法律规定的框架内进行"。[①] 合规刑事激励是涉案企业合规改革的重中之重。

有学者提出，"在没有刑事实体法的保障下，刑事合规制度只能作为一种理念而存在"[②]。还有学者质疑，"当今的合规计划既没有作为量刑法定情节的支撑，也不是检察机关作出不起诉决定的依据，更缺乏刑事诉讼暂缓起诉的制度支撑"[③]。

刑事合规制度的根本要义并不在于惩罚，而在于通过制度完善优化社会环境，消除产生犯罪的土壤，因此在相关制度设计上必须将企业刑事合规与责任承担和责任豁免相挂钩。

企业合规刑事激励既包括刑事实体法激励，还包括刑事程序法激励。国内对于刑事诉讼激励机制的研究成果较多，而刑法激励机制仍然处于探索阶段，因而本文着重于刑法激励机制的研究。所谓企业合规刑法激励，就是通过在刑事法律制度体系中引入合规计划，将其作为认定企业刑事责任的核心要素，企业结合自身具体情况，制定以预防、发现和处理企业犯罪行为为目的的系统性合规机制和措施的义务，并确立与之相对应的激励措施，以此激发企业自主构建刑事风险内控机制、积极预防犯罪的动力。

---

① 参见徐日丹：《如何让好制度释放司法红利——全国检察机关全面推开涉案企业合规改革试点工作部署会解读》，载《检察日报》2022 年 4 月 6 日，第 1 版。

② 秦长森：《冲动与控制：刍议我国单位犯罪适用的困局与出路》，载《湖北文理学院学报》2020 年第 6 期。

③ 刘伟：《刑事合规的溯源、反思与构建》，载《江海学刊》2021 年第 4 期。

(二)合规改革企业内在动力不足

企业合规改革的最初期望是转变企业治理模式,将企业自身治理模式转变为国家监督、社会参与、企业管理三位一体的公私共治模式。然而,在推行企业合规改革的同时,企业内在动力不足引发的一系列副作用也不容小觑。

首先,作为市场逐利主体的企业,只有在企业成本小于合规成本时,企业才会愿意制定合规计划,做好合规整改,配合检察机关完成企业合规管理体系的构建。如果合规不起诉的适用对象仅仅局限于涉案企业,由检察机关督促企业进行合规整改,那么合法经营的企业更无合规改造的动力。如果没有足够的激励机制或动力,企业合规改革自企业本身就难以有效实施。

其次,企业合规正向激励方式虽取得一定成效,但仅凭合规不起诉这种单一方式难以从整体上达到企业合规应有的激励效果。我国企业合规改革刚刚起步,合规不起诉还未成为法定不起诉的理由。在试点之初,突出合规不起诉的正向激励虽能吸引一部分企业合规整改,但如果仅在事后强调以正向激励促进企业合规管理体系的建设,则有治标不治本之嫌。从长远来看,单一的正向激励方式难以确保企业形成普遍、广泛的自律,最终将导致正向激励的效果有限,也无法形成长效的激励机制。

最后,经济犯罪在某种意义上是公司内部缺乏合规制度,或者合规制度没有实际发生作用,又或者行政监管不到位导致的。直接运用刑法进行管制可能会加剧检察院、法院的工作压力,增加国家治理犯罪的成本。社会治理体系是国家治理体系的有益补充,刑事合规意味着国家将对企业犯罪的控制和治理责任部分地转移给了企业,刑法由国家与企业的对抗性模式走向了合作共治的模式。

(三)企业合规刑法激励的正当性理论缺失

当前合规改革面临最大的质疑就是企业合规激励是否偏离司法正义,是否会导致对企业犯罪惩治力度的削弱。企业合规改革的核心问题就是激励机制,如果激励机制的正当性理论缺失,企业合规改革可谓名不正言不顺。

首先,企业合规的法律定位仍不够明确。在我国现有刑法和刑事诉讼法中,尚未有关于企业合规的明确规定。企业合规(确切地说是有效合规整改)既不是刑法规定的单位法定义务,也不是刑法、刑事诉讼法明确规定的法定出罪事由或者法定从宽情节。

其次,企业合规存在即使通过刑事立法解决了立法论的障碍,也无法解答合规改革刑法激励正当性的问题。企业事前并未建立有效合规计划,涉案后却因为合规整改而得以换取检察机关的不起诉决定。不得不说,事后出罪模式不仅无法消除对于刑法基本原则的冲击,而且对于一贯遵纪守法的企业而言也显失公平。

最后,企业合规"放过企业,严惩责任人"基本理念也缺乏正当性。有学者对此提出:"既然放过企业,则意味着单位犯罪已经不复存在,如何处置责任人成为新的教义学难题。"[①]由此可见,如果企业合规刑法激励的正当性理论缺失,则会成为企业合规改革不可逾越的障碍,也使得改革无法落在实处,无法做到真合规。

## 三、企业合规刑法激励的法定化是根本解决之策

无论是法律传统的传承,还是具体国情的制约,抑或现有立法规定的束缚,目前将企业合规纳入刑法和刑事诉讼法规制范畴困难重重。正如陈瑞华教授所言,"在刑法和刑事诉讼法中引入合规激励机制,是企业合规中国化所面临的最大难题"。

对于企业犯罪而言,预防比惩治更为重要。[②] 在社会治理现代化的背景下,合规是企业治理以及企业犯罪治理的创新模式,契合了企业产权保护的精神,有助于实现社会稳定。有学者提出,企业刑事合规制度实际上是一种良民制度,鼓励企业成为良民,主动抵制和谴责犯罪行为,从而达到减少企业犯罪的目的。因而,构建刑事合规制度的根本解决之策是修改刑法,将企业合规计划规定为单位犯罪的法定从轻、减轻情节;修改刑事诉讼法,将合规计划规定为一种刑法激励机制,与不起

---

① 刘艳红:《企业合规不起诉改革的刑法教义学根基》,载《中国刑事法杂志》2022 年第 1 期。

② 参见孙国祥:《企业合规改革实践的观察与思考》,载《中国刑事法杂志》2021 年第 5 期。

诉制度、认罪认罚制度相结合。[①]

在我国,合规刑法激励是企业犯罪治理模式转变的重要体现。我国刑法对于单位犯罪(包括企业犯罪)的规制经历了从无到有,从零星规定到单行刑法再到刑法总则分则一体规定的历程。有学者提出,"合规不仅仅是公司犯罪制度的升级,也是公司治理乃至公司理论在社会实践中演化的结果"[②]。我国刑法对于企业犯罪的惩治模式采用从严惩治、严密法网的传统治理模式。

2021 年财政部、生态环境部等 9 个部门联合发布的《关于建立涉案企业合规第三方监督评估机制的指导意见(试行)》(以下简称《指导意见》),明确规定检察机关在办理涉案企业犯罪案件过程中,应当将第三方组织合规考察的相关材料,作为依法作出批捕或者不批捕、起诉或者不起诉以及是否变更强制措施等决定的重要参考。这就意味着由检察机关倡导的涉案企业合规改革是以合规刑法激励机制为核心而展开的,无论是事先的有效合规计划,还是事后的有效合规整改,均是检察机关做出刑法激励措施的重要考量因素。基于此,合规刑法激励措施是企业合规改革的重中之重。

## 四、企业合规刑法激励机制的法治化构建

企业合规刑事激励,从不同层面可做不同分类。首先,在刑事政策层面,企业合规刑事激励可以分为正向激励和反向激励。正向激励,是指以合规计划作为排除、减轻企业罪责或者暂缓起诉、不起诉的事由。实体法上,合规可以阻却违法或者责任,或者减轻责任;程序法上,合规可能成为达成暂缓起诉或者不起诉的决定性因素。反向激励是指不实施合规计划可以成为从重的根据。[③] 由此可见,刑事激励不仅包括正向激励,还包括反向激励,即不实施合规计划,构成犯罪的企业应当被追

---

① 参见刘霜:《意大利企业合规制度的全面解读及其启示》,载《法制与社会发展》2022 年第 1 期。

② 邓峰:《公司合规的源流及中国的制度局限》,载《比较法研究》2020 年第 1 期。

③ 参见李本灿:《法治化营商环境建设的合规机制——以刑事合规为中心》,载《法学研究》2021 年第 1 期。

究刑事责任。处罚越严厉,越可能促进企业合规。①

其次,在刑事实体法与程序法层面,企业合规刑事激励可以分为刑事实体法激励和刑事程序法激励。我国刑事诉讼法的学者在企业合规程序激励机制方面成果较多,而且检察机关在构建合规不起诉的程序制度等方面也是颇有心得。然而,“在没有刑事实体法的保障下,刑事合规制度只能作为一种理念而存在”②。现行刑法虽然没有专门的企业合规或者刑事合规的概念,对于企业合规刑法激励制度缺乏体系性的立法支持,但仍然具有倡导和激励企业合规的制度空间。

### (一)企业合规作为法定出罪事由

刑事实体出罪模式属于企业合规的激励途径之一,能够提高企业履行合规义务的积极性。③ 但也有学者提出,“目前《刑法》中没有将企业合规规定为违法阻却事由,所以实务中适用完成合规整改以合规作为出罪事由存在现实困难,应当尽快设置刑事合规的出罪制度”④。

企业合规的法治化路径之一,就是以企业事先构建有合规计划作为企业的法定出罪事由。我国刑事审判实践中已有相关案例,企业刑事合规抗辩第一案就是遵循了这种做法。该案的具体案情如下:2011年至2013年9月,被告人郑某、杨某在其分别担任雀巢(中国)有限公司(以下简称雀巢公司)西北区婴儿营养部市务经理、兰州分公司婴儿营养部甘肃区域经理期间,为了抢占市场份额,推销雀巢奶粉,授意该公司员工被告人杨某甲、李某某、杜某某、孙某通过拉关系、支付好处费等手段,多次从兰州大学第一附属医院、兰州军区总医院、兰州兰石医院等多家医院医务人员手中非法获取公民个人信息。兰州市中级人民法院二审裁定:“单位犯罪是为本单位谋取非法利益之目的,在客观上实施了由本单位集体决定或者由负责人决定的行为。雀巢公司政策、

---

① See Ian Ayres & John Braithwaite, *Responsive Regulation: Transcending the Deregulation Debate*, Oxford University Press, 1992, p. 40.

② 秦长森:《冲动与控制:刍议我国单位犯罪适用的困局与出路》,载《湖北文理学院学报》2020年第6期。

③ 参见刘艳红:《企业合规不起诉改革的刑法教义学根基》,载《中国刑事法杂志》2022年第1期。

④ 姜涛:《企业刑事合规不起诉的实体法根据》,载《东方法学》2022年第3期。

员工行为规范等证据证实，雀巢公司禁止员工从事侵犯公民个人信息的违法犯罪行为，各上诉人违反公司管理规定，为提升个人业绩而实施犯罪为个人行为。”①由本案可知，兰州市中级人民法院开创性地采纳以下两点作为判决理由：一是雀巢公司已经建立企业合规管理体系；二是员工个人违法行为并不代表单位意志的抗辩事由。基于此，兰州市中级人民法院得出结论：因合规切割了员工个人责任与单位责任，认定单位不构成犯罪。此案具有重要意义，不仅开创了以企业合规切割企业与员工责任的先例，而且该案判决于 2017 年，可见我国司法实践对于企业合规已有先例可循。不过，必须指出的是，虽然该案将企业合规计划作为企业出罪的理由，但并非法定事由。该案仅为个案，将企业合规作为法定出罪事由，才是长久之策。

笔者认为，可以借鉴意大利企业合规专门法令第 231 号法令的立法模式，将“有效合规计划”作为企业免责事由。具体分析如下：企业如果已经制定合规计划、履行合规义务，可以借鉴国外立法经验，将企业有效合规计划作为阻却犯罪的正当化事由，不对企业进行定罪，仅追究不履行合规义务的责任人的刑事责任。此种做法对于大型跨国公司而言尤为有利。如果该跨国公司事先已经做好合规计划，并在企业内部有效实施，其海外某分支机构涉嫌犯罪，则该跨国公司总部可以就此免责，将刑事责任切割，从而实现实体出罪的积极效果。

### （二）企业合规作为法定从宽情节

企业合规的法治化路径之二就是以企业建立有效合规计划作为法定从宽情节。西方国家的法院在对涉嫌犯罪的企业进行定罪后，对企业合规情况进行考察，将企业建立有效的合规计划作为一种重要的量刑情节，对企业作出较大幅度的减轻处罚。这种以合规换取减轻刑罚的做法，又被称为“量刑激励”。

司法机关通过量刑激励的方式，倡导更多的企业积极构建并落实有效的合规计划。具体的操作建议如下：（1）企业应存在有效的合规计划，并对公司员工进行相关培训，预防犯罪发生；（2）犯罪事件发生后，企业应积极配合检察机关的调查并根据检察机关的要求按照合规计划

---

① 甘肃省兰州市中级人民法院刑事裁定书，（2017）甘 01 刑终 89 号。

进行整改;(3)第三方评估机构负责对企业合规整改情况进行考察,检察机关根据第三方评估结果,结合企业整改的实际情况,形成书面减档量刑建议随案移送法院。

### (三)企业合规刑法激励机制的法条设计

企业合规刑事激励的法定化是涉案企业合规改革的重中之重。应当厘清事先合规与事后合规、合规计划与合规整改的界限后再进行法条设计。

1. 企业合规刑法激励的条文设定前提

首先,应当厘清事先合规与事后合规。事先合规是西方国家惯常做法,倡导企业应当提前构建合规计划,以此作为企业与员工责任切割的法律工具。如果企业事先建立有效合规计划,其内部自然人实施犯罪的,企业可以免责或者从宽处罚。而我国最高人民检察院倡导的是涉案企业合规改革,类似于事后合规。如果涉案企业承诺进行合规整改,则经由第三方评估合规整改有效的,可以视情节对其进行从宽处罚。[①]

其次,应当区分合规计划与合规整改。合规计划一般是针对事先合规,目的是鼓励企业预防犯罪,适用对象是一般企业,而并非涉案企业。合规整改则是针对事后合规,适用对象是涉案企业,目的是倡导涉案企业认罪认罚,进行补救挽损措施,促进企业进行事后补救,并构建合规体系,预防企业再次犯同类罪。

2. 企业合规刑法修改的条文设计

我国《刑法》总则第二章第四节专门规定了单位犯罪,主要为《刑法》第 30 条和第 31 条。鉴于我国刑法对于单位犯罪长期未作修改,且当前我国企业合规改革正在如火如荼地进行,并且合规理念日渐深入人心。因而,笔者建议,借着企业合规改革的东风,将企业合规刑法激励机制纳入刑法典,新增企业合规从宽以及涉案企业合规从宽两个条款。

第 30 条(单位犯罪的一般规定)

原条文规定:公司、企业、事业单位、机关、团体实施的危害社会的

---

① 参见刘霜、[意]安德烈・卡斯塔洛:《论企业合规计划的有效性判定——中意刑法比较研究的视角》,载《澳门法学》2022 年第 1 期。

行为,法律规定为单位犯罪的,应当负刑事责任。

新条文设计:公司、企业、事业单位、团体实施的危害社会的行为,法律规定为单位犯罪的,应当负刑事责任。

第 30 条之一(企业合规从宽)

单位没有建立或者未能有效实施合规计划的,单位内部人员以单位名义,为了单位利益实施犯罪,刑法规定为单位犯罪的,单位应当负刑事责任。

单位已经建立并有效实施合规计划,单位内部自然人以单位名义,为了单位利益,违反合规计划实施犯罪的,追究责任人的刑事责任,单位可以不负刑事责任,或者视情节从轻、减轻或者免除处罚。

第 30 条之二(涉案企业合规从宽)

涉嫌犯罪的单位,认罪认罚且全面配合司法机关进行合规整改,及时采取措施补救违法行为,建立有效合规,第三方评估机制认可合规整改有效的,可以根据情节不予起诉,或者从轻、减轻或者免除处罚。

## 五、结语

检察主导的企业合规改革是一场伟大的司法变革。但是合规改革并非一帆风顺,既有理念羁绊,也有制度障碍。企业合规改革的重中之重即为合规刑事激励机制的法治化构建。唯有将企业合规刑事激励机制予以法定化,将其规定为法定出罪事由或者法定从宽事由,方能解决当前企业合规法律依据不足的局面,也可以为企业合规改革的深度进行提供有效的法律保障,确保企业合规在法治化轨道上顺利进行。

# 企业重大犯罪案件合规整改的分案处理机制研究

谢安平　刘　琦*

**内容摘要**：在合规不起诉制度改革过程中，面对企业重大犯罪案件适用分案处理机制与“双罚制”的潜在冲突，应意识到传统观念在解读“双罚制”时存在的某些局限。在组织体责任论影响下，企业和责任人员因归责路径的相对独立而具备分离入罪和分离出罪的可能，此可作为企业重大犯罪案件适用分案处理机制的理论依据。在此基础上，面对分案处理思路在实践层面的诸多争议，需要进一步将这一创新思路与我国刑事法律制度、社会文化相融合。在制度设计层面，具体包括逐步填补企业监督过失责任在刑事立法层面的缺失、贯彻功能责任论、合理规制检察官的不起诉裁量权、建构责任人员从宽处理机制等方式。

**关键词**：合规不起诉；分案处理；组织体责任论；不起诉裁量权

## 一、引言

合规不起诉制度以涉罪企业自主放弃诉讼对抗、公

* 谢安平，北京工商大学法学院教授；刘琦，北京工商大学法学院硕士研究生。

权力机关保障其诉讼参与为基础，通过检企之间的平等协商，将建构合规计划的效果与程序出罪的决定相关联。此为检察机关将协商性司法模式引入企业犯罪治理领域的新探索，属于协商性公诉理念的最新发展。[①] 对涉罪企业而言，一方面，合规程序出罪具有激励效应，避免了因定罪量刑而产生诸多负面效果。另一方面，合规不起诉的推行旨在督促企业建构预防犯罪再次发生的风险防控体系；通过这种将教育改造功能从刑罚执行程序前移至诉讼程序的制度安排，企业的刑事风险防控意识与能力得以强化。

合规程序出罪对企业产生的双重积极效果，促使试点检察机关在各辖区内积极展开探索，并于 2022 年 4 月在全国检察机关全面铺开。前期试点的检察机关大多对不起诉裁量权的行使持谨慎态度，将合规不起诉视为相对不起诉的一种形态，并将企业犯罪与企业责任人犯罪捆绑在一起，认为只有对直接责任人可能被判处 3 年有期徒刑以下刑罚的单位犯罪案件，才具备适用合规不起诉的可能。[②] 这种做法于法有据，符合罪刑法定的基本要求，但有司法人员提出了如下困惑："既然企业本身犯罪情节轻微，符合相对不起诉的条件，又何必大费周章、耗时耗力搞合规呢？"[③]合规不起诉以合规激励效应为制度基础，但将适用范围限制在本就符合相对不起诉的企业犯罪案件，又赋予企业以合规负担，这使制度设置对于涉嫌轻罪与涉嫌重罪的企业而言，均缺乏明显的刑事激励效果。因此，有学者认为，"要想真正发挥合规不起诉改革的激励效果，面向重大单位犯罪的合规考察及不起诉试验势在必行"。[④] 亦有学者在此基础上进一步提出"在企业重大犯罪案件中，放过企业、追究直接责任人刑事责任，对企业犯罪实行分案处理"的程序安排。[⑤] 实务界对上述观点进行积极回应，例如《深圳检察机关企业合规工作实

---

① 参见陈瑞华：《企业合规基本理论》，法律出版社 2022 年版，第 395 页。

② 参见陈瑞华：《企业合规出罪的三种模式》，载《比较法研究》2021 年第 3 期。

③ 邱春艳：《从讲政治的高度共同推进企业合规工作——最高检调研组赴江苏张家港调研企业合规改革试点》，载《检察日报》2021 年 5 月 17 日，第 1 版。

④ 参见刘艳红：《企业合规不起诉改革的刑法教义学根基》，载《中国刑事法杂志》2022 年第 1 期。

⑤ 参见赵天红：《以司法推动立法，构建企业合规制度》，载微信公众号"尚权刑辩"2022 年 6 月 24 日，https://mp.weixin.qq.com/s/mcmaiVDsCXhiHoMV97jliQ。

施办法(试行)》将自然人和企业进行分别处理,明确对行为人可能判处3年以上10年以下有期徒刑的企业犯罪案件,经涉案企业合规监督考察合格的,在对自然人提起公诉的同时,可以对企业作出不起诉决定。①

企业重大犯罪案件分案处理机制的建构,是最大限度发挥合规激励效果、落实民营企业刑事司法保护政策的关键制度设计,但同时也面临违反罪刑法定、罪刑均衡等多项刑法基本原则的质疑。本文从企业重大犯罪案件分案处理的理论依据出发,在发现问题的基础上,探寻分案处理机制深化完善的合理路径。其中,企业合规作为涉及多个法学学科的课题,在刑事合规研究层面,更需要防范可能出现的程序法学者和实体法学者"铁路警察各管一段"的局面。应注重打破学科间的研究壁垒,贯通学科联系,以刑事一体化的思维指导合规不起诉制度的理论及立法研究。

## 二、企业重大犯罪案件分案处理的理论依据

### (一)传统观念解读"双罚制"的局限和组织体责任论的兴起

将分案处理思路引入我国单位犯罪刑事诉讼体系中,规范层面的障碍在于,我国长期秉持以"双罚制"为原则、以"单罚制"为例外的归责制度,这导致无法在不起诉单位的情况下独立追究内部责任人员的刑事责任。由"双罚制"的具体解读可知,"个人的刑事责任是以单位构成犯罪并追究刑事责任为前提的,如果单位不承担刑事责任,当然不存在单位中的主管人员和直接责任人员承担刑事责任的问题"②,故分案处理不具备合法性依据。实际上,这是传统观念将单位与责任人员归责原则进行完全捆绑,实行一体化归责的典型体现。传统观念在解读"双罚制",说明为何应对与单位犯罪有关的自然人追究刑事责任的问题时,均认为:就单位犯罪的主观过错而言,所谓单位的犯罪意志,无外乎是自然人的犯罪意志强加给单位;就单位犯罪的客观行为而言,所谓

① 参见李小东:《涉案企业合规建设"深圳模式"的探索与实践》,载《人民检察》2021年第20期。

② 李勇:《涉案企业合规中单位与责任人的二元化模式》,载《中国检察官》2022年第12期。

单位的犯罪行为,也无非是通过自然人实施的;由于自然人的客观行为和主观意志最终演变为单位的犯罪行为和意志,故自然人理所应当对由自己决定实施的单位的犯罪活动承担刑事责任。①

上述对责任人员追究刑事责任依据的论证,貌似完整说明了为何单位与个人必须同时追诉、不可分离;因为这种论证在认定单位犯罪的路径上完全以内部自然人的行为、意志为基础,甚至可以说是完全意义上的套用、替换;在此前提下,单位若不被追诉,则反向证明了内部自然人也不具有刑罚谴责的依据。然而,这种在阐释"双罚制"时主张将单位与责任人归责原则进行完全捆绑的观念,虽然在形式上认可单位可以为犯罪主体,但在可谴责性的实质判断过程中却滑向单位承担转嫁责任,并且造成了在单位犯罪认定时的某些局限。首先,单位和作为其组成人员的自然人的意志没有被区分开来。我国《刑法》第 30 条已经将单位犯罪视为单位自身的犯罪。传统观念虽然形式上遵循了第 30 条的逻辑,但本质上没有以单位自身犯罪为基础,探究单位犯罪独立的归责原则,甚至存在将单位犯罪降格为内部成员个人犯罪的嫌疑。其次,传统观念对"双罚制"的解读,通过论证单位内部自然人承担刑事责任的依据,间接表明单位犯罪的主观过错只能以唯一形式呈现,即"拥有决策权的董事会成员或已获授权高管在单位业务活动中的故意过失直接归属于单位"的情况,进而忽视了以下两种单位犯罪主观过错的表现形式:第一,单位自身存在某些诱发犯罪的特质,导致内部成员在其影响下不得已实施违法犯罪行为,此时单位因自身情况而具有了入罪的可能。第二,在单位毫不知情的情况下,内部组成人员实施了某种"法律规定为单位犯罪"的情形,单位因疏于监管而需要被追究监督过失责任。②

正是看到我国传统观点实质上仍将单位视作自然人的附属品,缺乏独立研究的视角,晚近时期,美国、日本等主张以组织体责任论考察法人固有责任的思潮传入我国,成为我国刑事法学者研究的议题,这特别体现在合规进入刑事法领域,构建合规激励机制需要重新检视单位

① 参见黎宏:《单位刑事责任论》,清华大学出版社 2001 年版,第 279 ~ 280 页。

② 参见黎宏:《单位刑事责任论》,清华大学出版社 2001 年版,第 279 ~ 280 页。

刑事责任归责理论之时。组织体责任论认为,法人的宗旨目标、议事程序、行为准则、业务习惯等人格特征对法人自身意志的形成起到重要作用,应当以法人固有特征为基础考察其固有责任。实际上,从单位活动的现实情况可知,内部成员的意思活动确实在一定范围内对单位自身意志的形成起到至关重要的作用;但单位犯罪研究的本质是探讨单位本身的处罚问题,这就需要从其固有特质出发找寻可谴责的依据,内部人员的意志只能作为认定单位自身意志的"素材",不能将其任意转换为单位自身意志。基于此,有学者在借鉴哲学家佩蒂特的附随关系说基础上,将单位意志视作一个函数,并着重就单位故意的过错形式进行研究。具体而言,在认定单位故意时,可将其视作由函数关系决定的因变量,是主、客观相混合的产物,既有自变量(单位中自然人意志)的主观底色,也深受函数关系(单位自身的决策机制和经营管理中的默认规则)的客观影响。① 亦有学者认为,即便说单位组成人员的意志最终可以表现为单位意志,也需要承认自然人的意志是受单位自身的政策、制度、业务范围和目标、精神文化等诸多因素制约的。② 换言之,自然人在一个组织系统内经过长期的浸染,已经受到组织体固有价值观念、行为准则的同化,其行为模式已经是对组织体固有特质的条件反射,主观意志已经是单位意志的"扬声器"。如此一来,那些严重偏离单位规章制度、明显带有自主意思的内部自然人意志,显然不能归属于单位自身意志。

### (二)组织体责任论影响下单位和自然人的分离入罪与分离出罪

组织体责任论引入我国单位犯罪归责体系的意义在于实现单位和责任人员归责路径的相对分离,旨在明确内部人员的意志行为仅是单位自身责任判断过程中的素材、参考。因此,单位与责任人员因归责路径的相对独立而实现分离入罪,并可有效弥补传统观念在单位犯罪认定时产生的部分局限。具体而言,第一,单位决策制度显示单一或部分内部人员对某经营管理事项拥有实质决策权,该主体命令鼓励、纵容追

① 参见史蔚:《组织体罪责理念下单位故意的认定:以污染环境罪为例》,载《政治与法律》2020 年第 5 期。

② 参见黎宏:《组织体刑事责任论及其应用》,载《法学研究》2020 年第 2 期。

认不当行为或产生经营决策失误，且对决策合法性进行审核监督的机制实际缺乏或未起到把关作用，此时针对下属员工实施的“《刑法》规定为单位犯罪”的行为，单位构成故意犯罪或过失犯罪。第二，单位没有明确的违法决策，但通过证据可以证明单位自身具有鼓励、纵容违法行为发生的制度、文化，内部员工在这种违法特质的影响下，不得已实施了法益侵害行为，单位成立故意犯罪。第三，内部员工实施犯罪行为，单位自身因监管体制不完善导致监管失职，单位因此呈现过失的过错形态，承担监督过失责任。由此可见，单位具有多种相对独立的归责路径，内部自然人的意志仅在部分情况下对单位犯意的成立产生影响，且仅可视为素材、参考。相比之下，单位犯罪中的责任人员主体，其归责路径较为单一。虽然责任人员在组织体内受到组织体固有特征的影响，具有一定从属性，但毕竟其意志并非完全受制于单位固有特征，也具有相对独立性。[①] 责任人员作为具有完全刑事责任能力的主体参与到社会实践中，对自己行为具备刑法意义上的辨认能力和控制能力。责任人员在具有自由选择权的基础上，选择作为单位犯罪的其中一环以促成法益侵害结果的发生，故应当对其自身行为承担行为责任。

既然单位和责任人员因归责路径的差异可以实现分离入罪，那么不同归责路径也必然对应不同的出罪缘由，进一步产生了单位和责任人员的分离出罪。从单位犯罪的归责路径可知，其自身的宗旨目标、议事程序、行为准则、业务习惯等固有特征，对犯罪成立具有重要影响。因此，单位犯罪治理的特点之一在于注重改造组织体自身诱发内部人员犯罪的不良经营体制、商业模式。当前学者们热衷于研究的有效合规计划建构，在微观层面，作为一种现代公司的治理方式，其功能就在于帮助企业消除潜在的犯罪基因，重塑合规经营的管理体制与商业模式。其中，有效合规计划，在企业因经营决策失误或监管不善所致的过失犯罪场合中，对其自身预防再犯罪的效果更为明显。合规管理体系作为企业一种自我监管的方式，发挥作用的前提是企业决策层具有合

---

① 参见黎宏：《单位刑事责任论》，清华大学出版社2001年版，第279～280页。

规意愿、作出合规承诺。[①] 对于企业故意犯罪而言，倘若该组织体在日常经营中已经习惯于通过违法违规手段追求经济效益，那么决策层在涉罪后所作的合规承诺，较大概率是出于换取从宽处罚的目的，带有强烈功利性质和唯心主义色彩；企业日后构建的合规计划也较大概率存在演变成“纸面合规计划”的可能，缺乏可行性、有效性和全面性。反观在过失犯罪的场合，企业本身并无通过违法违规方式谋取利益的目的，其只不过是在追求经济效益过程中，对潜在的刑事风险预判不足而产生决策失误或是未能给予员工业务行为以妥善监督而造成员工行为的偏离。企业涉罪后，其内部通过合规决议、展开风险识别防控、优化从业人员选任和监督措施等是具有可期待性的，有效落实合规计划也是更为容易的。此外，企业犯罪刑事诉讼相较于传统自然人犯罪刑事诉讼，更加注重防范因组织体遭受刑法处罚而对企业自身、善意第三方、社会经济秩序等造成的动荡。因此，单位犯罪治理的特点之二在于国家对企业应采取某些特殊保护措施以避免社会风险的产生。

综合而言，国家层面设置合规刑事激励机制，企业通过构建有效合规计划而获得刑事激励，是符合企业犯罪治理特点的现实选择。企业因合规实现事后程序出罪，亦是具备现代刑法责任观念中功能责任论的理论支持的。功能责任论的核心主张是，行为人是否具有责任，要根据对法规范的忠诚和解决社会冲突的可能性来决定。[②] 首先，责任是行为人对法规范的忠诚问题。如果在行为人忠诚于法规范就能形成不实施违法行为的优势动机，就能战胜想实施违法行为的动机时，行为人却实施违法行为的，其就须对不当行为负有责任。[③] 基于此，功能责任论进一步认为，倘若行为人的先前行为没有体现出其对法规范的忠诚，那么就应当在刑罚中给予适当反馈。然而，责任并不是一成不变的，如果行为人的事后行为有效体现出其对法规范的忠诚，则应当在刑罚裁量

---

① 参见陈瑞华：《企业合规不起诉改革的八大争议问题》，载《中国法律评论》2021 年第 4 期。

② 参见冯军：《刑法中的责任原则——兼与张明楷教授商榷》，载《中外法学》2012 年第 1 期。

③ 参见冯军：《刑法中的责任原则——兼与张明楷教授商榷》，载《中外法学》2012 年第 1 期。

过程中对这种忠诚态度的转变给予正确评价，具体体现为责任的减少。对于企业犯罪而言，涉罪企业在刑事追诉环节认罪认罚、实施多项法益修复措施，是其对法规范态度从“背离”转向“忠诚”的重要体现；建构合规管理机制更加表明了其在法律规范框架内合规经营的决心。企业背弃法律规范的意志随着其事后的行为态度而逐步消减，应通过刑罚减免以激励此种态度的转向。其次，责任不仅是行为人对法规范的忠诚问题，也是社会系统的自治能力问题。追究行为人刑事责任、对其科处刑罚所应实现的功能在于维护社会稳定。如果社会不依赖于行为人的责任而能够自己消除冲突，即存在比追究行为人的责任更好的解消冲突的替代措施，就无须把责任归属于行为人。① 在企业犯罪中，将合规计划的实施效果与刑事追诉权的行使建立实质联系，合规程序出罪中蕴含的提升企业道德水平、避免水漾效应等价值，可以作为缓释被追诉主体与社会秩序间冲突的有效替代措施，以贯彻功能责任论要义，实现法律效果与社会效果的统一。

因此，企业出罪的依据可以归纳为在功能责任论指导下，通过建构并执行有效合规计划、接受监督评估以获得合规出罪。然而，合规计划的建构却不能直接成为责任人员实现刑罚减免的依据。其原因在于，合规计划通过改造商业模式、消除犯罪基因，标志着企业自身可谴责性的降低。而作为责任人员，其并不涉及商业模式转变等问题，故合规计划于责任人员罪过的消除无益，责任人员刑罚减免的缘由应另行寻找。

综上所述，组织体责任论的引入，为企业犯罪提供了相对独立的归责路径，由此推导出企业和自然人的分离入罪与分离出罪，这为企业重大犯罪案件分案处理机制的构建提供了重要的理论支持。

## 三、企业重大犯罪案件分案处理机制面临的问题

在企业重大犯罪案件分案处理机制中，将检察机关不起诉裁量权扩延至重罪案件，这是合规不起诉改革过程中的一项重大制度创新；对可能启动合规整改程序的企业犯罪案件进行分案处理，是对世界范围

---

① 参见冯军：《刑法中的责任原则——兼与张明楷教授商榷》，载《中外法学》2012 年第 1 期。

内企业合规基本理论强调“放过企业，严惩责任人”理念的坚持。但检察权扩张与分离追诉思路的初步形成，也产生了与我国社会现状、刑事司法传统不协调的情况，出现了理论和实践层面的诸多争议，亟待回应。

### （一）企业监督过失责任的研究不足制约合规不起诉的价值实现

前文已述，单位犯罪的归责路径之一为单位在没有有效阻止员工犯罪而存在监督过失时，应承担刑事责任；且合规计划的建构，在单位因经营决策失误或监管不善所致的过失犯罪场合中，对其自身预防再犯罪的效果更为明显。然而，由于我国缺乏对企业固有特质的考察并对其进行独立归责，在单位犯罪治理中追究组织体监督过失责任的理论探讨和司法实践也较为不足。这在企业合规改革蓬勃发展的当前，与域外法国家对企业犯罪刑事追诉的情况相比有所差异。域外诸多国家的企业犯罪刑事诉讼程序，主要追究企业因存在管理疏忽的“前置”过错而导致危害结果发生的情形。《澳大利亚联邦刑法典》在“法人的刑事责任”部分规制企业过失类犯罪时指出，当对于一个或者多个企业雇员、代表或者高级职员的行为缺乏足够的法人管理、控制或者监督，或者在法人内部缺乏将相关信息传递给相关人的完善体系时，可以认定企业主观层面存在过失。[①] 意大利法律只承认企业过失犯罪，并提出了“组织性罪过”的企业责任判断基础。在企业犯罪主观标准认定中，如果没有建立适合于防范员工实施犯罪的合规计划，造成内部成员的行为构成犯罪，企业即可能被检察机关证明或推定其自身组织管理模式不当而存在“组织性过错”，企业因此应承担刑事责任。[②]

虽然企业监督过失犯罪中存在直接行为人客观行为的介入，导致企业自身与危害结果之间存在规范评价上的“距离”，但不可否认的是，内部自然人行为是在组织体统辖范围内的，企业的利益也来源于员工业务活动的创收；因此，企业具有监督员工合法从业的义务，当监督失

---

① 参见黎宏：《企业合规不起诉改革的实体法障碍及其消除》，载《中国法学》2022 年第 3 期。

② 参见刘霜：《意大利企业合规制度的全面解读及其启示》，载《法制与社会发展》2022 年第 1 期。

灵导致危害结果现实化时就有必要追究企业自身责任。我国与域外法代表国家相比,在企业监督过失责任理论研究与司法运用上的差距,导致合规不起诉改革在步入深水区过程中,可能面临价值实现层面的瓶颈,具体表现在以下两个方面。

第一,监督过失型企业犯罪追责难,导致企业自身的监管漏洞无法通过合规整改予以完善。我国大部分犯罪的罪过形式倾向于故意形态,企业监督过失的主观过错无法纳入刑法规制的范畴中。例如,官方立场对于《刑法》第338条污染环境罪的过错形态,倾向于故意的主观构成,具体表现在2019年"两高三部"《关于办理环境污染刑事案件有关问题座谈会纪要》第2条"关于犯罪未遂的认定"以及第3条"关于主观过错的认定"中着重讨论如何结合证据判断被追诉人的主观故意,却对犯罪过失的判断方式只字未提。与官方采取绝对立场截然相反的是,理论界对于污染环境罪的罪过形式,存在故意说、过失说和模糊罪过说的争议。污染环境是诸多企业在生产经营环节普遍存在的问题,很多案件中不存在决策层决定实施环境污染行为的情况,但并不能以此来证明企业在监督管理环节无严重失职。如果刑事司法层面不能接受企业以过失成立污染环境罪,那么大量高污染企业无法进入刑事追诉环节,其中可能包括诸多造成严重污染事故的企业。如此一来,合规不起诉便难以发挥实际价值;问题企业逃脱合规整改、未能及时完善监管机制,自身将潜伏更大的刑事风险。

第二,检察机关对依照当前刑法不应被刑事追诉的企业适用合规考察程序,导致合规不起诉在部分案件中的合法性存疑。正是考虑到单位犯罪类型在现行刑法中尚未得以全面呈现,加之检察机关落实参与社会治理司法要求的需要,部分试点机关对依照刑法不应被追究刑事责任的企业采取合规考察,这集中反映在最高人民检察院印发的《企业合规典型案例(第二批)》"随州市Z公司康某某等人重大责任事故案"[①]中。对于该案所造成的重大生产安全事故,主管检察院认定企业存在安全管理制度不健全、操作规程执行不到位等问题。我国刑法未将单位划

① 《企业合规典型案例(第二批)》,载最高人民检察院网,https://www.spp.gov.cn/xwfbh/wsfbt/202112/t20211215_538815.shtml#2。

定为重大责任事故罪的主体，但一直有观点认为，在内部职工违反相关条例进行生产作业而单位因监督不力造成重大事故的场合，应当以重大责任事故罪追究单位的监督过失责任。[①] 本案中，检察机关在企业并未被公安机关移送审查起诉的情况下对其启动合规考察程序并组织第三方监督评估，本质上是希望企业填补自身监管漏洞，其出发点固然值得肯定，但亦可能因启动合规考察程序的理由不充分而面临制度适用合法性的质疑。特别是在合规整改自带一定惩罚和制裁效果的前提下，将企业纳入合规考察的对象范围更需强调于法有据。合规不起诉在上述案件中面临合法性质疑的根本原因依然在于，没有对企业监督过失犯罪给予充分重视并在刑法中予以合理定位，而这也显著制约了企业重大犯罪分案处理机制的适用率和实践成效。

(二)重罪不诉可能破坏刑法的秩序维护功能

将适用合规不起诉制度的企业犯罪案件范围扩延至重罪，并在此基础上对企业和责任人员实行分案处理，这一改革创新思路面临的最大理论质疑在于，对重罪案件适用暂缓起诉(不起诉)制度会破坏刑法的秩序维护功能，阻碍实质正义的实现。[②] 罪刑法定原则规定了企业合规程序激励机制的适用限度，即只有在轻罪范围内，企业合规程序激励机制与罪刑法定原则并不冲突。[③] 诚如质疑所言，罪刑法定原则要求“形式入罪、实质出罪”，对于符合犯罪构成要件但社会危害性较低的行为，即使不存在明文规定的出罪事由，也可能不作犯罪处理。但是，非必罚主义是存在严格适用边界的。我国刑事法律中不处罚的根据主要包括两类：一是存在法定的出罪事由或超法规的出罪事由，可以进行责任免除；二是法律基于某种刑事政策考量规定了不予处罚的事由时，可能进行责任免除。前者主要包括法定的违法阻却事由、法定的责任阻

① 参见王嘉栗、李菲：《重大责任事故罪主体的司法认定》，载《山西省政法管理干部学院学报》2016 年第 1 期。

② 参见李会彬：《刑事合规制度与我国刑法的衔接问题研究》，载《北方法学》2022 年第 1 期。

③ 参见李本灿：《企业合规程序激励的中国模式》，载《法律科学(西北政法大学学报)》2022 年第 4 期。

却事由和以《刑法》第 13 条“但书”为代表的超法规出罪事由;[①]后者则主要以检察机关行使不起诉裁量权的方式体现。目前在合规不起诉改革试点过程中,检察院的不起诉裁量权主要通过酌定不起诉和附条件不起诉两种途径实现。罪刑法定原则下,不起诉裁量权的行使受到严格限制,以起诉法定主义为主、起诉便宜主义为辅。一般来说,酌定不起诉是在起诉法定原则下,因无害于一般预防的刑罚目的,兼顾司法资源的有效利用而被容许的例外情形,故强调其使用范围严格限制于“微罪”。[②] 至于附条件不起诉,理论界对于附条件不起诉是否从属于酌定不起诉尚存有争议,但即使持“附条件不起诉是不起诉裁量权的新发展,具有相对独立的功能,应与酌定不起诉各司其职、并行不悖”观点的学者,在认可其可适用于罪行更为严重的案件的同时,也仅是主张在调整现行《刑事诉讼法》规定的基础上,将附条件不起诉的刑度范围延伸至“三年有期徒刑以下刑罚”。[③]

由此可见,在我国传统刑法理论视角下,无论是具备法定或超法规出罪事由的“实体出罪”,还是因检察机关行使不起诉裁量权所引起的“程序出罪”,均受到“不可放纵犯罪、不可僭越罪刑法定主义”的制约。特别是在“程序出罪”中,检察机关的不起诉裁量权,需要在“不宜滥用导致放纵犯罪”的逻辑下谨慎行使,否则即会产生“超出国家刑事实体法理念和相关原则的承受范围”的质疑。基于此,目前提倡的“对行为人可能判处三年以上有期徒刑的企业犯罪案件适用合规不起诉”思路,确实可能与我国传统刑法理念有所出入。面对这一理论质疑,笔者将在后文通过“以功能责任论指导合规不起诉改革”“检察机关不起诉裁量权的合理规制”等内容的叙述,在回应争议的同时,以妥善的制度设计确保企业重大犯罪案件分案处理机制行稳致远。

### (三)“放过企业、严惩责任人”理念无法适应我国国情

根据企业与责任人员的不同归责路径,可以推导出二者在出罪方

---

① 参见刘艳红:《形式入罪实质出罪:无罪判决样本的刑事出罪机制研究》,载《政治与法律》2020 年第 8 期。

② 参见刘学敏:《检察机关附条件不起诉裁量权运用之探讨》,载《中国法学》2014 年第 6 期。

③ 参见李辞:《论附条件不起诉与酌定不起诉的关系》,载《法学论坛》2014 年第 4 期。

式上存在实质差异。有效合规计划的建构只能作为企业自身再犯罪可能性降低的证据,并不能成为责任人员出罪的依据。因此,“放过企业、严惩责任人”是企业合规改革中贯彻组织体责任的必然归宿,这也与西方国家企业合规不起诉的理念相一致。

然而,应然层面具有合理性的理念,在我国实践中却产生了“水土不服”的情况。实际上,对于具备现代化企业管理体制的大型甚至超大型企业而言,“放过企业、严惩责任人”的理念并非与之格格不入,相反可以得到有效落实。其原因在于,这类企业的日常经营符合现代企业运行规律,不会因处理某个责任人员而动摇企业的根基,对其可持续发展造成实质性影响。不仅如此,域外法国家还普遍要求将配合执法机关调查、撤换或者改组董事会或高管团队、处罚直接责任人员等内容作为达成不起诉协议的前置条件。但问题在于,我国前期的合规改革试点,为落实民营企业刑事司法保护政策的要求,将合规试点的对象更多聚焦于中小型民营企业。这类企业以家族式企业居多,通常没有建立现代企业管理体制且内部权力机构单一,企业日常运营高度依赖于内部负责人,形成“人企合一”的局面。对于这类企业,如果说在轻罪范围内对其自身和责任人员实施“双不起诉”尚且具备解释的可能,但在行为人可能被判处3年以上有期徒刑的企业犯罪案件中依然不追诉责任人员,则会引发制度公正性的质疑。正因如此,“放过企业、严惩责任人”理念在中小型企业涉嫌重大犯罪案件中的适用困境就格外凸显;由于企业与个人高度捆绑,严惩个人即意味着严惩企业,对此类企业进行司法保护的目的依然无法实现。面对这一问题,尚需在分案处理机制建构过程中,通过合理设计,在贯彻制度理念与适应我国国情之间寻求平衡。

## 四、企业重大犯罪分案处理机制的合理建构

从制度发展的客观规律来看,当合规不起诉的本土化试验进入深水区时,出现各种实践问题、引发社会对于制度正当性的部分质疑是在所难免的。当前的关键在于,如何将企业重大犯罪分案处理机制这一思路创新与我国刑事法律制度、司法理念和社会文化相融合,推动制度发展中政治效果、社会效果和法律效果的有机统一。

### (一)逐步落实对企业监督过失责任的刑法评价

虽然我国目前在追究企业监督过失责任的理论探讨和司法实践中呈现某种缺失、亟待填补的局面,但有学者也指出,无差别地针对所有企业设定普遍性的刑事合规义务、增设一般性的业务监管过失犯罪,是"治乱世用重典"思路的集中体现,这在显著加剧企业及相关责任人员刑事风险的同时,亦可能与刑事法律要求的理性、克制立场相背离。[①]对此,笔者认为,尚需采取一种循序渐进的思路,逐步填补企业监督过失责任在刑事立法及司法实践层面的部分缺失,以确保合规不起诉制度适用的合法性,进一步提升企业重大犯罪案件分案处理机制的适用成效。

首先,在部分单位犯罪罪名中承认可以由过失的主观形态构成。某些罪名在罪过形式的问题上,本就存在故意说和过失说之间的争议,且各种罪过形态间的转换本质上即是通过"量"的积累从而完成"质"的飞跃,彼此之间无明显对立的边界区分。例如,在前文已述的污染环境罪中,面对环境污染高发的事态,有必要在承认企业(过失)污染环境罪的基础上,通过追究企业自身的监管过失责任、要求其履行法益修复工作,实现环境保护领域中对恢复性司法理念的倡导。值得注意的是,办案机关在监督过失型污染环境犯罪的因果判断过程中,不可一味追求事实归因。事实归因法则在间接型犯罪中的简单适用,可能因具有某种严格责任和结果归罪的意味而为人所诟病。有学者对此进一步提出了建设性主张,即应在区分归因与归责判断的基础上,分别以被监督者和监督者为出发点,综合考察排污行为、排污源、污染结果等事实内容,以及监督者行为"诱发"被监督者行为的相当性、作为介入因素的被监督者行为异常度、监督者行为与"严重污染环境"结果间的关联性等规范内容,[②]以确保因果关系判断过程的科学性。

其次,在部分罪名中将单位增设为犯罪主体,并且改变部分"单罚制"罪名中的处罚范围。这两种路径本质均是希望改变只处罚自然人

---

① 参见熊亚文:《理性建构刑事合规的中国路径》,载《比较法研究》2022 年第 3 期。

② 参见李紫阳:《监督过失型污染环境犯罪因果关系的判断》,载《河北法学》2019 年第 8 期。

的现状，将单位作为刑法处罚主体。某些情形下，如果企业自身的监督管理机制不能在危害结果发生后得到有效完善，仅仅追究行为实施人员的刑事责任，即使从业员工就此得以更换，也难以保证企业不会因自身的经营管理漏洞而再次“诱发”犯罪。因此，有必要重新检视部分罪名中的处罚范围。第一种路径以前文已述的重大责任事故罪为代表，应当通过将企业划定为该罪主体的方式，在内部职工违反相关条例进行生产作业而企业因监督不力造成重大事故的情形，追究企业的监督过失责任，并对符合条件的企业开展合规考察。第二种路径以工程重大安全事故罪为代表，此罪的特征在于仅将行为主体表述为单位，在实际追责时采用“单罚制”追究相关人员责任。根据立法原意，我国《刑法》采用“单罚制”处罚制度的罪名可以分为三类，[①]以私分国有资产罪和违规披露、不披露重要信息罪为代表的两类罪名，因对企业判处罚金可能造成本就受犯罪行为侵害的股东、债权人等利益遭到“二次伤害”，故具有适用“单罚制”的必要。但这一问题在工程重大安全事故罪中并不存在。相反，建设工程单位应当基于确保工程质量的考量，对技术人员的资质和业务行为负有评估、监督的义务。因此，此类企业可以成为监督过失类犯罪的处罚对象，在符合条件的情况下开展合规考察。

最后，在具备一定成熟经验的基础上，可以在重点领域进一步规定以企业为特殊犯罪主体的监督过失性犯罪。目前，已有域外法国家针对特定企业或特定领域的犯罪进行特别立法、规定企业监督过失类犯罪的先例。英国在 2010 年通过的《反贿赂法》中确立了“商业组织预防贿赂失职罪”的新罪名，并于 2017 年在反金融领域又确立了“商业组织预防逃避英国税收失职罪”和“商业组织预防逃避外国税收失职罪”两个新罪名。[②] 在这种因危害结果发生而推定企业失职入罪的制度基础上，英国规定了合规的出罪抗辩制度，以平衡刑法圈扩大带来的负面效应。由此可见，我国在合规不起诉改革经验相对成熟的时机下，可以进一步在重点领域中，确立企业独立的监督过失型犯罪。但在重点领域的选择层面，需要综合行政法是否具备前置性的合规管理义务规定、犯

---

① 参见陈瑞华：《企业合规基本理论》，法律出版社 2022 年版，第 452 页。

② 参见陈瑞华：《企业合规出罪的三种模式》，载《比较法研究》2021 年第 3 期。

罪类型是否属于高风险频发类犯罪等因素予以评估。

## (二)以功能责任论指导合规不起诉改革

前文已述,合规程序出罪可作为有效贯彻功能责任论的代表。实际上,当合规不起诉迈向重罪案件领域,以功能责任论为指导开展的合规整改工作,依然可以解释企业重大犯罪分案处理机制的正当性,不会造成对传统刑法理念的僭越。功能责任论认为,责任可以随着社会治理机制的完善而改变,如果社会存在比追究行为人的责任更好的解消冲突的替代措施,就无须把责任归属于行为人。在企业犯罪治理中,合规不起诉制度在重罪案件中呈现的分案处理模式,可以成为化解冲突的非刑罚治理措施。首先,企业重罪分案处理机制具有实质制裁性,并没有放纵犯罪、放弃报应刑理念下的罪刑均衡。这体现在以下两个方面:一方面,合规计划的建设对企业本身即具有较强的制裁性。有学者将合规视为行为类制裁,并认为这种行为类制裁相比于经济类制裁,在市场经济和企业现代化发展的今天,更有利于实现犯罪预防的目标。具体而言,合规整改的制裁性体现在需要投入大量成本建立有效合规计划、需要向相关主体支付服务费用、需要改造企业治理结构和商业模式以及需要处理内部违规责任人这四个维度。[①] 因此,通过建构有效合规计划而实现企业出罪并不会造成对企业犯罪的实质放纵。另一方面,目前主张将合规不起诉的适用范围扩延到企业重罪案件中的观点,对何为“重罪”的理解,实际上是将其与责任人员的罪行轻重相关联;在我国缺乏相对完整的企业犯罪刑罚体系的当下,对“重罪”的理解并非直接与企业犯罪刑罚体系相挂钩。基于此,由于“重罪”的评判标准以个人罪行轻重为参照,那么对企业进行合规出罪就并不一定违背罪刑均衡。相反,在分案处理机制中,企业实施具有较强制裁性的刑事合规的同时,直接责任人仍需要承担相应的刑事责任,双重的惩罚即应当匹配更重的罪责,故更多面临严重刑罚的企业犯罪也能进入合规不起诉

---

① 参见刘艳红:《企业合规不起诉改革的刑法教义学根基》,载《中国刑事法杂志》2022年第1期。

的视野，[1]分案处理机制实质维护了罪刑均衡。其次，企业重大犯罪分案处理机制可以发挥与定罪量刑同等的制裁效果，非刑罚制裁额外产生了对犯罪主体去标签化的效益，使其成为更好的企业犯罪治理措施，有效推动了国家治理体系和治理能力现代化。合规出罪在强调实质制裁性的同时，亦避免了企业因承担刑事责任而遭受各种资格剥夺、产生水漾效应。可以说，合规出罪是多项法益兼顾与平衡的结果；正因如此，其具有传统刑罚制裁不可比拟的优越性。综上所述，在功能责任论的要义下，企业重大犯罪通过分案处理实现企业自身的合规不诉，兼顾了犯罪的有效治理和经济社会的稳定发展，可以视为社会自治机能优化的典型成果，以代替传统的刑罚制裁。

### （三）检察机关不起诉裁量权的合理规制

功能责任论虽然为企业重大犯罪分案处理机制提供了理论指导，使其成为企业刑事诉讼领域可替代传统刑罚措施的治理模式，但重罪不诉作为易引发公众质疑的风险高地，尚须对检察机关作出不起诉决定的权限给予合理规制，在依法依规的框架下维护制度的运行活力。2022年4月，在全国检察机关全面推开涉案企业合规改革试点工作部署会上，最高人民检察院也针对涉企重罪案件适用合规考察程序向各省级检察院提出要求，要求其认真落实统一把关、逐案审核……确保积极稳妥、依法规范。[2] 基于此，笔者建议从以下三个方面对检察机关的不起诉裁量权作出合理规制。

第一，在前端设置排除适用合规不起诉的企业犯罪类型。对于造成严重甚至特别严重的法益侵害后果，犯罪行为的社会危害性在质和量层面均达到一定程度的企业犯罪案件，采取替代性犯罪治理措施无法更好实现社会稳定，需要刑罚发挥功能以维护社会稳定，故有必要通过立法在前端划定排除适用合规不起诉的罪名范围。对此，目前开展的合规改革工作中已有相关经验。《关于建立涉案企业合规第三方监

---

① 参见王颖：《刑事一体化视野下企业合规的制度逻辑与实现路径》，载《比较法研究》2022年第3期。

② 参见《涉案企业合规改革试点全面推开！这次部署会释放哪些重要信号？》，载最高人民检察院网，https://www.spp.gov.cn/zdgz/202204/t20220402_553256.shtml。

督评估机制的指导意见(试行)》(以下简称《指导意见》)所涉内容虽然旨在界定第三方监管机制的适用范围,但实际也指明了合规考察制度的适用范围,具体体现在《指导意见》第5条所列举的5项不适用企业合规试点以及第三方机制的情形。其中前3项情形,依据是1999年最高人民法院《关于审理单位犯罪案件具体应用法律有关问题的解释》的规定,本身不以单位犯罪论或者仅依照刑法有关自然人犯罪的规定定罪处罚,故合规不起诉不涵盖上述三种情形自不待言。因此,目前官方立场对于排除适用的罪名列举仅限于涉危、涉恐类犯罪和其他不宜适用的情形这一“兜底”性规定。部分专家学者在上述两类犯罪的基础上进行类型扩张,如有的认为以非法吸收公众存款罪为代表的涉众类或者其他对社会公共秩序有严重危害的犯罪,能否启动合规考察程序尚且存疑。[①] 笔者认为,对于否定性的罪名列举作出扩张探索是必要的,但尚需在罪名细化层面进行审慎论证。以非法吸收公众存款罪为例,学界本就对其具有演化为“口袋罪”的倾向提出过批评,“一刀切”地对该罪名排除适用合规不起诉,不仅未能正面解决该罪泛化适用的问题,而且进一步加剧了企业在融资环节的刑事法律风险。

第二,逐步扩张检察机关的合规不起诉裁量权。在合规改革工作中,检察裁量权的扩张应采取循序渐进的策略。首先,在对行为人可能判处3年以上10年以下有期徒刑刑罚,企业因经营决策失误或监管不善所致的过失犯罪案件中,扩大检察机关的不起诉裁量权,对企业适用附条件不起诉模式进行程序分流。原因如下:在这类过失犯罪中,企业自身并无通过违法手段追逐经济效益的动机,其所作的合规承诺更有可能是基于真诚悔罪意志而作出的真实意思表示,反映了其事后对法律规范的忠诚态度;依据功能责任论的要义,企业的可谴责性降低。与此同时,正因企业的合规承诺出于决策层的真诚悔罪,合规计划相比故意犯罪而言,更易得到有效落实,预防再犯罪的效果更为显著。因此,率先在企业过失犯罪中扩张不起诉裁量权,因合规考察程序较为可能

① 参见王显峰、王柚又:《刑事辩护视角下企业合规的实用价值与应用路径——以企业合规改革为背景》,载微信公众号“大成辩护人”2022年4月15日,https://mp.weixin.qq.com/s/5JPxNWpUD6VIaVNeTkImZA。

实现良好的预防犯罪效果,故而可以为分案处理机制在企业重大犯罪案件中的全面铺开奠定社会基础。此外,正是看到我国刑事诉讼普遍缺乏起诉和不起诉之间的修复矫治环节,企业合规改革试点已经开始注意到对附条件不起诉的运用。在合规不起诉裁量权得以扩张的同时,对涉案企业采用附条件不起诉模式,因修复矫治环节的加入,可以有效打消部分公众对不起诉决定正当性的疑虑。其次,在企业过失重罪案件适用分案处理机制积累一定实践经验的基础上,可进一步扩大检察机关的不起诉裁量权,突破10年有期徒刑的刑罚限制,将更多企业因故意或过失所致的重罪案件纳入合规不起诉的视野,适用分案处理机制予以出罪。这种循序渐进式的推进思路,是规避因改革过于激进导致社会不稳定因素增加的现实选择。

第三,完善检察机关的起诉必要性审查机制。起诉必要性审查作为检察机关行使起诉裁量权的具体履职方式,其核心在于公共利益衡量,即要求"公诉权的行使必须符合社会公众的整体利益和最大多数的普遍期待"①。由于我国立法上并未明确将衡量公共利益作为公诉裁量的依据,长期以来起诉必要性审查在我国刑事诉讼审查起诉环节中并未得到应有重视。虽然部分学者对以公共利益衡量为核心的起诉必要性审查展开一定程度的研究,但将研究对象局限于自然人犯罪案件的审查,并未将视角延伸至企业犯罪案件中。上述情况导致在合规改革试点工作推行后,针对涉企犯罪案件进行的起诉必要性审查工作,缺乏理论研究和实践经验的有效供给。因此,有必要在对企业犯罪案件扩大公诉裁量权的基础上,从以下三个方面完善检察机关的起诉必要性审查机制,以确保通过起诉必要性考量后作出的企业重大犯罪案件合规不起诉决定具有社会公信力,可以经受公众有关公平性的评判:(1)系统归纳影响企业起诉必要性的考察要素,量化各要素对不起诉决定作出的影响程度。综合《指导意见》和最高人民检察院印发的前两批共10个企业合规典型案例的情况可知,检察机关对是否开启合规考察程序的评估,除涉及犯罪本身的性质、罪行轻重程度的评估外,还包括企业经营状况和发展前景、企业社会贡献度、责任人犯罪情节及认罪认

① 李玉萍:《论公诉裁量中的公共利益衡量》,载《政法论丛》2005年第1期。

罚、社会综合评价等方面。应当说，上述对于涉罪企业起诉必要性影响因素的规定尚属于原则性的规定，缺乏系统性列举与归纳。以英国为例，《暂缓起诉协议实践准则》从正反两个维度对额外的"公共利益"考量因素进行了较为详细的列举，分别是以"类似的历史行为"为代表的支持起诉的额外公共利益因素和以"寻求与公权力机关合作"为代表的不支持起诉的额外公共利益因素。[①] 我国亦需要系统归纳出影响企业起诉必要性的考察要素，并进行正反两方面的归类。此外，尚需进一步量化各要素对不起诉决定作出的影响程度。以试点中不起诉理由出现频率较高的"高新技术企业"事项为例，企业在本领域内的具体等级划分、拥有的专利数量、突破外国技术垄断等均是其中的典型表现，应进一步量化这些影响因素在作出决定时的相应权重，办案机关可通过制作加减分数表的形式，标明个案中企业具有的各项事由如何影响起诉必要性的判断以及相应的影响程度。这种系统性的量化评价方式，是防止办案人员权力滥用、提升不起诉决定公信力的有力手段。(2)健全考核评价机制，将起诉必要性审查纳入承办企业合规案件检察官的绩效考评范围内。目前，检察机关的案件考评机制，一定程度上存在正面评价案件进入与推进、负面评价案件退出的问题，[②]这无益于检察官履行客观义务。面对企业合规不起诉改革，可适当参考日本刑事司法实践中"公诉权滥用论"的内涵，将检察官怠于履行审查裁量义务、积极实行"有罪必诉"的行为界定为一种失职行为。若检察机关对涉罪企业认真开展起诉必要性审查，所作出的不起诉决定符合社会对于公共利益的期待，则应在绩效考评中给予检察官以正面评价。相反，对于未能认真履行审查职责的办案人员，若其作出的起诉或不起诉决定与社会合理期待相背离，则应给予检察人员以负面评价。(3)在起诉必要性审查环节应加强对监察机关、公安机关、被害人及其诉讼代理人等主体的意见听取。为避免合规不起诉决定作出后一系列司法救济程序的启动，造成对诉讼效率的降低和制度公正性的质疑，应在前端环节强化对多

---

① 参见李奋飞：《论企业合规考察的适用条件》，载《法学论坛》2021 年第 6 期。

② 参见韩旭：《检察官客观义务的立法确立——对检察官法第五条的理解与适用》，载《人民检察》2019 年第 15 期。

主体的意见听取,以回应各方关切。对此,最高人民检察院已明确要求在办理涉职务犯罪适用企业合规考察程序和第三方机制的案件时,各地方检察机关“要加强与纪检监察、公安机关沟通协调,推动就是否适用第三方机制形成一致意见”①。此外,在存在被害人的企业犯罪案件中,起诉必要性审查需注重被害人权益的保障,防止其受到犯罪行为以外的“二次伤害”,这对于建立在不起诉裁量权扩张基础上的企业重大犯罪分案处理机制而言尤为重要。在高风险与高成效并存的分案处理机制中,若被害人的意见没有得到妥善处理,合规不起诉决定则可能因此处于社会舆论质疑的漩涡中。基于此,可以在对涉案企业是否纳入合规考察程序进行必要审查时,融入加害企业与被害人的和解程序,并将和解协议的达成和执行情况作为是否纳入合规考察以及是否决定合规不诉的考量因素。

### (四)针对企业犯罪构建责任人员从宽处理机制

在企业重大犯罪案件中,由于建构合规计划对责任人员的可谴责性降低无直接助益,因此,出于保障合规不起诉制度正当性的考量,“放过企业、严惩责任人”理念应当在企业重大犯罪案件的合规整改中得以贯彻。面对制度理念无法完全适应我国中小企业犯罪治理现状的问题,笔者认为,在坚持“重罪案件无一例外适用分案处理模式并依法起诉责任人员”原则的前提下,应结合企业经营状况和未来发展前景考量涉罪企业是否仍然具备挽救的必要性,对于尚存有挽救必要性的企业,对其中的责任人员再视情况考虑从宽处理。应当正视的是,合规改革工作中包括从宽处理责任人员在内的诸多激励手段,目的在于给企业一个复苏的机会。对于那些内部管理体制严重混乱、只能通过游走于违法边缘进行创收的中小企业,本身已然不具备保护的必要;相应地,对责任人员进行从宽处理也毫无意义。因此,针对尚且存在挽救必要性的中小企业,考虑到我国的特殊情况,可以在坚持重罪案件起诉责任人原则的基础上,在法律框架内针对责任人员设置从宽处理机制。

有学者提出了对于直接责任人员的追诉,检察机关可以提出宽大

---

① 最高人民检察院涉案企业合规研究指导组编:《涉案企业合规办案手册》,中国检察出版社 2022 年版,第 391 页。

量刑建议的理由，主要涉及两个方面：一是直接责任人员自身存在从轻或减轻处罚的量刑情节；二是直接责任人员在涉案企业合规整改过程中，发挥了积极的推动作用，作出了不可替代的贡献，而涉案企业合规体系的建立和运行，足以发挥预防犯罪的有效作用。① 具体而言，对于需要为自身犯罪承担行为责任的自然人主体来说，第一类主要为法定或酌定从轻减轻的事由，其可以直接作为从宽处理的原因自不待言。第二类则是根据合规关联性理论，与时下合规改革相融合后提出的一种具有解释力的创新理论。这类为适应合规改革工作而提出的对策性从宽事由，其目的和理论正当性是值得肯定的，但可能面临在实践操作层面的问题。

企业重大犯罪分案处理机制提出的一个背景是，在学界和实务界普遍倡导延长企业合规考察期限的情况下，利用延长审查起诉和退回补充侦查期限进行合规整改，以及利用取保候审 1 年期限进行合规整改。这两种目前实践的通行做法均可能导致责任人员长期陷入讼累，违背刑事诉讼及时性原则。② 因此，适用分案处理机制的一个技术性目的也是在于避免自然人诉讼程序的过分拖延。对此，在实际操作层面，可以引入认罪认罚从宽制度中已逐步探索出的“附条件量刑建议”做法。在审查起诉阶段，对于认罪认罚的责任人员，检察机关在与之进行必要协商后，可以在提出基础的量刑建议前提下，将责任人员推动合规建设情节作为量刑建议调整的影响因素，进一步提出附条件的量刑建议，并对责任人员适用非羁押性强制措施，促使其实质参与企业的合规建设。结合目前在中小企业合规领域倡导的“简式合规”来说，推动合规建设的情节可具体包括作出合规整改承诺、推动企业进行风险评估、推动企业建立合规工作领导组织、推动合规体系建设、帮助企业引入合规专业人员等内容。上述情节作为附条件量刑建议的具体要素，条件达成意味着法院在正当情况下会采纳量刑建议、责任人员可以此获得量刑从宽。这种附条件量刑建议的做法，在确保自然人诉讼程序和企

---

① 参见陈瑞华：《涉案企业合规整改的分案处理模式》，载微信公众号“法治时代杂志”2022 年 7 月 13 日，https://mp.weixin.qq.com/s/cG3BGeQL7DNEClQd7GwYZQ。

② 参见李勇：《涉案企业合规中单位与责任人的二元化模式》，载《中国检察官》2022 年第 12 期。

业合规考察程序能够协同并进的同时,也可进一步激励责任人员为促使条件成就而参与合规整改,提升企业合规计划建构的有效性。考虑到合规体系的最终运行情况需要到考察期满后才能最终显现,所耗费时间较长;因此“企业合规体系足以发挥预防犯罪作用”这一情节,可以作为责任人员减刑的具体事由,在刑罚执行阶段予以考量。由此一来,合规关联性理论衍生出的从宽要素可作为企业犯罪中责任人员刑罚减轻的特别缘由;在该理论指导下形成的责任人员从宽处理机制,是兼顾“放过企业、严惩责任人”理念与我国中小企业现实状况的合理制度安排。

# 反思与拓展:企业刑事合规中的本体价值分析

凌萍萍 *

**内容摘要**:企业刑事合规是实体与程序相结合的整体。刑事合规是在刑法这一初级规则之下的,针对企业犯罪的二次法规,为企业犯罪创设了从归责到预防的规则理念的转向。刑事合规从本质上看并不完全隶属于刑事法的范畴,其研究的起点应当以法秩序的整体为基础,实现法益的单一性向多元性的转向,单一评价向双边评价的转变,以比例原则为限度,明确企业刑事合规的本体价值,实现法秩序整体价值的最大化。

**关键词**:多元法益;二级规则;刑事合规

## 一、问题的提出

2021 年 6 月与 12 月,最高人民检察院发布了两批企业合规改革试点典型案例,第一批在其典型意义中,提及"对涉案企业依法作出不起诉决定""积极推动企业合规与依法适用不起诉相结合"等内容,旨在通过对企业提出整改意见,推动企业合规建设,进行合规考察

---

* 凌萍萍,法学博士,南京信息工程大学法政学院副教授,主要从事刑法学研究。

等后续工作,让涉案企业既为违法犯罪付出代价,又吸取教训建立健全防止再犯的合规制度,维护正常经济秩序。其本质是司法机关通过引导企业利用规范的合规流程和合规内容,对其侵害的法益在可行性与可能性范围内进行修复,使被侵害的社会关系尽可能恢复到原来的状态。第二批的典型意义则侧重于强调"强化合规监督以及合规效果的考察","社会调查与合规监督相结合","对尚未进入检察环节的涉企'挂案'进行排查"。从发布的两批指导性案例来看,我国刑事企业合规改革主要聚焦于以下三点:一是考察企业对社会创造的价值(数个典型案例都提及"企业属于该技术行业的领军企业、高新技术企业""创税数额较高"等内容),包括企业在该领域内的相关影响力以及企业对国家、社会的整体价值;二是考察企业行为的社会危害性,典型案例所涉及的犯罪从总体上看,多属于社会危害性不大、主观恶性不强或者存在一定的可轻处事由的犯罪行为;三是企业合规对刑事后果的影响,4 个典型案例的涉案企业都通过开展企业合规建设的方式来对企业的刑事责任进行了不同方式的化解与转化,实现了企业在合规改革下的健康、稳步发展。

企业刑事合规是一个实质与形式相结合的整体。以刑法为关注点,刑事合规更多地应当体现为合规对企业刑事责任的影响。根据美国《组织量刑规则》,公司的合规计划至少在三个层面影响量刑:其一,有效合规管理的缺位作为"对犯罪行为的参与和纵容"的重要证据,构成潜在的量刑加重因素;其二,"存在有效的合规计划"作为法定的罪责减轻因子,构成量刑减轻因素;其三,"违法行为的自我披露",依赖公司的内部审计和监控,亦属于合规管理的范畴,构成潜在的量刑减轻因素。[①] 在加拿大,合规程序可以作为排除责任的依据,而且最常见的是其作为一种缓解因素,合规计划的存在(而不是合规计划的不存在,或者仅仅是浮于表面的合规计划)可能会被考虑作为影响量刑或包括行政货币处罚等任何其他形式决议的因素。[②]

---

① 参见林静:《刑事合规的模式及合规计划之证明》,载《法学家》2021 年第 3 期。

② See Marta Muñoz de Morales, *Corporate Responsibility and Compliance Programs in Canada*, in S. Manacorda ed., Preventing Corporate Corruption, Springer International Publishing Switzerland, 2014.

在我国,刑事合规究竟应当以何种形式出现、通过何种出罪机制或者罪轻机制来实现刑事合规的合法地位尚未明确。相反,典型案例以及实务研讨更多关注的是刑事合规的实质性体现,即真正使企业有出罪或者罪轻机会的因素并非刑事合规本身,而是企业价值的综合权衡。事实上,刑事合规必须避免惩罚,也就是说,它必须能够预测未来行为的潜在刑事责任,这对合规咨询来说是一个巨大的实际难题。目前,国内学者对企业刑事合规的研究多数从合规制度的刑法效果、企业合规的出罪方式、合规制度的模式及其与刑事诉讼制度的关系等方向开展。从刑事法的角度来看,企业刑事合规应当是一个贯穿刑事实体法、刑事程序法甚至是刑事前置法的整体性问题,而非简单的刑法理论问题,更多地应当是一个制度在各个法律领域中的不同体现。刑事合规如何在刑事领域中充分发挥其效用,需要探求的是刑事合规在刑法中的价值,传统的刑法规范价值、法益保护价值在刑事合规的视角下应当得到更为充分的解读,以实现刑事合规价值在刑事整体领域中的效用。

## 二、刑事合规的功能与目标——从基础到规范

### (一)刑事合规的功能界定——法益保护与规范犯罪

企业作为社会组织的表现形式,《公司法》对企业设置了各种规范性要求,其目的一方面是鼓励企业的健康发展,另一方面是为其设置各种限制性条件来保障社会相对人的利益以及社会整体经济的发展。与此同时,企业作为社会组织应当做出相应的默示性承诺,以规范自身行为和创造社会价值。默示性承诺是企业接受国家管理与监督的基础和前提。国家允许自然人建立超个人的社会组织时,就对超个人组织做出了不同于自然人的要求,这种要求就是国家对企业犯罪刑罚权的来源所在,也是企业被确定刑事责任的基础。“责任的原则应当以个人的决定自由为逻辑前提,因为原则上只有根据法规范具备决定能力的场合,行为人才应承担不抑制犯罪冲动,未避免违法行为发生的责任。所有的作为或不作为,假如像自然现象一样,最终为客观的排除对意志的影响的因果作用所决定,在这种情况下如果对行为人进行非难,就如同

让某人对自己生病承担刑事责任一样毫无意义。”[①]当企业涉嫌犯罪时，刑罚权的启动并不是简单地以结果作为判断企业是否承担刑事责任的依据，而是应当首先确定企业的行为“是否具有自由性”以及“是否具有与企业设置目标的契合度”。当然，企业的意志必须依附于自然人的表达，当自然人的意志歪曲了企业设置的初衷，且为企业的价值创造带来障碍时，应当将其认定为企业不具有“自由意志”的行为。当企业成立之后，其所创造的组织结构、内部管理机制、对外业务拓展、社会价值创造使得企业不是简单的自然人附属品，企业行为也不是个人喜好的表达，而是企业整体利益的体现。当自然人的意志表现出明显背离企业发展初衷时，企业行为可以实现其责任向自然人的转移，当然，这样理想的责任分离状态必须依赖于合理的机制来进行评价，刑事合规的价值就在于帮助刑法实现企业自由意志的判断，是否制定与遵循刑事合规计划是企业最原始，也是最真实意志的合理判断依据。

很多国家的合规思想来自经济法，在建设企业合规体系时并不是考虑刑事犯罪的预防，而是更多地考虑企业违法的风险防控，其风险种类也未限定在刑事领域，而刑事合规是刑法领域对企业合规的细化。有学者认为，刑事合规主要有预防、调查和制裁功能，而其中预防功能是刑事合规最主要的功能。刑事合规通过设立那些具有刑法答责性预期的预防规则来实现对企业刑事风险的防控以及再犯罪风险的规避，从而实现企业犯罪的预防。[②] 刑法作为具有保障功能的部门法，其作用模式具有回顾性的特点，提前介入并非刑法应有的品格。刑法的启动以法益的侵害作为基础与前提，无论是实害结果还是危险结果，法益的损害是判断刑法介入的必要性与合理性的标准。纵然刑法有着预防功能，也不代表刑法可以在没有准确判断的基础上被随意适用。刑法的预防功能应当是以惩罚为威慑内容的预防，刑法的一般预防必须依附于刑事处罚功能而存在。

法益保护与惩治犯罪是刑法功能在不同角度的体现，刑事合规却

---

① [德]汉斯·海因里希·耶塞克、[德]托马斯·魏根特：《德国刑法教科书》，徐久生译，中国法制出版社 2017 年版，第 550 页。

② 参见[德]弗兰克·萨利格尔：《刑事合规的基本问题》，马寅翔译，载李本灿等编译：《合规与刑法：全球视野的考察》，中国政法大学出版社 2018 年版。

实现了刑法这两种功能的相互转化,只不过将惩治犯罪转化为规范犯罪,既包含治理犯罪,也包含预防犯罪。刑事合规与传统的刑事制度有很大的差异,刑事合规所关注的并非犯罪本身,在刑事合规的视角下讨论企业这一特定的刑法主体需要有不同的侧重点。刑事合规从其出现之初,虽然被冠以“刑事”之名,然而其最终的目的并非简单地惩罚行为主体。当企业涉及犯罪,企业行为的入罪势必引发刑事程序的介入与刑事实体的惩罚;而代表国家刑罚权的行为可能会对企业的生存、社会整体价值产生不可忽视的影响。自然人犯罪的责任承受者是行为人自己,企业犯罪与自然人犯罪的不同之处在于,企业犯罪的形式是复杂的,主要表现为两种:第一种是典型的企业犯罪模式。企业的决策行为是基于企业的整体性利益而实施的,所有的企业员工都因此获利或者变相获利;同时,企业的行为符合企业的一贯性行为,而非反常性行为。这种模式下的企业犯罪的受害主体因企业的行为而遭受法益损害,企业行为被评价为犯罪。该种模式下的企业犯罪如果仅从行为本身来看,并不具备罪轻的理由,只是在这种场合下,刑法所关注的焦点不仅仅是企业行为带来的损害,更是企业犯罪所带来的社会整体损失。在这里,不得不考虑的是刑法的经济性,如果因为企业犯罪导致社会整体利益二次受损,刑法的价值很难完全体现,因此,刑法将法益侵害、企业价值受损以及社会整体利益减少加以综合考虑,允许企业在制定刑事合规计划的前提下,获得罪轻的机会。第二种是非典型性企业犯罪模式。企业的整体利益与部分利益出现冲突是该种模式的基本状态。企业中具有决定权或者部分决定权的主体将企业行为服务于部分利益阶层,行为既侵害了企业相对人的利益,同时也使得企业失去了健康发展的环境,缩减了企业的整体利益。当这种非典型企业犯罪模式出现时,不能仅考虑企业行为的社会危害性,还应当综合企业应有的社会价值、企业在行业中所占据的地位与影响力等因素来进行企业行为的刑法评价。结合以上两种不同的企业犯罪模式来看,企业犯罪并不能简单地适用传统刑法的单一归责理论,传统刑法无法解决如何准确判断企业行为的性质,而刑事合规的引入实现了将企业可罚行为、企业应罚行为以及企业出罪行为进行合理的区分。

刑事合规在企业合规领域中应当是一个终极概念,与刑法的功能相一致,企业合规如果作为一个体系存在,应当是涵盖了多重合规的含义。任何合规风险的存在都是刑事风险的一种表征,经济领域内、行政领域内的合规与刑事合规的差异仅仅是程度不同而已。当经济领域、行政领域存在的企业风险达到一定程度时,刑事风险的产生就成为了必然。因此刑事合规的建设并不是孤立存在的,应当与其他合规形成一个递进的、分层次的合规体系,才能真正实现其效用。

### (二)刑事合规的目标界定——预测、评估与判断

#### 1. 企业风险的预测与评估

企业犯罪的入罪公式应当是:企业的决策性行为 + 企业合理注意义务的不完全履行 + 企业行为的危害结果 = 企业行为的入罪。其中需要判断的关键在于企业决策性行为,或者说企业组织性决策的确认,将企业组织性决策与个别性决策进行区分,实现企业行为的整体性认定。除此之外,需要确定的还有企业合理注意义务的履行与否。刑事合规对企业行为的入罪所担负的主要责任应当是企业决策行为与行为危害结果之间的关联度确认,而在该公式中,企业合理注意义务则成为企业能够出罪的理由,而这也正是企业合规建设的价值所在。

从企业存在的经济形态可以看出,企业的员工、管理者和决策者应当根据其在企业中所承担的内部功能来进行划分。企业所有成员应当根据其在企业中所承担的功能来明确自身行为可能存在的风险,遵守其行业内适用的所有法律规范、经验准则以及行业规则,根据行业内可预计的风险来确定可能存在的危险来源,同时做出必要的规避行为,使得其行为不对社会及其他人带来危害。但是随着社会的不断发展,社会分工的精细化以及行业的专业化使很多领域中的风险已经超出了一般企业工作者的认知范畴,尤其当技术风险与法律风险没有很好地契合时,企业风险的预测对于企业职能的承担者而言是难以把握的,而企业注意义务的前提是企业风险的感知与预防,当企业的风险预测存在障碍时,风险的预防也就无从谈起。

从风险存在的概率、风险的属性来判断,企业的风险大致分为两类:一类是企业的本源风险,即企业在运营管理、社会服务、社会安全等领域中存在的运行风险。企业的本源风险来自企业本身组织结构中存在的弊端、行业特质所导致的行业技术风险以及企业对不合理利润的

激进追求。之所以将这种风险称为本源风险,是因为该种风险在多数企业的发展过程中较易产生,除非该企业有意识地去规避这些风险,或者可以称为企业的共性风险。本源风险是以行业中较为固定或者常见的方式来实现的,其显性程度较高。例如,企业运行过程中存在的职务侵占、贿赂等行为。该类风险的规避往往需要企业通过建立符合企业规范性运营的操作流程来实现,只需要企业的合理注意就可以避免。另一类是企业的外延性风险,也可以称为企业的个性风险。随着社会分工的精细化与尖端化,任何企业都存在与其他企业所不同的、难以通过整体性判断或共性判断来发现的风险。这种类型的风险相对而言较为隐蔽,如行业内风险以及科技更新所带来的未知性风险。外延性风险相对本源风险而言更为专业化,如工程行业内的安全事故风险,医药行业存在的医疗资质、药品质量等风险,新型医疗行为存在的风险。除此之外,有些介入性行为所存在的风险也不得不引起社会的关注,如企业的合理化行为与不确定介入因素的结合,导致企业行为的社会危害。如何确认介入因素与企业合理行为的关系以及在刑事领域中的合法性判断,如何判断介入性行为本身的风险以及介入行为与企业行为的结合性风险,都是企业风险判断的疑难领域。正是基于企业运行的复杂,刑事合规作为企业规避风险的有效途径,如何规避企业犯罪风险,如何实现合理化行为与合理化结果之间的一致性都应当是企业刑事合规推行过程中需要重点考察的内容。

2. 企业"人身"可罚性的判断

从刑事责任的角度来看,刑事合规如何实现企业出罪或者罪轻需要结合刑事责任的本质来进行说明。刑法责任必须取决于两种现实才能加到不法上去:行为人的罪责和应当从法律中提取出来的刑法威胁的预防必要性。① 就自然人犯罪而言,行为人承担刑事责任的前提是在其受到规范性警告时,其具有充分的自我控制能力,且在行为时具有选择合法行为的可能性,但行为人却选择了与规范相违背的行为,那么他的行为应当具有可责性。从立法者的角度出发,只要行为的违法性和

---

① 参见[德]克劳斯·罗克辛:《德国刑法学总论——犯罪原理的基础构造》,王世洲译,法律出版社 2005 年版,第 557 页。

罪责同时存在,刑罚在某种程度上就成为了必然。从刑事逻辑上分析,我国刑法的犯罪一旦构成,行为的可罚性是默认的。当然,刑法为刑事责任的特殊免责设置了相应的规定,但是值得注意的是,我国刑事责任的认定是以刑事入罪的默认与刑事出罪的论证两种相互平衡的方式进行的。就企业刑事合规来看,企业行为的不法性与可责性是合规计划研究的基础,刑事合规的概念在我国刑法中的使用并不超前,原因在于使用刑事合规对刑事责任的影响并不是刑法设置的出罪和罪轻条款。因此,刑事合规在刑法体系中的刑事作用模式是研究刑事合规效果的基础,也是决定刑事合规能否在刑罚体系中以合理身份存在的重点。

企业存在的任何一种风险需要被评判的并不仅仅是企业对风险规避的态度,还需要考虑的是企业风险规避的可能性以及企业风险规避不足与危害结果的发生之间的关联程度。刑事合规解决的是企业是否具有规避风险的态度,企业是否合理履行其在运行中的合理注意义务等问题。如何认定企业履行合理注意义务是判断是否需要对企业追究刑事责任的重点。一方面,刑事合规强调的应当是企业对法定义务的遵守,刑事合规的指引使企业对社会义务与法定义务有着明确的认识,因而可以做出合乎秩序的行为;另一方面,刑事合规还强调企业基于法定命令和禁令而保障企业人员行为的合法性,企业与决策者的关系应当在建立刑事合规计划时予以调整,企业行为不应当是决策者基于个人喜恶作出的决定,作为企业的决策者和管理者,其应当负有避免企业行为以及员工行为对社会造成危害的义务,其应当在刑事合规指引下作出决定。合规计划的流程设计最终只有一个目标,就是避免企业员工或者企业自身作为主体进行犯罪。换句话说,企业刑事合规是为了实现对企业决策者履行企业注意义务的监督。企业的整体性决定了其很难被追究实质性的刑事责任,尽管财产罚能表明国家对企业行为的否定性评价,但是真正承受刑罚罪责的往往是企业内部功能的承担者,而对这些内部功能承担者进行处罚的依据则只能是其没有尽到合理的注意义务。当其违反了刑法对其注意义务的要求或者逃避了应由其承担的义务时,刑法就有了追责的理由。

无论是自然人犯罪还是企业犯罪,行为主体的人身危险性都是考量罪责的重要指标。企业犯罪与自然人犯罪在判断主观恶性、人身危险性上有着截然不同的标准。刑罚的改造功能可以实现自然人人身危险性的降低与消除,但是由于自然人主观状态的标准难以明确,人身危险性的消除必须通过客观评价标准才能实现;或者说自然人的人身危险性的判断不能脱离人的主观属性。正如有学者所言,"自然人的归责能力的基础是个人人格,即生物意义上的人经法律确认而获取的资格"。尤其是再犯罪的风险预测与防控,其在很大程度上需要依赖于司法机关基于行为人客观行为进行的综合考量,而这种考量依然是人的主观判断,不具有绝对的客观性与真实性。相对于自然人人身危险性的评价难度,企业犯罪的危险性判断则相对客观,企业的再犯罪风险或者称为对社会的风险可以通过改变企业行为机制、更换企业决策者的方式来实现。[①] 因此,在这个层面上可以实现企业刑事责任与个体刑事责任分离,除非企业出现目标型犯罪或者被评价为具有负面价值的企业,[②]才应当对企业进行整体性刑事处罚。

尽管企业的犯罪风险评判是以刑法罪名的设置为基准的,但是风险的产生、积累直至风险转为实害是一个从量变到质变的过程,且风险随着程度的不同也应当由不同的法律部门来干预与调整,刑法只有在风险出现犯罪倾向时才应当发挥作用。由此可见,在风险防控领域,企业"人身危险性"的降低和消除是刑事合规的目标。从法秩序统一的角度上看,任何具有刑事犯罪风险的行为,其无论处于何种阶段,只要其被判断为具有潜在的犯罪可能性时,该行为的相关规范就应当被刑事合规计划所包含,但是这并不代表违反了企业刑事合规计划的行为必然构成犯罪,行为的规范与警示方式应当根据行为违反刑事合规计划的程度以及造成的法益损害或者威胁来判断,进而确定适用何种部门法来对企业行为方式进行调试与处罚。而当企业犯罪成立之后,企业刑事合规计划

---

① 当然更换企业决策人的方式并非在所有企业中都能够实现,对于家族式企业或者个人色彩浓厚的企业,很难在企业犯罪之后实现决策者的更换,因此,企业犯罪的刑事责任主体的转移必须从完善企业责任承担模式开始。

② 所谓目标型犯罪,是指企业设置的目的是通过犯罪来实现其经济利益,或者企业的主要业务范围与犯罪行为密切相关,该企业存在的社会正面价值与负面价值可以相互抵消,或者企业行为导致的负面价值已经超出其创造的社会正面价值。

也并非特定的刑罚方式,其应当以刑罚的辅助措施的形式出现,而最终的作用是规范企业的行为,降低企业作为“拟制人”的人身危险性,此时的刑事合规依然是为了消除企业再次犯罪的风险,而不是处罚本身。

## 三、刑事合规的规范价值——从制度到二次规则

### (一)初级规则之下的二次规则的确立

哈特为了对法律的性质进行解释,引入了初级规则与次级规则的概念区分,初级规则规定了某些行为模式,诸如“做此事……”或者“不得做……”,它们的目标在于指导行为。次级规则是关于规则的规则:它们将其他规则作为自身的对象,并且为规则的创制、修改或废止提供指导方式,或者为裁判有关规则的解释提供指导方式等。①

企业犯罪与自然人犯罪的最大区别在于行为的组织性与责任的整体性。犯罪中的行为概念不仅包含了事件的任何一个组成部分,而且完整地包含了这个事件本身的整体,这些必须全部一起才能详细阐述它的意义内容。就像不法的评价等级和罪责各自为整体事件提供了基础一样,这个事件只有在它如何从各个评价方面看都是必要的这个范围内才会受到注意,根据行为的观点,需要审查的仅仅是那些对于的确存在着一种人格的表现这个论断所必要的因素。② 德国刑法学者认为,法人的行动也不是行为。因为法人缺乏一种心灵上和精神上的实体,所以它们不能表现自己。只有自然人的“机构”产生的结果才能为法人所行为。因此,应当受刑事惩罚的是这种机构而不是法人。③ 企业通过组织机构来实现其行为能力,当企业造成社会法益侵害时,刑法将罪责直接归于企业。这种“罪责类推模式”的前提是企业在建立这些组织机构时就有一定的过错,或者更为直接地将组织机构的决定行为直接认定为企业本身的行为,而并不考虑企业是否存在过错。但是在很多企

① 参见[美]安德瑞·马默:《法哲学》,孙海波、王进译,北京大学出版社2014年版,第51页。

② 参见[德]克劳斯·罗克辛:《德国刑法学总论——犯罪原理的基础构造》,王世洲译,法律出版社2005年版,第163页。

③ 参见[德]克劳斯·罗克辛:《德国刑法学总论——犯罪原理的基础构造》,王世洲译,法律出版社2005年版,第163页。

业犯罪中,过错行为的主体往往是具有决定权的责任人,而非企业组织机构。从刑事犯罪的归责逻辑来看,企业犯罪的归责基础应当是有错误的风险管理和典型的运行危害显示,企业在这些过错性基础上建立了一种功能性和体系性的组织性统治。作为企业犯罪的法律后果,刑法确立了一种独特的团体性惩罚,应当确认的是企业具有违反法秩序的行为,企业的决策者在受到企业整体的规则引导下而做出的决策行为才能被认为是具有“超个人意志的行为”。当企业具有合理的规则与“合秩序的行为导向”时,企业决策者即使作出侵害法益的决定,最终导致具有表象性的企业犯罪行为,在企业责任认定时也应当免除或者减轻。除非有证据证实,企业的“合秩序性导向”是刻意和虚假的。因此,仅从刑法这一初级规则来判断企业犯罪的罪责尚有不足,刑法是以自然人为基础主体的规则,尽管在刑法中明确设置了企业犯罪的处罚规则,但是企业犯罪的复杂性与归责模式的多元化决定了企业犯罪应当有自己独立的次级规则,也就是以刑事合规为导入点而建立的企业犯罪的二次认定法则。行为准则是任何合规体系的顶点,这亦是行为准则受到法院如此关注的原因。“行为准则”应被理解为存在一种针对任何形式的非法行为的“清晰表述的”和“可见的”公司政策,通用的道德规范不足以避免定罪或减轻责任。①

(二)二次规则的导向性转变——从归责到预防

刑事合规在企业犯罪中的刑罚效果与我国传统意义上的刑法归责方式有着一定的差异。在罪刑法定原则的指引之下,我国刑事犯罪严格遵循较为明确的责任原则,无论是自然人犯罪还是企业犯罪,除非存在明确的出罪事由、罪轻量刑情节,否则所有的犯罪都应当以责任刑为基点,以确保罪与刑的合理与均衡。正如张明楷教授所言:“量刑至少有三个步骤:第一是法定刑的选择,即确定罪名后根据案件的不法与责任事实确定法定刑。第二是责任刑的裁量,即根据影响责任刑的情节,确定责任刑的点,就必须明确哪些情节影响责任刑。第三是预防刑的

---

① See Adán Nieto Martín & Marta Muñoz de Morales, *Compliance Programs and Criminal Law Responses: A Comparative Analysis* , in S. Manacorda ed. , Preventing Corporate Corruption, Springer International Publishing Switzerland, 2014.

裁量,即在责任刑的点之下根据预防必要性的大小确定预防刑,进而确定宣告刑。"[①]根据责任主义的观点,影响责任刑的量刑情节包括两个:一是不法事实(法益侵害事实);二是表明责任程度的事实(已经作为定罪事实或者法定刑升格的事实进行评价的除外)。所有增加责任刑的情节应当是不法事实的增加,而减少责任刑的情节则是降低不法的纯客观事实。责任刑在任何时候都是刑事犯罪归责的基础。社会规则的存在是由行为、信念和态度的实际模式所构成的,只有存在一种行为或举动的要素,同时又具备一种复杂的对于规则的接受要素,才能说我们拥有了一项社会规则。刑法作为一种社会规则,以刑事责任的判断实现其对行为的评价,刑法应当以社会的需求、人类的认知作为判断刑法规则是否合理的依据。尽管责任刑实现了刑法的基础性功能,但是在谈及刑法社会治理功能时,刑罚所具有的预防刑特质则不得不被重视,尤其在特定的领域中,国家和社会对刑罚有着不同倾向的需求。

企业的社会性和组织性是刑法在创制之初就已经关注的问题,但是如何在刑罚方式上对企业犯罪与自然人犯罪进行合理区分并没有完全实现。企业行为的整体性决定了其行为涉及利益的多元化与超个人性。同时,企业犯罪在很多时候并不具有伦理上的"大恶",其危害性更多地体现为企业组织对法律规则的违反和对社会整体利益的侵害,对于这类行为更有效的归责路径应当是从法益整体衡量出发,强调刑事立法与刑事司法中的"规则功利主义"的实现。正如有的学者所言,"规则功利主义二元违法论除了认可了行为功利主义所主张的'具体行为的一时一景的具体良效果'——现实地更好保护了具体个案中被害人的法益,同时还考虑了规范保护角度的'制度性、整体性的、积累性的良效果'"[②]。企业犯罪除了带来直接的社会利益受损,还带来了潜在的社会价值损失,其中包括企业创造价值能力受损、企业创造价值概率降低以及企业员工因企业犯罪而导致的工作受阻或者失业而造成的社会就业负担等。从这些受损的利益构成分析,可以发现,部分社会整体利

① 张明楷:《责任刑与预防刑》,北京大学出版社2015年版,第3页。

② 周详:《规则功利主义违法观之提倡——刑法学派之争视角的展开》,载《清华法学》2013年第1期。

益的损失并不直接来源于企业犯罪本身所侵害的利益,而是来源于企业犯罪归责导致的二次损害,而二次损害的根源则在于企业归责模式。具有组织结构的主体在被犯罪评判时不能仅仅评价它的犯罪带来的后续损害,而需要以社会利益整体为出发点,实现犯罪动态过程中的整体利益的最大化评价。就目前的企业犯罪归责理念来看,刑法的责任刑在企业犯罪领域并不能完全实现预期的刑法效果。如何避免企业犯罪带来的间接性影响和整体性影响,实现犯罪后社会整体利益的最大化是企业犯罪视角中应当关注的核心问题,这就需要更多地关注企业犯罪后法益的修复和再次犯罪的预防。刑事合规正是基于企业犯罪后的修复与再次犯罪预防而出现的概念,其意义在于通过企业的罪前与罪后合规建设来实现企业犯罪的预防。刑事合规在刑法中被提及,表明我国对企业刑罚的理念已经实现了以责任刑为基础,以预防刑为最终目标的转化。

(三)企业刑事合规的规范起点——法秩序的整体

企业犯罪通常是一个具有渐进过程的行为,企业从其成立之日开始,就在国家的法律规范之下开展活动,但是这里的法律规范通常并非刑法,多数是刑法的前置性法律,如经济法、民商法、行政法。这些部门法在刑法调整之前就已经介入企业的各类行为之中,企业如果严格遵守前置法的禁止性规范,在多数时候则可以避免后续的刑法介入的可能。刑法的理性决定了在考察犯罪的危害性时更多关注的是法益的受损状态,刑法的最后保障功能决定了它的严格与谨慎。刑法需要把握法益保护的最后一道屏障:刑法必须严格,否则会使社会陷入无序的风险;刑法必须谨慎,刑法要时刻保持谦抑和紧缩。即使如此,刑法在犯罪归责时,也不能完全不考虑刑罚的整体价值。单纯地追求刑罚的惩罚价值以实现刑法的威严,显然并不是刑事法律的初衷。任何部门法,无论在利益保护模式与程度上有何种差异,其最终目标应当是一致的——以合理的规范实现最大限度的社会秩序的恢复与整体利益的增加。这是法秩序的统一性要求所决定的,尽管有的学者认为:“整体法秩序统一片面追求同位法秩序一致,既无法在理论上自洽,也无法在实践中运用。基于各个法规范的目的与法律效果各不相同,对违法性要求的程度也不一样,各部门法的违法性判断应当具有独立性。刑事违法性判断也不当然要从属于前置法，即使刑法作出了从属判断，依据的也是空白刑法本身的立法以及刑法的法益保护原则，而并非整体法秩序统一。”“就立法层面而言，不同法域之间的违法性判断范围并不完全一致或者完全重合，其根本在于各部门法的立法价值选择不同。”[①]社会的多样化发展使得作为维系社会秩序、解决纷争的法律制度，在不同的法领域多元化、细致化发展，法官对于个案应个别裁判，但仍然不能脱离全体法秩序而进行判断，因为在适用某个法律条文的同时，就是在整体法秩序下的适用。[②] 在违法性的判断中，法秩序统一所要求的是避免不同部门法规范之间的矛盾，更多时候，法秩序统一强调的是规范之间的同质统一，当行为的违法性被确认时，任何部门法都不应当觉得这种行为是适当的，不同的只是何种法律在此时启动而已。

刑事合规本身并非完整意义上的刑事法概念，而应当是在统一的法秩序之下的犯罪控制的一种表现，也正是基于此，刑事合规所体现出的基础性理念不能简单地依据刑事立法对企业犯罪的规范方式来确立，而应当是一个包含刑法的前置法、刑法本体以及刑法辅助法在内的整体性规范。因此，在刑法中探讨刑事合规制度必须将其放入法秩序统一的概念之下才能完整实现其价值。

## 四、刑事合规的刑法限度——企业犯罪的法益转向考量

企业设立的初始目标是在规则范畴之下实现其经济效益，而建立刑事合规体系对企业会产生两种不同的影响：一是为企业的发展规避刑事风险，实现企业的健康、长足发展；二是在风险领域内为企业设置各种规范性要求，在企业履行其合理注意义务之后，实现行为的合法性与合理性。只有当这两者实现平衡时，企业的价值才能真正得到体现。刑事合规的限制与企业经济效益的扩张带来的最可能的状态就是遵从比例原则之下的法益衡量的结果。源自普鲁士行政法的比例原则，在刑事合规领域中依然适用。比例原则在刑法中适用需要考虑三个方面

---

① 郭研：《部门法交叉视域下刑事违法性独立判断之提倡——兼论整体法秩序统一之否定》，载《南京大学学报（哲学·人文科学·社会科学）》2020 年第 5 期。

② 参见郭研：《部门法交叉视域下刑事违法性独立判断之提倡——兼论整体法秩序统一之否定》，载《南京大学学报（哲学·人文科学·社会科学）》2020 年第 5 期。

的标准:第一,需要检讨设置刑法法规处罚该行为,是不是达成规制目的的有效手段(手段的适正)。在此,在设定一定的正当目的(如维护一般市民的健康)时,要追问处罚行为是不是实现该目的的适当手段。要做到这一点,"就需要以一定的确实可靠的方法确认该行为的有害性"。第二,"需要检讨为了实现规制的目的,是否确实有必要采取刑罚这种(以侵害法益为内容的)严厉制裁?这种制裁是否属于对该行为的过度的对应(侵害的必要性)?在此,刑罚的补充性具有重要意义"。第三,"在衡量设置刑罚法规所丧失的利益与所获得的利益时,所获得的利益是不是更大(利益衡量或狭义的比例性)"。①

(一)法益的单边性向双边性转向

有学者认为,我国以企业集体责任或企业领导意志简单替代企业自身意志的做法采纳的是以同一原则为基础的个人责任模式。② 企业责任人犯罪建立在企业犯罪确立的基础之上,对企业责任人的处罚不仅是对其个人领导、组织行为的否定,也是在处罚企业责任人的基础上实现对企业组织结构的否定。企业必须重新推选出合理的负责人以替代获罪的行为人,而这种组织结构的变动使得企业犯罪成本增加;更有甚者,企业犯罪刑事责任的确认,导致企业失去了最为核心的领导力,从而使企业陷入涣散的风险。究其根本,企业犯罪行为的可罚性是基于个别责任人的组织行为还是企业的整体性行为,是判断企业刑事责任承担的重点。企业整体与直接责任人在企业犯罪中的关系更多地体现为企业行为在常态下的异化,而非企业成立的本意。当企业犯罪行为被认定为企业的初始性目标时,企业的整体也就无法被认定为刑法中的企业犯罪,此时的企业只是一种犯罪的形式工具而已。在考虑企业犯罪时,应当将企业行为作为整体来认定,企业行为应当被预判为合理、合法的,当企业行为导致危害结果时,需要考虑的应当是企业是否具有违法、犯罪的风险计划,这才是判断企业犯罪的前提。为了核实雇员的意图是否为公司谋利,有必要将雇员的行为与公司的行为进行比

① 参见[日]井田良:《讲义刑法学·总论》,有斐阁2018年版,第27~28页。转引自张明楷:《法益初论》(增订本),商务印书馆2021年版,第295页。

② 参见陈兴良主编:《刑法总论精释》,人民法院出版社2011年版,第564页。

较,比较的结果是通过检查合规程序得到的。如果合规程序提供的证据表明员工的行为违反了公司的政策,并且他的行为应该受到公司的纪律处分,那么法院必须得出结论,员工的行为不是为了公司的利益。① 企业主体包括个人主体与超个人主体两类。这两类主体在企业犯罪中的状态有着明显的差异。立法者本意是处置企业本身以及具有决策权的自然人主体。企业组织这一超个人群体中所承载的不仅仅是企业决策者的利益,而是包含了社会获利主体(企业价值创造的受益人)、企业相对人(与企业有着业务往来、合作的利害关系人)以及企业员工利益在内的综合性利益。企业犯罪的归责,应当在一定程度上考虑对这些利益群体的影响。当群体利益的受损程度超过了企业犯罪导致的法益损害,那么刑法的正当性与合理性则很难不受到质疑。

刑法的目的与任务在于保护法益,即为了使法益不受侵害或者威胁而制定刑法。② 张明楷教授提出在将某种行为规定为犯罪并采取刑罚措施时,将所有保护的法益与犯罪而被采取刑罚措施后可能造成的法益侵害进行比较,若后者大于前者,则立法机关不得将这种行为规定为犯罪、不能采取这一刑罚手段。③ 就我国现行刑法来看,犯罪处罚的依据是法益的侵害;在对犯罪进行处罚时考虑的则是法益被侵害的程度。刑法对行为主体的保护在多数时候被理解为罪刑法定、存疑时有利于被告等在刑事实体立法与刑事程序立法上的权利保障,并没有考虑法益主体的“双边性”④。就自然人犯罪而言,行为人作为个体,行为的法益侵害在一定程度上实现了其自身同等法益在刑法中的“降格评价”,这也是刑法承认对“正当防卫”等不法侵犯主体权利可以适度弱化

---

① See Jordi Gimeno Bevia, *Compliance Programs as Evidence in Criminal Cases*, in D. Brodowski ed., Regulating Corporate Criminal Liability, Springer International Publishing Switzerland, 2014.

② 参见张明楷:《也论刑法教义学的立场 与冯军教授商榷》,载《中外法学》2014 年第 2 期。

③ 参见张明楷:《法益保护与比例原则》,载《中国社会科学》2017 年第 7 期。

④ 法益主体的“双边性”在刑法中未被提及,原因在于,多数学者认为只有犯罪相对的权利主体所拥有的利益可以被称为刑事法益,而犯罪主体无论以何种形式存在,其都被认为在该犯罪中没有“法益主体”这一资格,即使在特定场合下,其只是行为主体中的一个微观组成体。

的基础,行为人违背了“不侵害他人法益”的义务,其自身享有的权利就会在一定程度上减弱,上升到法益的层面上就表现为行为人法益的刑法“忽略”,因此,自然人犯罪中,通常只考虑行为对象的法益受损,而并不考虑行为人的法益问题。正如西田典之教授所言,刑罚这种制裁具有强制力,由于它同药效大的药物一样伴有副作用(资格限制与作为犯罪人的烙印),在判断以什么作为刑法的对象时,必须慎重考察对某种行为是否有必要动用刑罚来抑止。刑法并非将所有侵害重要法益的行为都作为刑罚处罚的对象;而民法则对所有基于故意、过失的不法行为都要求其承担相应的责任,西田典之教授将此称为“刑法的断片性”。[①]某种法益是否需要用刑罚来保护,不仅要看有无保护的必要性,而且要看这种法益有何价值。刑事立法不仅仅需要解决刑法本身的问题,更多的是为了实现法律整体对社会的价值贡献,而评判刑法整体价值也并非从刑法独立的视角就能够实现的。企业作为社会组织结构的一种类型,其社会价值与社会利益的创造是不可否认的。[②] 企业犯罪中所涉及的法益是刑法根据企业犯罪所涉及的利益承载者所造成的损失而确立的,这种法益我们称为“显性法益”。尽管法益的种类有所不同,相较于自然人犯罪,企业犯罪的法益多数被限定在公共利益(或者群体性利益)的范畴。而企业作为社会组织,其具有自然人主体所不具备的社会功能,从最高人民检察院两次公布的典型案件来看,其侧重于考虑企业主体的社会价值创造,从而允许企业进行合规整改,最终实现从实体或程序的角度对其进行罪轻的处置。需要进一步研究的是,企业社会价值创造与企业刑事处遇之间的关联如何在刑法中实现,无论是从刑事实体法还是程序法的角度来看,其必然涉及利益的考量。传统刑法对企业犯罪的单一法益评价并不利于社会整体利益的增加,如果一味地追求刑事责任的实现而忽视社会整体利益,必将带来不理性的刑法效果。因此,在企业犯罪刑事合规制度适用时,必须考量的是没有纳入刑

---

① 参见[日]西田典之:《日本刑法总论》(第2版),王昭武、刘明祥译,法律出版社2013年版,第24~25页。

② 自然人主体的社会价值创造与社会组织的价值创造有着不同的评判标准,社会组织由于行为的可替代性与同一性,更多的价值创造体现为整体性的价值创造,其辐射范围与影响程度较自然人会有显著的差异。

事法视野的隐性法益。企业犯罪所导致的损失并非简单的直接法益的损害，国家刑罚权行使使得企业的社会公信力、社会信誉受损，企业的整体利益、全体员工利益以及企业的社会相对人潜在利益都会受到不同程度的影响，但是这些利益的损失在刑事层面无法通过法益的形式表现，这也正是刑法允许企业通过建设刑事合规计划来实现刑事责任的转移或减免的原因之所在。刑法的绝对公法性很难通过传统理论来为刑事合规的存在创造合理的空间，当刑事合规在刑法中被提及时，刑法所表现出的法律导向是保护行为主体，而并非传统意义上的一味地惩罚行为主体。刑事合规所体现出的刑法功能不再局限于法益保护，而是社会整体稳定与经济秩序的保护。更准确地说，刑事合规的最终目的不仅仅是实现企业的刑事免责，更多的则是通过建立刑事合规体系，将企业的利益风险予以规避，实现社会整体利益的最大化。

从法秩序的整体来看，法益之间的选择与衡量很多时候是法律做出抉择的基础。企业犯罪所侵害的法益固然是刑法所直接指向的核心问题，但是当企业犯罪所侵害的法益隶属于社会法益中的一部分时，就需要将这部分法益放入社会整体法益中进行衡量，尽管企业犯罪侵害的利益与其创造的利益分属不同的利益属性。人类拥有的异质而基本的“价值”在终极层面上存在难以调和的冲突，既然有些价值本质上是相互冲突的，那么原则上可以发现所有价值都能和谐相处的模式这样一种观念，便是建立在关于世界本质的一种错位的、先验的观念之上。[①]英国学者柏林认为，以价值多元论难题的形式指出人类无法逃避在价值与价值之间做出选择，但价值与价值之间却并不存在相容性和公度性，如何选择，是一个难题。[②] 企业犯罪的刑事处罚导致的两种利益损失在刑法中是一个选择性的难题。传统的企业犯罪处罚模式是依照刑法的“单边法益考量法”，即只考虑企业犯罪带来的社会利益的受损。而正如前文所言，企业犯罪所导致的法益损害并不是简单的直接损失，而是企业犯罪所带来的刑事成本，刑法的介入加剧了企业犯罪的社会损失，这种损失的价值很大程度上超出了企业犯罪所直接带来的损失。

---

① 参见［英］以赛亚·伯林：《自由论》，胡传胜译，译林出版社 2003 年版，第 49 页。

② 参见梁上上：《利益衡量论》（第 3 版），北京大学出版社 2021 年版，第 72 页。

当然,异质法益[①]的比较在刑法中的进行必须严格把握,但是,正如有的学者所言,"法律存在的目的就在于调和各种利益冲突,利益选择不可避免"[②]。刑法本来就是在各种利益中进行合理的抉择,最终实现法益整体的最大化保护。企业作为具有组织结构的犯罪主体,在刑事责任追究过程中应当更多地考量行为主体的整体性,对侵害行为的处罚只能在合理限度之内,以弥补法益损害或者修复法益损害为终极目标,而不能简单地将自然人犯罪的归责路径与模式套用。组织行为的整体性与组织责任承担的整体性具有统一性与牵连性,在企业刑事归责时需要加以双重考察。也就是说,企业犯罪的刑法评价方式应当实现单边法益向双边法益的转化,同时考察犯罪所侵害的法益与行为主体因犯罪所带来的法益损害(这种损害应当排除因为犯罪而承受的处罚所带来的直接损害),在明确犯罪性质的基础之上,将法益整体的衡量作为确立企业犯罪刑事规制方式的起点。

### (二)法益的单一性向多元性转向

刑事合规的适用无论在刑事立法还是刑事司法中都处于尝试阶段,为刑事合规的尝试找到合理的理论路径是在刑法领域中完全推行合规治理模式的基础。就刑法的效力而言,随意的出罪和罪轻在刑法范畴内无法合理存在,即使这个机制被设置得多么规范。正如美国量刑委员会前主席墨菲(Murphy)所言:在刑事惩治的过程及考量因素上,组织犯罪与个人犯罪存在较大区别。区别于个人犯罪"惩罚先行"的逻辑,组织犯罪采取"补救先行",并考虑组织的可偿付能力。[③] 但是,即使在刑法理念上明确企业犯罪与自然人犯罪的处罚模式会有明

---

① 异质法益有两种考量标准:一是不同部门法视角下的利益,如民法利益与刑法利益;二是同一犯罪中的不同种利益的损失。尽管两种标准下的异质法益分属不同的部门法和不同种类的利益,但是在刑事合规领域却存在一定共处的空间。例如,犯罪导致的企业刑事处遇带来的损失包含刑事处罚对企业的直接处罚(直接损失——刑事领域的利益损失)、企业社会创造的社会价值受损和企业形象受损带来的企业价值缩水(间接损失——民事领域的利益损失),这两部分利益的受损都应当是刑事合规所考量的内容。因此,刑事合规中存在的异质法益考量是不容忽视的问题。

② 梁上上:《利益衡量论》(第 3 版),北京大学出版社 2021 年版,第 76 页。

③ See Diana E. Murphy, *The Federal Sentencing Guidelines for Organizations: A Decade of Promoting Compliance and Ethics*, Iowa Law Review, Vol. 87:2, p. 704 – 705(2002).

显差异，也并不代表刑法可以仅仅为了实现某个社会目的而调整其规范性与统一性。

只要与犯罪相联系，刑事合规就必然与犯罪的核心概念——法益相关联。因此，实现合规的刑事立法规范性与刑事司法标准化都需要建立合乎其存在逻辑与存在价值的规则。立法者在设定一项新的刑事法规时，只有提出对应的法益才能检验该法规的科学性与可行性。换句话说，刑法的法益侵害是犯罪判断的主要依据，只有罪名具有保护法益的功能时，其正当性才能被认可。只要"关于对他人利益有害的行动，个人则应当负责交代，并且还应当承受或是社会的或是法律的惩罚，假如社会的意见认为需要用这种或者那种惩罚来保护他自己的话"①。

在传统的刑法法益中，被害方所遭受的损失才能被称为法益，因为刑法的规制逻辑是保护国家安全、社会秩序以及被害人所享有的法益。法益承载者在刑法中被默认为是行为所指向的对象，而加害方无论是个体还是组织，其利益均没有被纳入刑法的视野。因为刑法一直被赋予"犯罪惩罚"的唯一途径，以至于行为方的利益似乎从来不是刑法所关注的对象。刑事合规在企业犯罪中所产生的影响使我们不得不关注的问题是：刑法为何在严苛的前提下为企业留有弥补的空间？企业犯罪所损害的法益是否仅仅是行为对象所承载的那部分法益？刑法如何对待企业犯罪才能最大限度地实现刑法的威严和维护社会的安定？

一般来说，企业犯罪呈现出社会指向性犯罪与内部指向性犯罪两种形态，但是这并不代表企业犯罪所侵害的法益是单一法益。以贪污罪与职务侵占罪为例，当行为表现为"盗窃"时，盗窃罪与这两类犯罪之间的法定刑差异的基础显然与自然人和国家、单位组织这类主体之间的差异相对应。对于针对国家财产与非国有单位财产犯罪而言，其无论是从法益属性、法益损害带来的对国家整体和社会整体利益影响，还是单位组织机构的运行秩序以及相关人员职务的特定职责等方面，都与针对个人法益的盗窃罪有着显著的差异。这些差异就是贪污罪、职务侵占罪与盗窃罪即使在罪量相同的情况下却设置了完全不同的法定

① ［德］埃里克·希尔根多夫：《德国刑法学——从传统到现代》，江溯、黄笑岩等译，北京大学出版社2015年版，第225页。

刑的原因。从刑事责任的配置原则来看,刑事责任的大小必须有明确的依据,法益的内容必然是刑事责任需要考察的主要因素。但法益并不是刑法独有的概念,而是从基本法到部门法的整体概念。现代刑法将法益概念从罪名中进行剖析,以实现刑法法益独立体系的建立。然而,刑法法益体系是一个开放的结构,随时需要根据刑法的罪名调整来进行法益的重新设立或者转化。从法益本身概念可以看出,法益应当是从基本法引申出的内容,所有的刑法法益都可以在基本法中找到原型,而每个刑法的前置性部门法都应当与刑法的法益相一致,刑法法益的独特性在于该法益被侵犯的程度以及被侵犯法益种类的多寡。当法益被侵害达到一定程度,或者某个行为导致数个法益被侵犯,其他部门法无力对该行为进行惩处时,该法益才应当被刑法所关注,而刑事立法者则根据行为的特征进行罪名的确立。何种法益能成为刑法所保护的法益本来就是变动中的问题,这需要结合刑法的目标来确立和修正。企业犯罪中所涉及的法益之所以不能简单地归纳为企业犯罪所损害的法益,其原因在于,从企业犯罪本身来分析,其可能损害的法益包括犯罪行为所指向对象承载的法益,而这种法益的内容并非单一的利益,而是一个复杂利益的有机结合。在企业犯罪中,学者们将法益表述为某种秩序,而秩序本身就应当是多种利益的组合。刑法中所称的秩序应当是在法律规制下的,国家、社会对某个领域内形成的一种稳定的、有序的,并被进入这个领域的主体广泛遵从的规则与程序。企业在实施犯罪时,很多时候是打破了其应当合理遵从的领域内秩序,从而对企业本身、企业相对方以及社会群体甚至国家产生了程度较深的危害。因此,大多数企业犯罪所侵害的法益是包含了多种利益在内的类法益,或者称为多元法益,其中包含了以下两种类型的利益。

一是企业管理秩序利益。从我国刑事立法来看,除去以企业本身为犯罪对象的犯罪之外,企业管理秩序并没有被刑法所关注,原因在于,企业管理秩序所带来的利益隶属于企业自身,企业犯罪导致自身利益受损会被认为是一种必然与当然的结果。企业作为组织结构完备的社会主体,其应当具有能够保证企业正常运转和发展的管理秩序,也正是这种秩序的形成使得国家在企业所涉及领域内的整体秩序处于稳定、合理的状态,而所有关联性行为都是在此基础上做出的,包括企业的社会行为、企业的内部利益分配等。企业行为的利益主体包括企业利益的最终归属者(企业的股东、董事、主要责任人)、企业员工、企业合作主体、企业职责与义务的相对方等。因此,合法、合理的企业管理秩序是企业所处的默认状态,只有企业秩序处于常态运行时,利益主体才能顺利实现其应有的利益。从刑法的角度来看,能否将其设置为刑法的法益是需要进一步研究的问题。正如霍伊泽尔认为,“法益这一概念指的是某个罪刑条文的目的。随便一种利益,只要某个罪刑条文禁止对它加以损害,那么该利益就是法益。这样看来,法益的概念根本不具有任何独立的实质意义。立法者希望通过刑法来加以保护的所有东西,都可以是一种法益。……这种法益概念无意为立法者设置界限,它的作用仅仅在于确立立法者通过制定刑法欲达到的目的”①。企业犯罪的刑事立法需要实现两个目标:一是企业“人身危险性”的消除;二是企业运行合法秩序的建立。从这两个目标出发,可以发现任何状态下刑事犯罪最终损害(无论这种损害的来源是企业本身还是其他人)的利益是具有组织性的主体的利益,即使这种利益的承载者本身可能被评价为犯罪主体,除非我们在法律视角下将这一组织彻底否定,否则我们必须要承认其在社会中的价值,而这种价值实现的最重要的方式就是合理的企业管理秩序。只有企业管理秩序能够合理地被保护,才能真正实现企业“人身危险性”的消除。而从追责的视角来看,企业管理秩序的破坏并非企业自身的意愿,而是企业没有合理地认识与规避犯罪风险。因此,从本质上将企业管理秩序作为企业犯罪的法益加以确立,在刑事处遇时将恢复企业管理秩序作为终极目标,企业犯罪的刑法规制才能真正实现其价值。处罚企业犯罪最终目的是恢复常态的社会整体企业秩序与规范,因此,企业管理秩序是企业犯罪中的共同法益。

二是社会整体经济利益。企业作为社会组织的一部分,承担了国家与社会为其确立的各项职责,企业也在其设立范围内承担行业内的义务与责任。当企业因犯罪被纳入刑法视野时,刑事司法的介入使得

---

① [德]乌尔斯·金德霍伊泽尔、陈璇:《法益保护与规范效力的保障　论刑法的目的》,载《中外法学》2015年第2期。

其所承担的社会义务与行业职责受到相应的影响。企业作为社会共同体的一部分,与自然人分属不同的阶层。自然人是社会共同体的基本要素,而企业则是自然人的抽象与具体的双重结合,属于社会共同体中的组织要素。社会共同体应该建立和维持一致的内外部条件,使所有的共同体成员能够被给予那些确定他的成员身份的条件,尽可能好的生活,这是社会共同体的利益,也是伙伴关系的原则所要求的。① 虽然说存在绝对的固定的价值秩序,但是不同的利益或者价值之间还是存在基本的共识的。这些规律既包括法律适用中更需要遵循的法秩序上的基本价值,也包括作为客体的利益和利益本身的位阶秩序,还包括法律主体行使权利所需要遵循的行为规范。② 社会共同体中所存在利益整体秩序进入法律视野之后开始有了法律位阶的区分,而刑法法益的形成无论经历了多少次筛选,其根本都是社会共同体秩序的体现,而相对自然人犯罪,企业犯罪模式所侵害的法益多数具有"超个人法益"或者"多层法益"的特点。③ 很多时候法益本身所显示出的利益并不能完全代表企业犯罪所造成的危害,尽管这种法益在刑法中是明确的。刑法如果想更为有效地保护这些法益,必须将这些法益背后所包含的整体利益进行考察,既能够保护法益中的直接利益,也能够保护法益侵害所带来的秩序利益以及整体利益。传统刑法针对自然人的直接法益保护的方式在企业犯罪中,并不能完全被套用。毕竟企业并不是简单的个体,除去个体之间的简单集合之外,还需要秩序的连接和思想行为的融合,因此其抽象性是简单个体的结合无法相比的。在考察企业犯罪所涉及的法益时,应当将其纳入社会共同体的整体中加以研究,将异质法益作为整体考量的基础。当然,这并不代表所有的法益都可以随意作为刑法的法益来考量,只是在企业犯罪时,将其所涉及的所有法益进

---

① 参见[英]A. J. M. 米尔恩:《人的权利与人的多样性——人权哲学》,夏勇、张志铭译,中国大百科全书出版社 1995 年版,第 47 页。

② 参见梁上上:《利益衡量论》(第 3 版),北京大学出版社 2021 年版,第 83 页。

③ 其原因在于,企业很少会针对某个自然人去实施针对性的侵害,多数时候企业犯罪是通过损害某个领域内的公共利益或者整体利益,而实现其较大的经济利益,而且当企业犯罪所侵害的是具体个人的法益时,基于社会整体价值的考量,由于企业犯罪归责模式的整体化,法益的个别性刑法评判也应当通过自然人犯罪的归责模式来实现,不宜将刑事处罚扩张到企业主体中。

行综合考量。这是因为在很多情况下,秩序的损害以及间接的利益损失远远大于直接法益的损失,而且这种利益数量和影响上的差距使得刑法无法忽视,更重要的是,这种损失可以通过合规化整改与合规监督来减少。在这种状态下,刑法不得不对企业犯罪的法益考察态度加以适度地转变。

企业犯罪所侵害的法益是直接法益,是企业犯罪直接作用的对象;而社会整体利益受损则并非企业犯罪所直接导致的,而是基于企业犯罪所面临的刑事司法介入而产生的,但是由于利益的整体性与严重性而不得不在刑事领域中予以考量。从法益性质上看,这种利益并不属于刑事法益,之所以被刑法所考量,究其原因在于对企业犯罪所涉及利益的整体衡量。刑法不能以功利作为其唯一目标,但是刑法却不得不在企业犯罪的语境下考量社会利益的最大化,毕竟企业成立初衷的利益色彩是浓厚的。解决具体问题时需要将相互冲突的利益归于同一类型之中,再加以比较。相互冲突的利益哪一方应当获得保障、哪一方应当牺牲,应该依据何种利益的结果可以使得整个利益纲目内的最多数利益获得保障来判断。事实上,竞争性的社会氛围和复杂的社会结构,造就了复杂的竞争性的价值观念与利益诉求。法律适用的现实表明,异质利益之间进行衡量具有普遍性与必然性,也具有可能性与可行性。异质利益在法律适用层面可以衡量,是因为现实社会具有衡量异质利益的相应条件,当然,这种衡量应当建立在基本共识之上与妥当的程序之中。[①]

无论刑法是否承认这些法益的存在,这些利益的存在在客观上影响刑法对企业犯罪的处理态度,也决定企业犯罪的最终刑法走向。当然,这些利益本身并没有在立法或者司法中被刑法所接纳而成为真正意义上的刑法法益,原因并不在于这些行为导致的结果危害性没有达到刑法的要求,而是基于这些危害结果的不确定性以及与行为之间的关联程度没有达到刑法所要求的紧密程度,然而这并不能说明刑法从来没有考量过这些利益对企业犯罪整体法益的影响。刑事合规制度在刑法中的提及与适用,在很大程度上需要依靠企业犯罪法益内容的重

---

① 参见梁上上:《利益衡量论》(第3版),北京大学出版社2021年版,第80~83页。

新解读。只有将企业犯罪法益进行多元化解释,才能真正明确企业刑事合规在刑法效果中的作用机理。换句话说,对法益内容的本体价值分析才能够从根本上解释刑事合规在刑法中的作用模式。

# 检察视角下涉案企业合规监督的机制构建与完善*

贺　卫**

**内容摘要**：近阶段，刑事合规成为学界以及实务界热议的话题。但一定程度上而言，我国对于企业刑事合规的研究与实践起步较晚，当前许多企业缺乏合规意识，这就导致企业在经营管理活动中往往容易陷入刑事风险。而检察机关所负有的法律监督的职能优势以及相关法律基础、实践尝试的支撑均表明，检察机关在构建和完善刑事合规监督机制方面是可以有所作为的。经过对实践中各模式的比较与分析，刑事合规监督机制的构建在模式上仍应以检察机关为主导，并结合监管小组的协助。具体而言，在刑事合规监督机制的适用范围上，要注意区分单位和自然人的适用条件以及从宽、除外情形的设置；在程序构建上，应当包含从程序启动到最后处理的全过程，突出检察机关监督的有效性与涉案企业参与的主动性；在配套机制上，要设立后续跟踪监督机制、风险防控机制、行刑衔接机制和相应的救济机制。

---

* 本文系河南省法学会2022年度职务犯罪检察专项咨询课题“企业合规不起诉的本土化构建”［项目编号：HNLS(2022)B21］研究成果。

** 贺卫，上海市黄浦区人民检察院党组书记、检察长。

**关键词**：企业犯罪；刑事合规监督；机制构建；检察职能

## 一、问题的提出

在我国，刑事合规相关概念的兴起相对较晚。在中兴事件与华为事件的持续发酵下，刑事合规计划引发学界的激烈讨论，检察机关针对涉罪企业的合规考察监督也受到了我国政府以及企业的重视。但从整体上而言，我国对于合规的研究晚于国外，目前的企业也并没有形成普遍的合规意识，这就导致许多企业往往因为未充分意识到其重要性而未能建立并有效实施合规计划，以致企业经营管理活动陷入刑事风险。尤其近年来，我国民营企业由于合规的问题而导致刑事犯罪的案例屡见不鲜。根据北京师范大学中国企业家犯罪预防研究中心于2019年4月20日发布的《企业家刑事风险分析报告（2014－2018）》，近些年来，民营企业涉罪案件从体量上而言整体呈现递增的态势，仅在2018年，涉嫌犯罪的民营企业家便达2476人之多，共计犯罪数量2559次。[①] 从该报告可以看出，目前我国民营企业呈现犯罪高发的现象，这些案例无不揭示了我国民营企业的经营管理亟待建立并完善相应的合规体系，也需要有一个公权力机关对企业进行积极介入，对其进行合规监督，以实现企业犯罪的有效预防，以及企业在犯罪之后的及时"止损"，防止一旦企业或者企业家涉嫌犯罪，企业便无奈垮掉，以致企业、内部职工、与企业有经济联系的第三方主体利益严重受损的惨剧发生。

## 二、刑事合规检察监督的实践探索与模式对比

2020年3月，最高人民检察院在调研的基础上，启动了企业合规监督试点工作。从地方层面来看，上海、广东、浙江等地的部分基层检察院已经开始了企业犯罪附条件不起诉（相对不起诉）的试点，积极探索

① 参见张远煌：《企业家刑事风险分析报告（2014－2018）》，载《河南警察学院学报》2019年第4期。

在现行刑事诉讼制度框架内将刑事合规引入司法实践的路径。[①] 从总体上而言，试点地区对企业犯罪适用的模式，基本上都是基于企业犯罪事实清楚，证据确实、充分，认罪认罚的条件，都需要企业签订包含企业刑事合规计划在内的相关协议，但试点也有各自特色，形成了不同的模式。具体而言，目前存在以下四种模式。

### （一）由犯罪嫌疑企业聘请独立监控人的合规监督模式

在全国数家试点单位中，设置独立监控人模式的单位为深圳市宝安区人民检察院，相关的制度包括《关于企业刑事合规协作暂行办法》《关于企业刑事合规独立监控人选任及管理规定（试行）》。在该模式下，针对具有合规建设可能、补救挽损可能并具有正向效应等合适条件的涉罪企业试点附条件不起诉，程序机制上设立了独立监控人制度，并且上述两项文件明确了独立监控人的选任、培训、考核、监督等工作。根据当地试点的方案，独立监控人由犯罪嫌疑企业聘请，其主要职责是协助企业进行刑事合规情况调查、规划、监督等工作，为企业合规经营提供了专业的法律支撑。该模式一定程度上可以减轻检察机关监督的成本与负担，但也容易产生涉罪企业与独立监控人之间串通的风险。

### （二）由检察机关直接介入的合规监督模式

深圳市南山区人民检察院最先试点采用这一模式，相关的制度为《企业犯罪相对不起诉适用机制试行办法》。该模式由检察机关主导刑事合规，与涉罪企业签订刑事合规监管协议。这一模式设立了专职企业刑事合规监管检察官，由专职检察官直接介入监督考察，协助配合涉企案件的启动审查、协议签订、监督考察等全部程序环节，并独立做好后续跟进工作。一般情况下，检察官每2—3个月就要对协议单位的刑事合规计划的执行情况进行监督考察。这一模式保证了

---

① 附条件不起诉制度在现行法律框架内仅适用于未成年人犯罪，单位犯罪的附条件不起诉仍属于实践中试点探索的做法，尚未上升至立法层面。对涉案企业进行刑事合规考察，继而对其适用不起诉的模式只能依托于现行的相对不起诉制度资源。因此，地方模式中对于单位犯罪的附条件不起诉称呼不一，有些地区称为“相对不起诉”，但本质仍是对单位附条件的不起诉模式，特此说明。

监督考察的积极性和规范性;但相对而言,检察官负担较重,也缺乏专业性。

(三)由检察机关聘请监督(管)小组(第三方)的合规监督模式

这一模式是试点单位较多采用的模式,比如上海市金山区人民检察院、浦东新区人民检察院,还有江苏省张家港市人民检察院均制定了《企业犯罪相对不起诉适用办法》,认为可以通过组成监督小组来探索企业犯罪的刑事合规监督考察。当然,这种监督考察仍以检察机关为主导。在这一模式的基础之上,检察机关协调第三方进行监督的模式有了进一步的创新探索,比如浙江省岱山县人民检察院出台了《涉案企业刑事合规办理流程(试行)》,将合规监督员类型进一步细分,明确了合规监督员包括专业合规监督员与普通合规监督员,并就不同合规监督员的确定方式、义务职责等作了详细规定。相对而言,检察机关发挥主导作用选任聘请第三方进行合规监督的模式是较为合理的路径选择,既能保证检察机关在监督考察中的主导作用,又能确保专业性,还更容易控制风险;避免了第二种模式下检察机关既是决定机关又是考察机关的身份重合问题,也避免了第一种模式下独立监控人与涉案企业串通作假合规的风险。

(四)引入行政监管手段的合规监督模式

这一模式则是检察机关在不起诉之前,引入行政监管,将考察期间对涉罪企业合规建设情况的考察主要交由相关行政主管部门,要求涉罪企业在考察期内构建合规计划,弥补管理缺陷,完善治理结构和经营方式,并以此作为对其是否起诉的重要依据。其试点单位主要是浙江省宁波市人民检察院,相关的制度是《宁波市检察机关关于建立涉罪企业合规考察制度的意见(试行)》。此外,根据辽宁省人民检察院等10机关《关于建立涉罪企业合规考察制度的意见》可知,辽宁省检察机关对于企业刑事合规监督考察的试点也有引入行政监管,要求在考察期内以及考察期结束后,均应会同行政监管机关,指导涉罪企业合规计划的制订,并根据合规计划的实行情况、犯罪事实等因素决定是否起诉。引入行政监管手段的模式考虑到了刑事执法和行政监管的有效衔接,但在相对缺乏合规计划统一范本的前提条件下,要求考察机关审查发现合规计划缺陷,存在专业、技术难度。

## 三、刑事合规检察监督的机制构建与完善

对企业犯罪开展刑事合规监督,从本质上而言仍应是检察机关通过监督职能的发挥来治理企业犯罪。综合对地方试点及相关探索的考察与分析,在机制构建上尚需考虑解决以下三个方面的问题。

### (一)刑事合规监督的适用范围

由于我国对单位犯罪的处理采取的是“双罚制”模式,即对犯罪单位和涉罪单位的主要负责人追究刑事责任,因此,刑事合规监督的适用也要充分考量犯罪嫌疑单位以及犯罪嫌疑人。

#### 1. 对犯罪嫌疑单位以及犯罪嫌疑人适用条件的分别考察

在我国刑法体系中,被判处 3 年以下有期徒刑的一般而言属于轻罪案件。具有刑罚激励功能,采用检察机关和犯罪嫌疑人、被告人合作协商模式的认罪认罚从宽制度,一般适用于轻罪案件。笔者认为,对于同样带有刑罚激励功能的刑事合规监督,也应该以犯罪嫌疑人可能判处的刑罚作为适用条件之一。而考虑到轻罪案件的所判刑罚一般是在 3 年以下,故可以考虑以 3 年有期徒刑作为适用刑事合规监督的分界点。具体而言,根据犯罪嫌疑人可能判处刑罚的轻重,可以将刑事合规监督的适用条件分为三种,从而扩大单位犯罪不起诉的适用范围。首先,对于犯罪嫌疑人可能被判处 3 年以下有期徒刑刑罚的企业犯罪案件,由于此类犯罪一般情节较轻,只要满足以下条件,即可对涉罪企业适用刑事合规监督考察,在经综合考察评价合格的情况下,则可对犯罪嫌疑企业以及犯罪嫌疑人决定不起诉:(1)犯罪事实清楚,证据确实、充分;(2)自愿认罪认罚;(3)企业能够维持正常经营,具备合规建设可能;(4)有退款、退赃、补缴税款、修复环境等补救挽损可能。在以上条件中,前两项是既定的条件,后两项则是对企业进行刑事合规监督以及监督考察的基础,具体的评价考察标准均以后两项为基本展开。其次,对于犯罪嫌疑人可能被判处 3 年以上 10 年以下有期徒刑的企业犯罪案件,由于犯罪情节相对较重,则除了要满足以上条件,还要考虑对该类犯罪适用不起诉的必要性。换言之,在满足前述四项条件的基础上,对于可能被判处 3 年以上 10 年以下有期徒刑的企业犯罪案件,如果对

企业不起诉具有更好的政治效果、法律效果以及社会效果，并且经考察合格，则可以在对犯罪嫌疑人提起公诉的同时，对犯罪嫌疑企业决定不起诉。最后，对于前述两种所提及的刑罚以外的企业犯罪案件，如果犯罪嫌疑企业以及犯罪嫌疑人均满足前述四项基本条件，且经考察合格，检察机关则可以考虑对犯罪嫌疑企业、犯罪嫌疑人提起公诉的同时，提出比一般案件更为宽缓的意见。

2. 除外情形的设置及其从宽处理

探讨构建刑事合规监督机制，其目的在于通过检察机关刑事合规监督职能的发挥，督促那些不合规的企业回归合乎法律规定、行业伦理以及企业内部规章制度的轨道，有效治理单位犯罪，防止“企业涉罪了，相应地企业也就垮了”这一局面的发生。从一定程度上而言，构建刑事合规监督制度是出于保障优化营商环境，立足于社会大局、维护公共利益的考虑。也正因如此，如果是出于案件办理的政治效果、法律效果以及社会效果的考虑，在犯罪嫌疑人或者犯罪企业存在不容许司法机关对其适用不起诉的恶性情形时，则应当将其排除在刑事合规监督的适用范围之外。具体而言，笔者认为不适宜运用刑事合规监督对企业犯罪作不起诉处理的情形，包括以下三种：一是犯罪行为属于严重危害国家安全、社会经济秩序、社会管理秩序的情形；二是犯罪嫌疑企业、犯罪嫌疑人因同种类行为曾受过刑事处罚或行政处罚；三是兜底情形，即其他不宜适用的情形。当然，这里所讨论的除外情形是指不适宜运用刑事合规监督对企业犯罪适用不起诉的情形，但如果该企业认罪认罚，符合认罪认罚从宽制度的适用条件，对其依法从宽处理并不冲突。这是因为认罪认罚从宽制度与刑事合规监督制度并非“一无则全无”的关系。在实践中，如果企业存在以上相应情形不适宜采用刑事合规监督考察对其进行不起诉，并不会因此而剥夺其被认罪认罚从宽制度进行保护的资格。

### （二）刑事合规监督的程序构建

对于刑事合规监督机制的程序构建，从启动到执行的整个过程都体现出检察机关在其中的主导作用（见图1），通过刑事合规监督程序有效实现对企业犯罪的治理。

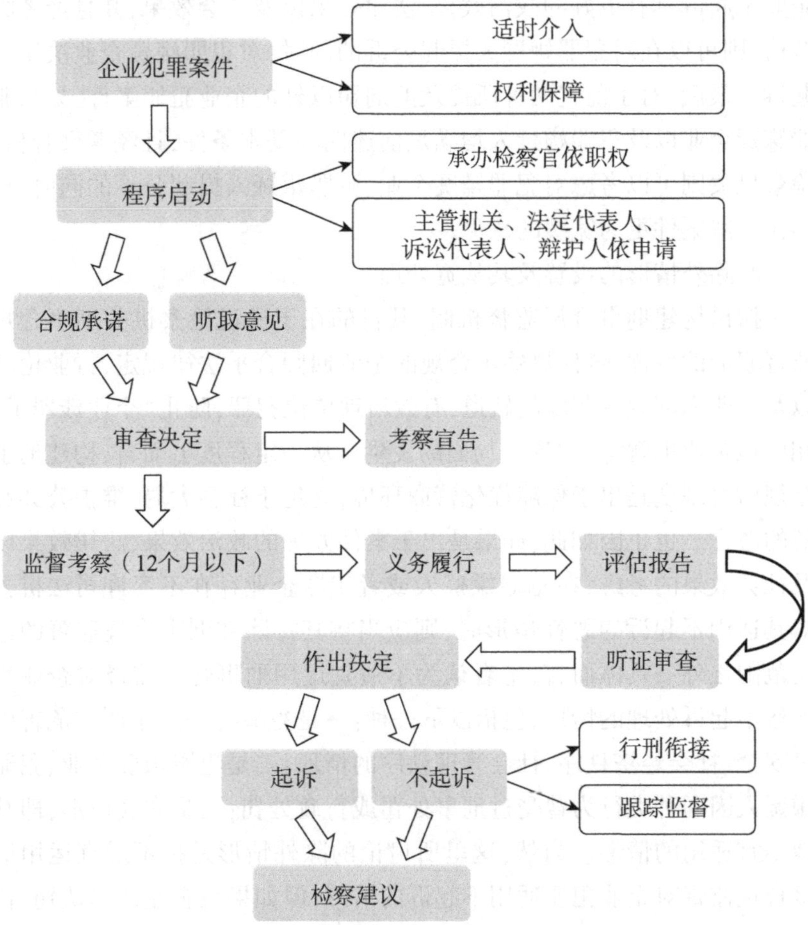


**图1　企业犯罪刑事合规监督具体程序设计**

1.程序启动:检察机关决定和涉罪企业申请

在程序启动的时间点上,如果检察机关负责捕诉的部门对企业犯罪案件是提前介入的,在其引导侦查取证的同时,便应初步评估是否有对涉嫌犯罪的企业开展刑事合规监督考察的必要。而启动刑事合规监督程序的主体,既包括检察机关,也包括涉罪企业。

第一,关于检察机关启动刑事合规监督程序的情形。如果承办检察官经审查后,认为确实有必要对受理的企业犯罪案件开展刑事合规监督考察,则应当在决定程序启动前,对涉嫌犯罪企业的行业情况、生产经营状况以及刑事处罚后可能造成的社会影响等开展调查,或者委托有关组织机构进行调查,形成调查报告。对涉罪企业的相关情况开展调查,旨在更好地把握涉罪企业是否具备采用刑事合规监督从而实现对其不起诉的条件,与此同时,也可以为后续的监督考察工作打下基础。

第二,关于涉罪企业启动刑事合规监督程序的情形。一般而言,涉罪企业的主管机关、法定代表人或者诉讼代表人、案件的辩护人,均有权向检察机关提出刑事合规监督考察的申请。在申请的形式以及要求上,出于程序规范性的考虑,建议采用书面申请的方式,同时要求申请者充分说明理由和依据,并提交企业经营、纳税、员工情况说明以及主管机关证明等有关材料。对于提交的申请以及材料,承办检察官应当进行审查,必要时可以进行补充调查,或者要求补充提供有关材料。

2. 评价内容:审查的全面性和对违规的"零容忍"

对于涉罪企业而言,是否具备一个设计良好的合规计划,始终是检察官决定是否对企业适用不起诉的首要考虑因素,也是合规计划有效性的前提。鉴于此,承办检察官有必要审查涉罪企业合规计划的"全面性",以确保企业不仅明确表明了对违规行为的"零容忍",而且制定了适当的合规政策和合规程序。[①] 因此,对于刑事合规监督考察的内容,具体而言包括以下七个方面:(1)是否制定完备的合规管理规章,包括所有员工应当遵守的合规义务、行为准则以及针对全体员工的合规培训。(2)是否建立合规审查监督体系,通过设置合规监管部门或者合规官,对合规计划的执行、规章制度的制定、重大事项的决策等重大经营管理行为进行监管和审查。(3)是否建立合规风险预警和应对机制,制定风险预案和预备违规行为发生后的补救措施。(4)是否设置纪律处分程序,明晰违规责任范围和处罚标准,纠正违规行为,必要时主动上报司法机关。(5)是否建立合规审查评估机制,定期对合规计划的有效性进行评估,同时定期更新合规管理规章,将外部的法律法规变化和监管动态及时纳入其中。(6)是否建立违规行为上报机制,将严重的违法违规行为上报有关部门。(7)是否建立合规文化培养体系,通过合规培

① 参见陈瑞华:《企业合规基本理论》,法律出版社 2020 年版,第 102 页。

训、合规手册等方式树立依法合规、守法诚信的价值观。

3. 合规承诺：保障企业参与的主动性与检察机关监督的有效性

在设定具体评价标准的基础上，为保障刑事合规监督的有效性并体现涉罪企业积极配合合规监督的主动性，建议设置相应的合规承诺机制。对于拟开展刑事合规监督考察程序的企业，承办的检察官应要求其提供书面合规承诺。其中，承诺的内容应包括：(1)积极配合司法机关的调查和追诉。(2)退缴犯罪所得，明确对相关单位和人员的补救挽损措施。(3)制订实施有效的企业刑事合规计划，明确内部治理整顿及改进措施。(4)定期汇报企业合规情况和刑事合规风险的排除措施。

为了有效实现上述合规承诺的内容，涉罪企业积极配合是其主动性的体现，而出于保障合规承诺有效性的考虑，检察机关发挥其法律监督职能的作用必不可少。一是要通过设定具体的义务，明确犯罪嫌疑企业、犯罪嫌疑人在考验期内应遵守的规定和需要完成的事项，其内容应与合规承诺的内容相对应，由检察机关监督落实。具体而言，义务的履行包括以下五个方面：(1)遵守法律法规，服从人民检察院、监督考察小组的监督；(2)如实、全面披露涉及刑事合规事项的信息；(3)认真、有效执行刑事合规计划；(4)定期报告企业刑事合规情况；(5)及时披露及制止企业、员工可能存在的违法犯罪行为。二是要设置评估报告机制，在监督考察期届满之前，检察机关应在监督考察小组的协助之下，对犯罪嫌疑企业、犯罪嫌疑人遵守规定、履行承诺以及刑事合规计划的执行等情况进行评估，制作监督考察报告。

4. 监督考察：检察机关主导和考察小组协助相结合

根据前述对于刑事合规监督的分析以及内涵界定，从本质而言，刑事合规监督仍是以检察机关为主导的司法活动。目前，从试点的模式看，对企业合规的监督考察模式，可以有四种：一是由涉案企业委托独立监控人；二是检察机关直接介入负责监督考察和评价；三是检察机关聘请第三方成立监督小组；四是引入行政监管手段进行合规考察。综合考虑四种模式的优劣，相对而言，第一种、第二种和第四种模式难以兼顾避免假合规风险与专业性评价二者之间的关系。因此，刑事合规监督考察仍应以检察机关为主导，并由监督考察小组协助的模式展开。

首先，在刑事合规监督考察期间，检察机关应聘请相关单位代表和专业人员组成监督考察小组,协助检察机关对犯罪嫌疑企业履行合规承诺情况进行监督、考察和评估。其次,关于监督考察小组的成员组成,建议由省级的检察机关指导组建省内的企业刑事合规监督考察人员库,人员库则主要包括市场监督管理、税务、生态环境、人社、安全生产等行政主管部门骨干,审计、会计、律师等专业人员以及工商联、行业协会等组织代表以及相关领域专家。刑事合规监督考察小组的成员则由承办案件的检察机关根据涉嫌犯罪企业的状况和案件情况,从该人员库中选取。另外,检察机关还可以根据实际情况,指派承办检察官进驻企业进行刑事合规监督考察。再次,关于监督考察期限,笔者认为,检察机关开展刑事合规监督考察,还应当确定考察期限。考察期限一般不宜超过 12 个月,从检察机关决定开展刑事合规监督考察之日起计算。当然,根据实际情况,检察机关可以在 12 个月内适当延长或者缩短考察期限。以 12 个月为时间节点,一方面是要给予企业必要的时间开展合规建设,另一方面是考虑到取保候审办案期限最长期限为 1 年,以避免办案超期。又次,关于决定开展刑事合规监督考察前的意见听取,由于刑事合规监督考察涉及多方利益,检察机关应当通过事先听取单位犯罪有关各方,包括犯罪嫌疑企业的法定代表人或者其他有关人员、犯罪嫌疑人、辩护人以及公安机关、行政主管机关、被害人等的意见,作为决定监督考察的重要依据,以提高各方认可度。必要时,还可以组织公开听证。最后,对于决定开展刑事合规监督考察的,有必要设置考察宣告程序。由检察机关制作、送达刑事合规监督考察决定书,并向犯罪嫌疑企业、犯罪嫌疑人公开宣布刑事合规监督考察决定,告知其考察期限、应当遵守的规定以及违反规定应负的法律责任等。

5. 处理决定:听证审查是必要环节

在经过刑事合规监督考察程序之后,对于考察监督的结果是否符合对单位犯罪适用不起诉的要求,则需要经过检察机关的综合评估决定。由于刑事合规监督考察尚处于起步阶段,据此作出的处理决定则需要接受社会的监督。为此,建议设置听证审查程序,使处理决定更具公开性、公信力。经过公开听证审查,检察机关应当在综合考察评估之后,作出相应的处理决定。具体而言,包括以下三种情形。

一是作出不起诉决定或者相应宽缓处理的情形。犯罪嫌疑企业以及犯罪嫌疑人在监督考察期间履行刑事合规计划完毕,尚未违反监督考察的要求,经监督考察评估合格且没有可撤销情形,则在监督考察期满后,由检察机关作出不起诉决定或者其他宽缓处理。对单位犯罪作出不起诉决定,但依照法律、法规或者规章应当给予企业或者有关人员相应行政处罚、行政处分、行业惩戒的,检察机关还是要提出检察意见,连同不起诉决定书一并移送有关主管部门或行业组织处理。

二是通过制发检察建议预防单位犯罪的情形。我们知道,刑事合规评价监督并非仅着眼于对单位犯罪的事后治理,而是旨在将检察机关监督考察职能的发挥提前至单位犯罪之前,以避免刑事犯罪风险演变为实际的犯罪。对于单位的行为尚未构成犯罪但存在刑事犯罪风险的情形,也可以启动刑事合规监督考察程序,通过制发检察建议,来堵漏建制,预防犯罪。具体而言,检察机关在办案中发现存在以下情形的,可以向涉案企业或者其他有关单位制发检察建议:(1)规章制度不健全,欠缺员工应当遵守的合规行为准则;(2)对企业及员工的合规运作,缺少有力的监督;(3)对违法犯罪行为的风险预警和应对机制欠缺;(4)其他存在管理制度不健全、违法犯罪隐患,需要及时消除的情况。

三是撤销刑事监督考察决定,提起公诉的情形。如果犯罪嫌疑企业、犯罪嫌疑人在刑事合规监督考察期间,不符合考察要求,检察机关有权撤销刑事合规监督考察决定,并对其提起公诉。具体而言包括以下四种情形:(1)实施新的犯罪的;(2)发现决定刑事合规监督考察以前还有其他犯罪需要追诉的;(3)违反有关监督管理规定,造成严重后果,或者多次违反有关监督管理规定的;(4)其他需要撤销监督考察决定的情形。

(三)刑事合规监督的配套机制

刑事合规监督由于涉及社会各方主体的利益,关乎单位犯罪治理的成效以及社会经济的稳定发展,因此,在构建完善刑事合规监督考察程序机制的同时,还有必要建立全方位的配套机制以保障落实检察机关监督职能的充分发挥。具体包括以下四个方面:一是建立后续跟踪监督机制。在单位犯罪办理过后,为了检验刑事合规监督的成效并防止涉案企业有新的刑事犯罪风险产生,检察机关应关注企业后续状况,进行必要的跟踪回访,一旦发现问题即督促其及时整改。一般意义上而言,检察机关应在对企业不起诉决定宣布后的 12 个月内,进行后续跟踪监督。一旦发现被不起诉企业存在刑事合规风险和管理漏洞,不利于体现合规考核监督的效果,检察机关则应向被不起诉企业或者相应的监管部门提出建议,并督促其及时整改,消除违法犯罪隐患。二是建立风险防控机制,检察机关在开展刑事合规监督考察中,要及时作出风险评估,并采取有效措施帮助犯罪嫌疑企业化解矛盾纠纷,避免因办案时机或方式把握不当,影响企业正常生产、扰乱工作秩序或引发群体性、突发性事件。三是设立行刑衔接机制,对涉案企业作出不起诉决定的,企业虽然不再承担刑事责任,但并不意味着行政责任也不需再履行。因此,在作出不起诉决定之后,依法应对该企业或相关人员给予行政处罚、行政处分、行业惩戒的,检察机关也应提出检察意见,连同不起诉决定书一并移送有关主管部门或行业组织处理,做好行刑衔接。四是要设立相应的救济机制。对于基于企业刑事合规监督考察而作出的轻缓决定,笔者认为,有必要赋予刑事诉讼各方以救济的权利。如果公安机关对检察机关所作出的处理决定不服,则公安机关有权提出复议、提请复核;如果被不起诉人、被害人不服检察机关所作出的决定,则被不起诉人、被害人有权依法申诉。

# 检察机关开展涉案企业合规审查问题研究

江苏省张家港市人民检察院课题组*

**内容摘要**：企业合规制度起源于欧美国家，引入我国后经历了一个由国际化到本土化的转变过程，逐渐形成检察机关主导，以刑事激励为最终动力的企业犯罪治理的社会化制度框架。江苏省张家港市人民检察院作为首批企业合规改革试点单位，在涉案企业合规整改领域开展了一系列的本地化探索。为保障企业合规制度的长效发展，检察机关可以在吸收借鉴国外经验的基础上，结合我国司法体制改革的实际，推动立法修改，拓宽合规从宽的适用范围、幅度，发挥刑事激励的最大效果。

**关键词**：检察机关；法律监督；合规制度；合规监督考察

1991 年，美国颁布适用于单位被告人的《联邦组织

---

* 课题组成员包括：邓根保，江苏省张家港市人民检察院党组书记、检察长。课题组成员：丁建勤，江苏省张家港市人民检察院党组副书记、副检察长；吴晓敏，江苏省张家港市人民检察院党组成员、副检察长；郑莉，江苏省张家港市人民检察院第四检察部副主任；张秀娟，江苏省张家港市人民检察院第四检察部副主任；杨扬琴，江苏省张家港市人民检察院第四检察部检察官；钱丽，江苏省张家港市人民检察院第四检察部主任助理。

量刑指南》，首次在刑事规范中引入合规理念，要求企业建立具有预防违法犯罪功能的公司治理结构，并将企业是否实施“有效的合规计划”与对企业的刑事责任评价挂钩，开企业合规制度之先河。进入21世纪，英国、法国、意大利等众多国家纷纷确立了企业合规制度，企业合规制度在全球范围内普及。[①] 企业合规制度在美国、英国等国家已较为成熟，“企业合规”“暂缓起诉”“刑事监管人”等制度相继传入我国，为中国特色企业合规制度的构建提供了参考和借鉴，但由于国内外司法体制背景、适用制度的企业范围、企业的合规能力等不同，决定了我国企业合规制度必须进行本土化设计，江苏省张家港市人民检察院亦结合当地情况展开了一些探索，以期为中国特色企业合规制度构建提供基层实践参考。

## 一、我国企业合规制度的起源和发展

2018年11月，习近平总书记主持召开民营企业座谈会，充分肯定民营企业的重要地位和作用。之后，最高人民检察院发布了办理涉民营企业案件的11条执法司法标准，落实习近平总书记关于民营经济发展的重要指示精神。2020年1月，时任最高人民检察院检察长张军在全国检察长会议上提出，对涉嫌犯罪的民营企业负责人，切实做到依法能不捕的不捕，能不诉的不诉，能不判实刑的就提出缓刑建议。2020年3月，最高检启动涉案企业合规改革试点工作，并确定上海市浦东新区、金山区人民检察院，广东省深圳市南山区、宝安区人民检察院，江苏省张家港市人民检察院，山东省郯城县人民检察院为试点单位。

企业合规制度在中国的发展主要经历了三个阶段：一是行政机关引导推进企业自主合规阶段；二是检察机关推进企业合规改革试点阶段；三是检察机关推动构建涉案企业合规第三方监管机制的阶段。检察机关经过两轮试点建立起涉案企业合规从宽制度，即检察机关在办理涉企犯罪案件时，对符合条件的涉案企业启动合规监督考察程序，商请第三方机制管委会组建第三方组织，在考察期内对涉案企业制订并

---

① 参见张远煌：《刑事合规国际趋势与中国实践》，载《检察日报》2019年11月2日，第3版。

执行合规计划进行监督、考察和评估，并出具监督考察报告。考察意见作为检察机关作出不捕、不诉决定以及量刑从宽建议的重要参考。涉案企业合规从宽制度包含企业自身努力和国家刑事政策激励两个层次。企业重视并落实合规制度的动力必定源于对违规处罚的畏惧，在民事责任、行政处罚和刑事处罚中，企业最大的畏惧源于刑事处罚的威慑力。① 因此，与行政合规相比，检察机关主导的以刑事激励为动力的涉案企业合规从宽制度更为有力，也更具有现实必要性和可行性。

## 二、检察机关合规审查的基层实践

最高检等九部门联合印发的《关于建立涉案企业合规第三方监督评估机制的指导意见(试行)》(以下简称《指导意见》)明确规定了检察机关在涉案企业合规第三方监管机制中应当履行的职责，总结归纳主要是以下四个要点：一是把好监督考察程序启动关，从合规的必要性和可行性出发，审查涉案企业是否符合企业合规改革试点适用的条件并选择合适的监督考察模式；二是把好合规监管人选任关，涉及选任第三方组织专业人员的条件以及组建第三方组织的人员结构、数量、专业要求等；三是把好监督考察程序的运行关，包括对企业合规计划、第三方组织监督考察履职以及考察评估意见的审查；四是把好审前过滤关，决定合规监督考察结果对定罪量刑的影响程度，主要指是否从宽以及从宽幅度的适用。

### (一)制度适用企业的特点

美国的涉案企业合规整改，主要适用于大型企业。我国最高检发布的《关于开展企业合规改革试点工作方案》则指出，企业合规改革试点适用企业范围包括国企民企、内资外资、大中小微企业等各类市场主体，强调"平等保护"。实践运用中的争议点在于，是否大中型企业，纳税高、就业广、社会贡献大的企业才能适用合规制度？检察机关将企业经营情况、社会贡献度等作为合规必要性和可行性评价要素，大中型企业具有明显优势，合规必要性和可行性评价相应较高，而小微企业处于

---

① 参见王克友、闻浩杰、黄小妹：《谈中国企业合规管理——兼论检察院职能新发展》，载微信公众号"环球律师事务所"2021 年 1 月 18 日，https://mp. weixin. qq. com/s/e1BV7SR_nNe7i3bly5yWnw。

劣势地位。但小微企业在市场经济中的作用却不容忽视。以张家港市为例,共有民营企业超过6万家,其中规上工业企业仅有1116家,其余多为小微企业。但民营企业贡献了全市67.3%的规上工业总产值、73.6%的工业利润、75.3%的工业利税。因此,在合规必要性和可行性评判标准、指标类型的设计上,需要充分论证科学性和合理性。

张家港市的涉案企业合规从宽制度,以服务保障民营经济高质量发展为目标,逐渐形成了"以中小微企业为主"的特色。在前述大背景下,张家港市建立了一系列的特色机制:其一,以政府财政为支撑,支持企业合规监管委员会与第三方组织运行,尽量减轻中小微企业合规负担。其二,以专项合规为主,以全面合规为辅,强调合规整改"合身"和"有效"。其三,构建量化机制,避免小微企业合规流于形式,合规整改走过场。其四,建立大型企业和小微企业第三方组织的人数、种类和薪酬的差异化机制,控制合规机制运行成本。

(二)合规适用条件的审查

《指导意见》关于涉案企业合规改革试点的适用条件规定的较为原则性,涉案企业、个人认罪认罚,企业能够正常经营,自愿适用第三方机制,承诺建立或者完善企业合规制度,具备启动第三方机制的基本条件,可以适用合规第三方监管机制。

江苏省张家港市人民检察院制定的《关于开展企业合规改革试点工作的实施细则(试行)》规定了调查评估程序。以该院办理的张家港市L化机有限公司污染环境合规案件为例,检察机关审查了企业提交的书面合规承诺以及行业地位、科研力量、纳税贡献、承担社会责任等证明材料,走访企业所辖党政机关、环保部门进行调查核实,形成调查报告。L化机有限公司系省级高科技民营企业,年均纳税400余万元,企业员工90余名,拥有专利20余件,部分产品突破国外垄断。如果公司及其主要经营管理人员被判刑,对国内相关技术领域将造成较大影响。检察机关认为该公司有合规的必要性和可行性,决定启动合规监督考察程序。①

① 参见《严管厚爱!最高检发布企业合规改革试点典型案例》,载微信公众号"最高人民检察院"2021年6月3日,https://mp.weixin.qq.com/s/QGIsQsqyse4CIYx9bOu7RQ。

（三）合规模式的选择

随着合规试点的深入，合规监督考察模式经历了从检察官独立监督到检行联合，再到第三方监管的演变过程，几种模式各有优劣。办案检察官需要结合案件具体情况、企业类型、规模以及监督考察的难易程度等实际情况确定合适的监管模式，实现公正与效率的统一。

**案例1**：季某某在经营张家港市某建材经营部期间，水稳搅拌机操作工人孙某某违反操作规定作业，致使进行清理作业的李某某卡入搅拌机内受伤，经抢救无效死亡。季某某作为该经营部负责人对事故负有管理责任。因经营部主营业务单一且合规风险识别较易、合规整改的内容比较明确，检察机关未启动第三方监管机制，由办案检察官联合应急管理部门执法人员对该建材经营部安全生产合规整改情况进行监督考察。

**案例2**：顾某某在实际经营张家港市某科技公司期间，让他人为自己虚开增值税专用发票25份，税额合计人民币28万余元，并已全部抵扣税款。涉案企业虽系小微企业，但考虑到合规计划类型为财税合规，整改的专业程度较高，江苏省张家港市人民检察院商请第三方机制管委会组建了由1名律师、1名会计师组成的第三方组织进行监督考察。

对比两个案例，在监督考察模式的选择上，不应只考虑企业规模一个因素，还要具体问题具体分析，在节约资源、提高效率的同时要保证合规监督考察的实效性。

（四）第三方组织的审查

除对第三方组织专业人员名录库的审查外，重点是对第三方组织组成结构科学性、成员随机性、专业性的审查。按照《指导意见》第10条第2款的规定，第三方机制管委会收到人民检察院商请后，应当综合考虑案件涉嫌罪名、复杂程度以及涉案企业类型、规模、经营范围等因素，从专业人员名录库中分类随机抽取人员组成第三方组织。抽取小组人员结构、分类随机抽取可以通过信息技术手段来实现，最大限度降低人为因素的干扰。如江苏省张家港市人民检察院研发了第三方组织智能抽取系统，保证涉案企业合规第三方监督评估机制良性运行，实现分类随机抽取的公平公正。具体而言，将专业人员名录库分类导入系统,系统配置不同的角色权限。张家港市企业合规监管委员会安排专人负责第三方组织的抽取。张家港市检察院可以通过系统配置的查看权限对人员抽取、更换、专业人员的分配次数进行审查,如出现第三方组织专业人员被抽取机会不均等、工作量不均衡、分类规则不遵守等问题,可以及时提出纠正意见。

张家港市检察院办理的赵某某等人组织他人违章冒险作业合规案件,检察官登录第三方组织智能抽取系统,查看第三方组织分类抽取并公示的全过程:赵某某经营的江苏某金属公司涉罪风险领域为安全生产,系统根据抽取人填录的企业营业收入、用工人数等基本信息自动识别出该企业规模为小型企业,默认第三方组织人员结构为1名律师、1名安全生产领域专业人员,抽取人勾选了专家学者,生成抽取结果。该公司第三方组织由3名专业人员组成,包括1名律师、1名应急管理局业务骨干、1名某大学合规专家。后抽取人通过系统在市工商联微信公众号进行公示。检察官可以对照调查评估报告检查企业基本信息填录是否准确,重抽记录、公示记录是否规范,等等。

### (五)第三方组织履职的审查

在第三方组织监督考察过程中,检察机关应当把握好关键环节的审查工作,即合规计划制订环节、合规计划执行环节以及验收评估环节的审查。检察机关要实现对第三方组织履职的实质监督,需要掌握涉案企业经营、合规整改过程以及涉案企业合规机制运行等大量信息,传统监督手段很难满足工作的需要。在验收评估环节,检察机关审查第三方组织制作的合规考察书面报告,主要是形式要件的审查,包括审查第三方组织专业人员来源是否合法、组成结构是否合理,第三方组织成立程序是否合法、规范,合规考察报告是否有第三方组织全体人员签名或盖章。检察官进行实质性审查的难度非常大,有的检察机关以公开听证的方式组织专家"会诊",一定程度上增强了合规考察评估的权威性和公信力,但难免对办案效率和成本造成压力。

### (六)合规从宽的适用

企业合规从宽制度的生命力在于合规监督考察结果的运用,具体表现为检察机关对于通过合规验收的涉案企业及个人如何从宽以及从宽幅度的适用。在目前立法未修改的情况下,司法实践中涉案企业合规整改后的从宽处理方式主要是相对不起诉、认罪认罚从宽、单位犯罪二元化处理三种。相对不起诉是检察机关发挥审前过滤职能,适用不起诉权激励涉案企业作出合规承诺的主要手段。该手段激励效果最大,但须符合相对不起诉的条件。认罪认罚从宽适用范围比较广,可以将通过合规验收作为认罪认罚从宽中"认罚"的情节考量,但从宽的幅度有限。单位犯罪二元化处理指的是在单位犯罪案件中,按照独立的标准和条件对个人刑事责任与单位刑事责任进行单独判断。单位犯罪二元化处理主要是针对严重的涉企刑事犯罪案件,对通过合规验收的企业不起诉,对涉案人追究刑事责任,一定程度上弥补相对不起诉适用范围的缺陷。在企业合规改革试点中,合规从宽的适用结果主要是相对不起诉,最高检发布的第一批、第二批共10个合规典型案例中有7个案例是作出相对不起诉处理决定,2个案例是提出认罪认罚量刑从轻建议。

## 三、检察机关合规审查中的疑难问题

### (一)小微企业评估结果审查难的问题

企业合规改革试点以来,关于合规监督考察的实质性,特别是涉案企业中占据较大比重的小微企业合规整改实质性问题,饱受理论和实务界的质疑。小微企业治理结构普遍存在先天缺陷,很难发挥合规管理体系的风险预防、识别、应对功能,检察机关对第三方组织合规验收通过与否的评价较难把握。比如,企业不具有成立独立、专业合规组织机构的条件,是否就要否定其合规管理体系的有效性。

### (二)涉案企业合规情况掌握难的问题

检察机关要实现对第三方组织履职的监督,需要掌握涉案企业经营、合规整改以及合规机制运行等大量信息。传统监督手段无法满足工作的需要,具体表现为:一是检察机关通过实地走访、座谈交流等方式无法深入掌握企业合规计划完成情况,难以对第三方组织履职工作作出全面、准确的评判。二是对合规体系运行有效性的监督主要依赖第三方组织的履职,检察监督以程序性审查为主,实质性审查缺乏数据支持。

（三）验收评估标准把握难的问题

《指导意见》规定第三方组织应当对涉案企业合规计划的可行性、有效性与全面性进行审查，在合规考察期内，可以对涉案企业合规计划履行情况进行检查和评估。目前最高检等权威部门尚未正式发布有效合规计划的基本标准，第三方组织进行考察评估时缺乏统一的依据和标准，制定审查方案和审查指标难度大。张家港市检察院虽制定了合规审查参考指标体系，但主要参照张家港市的实践情况，该指标体系是否科学合理，是否适用于全国各地，还有待实践检验。

## 四、检察机关提升合规审查的路径

经过一段时间的试点实践，我国企业合规制度已初显成效。与美国检察机关单纯的控诉职能对比，我国检察机关的性质是拥有更加丰富内涵的国家法律监督机关。[①] 在开展企业合规改革试点工作中，检察机关应当承担起主导责任，围绕法律监督职能，完善程序、应用技术，构建中国特色企业合规制度及配套机制，形成以企业合规为核心的社会化支持体系。尤为重要的是，检察机关要在总结经验的基础上，推动立法修改，完善合规激励机制。

（一）完善合规启动程序

1. 量化必要性和可行性评估标准

以涉案企业或个人认罪认罚、企业正常生产经营、自愿接受合规监督考察为基础，依据《指导意见》及张家港市检察院企业合规探索实践，将企业规模、用工人数、营业收入等企业经营数据以及企业违法犯罪记录等负面评价作为评判合规必要性和可行性的考虑因素，设计评判规则和计算模式，根据得分评估企业开展合规整改的必要性和可行性，有条件的地区，可以利用信息技术来实现。如设定企业原始分数为100分，设计正向指标和负向指标并划分分值区间，正向指标进行加分，负

① 参见王克友、闻浩杰、黄小妹：《谈中国企业合规管理——兼论检察院职能新发展》，载微信公众号“环球律师事务所”2021年1月18日，https://mp.weixin.qq.com/s/e1BV7SR_nNe7i3bly5yWnw。

向指标进行减分，计算必要性和可行性评估分数。如正向指标“企业规模”：大型企业 +10 分、中型企业 +5 分、小型企业 +2 分、微型企业不加分；负向指标“行政处罚记录”：1 次 -3 分、2 次 -5 分、3 次以上 -10 分。计算总的分值确定企业合规必要性和可行性等级。通过量化评估标准，全面评价涉案企业合规的必要性和可行性，避免仅依据正向指标进行评估的片面性，也为判断企业是否符合合规制度适用的基本条件提供数据支撑。

2. 规范监督考察模式选择程序

检察机关可以设置监督考察模式选择程序，为合规监督考察有效开展奠定基础。检察官需要在调查评估了解企业基本情况的基础上，考虑企业类型、规模、涉罪风险的复杂性、企业合规能力的匹配度以及监督考察的工作量等因素确定合适的监督考察模式。一般而言，除考虑企业规模外，涉罪风险越复杂，监督考察的模式（包括考察的主体、程序）越需要精心设计，才能更有效满足监督考察实质化的需求。如证券金融领域新类型的经济案件，对涉案企业监督考察可以采取第三方监管模式，吸纳证券领域专业人员加入。在企业合规能力的匹配度方面，涉案企业为大中型企业时，其在合规建设能力、合规有效性方面相比小微企业更具有优势。因此，对大中型企业合规建设进行监督考察更多的是成果验收，对于合规计划执行过程的监督考察难度可能并不大，检行联合模式也不失为一种好的选择。在小微企业合规建设中，很多企业本身不具备合规建设的能力，指导、推进并监督企业执行合规计划难度较大。因此，在小微企业合规试点监督考察模式的选择上，注意不应只考虑企业规模一个因素，还要具体问题具体分析，在节约资源、提高效率的同时要保证合规监督考察的有效性。

（二）规范监管人选任与管理机制

1. 分类组建名录库

分类组建专业人员名录库是组建专业化第三方组织的基础和前提。市、县层面第三方机制管委会在确定第三方组织专业人员名录库各类别人员数量、组成结构和各专业领域名额时，应当对当地一定时间段内涉企犯罪案件进行专题调研，在统计涉企犯罪案件件数、罪名分布、处理结果、合规风险点等数据的基础上，分析涉企犯罪原因、企业管理主要漏洞、可能需要的合规计划类型等，为确定第三方组织专业人员数量、组成结构和比例提供数据支撑，兼顾本地区第三方监督评估中介机构专业人员数量、资质以及专家学者资源，确定名录库专业人员数量、结构，并分类组建名录库。

2. 搭建智能化管理平台

发挥信息化技术的优势，实现专业人员系统性、规范化管理，为科学公正开展第三方监督评估提供技术支撑。具体而言，可以开发“一站式”的智能管理系统，设置人性化的界面和数据导入路径。在专业人员日常管理方面，可以将资质审核、入库管理、培训考试、考核评价、出库管理以及禁入名单等数据录入系统，实现数字化管理、定期更新、全程留痕。在对第三方组织专业人员选任进行审查时，检察机关可以对比专业人员的资质能力和水平，查看培训记录等信息辅助审查，避免信息滞后影响审查工作的质效。在第三方组织抽取方面，可以设计分类随机抽取程序。录入抽取规则，设置企业规模、风险领域两大参数，根据企业规模和合规风险领域自动匹配专业人员类型，随机产生抽取结果，保障组织成员科学、合理。

（三）建立合规监督的信息化平台

时任最高检检察长张军指出，要以大数据助力检察工作高质量发展。合规实质性监督可以研发涉案企业合规监督考察工作平台，运用大数据筛选、清洗、碰撞、分析等技术，动态监控企业合规计划完成进度及合规体系运行状况，发现企业不规范经营以及第三方组织、相关行政主管部门履职不到位等问题，进行精准监督，保障合规监督考察程序规范运行。

1. 实现对合规计划执行过程的监督

将涉案企业合规计划导入平台，按照完成时间节点进行切割，由涉案企业负责人、第三方监督评估组织打勾确认，平台自动判定合规计划完成时间、第三方组织考察时间并对异常情况预警，便于检察机关对合规计划执行的情况进行定点监督。检察机关结合预警信息，通过飞行检查及时发现企业合规计划执行中存在的问题或者第三方监督评估组织履职存在的不足，提出纠正意见。

2. 实现对验收评估意见的监督

企业合规监督考察工作平台可以嵌入验收评估的计分规则和指标

体系,对照合规计划完成情况,结合第三方组织填入的数据,计算出企业合规验收评估的得分。检察机关将系统测算结果与第三方组织验收评估意见进行对比,验证第三方组织验收评估结果的准确性。如检察机关发现验收评估结果存在较大差异,可以进行调查核实,经审查认为第三方组织验收评估确有错误的,应当及时纠正。

3. 实现对合规体系运行的监督

企业合规监督考察工作平台抓取企业经营数据,通过数据碰撞,对比涉案企业整改前后经营数据变化,定期形成数据分析报告并进行异常数据预警。检察机关通过企业经营数据、异常数据的监控预警,可以了解涉案企业合规体系运行的成效,及时发现涉案企业合规体系运行中可能存在的问题,监督第三方组织的履职。涉案企业完成合规整改并通过验收后,检察机关也可以通过该模型持续跟踪监督,若发现行政监管工作中存在的不足,与行政主管部门共同督促企业合规体系长效运行。小微企业合规体系有效性的审查也可以基于客观数据分析,弥补形式审查的局限性。

### (四)推进合规立法的规范化进程

要解决企业合规动力不足、积极性不高的问题,应当从根本上进行立法完善,需要对《刑法》《刑事诉讼法》进行修改。就《刑法》的修改而言,从自然人犯罪治理向自然人犯罪治理与单位犯罪治理并重转型。在《刑法》总则中对单位犯罪二元化处理作出规定,明确适用的条件、范围等。就《刑事诉讼法》的修改而言,较为可行的方式是,将合规从宽进行单独评价,类似认罪认罚规定为涉案企业合规的法定从轻情节。从长远发展的角度,更为妥当的方式是,参照未成年人附条件不起诉制度,创立企业犯罪附条件不起诉制度,区别于相对不起诉的适用条件和犯罪,扩大从宽适用条件和范围。具体而言,可以在“特别程序”一编中确立“单位刑事案件诉讼程序”作为第六章,就合规制度适用范围、适用条件、考察期、从宽幅度等作出明确规定。①

① 参见蒋安杰:《推动建立具有中国特色的企业合规法律制度》,载《法治日报》2022年3月23日,第11版。

# 新过失论视角下企业预防性刑事合规的实践探索与未来展望

衢州市人民检察院课题组*

**内容摘要**：基于对民营企业的特殊保护，我国检察机关启动了涉罪企业合规改革探索，虽然合规不起诉模式对优化涉罪企业的内部结构和经营方式有一定的效果，但其预防犯罪、促进治理作用的发挥仍不尽如人意。因此，基于新过失论和行为无价值论以及我国“少捕慎诉慎押”刑事司法政策等理论政策依据，有必要建立企业预防性刑事合规制度，将合规建设视角由事后规制转至事前预防，促使企业从外部规制转向自我管理，从而实现从抓末端向治前端、“治已病”向“治未病”的转变。为保障企业预防性刑事合规的司法生命力，应从国家治理层面建立现代企业司法康复制度，从企业治理层面建立“事前、事中、事后”的合规管理体系，从行业治理层面抓好合规标准建设，从政府治理层面抓好行刑衔接。

**关键词**：企业；预防性刑事合规；检察机关；激励机

---

* 课题组成员包括：黄曙峰，衢州市人民检察院党组书记、检察长；赵辉，衢州市人民检察院法律政策研究室主任；吴海青，衢州市柯城区人民检察院党组成员、副检察长；徐莉莉，衢州市柯城区人民检察院办公室科员。

制;合规标准

改革开放以来,我国刑法对企业犯罪的规制从无到有,从单行刑法零星罪名到刑法总则分则的一体规定,企业犯罪的法网已经趋于严密,加上司法机关事后惩罚力度的强化,反映出我国对企业犯罪采取的是严密法网和加大惩治力度的传统犯罪治理模式。① 但在这种严密的治理模式下,企业稍有不慎就会触发犯罪,一旦企业或企业负责人、高管人员涉罪,即使最终被减轻处罚或免予处罚,但因污名化带来的标签效应会造成永久性的损害,不仅会给企业带来经营损失、声誉损失、交易资格损失等,还会殃及员工、合作商、消费者及利益第三方。一些规模较大的企业会丧失上市资格或参与公共项目的机会,直接限制规模扩张或长远发展,一些中小企业甚至面临破产风险,造成劳动者失去就业机会等一环扣一环的"水波效应",从而破坏经济的发展和社会的稳定。因此,近年来,受经济下行因素和国家刑事司法政策变革的影响,在司法中,对企业犯罪严格规制的立场已经有所松动。检察机关探索的企业合规改革制度,实际上是对"少捕慎诉慎押"等企业犯罪轻缓化司法政策的具体落实。

## 一、企业预防性刑事合规探索的政策背景

企业尤其是民营企业,是国家经济增长的重要引擎,但是普遍存在管理弱、风险大的问题,刑事案件和潜在风险都呈现高发态势。国家多次提出要对民营企业予以特殊保护,有效保障民营企业健康发展。努力推动企业筑牢守法合规经营底线,预防并减少民营企业所面临的刑事法律风险,直接关系到民生、就业和社会稳定大局。2021 年 6 月,党中央专门印发《中共中央关于加强新时代检察机关法律监督工作的意见》,要求检察机关要依法维护企业合法权益,为经济社会高质量发展提供有力司法保障。最高人民检察院在相关解读中明确指出,开展集末端处理与前端治理于一体的企业合规试点,就是检察机关充分发挥

① 参见孙国祥:《企业合规改革实践的观察与思考》,载《中国刑事法杂志》2021 年第 5 期。

检察职能优势服务经济社会高质量发展的重要体现。如果说严惩涉企刑事犯罪是对企业外部营商环境的优化，那么企业合规改革工作就是从企业内部入手，以法治手段化解法律风险，体现对市场主体的真“严管”、真“厚爱”，做好对涉案企业负责人依法不捕、不诉、不判实刑的“后半篇文章”。

涉案企业合规虽然给了企业一个改过自新的机会，但是企业犯罪后无论如何挽救，或多或少会对企业带来一定的不良影响，有的甚至会影响到企业既有的商业合作模式、外贸出口、上市等，尤其是在中美贸易争端加剧、部分西方国家联手对华实施制衡的大背景下，我国企业及时建立起完善有效的合规管理体系显得更加重要。如何将现有的刑事政策前置，将企业违法犯罪消除在萌芽状态，是当前经济形势下检察机关面临的新课题。习近平总书记曾在中央全面依法治国工作会议上明确要求完善预防性法律制度，[①]时任最高人民检察院检察长张军强调检察监督既要治末端，也要重前端，防未病、治未然。[②] 探索完善检察机关预防性法律制度，推动企业建立预防性刑事合规制度，是检察机关进一步深入贯彻落实中央全面依法治国工作会议精神，有效防范企业存在的刑事法律风险，促进企业加强合规建设，努力落实让企业“活下来”“留得住”“经营得好”的目标，持续优化营商环境，为企业健康发展提供有力的司法保障的重要举措。因此，探索企业预防性刑事合规制度有其特殊的政策背景。

## 二、企业预防性刑事合规探索的理论依据

从域外理论依据来看，预防性刑事合规制度类似于美国的守法计划，主要借鉴于 1991 年美国颁布的《组织量刑指南》。根据该文件规定，构成企业“有效合规计划”的核心要素为：(1)建立合规政策和标准，防止犯罪行为发生；(2)企业高层负责合规政策与标准拟定和实施；(3)普及企业合规政策和标准；(4)建立违规举报制度，发现并报告犯

---

① 参见习近平：《坚定不移走中国特色社会主义法治道路　为全面建设社会主义现代化国家提供有力法治保障》，载《求是》2021 年第 5 期。

② 参见邱春艳：《最高检召开党组会传达学习中央全面依法治国工作会议精神，张军要求用习近平法治思想武装全体检察人员头脑》，载《检察日报》2020 年 11 月 18 日，第 1 版。

罪行为;(5)有惩戒机制保障执行合规标准;(6)犯罪发生后采取适当弥补措施。根据相关规定,对于实施了"有效合规计划"的企业,即使发生了犯罪,也可获得相应的合规激励,即可获得罚金刑的减免,以及暂缓起诉或不起诉等优待。①

从我国刑事政策来看,国家刑罚权的启动和生效往往是缓慢而滞后的,而通过刑事合规计划的实施,将预防责任内控化、制度化地由企业承担,通过督促企业的事前主动介入,实现对犯罪积极的一般预防,从这个意义上讲,刑事合规计划的施行与风险社会对刑法提出的风险预判和事前控制的需求是相适应的。② 企业事前的合规管理,表明了企业对违法犯罪行为的否定性意志,企业成员(高管人员)一旦背离合规要求,其实施的违法犯罪行为因无法体现企业的意志而不能归属于企业,只能归责于行为人自己,故合规能够成为刑法上阻却企业犯罪成立的事由。③ 因此,刑事合规不仅能在事前实现对危险的预防,还能在事后成为企业减轻责任、免除责任甚至予以正当化的重要事由。在涉案企业合规的基础上,将刑事合规适用环节前移到事前预防层面,与国家预防性刑事政策的导向相吻合,并且具有较大的创新性。

从我国过失论学说的演进历程来看,在理论中,关于过失论大致经历了"旧过失论"、"修正的旧过失论"、"新过失论"以及"超新过失论"的发展。从新过失论的角度看,企业在事前建立起行之有效的合规管理体系并能够实实在在地落地运行,在企业涉案时,企业基于事先建立起的合规管理体系证明其没有犯罪故意并在积极努力避免犯罪结果的发生,此时该犯罪行为就应该归属于高管或者员工的个人行为。基于新过失论学说,此时企业可以直接出罪,但最终能否出罪还是要基于具体案件事实和法律适用的考量。正如有学者所说,新过失论以及其中被允许的危险理论和信赖原则理论适应社会发展的状况,在现代社会,

---

① 参见张远煌:《刑事合规国际趋势与中国实践》,载《检察日报》2019 年 11 月 2 日,第 3 版。

② 参见上海检察:《75 号咖啡|曲为之防,检为之治——刑事合规检察监督的现实可能与路径探索(下):对互联网领域的探讨》,载微信公众号"上海检察"2020 年 9 月 27 日,https://mp.weixin.qq.com/s/0o-HwTYK8UiwPgyicVDO4g。

③ 参见孙国祥:《企业合规改革实践的观察与思考》,载《中国刑事法杂志》2021 年第 5 期。

尤其是交通肇事犯罪以及事故型犯罪领域，采用新过失论才可合理地限定过失犯的处罚范围。[①] 正是基于新过失论和行为无价值论，衢州地区开展了化工企业预防性刑事合规的实践探索。

## 三、企业预防性刑事合规的实践探索

为有效防范化工企业刑事法律风险，促进企业依法合规经营，针对衢州地区化工企业多且安全事故多发、易发情况，衢州市人民检察院联合市应急管理局、生态环境局于2021年1月联合出台了《关于在化工企业建立预防性刑事合规制度的暂行办法（试行）》，明确了合规计划的制订审查、运行监督、执行情况运用和运行保障四大机制，将刑事合规事后适用前移至事前预防层面，选取6家企业作为试点，并于2021年3月正式启动该项工作。

### （一）可行性分析

从新时代语境下看，仅通过一系列强监管措施和强责任落实等外部压力已不能满足企业犯罪预防的需要，还需要辅以外部激励政策，以强大的守法压力和激励机制，激发企业自我刑事合规的内生动力。从合规意愿看，行政主管部门和化工企业均有建设意愿。对行政主管部门而言，化工企业刑事合规建设能够通过刑罚压力和刑事政策推动企业合规经营，积极防范并化解刑事法律风险，更好地推动行政监管和减轻监管部门压力；对化工企业而言，建立预防性刑事合规制度，既可以助推其合法合规经营，减少犯罪可能性，又可以在因不可控因素发生犯罪时，得到不起诉或减轻、从轻处罚的减让，是一举多得的有力举措。

### （二）制度概念

我们所称的预防性刑事合规制度，是指对于有意愿适用该制度的企业，向检察机关提出并自行制订刑事合规计划，建立并完善预防、发现和纠正企业违法行为的内部控制机制，经行政主管部门进行专业审查并由检察机关确认后纳入预防性刑事合规试点企业名单，进而在企业涉嫌犯罪时，由检察机关综合其合规建设情况、犯罪情节等决定是否

① 参见刘艳红：《交通过失犯认定应以结果回避义务为基准》，载《法学》2010年第6期。

起诉的制度。

(三)运行机制

我们从四个方面构建了预防性刑事合规的运行机制。

1. 构建合规计划制定审查机制。一是明确合规计划制订主体。由企业自身或委托行政主管部门选择推荐目录内的第三方专业机构制订合规计划。企业也可以自选推荐目录外第三方机构制定并报有关部门审查,审查合格的,有关机构可以被纳入推荐目录。二是明确合规计划主要内容。企业应当针对安全生产和环境污染等方面容易引发犯罪的风险制订合规计划,主要内容包括但不限于制定完备的合规管理规范、构建有效的合规组织体系、健全合规风险防范及违规应对机制等。三是明确合规计划审查方式。对于企业提交的合规计划,由所在辖区检察机关委托行政主管部门进行专业审查,必要时可邀请专业机构名录中未参与计划制定第三方进行联合审查。对于符合要求的合规计划,及时予以确认,并将有关企业纳入试点名单。

2. 构建合规计划运行监督机制。一方面,加大监督检查力度。由检察机关、行政主管部门以及第三方专业机构组成联合监督小组,每年定期一次或按工作需要不定期对企业合规计划实行动态监督,并根据法律规定和有关标准的变化要求其调整合规计划。另一方面,加强监督检查结果运用。对于未有效执行合规计划的企业,及时中止合规制度适用,并要求其进行一个月以上一年以下整改,整改完毕并由专业机构审查合格后,方可解除中止适用措施。对于检查中发现企业故意不执行合规计划、拒不整改或者整改后再次出现同样问题的,取消其合规制度适用资格,由检察机关通过提起刑事公诉、民事公益诉讼或者由行政机关通过行政处罚、失信行为认定等方式进行惩戒。

3. 构建合规计划执行情况运用机制。纳入试点名单企业涉嫌重大责任事故罪、重大劳动安全事故罪等安全生产类犯罪以及污染环境罪等破坏生态环境类犯罪时,由行政主管部门和聘请的第三方专业机构对其合规计划执行情况进行综合审查认定。对于有效执行合规计划的涉罪企业相关责任人员,在侦查和审查起诉阶段采用取保候审等非羁押措施;应当被判处三年以下有期徒刑且没有违反法律强制性规定的,一般作不起诉处理;应当被判处三年以上七年以下有期徒刑的,在法律规定可以从轻或减轻处罚的情况下,一般作不起诉处理,确需起诉的,应当提出从轻或减轻处罚量刑建议。

4. 构建合规计划运行保障机制。一方面,检察机关应当及时通过立案监督、公益诉讼以及检察建议等法律监督手段,解决企业在合规计划制定和执行过程中遇到的干扰、阻挠以及行政主管部门在合规执行情况检查中需要协调处理的事项;另一方面,检察机关应当加强与行政主管部门的工作衔接,定期通报工作开展情况,及时研究解决实践中出现的新情况、新问题。

(四)主要成效

通过预防性刑事合规建设,6 家试点化工企业普遍建立起了一整套风险隐患识别、发现、排查、纠正、整改、预防的合规管理体系,企业各层级员工更明晰自身的责任及违反责任的相应法律后果,员工操作更具规范性、安全性,企业在日常生产经营过程中能够及时发现存在的问题并及时整改,一定程度上降低了事故发生的概率,同时也降低了企业触犯刑事法律的风险。特别是安全生产领域,企业对违规后果感受更深刻,对合规的诉求更迫切。6 家企业积极发动全员参与合规建设,特别是开展风险排查以及商定管控措施工作,直接推动合规意识整体提升,一定程度实现"人人合规"目标,也促成了从被动合规到主动合规的转变。合规管理体系建设,有效促进企业运营的转型升级。按照最终制订的合规细则规范,对企业相关制度进行修订和完善,对相关人员的工作职责进行明确和进一步落实,实现了合规建设中风险预防和责任清晰的目标,特别是将合规管理建设与全员安全生产责任制建设相结合,最终建立企业全员合规责任制,实现责任到人并且可管理和可追责,最大限度保障了合规计划的有效性。尤其是某新材料公司作为一家已进入上市筹备期的企业,合规管理体系的建立健全对其筹备上市也起到了很大的积极作用。

## 四、企业预防性刑事合规的实践检视

### (一)合规计划的全面性和专门性如何有效界定

在 6 家企业的试点过程中,由于企业和律所对合规计划有效性的理解不同,最终提交到检察机关审查的版本差异较大。但经过仔细审查后发现,各家试点企业所提交的刑事合规计划基本都能够在一定程度上降低相应事故发生的概率,如果能够有效执行,将很大程度上降低企业刑事法律风险。由于企业规模、生产工艺和经营产品的不同,其合规管理体系的建构一定要符合企业自身的经营特点,不能够“一刀切”地要求企业按照一个模板进行合规建设,应在具有必要的合规要素的同时,允许企业按照自身特点设计相应的合规管理体系。因此,有必要正确看待预防性刑事合规与涉案企业刑事合规的差异性:预防性刑事合规是主动的合规计划,目标是完善企业治理体系,有效管理风险,因此需要织一张“安全网”,并要面面俱到;涉案企业合规整改针对的是涉罪企业,面对的是已经暴露出的合规问题,目标导向更明确,即便最终以点带面建立全面合规,也应更具有侧重性,更关注对出现合规问题的原因进行分析和应对。因此,在评估预防性刑事合规计划时,应着重考虑合规计划的完整性和有效性,不必过度关注合规计划制订过程中发现了什么问题以及整改情况。

### (二)检察机关参与度如何把握

目前探索的化工企业预防性刑事合规工作主要由检察机关牵头,虽然是与应急管理、生态环境部门共同签订文件开展试点,但是行政主管部门参与意愿明显不足。尤其是在合规计划的审查环节,两次在企业召开的现场评审会上,安全生产方面的专家都无法弄清楚刑事合规是一项什么性质的工作。而且在涉及企业安全生产方面风险点的排查问题上,检察机关的意见原本是请专家审查企业安全生产方面的风险点排查是否全面到位,相应的操作流程是否符合法律法规规定,但三位安全生产方面的专家表示,将企业全部安全生产风险点排查一遍可能需要半年以上,花费较大,且企业都会定期进行安评,将风险点全部排查一遍并无必要。因此,在该方面专家很难提出一个具体的审查意见。建议在对合规有效性进行审查时,应将审查重点放在企业管理体系的有效设计和运行上,只要该体系能够保证企业及时发现潜在的生产风险,并能够采取有效的措施进行应对即可。企业运营中有多少风险点、这些风险点是否排查并整改到位应由企业自身去解决,而不应由审查专家去解决这些问题。此外,检察机关在这其中不应该参与过深,尤其是该项制度全面推开以后,检察机关更应该侧重于将自身定位为推动者,企业申请进行预防性刑事合规体系建设,检察机关进行审查后同意,对于其合规计划有效性的审查,可参照企业的破产管理人制度模式,由合规监管委员会委托合规监管人进行审查验收。真正发生相应刑事犯罪时,检察机关再联合生态环境、应急管理等部门对其合规体系的建设及运行情况进行审查,对不同情形分别给予相应的处理措施。

(三)刑事合规与行政合规的区分和衔接问题

化工企业的预防性刑事合规,虽然只涉及安全生产和环境保护的9个罪名,但是所涉及的法律法规、部门规章、行业规范等达百余部,因此,要想刑事合规就必须先行政合规,刑事合规和行政合规之间的界限很难区分。比如,重大责任事故罪是指在生产、作业中违反有关安全管理的规定,因而发生重大伤亡事故或者造成其他严重后果的行为。要想避免触犯该罪名,就必须在生产、作业中遵守安全管理规定。此时,要想达到该罪名的刑事合规就必然不可能脱离行政合规。由于安全生产所涉及的规定众多,其合规设计难度要远远高于虚开增值税专用发票等涉税类犯罪。在强监管时代,需要把刑事合规和行政监管合规有机结合,把刑事激励政策和行政监管激励政策相结合,提高企业开展合规建设的主动性和积极性。

(四)是否存在虚假合规或者纸面合规问题

合规管理不能只重合规不重管理,只注重法律规定而不关注管理科学是行不通的。合规管理本质上是管理科学,是企业的内部控制制度,如果不能将外部规定科学转化为内部控制措施,合规计划往往会成为“纸面合规”,刑事合规成为“形式合规”,外部规定和企业管理成为“两张皮”,互相不能兼容,最终难以落地。应从管理学的角度,考量整个体系的科学性和合理性,注重管理的有效性。特别要做好“外规内化、内规履行”工作,在内规履行上,要确保合规指引清晰和合规职责落地,明确需要做什么、谁来做等关键问题,才能实现合规管理的最终目标。在监督合规计划是否落地时,要将预防性刑事合规的日常检查嵌入行政主管部门对企业的日常检查,并由检察机关一同参与。因为,预防性刑事合规计划制订出来以后,或者说化工企业预防性刑事合规管理体系建立好以后,可能几年甚至几十年企业都不会发生违法犯罪问题,这时候企业合规的有效性如何检验便成为一个很大的问题。此外,法律法规发生变化,企业生产工艺、主要产品发生变化,企业相应的合规计划或者合规方案均需要继续修改完善。

## 五、企业预防性刑事合规的未来展望

### (一)从国家治理层面建立起现代企业司法康复制度

企业合规之所以是检察机关的一项履职创新举措,是因为它与认罪认罚从宽等制度紧密结合,将传统的宽严相济刑事政策进行落地和深化,为实现“少捕慎押慎诉”的理念,创造了一个崭新的制度性保障,并推动解决长期以来的行政执法与刑事司法相衔接等问题。可以说,开展企业合规工作是丰富我国检察权内涵,推动检察机关更好地履行刑事诉讼审前主导责任,践行公共利益维护者的使命角色的重要契机。除了针对涉案企业合规可以提出“附条件不起诉”等立法建议外,也可以参照意大利、美国和英国等国家,将事前建立的刑事合规纳入刑法体系,并将有效的合规体系作为企业在高管、员工等关联方犯罪时企业自身刑罚减免的依据。具体而言,对于事前有效构建并执行了合规管理体系的企业,在涉罪时给予非羁押措施、不起诉以及从轻、减轻处罚等刑事激励,通过承诺激励和制度压力促使企业完善自身刑事合规体系建设,并逐渐形成合规经营的制度和文化,有效降低企业经营风险,更好地助推法治化营商环境构建。具体可以规定涉案企业直接负责的主管人员和其他直接责任人员依法应当被判处三年以下有期徒刑,且没有违反法律强制性规定的,检察机关对企业和相关责任人员一般作不起诉处理;直接负责的主管人员和其他直接责任人员依法应当被判处三年以上七年以下有期徒刑,在法律规定可以从轻或减轻处罚的情况下,检察机关对企业和相关责任人员一般作不起诉处理;确需起诉的,适用减轻处罚条款,提出减轻处罚的量刑建议。

### (二)从企业治理层面建立“事前、事中、事后”的合规管理体系

要充分运用检察建议等履职方式,与认罪认罚从宽制度、不起诉制度和依法清理“挂案”等相结合,兼顾诉前、诉中、诉后合规不同模式,以

避免制度障碍，实现既有模式和试点探索间的双向融合促进。在企业日常经营过程中，要积极引导企业建立起符合自身需要的合规管理体系，尤其是要注意凸显合规管理中的管理科学性。要确保合规指引清晰和合规职责落地，明确需要做什么、谁来做等关键问题，才能实现合规管理的最终目标。因此，着重从三个方面做好企业合规管理体系建设：

一是要注重“外规内化”。企业最怕的就是在现有经营管理体系之外开辟一套新的体系，尤其是化工企业，每年的安全生产检查和环保检查较多，现有的管理运行体系实际上已经比较完备。要求企业建立健全合规管理体系，并不是要求企业在现有的管理体系之外再另行建立一套体系，而是要通过合规管理促使企业依法依规经营，防范化解企业生产经营过程中可能遇到的刑事法律风险。因此，要注重将外部合规的监管规定内化为企业的内部控制流程，从而保证企业整体合规运营。这就要求企业在合规管理体系建设过程中，要找准合规管理要求与公司现有管理体系的结合点，将合规管理的一整套流程内嵌到公司的现有管理体系中去，从而避免“形式合规”“纸面合规”等问题的出现。

二是要注意“职责清晰”。企业合规的目的除了促使企业依法依规经营、有效防范刑事法律风险以外，还包括避免企业一旦发生安全生产或者环境污染等事故，就直接追究企业和企业负责人的责任，使企业能够获得刑事责任的减免。现有企业经营管理过程中，很多时候都是由于职责权限不清、责任划分不明，导致企业一旦发生问题就会追究到企业和企业主要负责人头上。预防性刑事合规管理体系的设计，必须要厘清从企业董事长、总经理、中层领导到员工各层级之间的责任，通过有效的职责划分实现企业与企业人员在刑事责任上的分离或者切割。如发生了一起安全生产事故，涉嫌刑事犯罪。经调查，是操作工操作不当所致，企业和主要负责人都已经尽到了管理义务，并且尽到了最大努力来预防犯罪，是操作工违反公司规定进行了违规操作，这时就应该追究具体责任人员的刑事责任，而企业本身和企业主要负责人由于已经尽到了相应的勤勉注意义务，应当免除相应责任。要在员工手册中明确规定不同层级员工的责任，并写明违反相应责任可能要承担的法律后果,使每名员工在能清楚知晓工作职责的同时,也能明白违反相应规定可能会导致的法律后果,有足够的敬畏之心去做好本职工作。

三是要注重“书面留痕”。留痕是证明合规管理工作落实的重要一环,也是区分事故责任的关键一环。如果要证明企业和企业主要负责人已经尽到了相应的勤勉注意义务,这时平时管理中的书面留痕就显得十分重要。比如对于安全生产规定的全员培训,对于企业生产设备的定期检查检测,对于企业生产工艺的设计论证,对于员工责任的风险提示等,都应该通过一定形式进行书面留痕。例如,参加安全生产培训时的讲课内容、签到表是证明企业尽到培训义务的重要证据,员工操作手册是证明企业有明确职责划分的重要证据,安全员日常的监督检查记录是证明安全员尽到相应提醒注意义务的重要证据,等等。

### (三)从行业治理层面抓好合规标准建设

随着涉案企业合规改革试点走向“后半篇”,仅仅就案办案、就单个企业开展局部合规是不够的,要既抓末端、治已病,又抓前端、治未病。据此,检察机关不能将涉案企业合规案件办结视为履职已经完成,对于行业内普遍出现的合规风险,要以个案合规为突破口,预防治理诱导此类犯罪发生的行业漏洞,持续推动行业合规发展。为避免涉案企业“纸面整改”“虚假整改”,使企业合规激励机制成为“寻租”的工具:一方面,要深化第三方机制落地落实,充分发挥第三方组织专业评估与检察机关主导作用;另一方面,要结合涉案企业的不同行业、不同业务、不同规模,形成有针对性的企业合规体系建设评估认定标准,提升涉案企业合规工作的全面性和专业性。①

此外,必须要区分和重视企业的差异性。不同规模、类型的企业,对合规的需求不同,承载力也不同,不能“一把尺子量到底,一套标准全都用”,也不能因为要做合规,就一定要构建庞大的合规组织体系和复杂的合规制度,而不考虑企业的实际承载力,特别是以“合规独立”为由“另起炉灶”,为企业增加庞大的运行负担和经济成本,最终因为“合规”拖累企业发展。因此,在构建合规体系时,必须要“量身定做”,“量力而行”。

---

①　参见余东明、张海燕:《给“犯了小错”企业改过自新的机会——上海检察推进涉案企业合规改革优化营商环境调查》,载《法治日报》2022年2月24日,第4版。

### (四)从政府治理层面抓好行刑衔接

合规成本高昂,需要投入大量的人力财力物力,企业势必要考量“投入”与“产出”的比例。就衢州地区开展的化工企业预防性刑事合规试点工作而言,6 家企业合规建设费用均在 50 万元以上,这对于中小微企业而言是一个巨大的负担。因此,企业合规是否有足够的激励机制促使企业认识到合规的重要性,有意愿、有动力去做好合规管理工作,是当前企业合规制度设计中的关键一环。涉案企业合规改革激励措施明显,但这仅仅针对涉案企业,而对于广大的未涉罪的企业而言,其预防效果有待商榷。且在行政合规制度设计方面,有学者提出,我国已经初步形成了六种行政监管合规制度,即发布合规指引、推行行政指导、实施强制合规、确立预防性监管机制、推动合规宽大处罚机制与试行行政和解制度。[①] 但本文认为,目前我国行政法只是在很少领域内确立了合规激励机制,未来如何发挥现有行政监管合规机制的积极作用,强化企业的合规管理义务和责任,加强企业合规的行政激励效果,将是行政法律发展面临的重大课题。

因此,在刑事合规制度设计中,要重点考虑行刑衔接的问题,探索建立“行政合规 + 刑事合规 + 行业性合规”的全链条合规管理机制。一方面,就涉案企业合规而言,在检察机关与行政主管部门协力推进第三方监管机制基础上,要积极对接行政监管和执法程序,把刑事处罚和行政处罚衔接起来,对不作犯罪处理的企业可以向行政主管部门提出经济、行政追责的检察意见,增强检察机关和行政机关执法司法合力。另一方面,在刑事合规中,对企业在行政合规中已经建立起来的合规管理体系予以认可,并进行修改和完善,减少公司治理成本和司法成本。要有针对性地建立企业合规行业性认定标准,对符合行业标准体系的,进行合规认证,并给予税收、检查、融资等方面的激励。此外,还应将企业合规的后续检查内嵌至企业日常执法检查中,有效提升合规管理效能。

---

① 参见陈瑞华:《论企业合规在行政监管机制中的地位》,载《上海政法学院学报(法治论丛)》2021 年第 6 期。

# 我国企业合规不起诉的实践样态与建构路径*

朱　良**

**内容摘要**：企业合规不起诉是推动检察机关深入参与社会治理和主动延伸检察职能的重要创新举措。最高人民检察院在试点地区推行企业合规不起诉制度，既是优化营商环境、保护民营企业的政策要求，也是主动延伸检察职能、激活不起诉裁量权的应有之义，还是现代刑事司法模式转换、犯罪惩罚轻缓化的时代趋势。目前，我国企业合规不起诉主要内嵌于相对不起诉制度之中，具有放过"企业和企业家"之双重效果，其主要适用于中小微型企业实施的轻微犯罪，并与听证制度、第三方机制以及认罪认罚从宽制度结合紧密。但实践中，其存在权力滥用风险、合规期限过短、有效标准不明以及监管体制失灵等问题。在未来发展中，应当建构独立的企业合规不起诉制度，确定一定幅度的合规期限，设定科学的监管体制和合理规制检察机关的自由裁量权。

**关键词**：检察机关；企业合规；权力制约；审查起诉

---

* 中国法学会部级法学研究课题"监察法与刑事诉讼法衔接的三重路径"[CLS(2021)D66]；广东省检察院检察理论研究课题"侵害未成年人强制报告制度研究"(GDJC202115)。

** 朱良，法学博士，华中师范大学法学院讲师、硕士生导师，武汉大学诉讼制度与司法改革中心研究人员。

当下企业合规不起诉制度改革,已经成为理论界和实务界共同关注和研究的热点问题。企业合规不起诉制度的大力推行,不仅会影响检察机关在企业犯罪惩罚和预防上的角色扮演,激励企业犯罪刑事处罚模式的适应性转型,还会导致检察职权在企业犯罪案件中的扩张,尤其是在作出企业合规不起诉的时候,检察机关的自由裁量权可能会出现滥用的情形。在司法实践中,由于受地域、理念以及习惯等因素影响,不同的检察机关作出的合规不起诉决定,难免会出现同案不同结果的情况。这无疑容易引发人们对检察机关合规不起诉正当性、公平性和平等性的思考。[①] 立足于更加宏观的视野,企业合规不起诉制度的最终样态,对刑事诉讼法整体性结构的适应性调整,也具有十分重要的意义。未来,随着企业合规制度的深入推进,企业合规不起诉制度将成为检察机关参与企业治理的重要抓手。因此,研究企业合规不起诉制度具有重要的理论价值和实践意义。

## 一、我国企业合规不起诉的正当基础

虽然企业合规不起诉在很多国家的立法中得到了确认,也得到了很多理论界和实务界人士的支持,但是"橘生淮南则为橘,生于淮北则为枳",这些都不能成为其适合我国国情的充要条件。[②] 即使存在构建企业合规不起诉制度的现实需要,也并不意味着其与我国现行的法律体系以及检察制度相适应,因此有必要从理论层面对其正当基础进行论证。

### (一)保护民营企业的政策要求

2017 年 5 月 23 日,习近平总书记在中央全面深化改革领导小组第三十五次会议上明确要求企业建立合规制度,强化合规管理。这为我国检察机关探索企业合规不起诉制度提供了顶层依据。为了加强对民营企业合法权益的保护,2018 年习近平总书记《在民营企业家座谈会上的讲话》指出,"国家保护各种所有制经济产权和合法权益,

---

① 参见李奋飞:《论企业合规考察的适用条件》,载《法学论坛》2021 年第 6 期。

② 参见洪浩、朱良:《论检察机关在刑事审前程序中的主导地位》,载《安徽大学学报(哲学社会科学版)》2020 年第 4 期。

坚持权利平等、机会平等、规则平等”，这使对民营企业和民营企业家的刑事司法保护得到了持续关注。可以说，检察机关对民营企业家适用企业合规不起诉，在一定程度上体现了“规则平等”的精神。我国的民营经济具有“五六七八九”的特征，即贡献了50%以上的税收、60%以上的国内生产总值、70%以上的技术创新成果、80%以上的城镇就业、90%以上的企业数量。[①] 2019年，中共中央、国务院发布的《关于营造更好发展环境支持民营企业改革发展的意见》明确要求“加大对民营企业的刑事保护力度”，“推动民营企业守法合规经营”。这表明在当前的经济形势下，检察机关在刑事司法程序中适用企业合规不起诉，帮助民营企业填补管理漏洞，督促其合规经营，不仅必要而且迫切。

事实上，最高人民法院和最高人民检察院曾先后表态，要在刑事司法中保护民营企业的合法权益，严禁以刑事手段介入经济纠纷。2018年11月15日，为了充分发挥检察职能，为民营企业发展提供司法保障，最高人民检察院进一步明确且统一规范了办理涉民营企业案件执法司法标准，为保障民营企业的健康发展提供了司法指引。2019年，司法部、全国工商联联合印发了《关于深入开展民营企业“法治体检”活动的意见》，旨在帮助民营企业主动规避法律风险，推动法律保护关口前移。[②] 2019年，时任最高人民检察院检察长张军多次强调，检察机关在办理涉民营企业案件的时候，应当综合运用刑事司法政策，“可捕可不捕的不捕，可诉可不诉的不诉”。[③] 2020年10月以来，最高人民检察院与公安部联合部署开展了涉民营企业刑事诉讼“挂案”专项清理工作，向涉案企业提出企业整改意见，督促涉案企业作出合规承诺并积极整改，依法保护涉案企业和企业家的人身和财产合法权益。从地方刑事司法实践来看，不少地方检察院以认罪认罚从宽制度和酌定不起诉制

① 参见习近平：《在民营企业座谈会上的讲话》，载《人民日报》2018年11月2日，第2版。

② 参见张远煌等编著：《企业合规全球考察》，北京大学出版社2021年版，第7页。

③ 参见郭洪平：《涉民企案件“能不捕的就不捕，能不诉的就不诉”？法律边界在哪里？》，载搜狐网2020年7月22日，https://www.sohu.com/a/409040128_99923255。

度为依托,制定了一系列关于企业合规不起诉的规范性文件。① 不难发现,检察机关运用企业合规不起诉制度帮助企业“非罪化”治理,契合了保护民营企业和企业家刑事司法政策的内在要求。

(二)参与社会治理的应有之义

在大多数人看来,办理案件才是检察机关的主要职责,代表其最本质的功能设定。一定程度上讲,办理刑事案件的传统思维惯性,掩盖了检察机关参与社会治理本应异常耀眼的光芒。而随着监察体制改革的尘埃落定,公诉权在检察职能中的核心地位逐渐凸显。这也为检察机关在办理案件过程中参与社会治理塑造了制度平台。公诉权的正常延展绝不意味着在案件办理过程中,检察机关只是如同“传送带”一般将案件移送至法院,其还具有通过评估案件性质和考察公共利益而终止刑事诉讼的能力。② 换言之,公诉权的功能设置已经为检察机关参与企业犯罪治理预留了空间。

在企业合规制度本土探索的语境下,检察机关通过不起诉裁量权的适用,积极参与企业治理活动,无疑是彰显检察机关的时代担当的绝佳契机。尤其是在中央关于企业合规政策性文件出台的背景下,通过合规不起诉制度督促企业构建有效的合规计划,更是成为了检察机关主动延伸检察职能的创新之举。众所周知,企业在没有外力的情况下主动建立企业合规制度的概率很小。毕竟,建立有效的企业合规制度需要耗费大量的成本,这对企业来说无疑是一笔不菲的开支。正因如此,检察机关当然需要主动回应社会需求,积极推动涉案企业建立有效的合规计划。如果检察机关在办理涉企业犯罪案件时,能够主动延伸检察职能,充分运用起诉裁量权,对建立有效合规计划的企业适用合规不起诉,就可以引导和激励那些具有一定规模且具有合规意愿的企业完善合规管理体系。③ 因此,检察机关通过企业合规不起诉制度督促涉

① 例如,浙江省人民检察院《关于涉民营企业刑事案件适用法律政策的指导意见》、江苏省无锡市新吴区人民检察院出台的《拟不起诉社会评价考核机制实施细则(暂行)》、深圳市南山区人民检察院《关于涉企业犯罪案件适用附条件不起诉试点工作方案(试行)》、辽宁省人民检察院等十机关发布的《关于建立涉罪企业合规考察制度的意见》等。

② 参见朱良:《论刑事立案标准的三重意蕴》,载《贵州社会科学》2022 年第 3 期。

③ 参见李奋飞:《论企业合规检察建议》,载《中国刑事法杂志》2021 年第 1 期。

案企业建立有效的合规计划,不仅没有超出法律监督的职能范畴,还是在以一种新的方式履行法律监督职责,促进民营企业发展和维护社会公共利益。

（三）契合犯罪治理的轻缓趋势

长期以来,在刑罚报复主义理念的影响下,对犯罪人的犯罪行为以痛苦的方式予以处罚,被认为是彰显法律正义的基本方式。[①] 投射到刑事诉讼场域,出现以“羁押”代替“处罚”的现象也不难理解。近年来,随着目的刑理论在刑罚领域的重要作用逐渐凸显,其预防犯罪的目的开始受到普遍重视,“对等报应法”的观点逐渐式微。其中一个重要的表现就是犯罪治理的轻缓化趋势。一方面,在刑法中,人身性质的刑罚在减少,而财产性的刑罚在增加,且部分法定刑在降低;[②]另一方面,在刑事诉讼中,随着“少捕慎诉慎押”刑事司法政策的提出,刑事司法程序逐渐由对抗走向协商,犯罪嫌疑人、被告人被羁押的数量逐渐减少。特别是在单位犯罪案件中,那种“办理一个案件,搞垮一个企业,下岗一批职工”的僵硬做法,已不再适应社会发展的时代需求。企业合规不起诉制度已经成为检察机关在刑事实体法和刑事程序法中给予企业轻缓化处理的重要举措。[③]

在起诉法定主义的语境下,针对符合起诉条件的涉罪企业,检察机关通常会向人民法院提起公诉以追究刑事责任,而较少考虑定罪量刑之后的社会效果,将涉罪企业的合规措施和认罪认罚态度作为酌定不起诉的影响因子,因此,企业在审查起诉阶段出罪的情况很少。然而,在侦查中心主义的实际格局中,企业是否犯罪以及减轻的结果在审前程序中早已被认定,法庭审理很难作出实质性的变动。一方面,在审前阶段,涉罪企业并没有与检控机关相匹配的调查取证权,很难在证据的收集和固定上占据优势,在法庭审理阶段自然无法与公诉方分庭抗礼。另一方面,公安司法机关在刑事诉讼办理案件过程中,通常是配合有余

---

① 参见张明楷:《刑法学》(第6版),法律出版社2021年版,第668页。

② 参见朱良:《解构与建构:未成年人罪错行为分级制度研究》,载《学习与实践》2022年第4期。

③ 参见杜方正、刘艳红:《国有企业刑事合规制度的法理重塑》,载《南京社会科学》2021年第3期。

而制约不足，且涉罪企业很难对抗“流水作业式”的刑事诉讼程序生成的处理结果。[①] 可以说，相较于在审查起诉阶段处理涉罪企业，在法院阶段处理，可能会使涉罪企业处于更加不利的情形。因此，企业合规不起诉制度的建立，具有预防企业犯罪之功效，契合了犯罪治理轻缓化的时代趋势。

## 二、我国企业合规不起诉的实践样态

在最高人民检察院的大力推进下，各试点检察机关积极探索企业合规不起诉制度，针对中小微企业的合规监管如雨后春笋，不断推陈出新。为实现民营企业的刑事司法保护，各试点检察机关大多将相对不起诉作为涉企案件中企业合规的最终处理结果，形成了以相对不起诉为切入点的刑事合规激励机制。根据最高人民检察院发布的第一、二批企业合规的典型案例，可以归纳和总结出我国企业合规不起诉的实践样态。

### （一）对象二元：针对企业家和企业的双重不起诉

从最高人民检察院公布的典型案例来看，我国检察机关在试点地区探索的企业合规不起诉存在一个普遍现象，即对涉案企业和涉案企业家作出双重不起诉决定。[②] 换言之，我国企业合规不起诉的对象不仅仅针对企业还针对企业家，这显然与域外“放过企业，严惩企业家”的企业合规理念不一样。例如，在张家港市 L 公司污染环境案、新泰市 J 公司等建筑企业串通投标案、上海市 J 公司假冒注册商标案以及深圳市 X 公司走私普通货物案等一系列案件中，检察机关在确认企业合规之后对企业及其负责人均作出了不起诉决定。不难发现，典型案例中的企业合规不起诉，既放过了企业，也放过了企业家。之所以如此，一方面是因为在我国的市场环境下，企业的人合性比较强，企业家和企业难以分立，企业的发展离不开企业家的支撑。特别是中小微型企业，现代化

---

① 参见洪浩、朱良：《论监察委留置权：权力属性、运行原则及程序衔接》，载《甘肃政法学院学报》2019 年第 2 期。

② 参见李玉华：《企业合规本土化中的“双不起诉”》，载《法制与社会发展》2022 年第 1 期。

的企业治理结构还没有完全建立起来，企业负责人职责高度交叉和集中，呈现了“人企合一”的现象。一旦企业家被批捕或者起诉，企业可能就无法正常经营，甚至可能出现“案子办了，企业垮了”的现实局面。另一方面，检察机关将企业合规不起诉制度适用于“企业家”，在一定程度上是为了贯彻落实“加大对民营企业的刑事保护力度”的刑事司法政策。为了避免“严刑峻罚”可能带来的危害后果，尤其是避免因为制裁企业而造成员工、投资人、股东、客户等利益相关方遭受不公平惩罚的后果，检察机关往往选择与涉案企业和解。[①] 同时，检察机关在法律的框架下，灵活运用审查起诉职能，对企业和企业家作出双重不起诉决定，有助于防止办案引发诸如停工停产、破产倒闭、员工失业以及经济下滑等各种负面影响。因此，基于各种因素的综合判断，检察机关在审查起诉阶段对企业和企业家作出双重不起诉决定，是企业合规不起诉中国化的必然结果。

### （二）范围限缩：中小微型企业实施的轻微犯罪

与主要适用于大型企业犯罪的域外暂缓起诉协议不同，我国检察机关企业合规不起诉制度的一个显著特点是主要适用于中小微型企业的轻微犯罪，这与该制度探索的主体主要是基层检察机关不无关系。事实上，从整体上看，中型、小型和微型企业占据我国企业数量的绝大多数。检察机关选取有合规能力的中小微型企业，以企业合规不起诉作为程序激励机制，引导其建立有效的企业合规制度，符合中央“六稳”“六保”的刑事司法政策。同时，需要强调的是，“尽管全国范围多地检察机关都在积极探索‘以合规换取不起诉’制度，但深受法定起诉主义的影响，企业合规不起诉案件的适用范围相对较窄，仅限于犯罪情节显著轻微的案件”[②]。换言之，检察机关在试点区域适用企业合规不起诉的案件皆为轻微犯罪，即相关负责人可能被判处 3 年以下有期徒刑的案件。例如，张家港市 L 公司污染环境案、王某某等对非国家工作人员行贿案、新泰市 J 公司等建筑企业串通投标案等一系列案件，都是可能

---

① 参见陈瑞华：《企业合规基本理论》（第 2 版），法律出版社 2021 年版，第 424 页。

② 李本灿：《法治化营商环境建设的合规机制——以刑事合规为中心》，载《法学研究》2021 年第 1 期。

被判处3年以下有期徒刑的轻微刑事案件。应当说，检察机关对企业合规不起诉案件的取舍：一方面体现了检察官对企业合规不起诉案件的审慎态度；另一方面，考虑到我国刑事诉讼法的实际情况，企业合规不起诉应当在现行法的框架下运行，不能为了改革而突破现行法的规定。毕竟，企业通过合规考察之后，检察机关需要通过相对不起诉对企业和企业家"出罪"，而相对不起诉的基础条件是"犯罪情节轻微"，其在司法实践中通常被认为可能判处3年以下有期徒刑。

### （三）权力制约：检察听证与第三方机制的引入

借由检察听证和第三方监督评估机制的引入，检察机关企业合规不起诉权力的行使受到了一定的制约和限制。一方面，检察听证将检察机关作出不起诉的程序展现在"阳光下"，是一种看得见的正义。在典型案例中，检察机关在作出企业合规不起诉决定之前，都适用了检察听证程序，并邀请人大代表、政协委员、行政机关代表和企业代表等参加。从一定意义上讲，在对企业合规整改结束之后召开检察听证会议已经成为我国地方检察机关适用企业合规不起诉制度的一项特色。例如，张家港市L公司污染环境案、上海市J公司假冒注册商标案、山东省Y公司串通投标案、随州市Z公司重大责任事故案等一系列案件都采用了检察听证的方式。甚至，南京市建邺区的检察机关实行了更加严格的"双听证"模式，即在企业涉案初期，检察机关组织一次针对构建企业合规计划的听证会议，旨在帮助企业建立有效的企业合规计划；在合规考察结束之后，检察机关组织第二次检察听证会，针对合规计划的有效性听取意见，并在此基础上做出案件处理。毕竟，检察听证程序能够更好地借用"外脑"，以一种看得见的正义来制约合规不起诉权力的恣意行使。

另一方面，《关于建立涉案企业合规第三方监督评估机制的指导意见（试行）》（以下简称《指导意见》）明确了我国检察机关企业合规不起诉制度的外部制约机制，即第三方监督评估机制。具体而言，企业合规计划的有效性评估、对合规整改的随机抽查以及跟踪监督由第三方机制委员会选任的第三方组织负责。第三方组织对企业进行合规考察后形成的考察报告，可以作为检察机关做出案件处理的重要参考。换言之，检察机关作出企业合规不起诉决定需要参考第三方组织的考察报告。事实上，第三方组织的介入阻断了检察机关与涉案企业的直接联系，形成了检察机关、第三方组织和企业的三方制约关系。[①] 有观点认为，第三方机制管委会委托第三方组织监管合规体系的操作方式，既协调了第三方组织和涉案企业的冲突，避免了第三方组织对企业的正常经营进行打压控制，也在较大程度上回避了廉政风险，促使检察机关依法行使检察权。[②] 在实践中，第三方组织的监督、评估和考察工作已经成为制约检察机关滥用企业合规不起诉权力的重要手段。

（四）制度整合：合规不起诉与认罪认罚从宽制度相结合

在我国当前的刑事司法语境下，认罪认罚从宽制度贯穿于整个刑事诉讼阶段，并适用于所有的刑事案件和罪名，其当然可以适用于涉企犯罪案件。可以说，认罪认罚从宽制度为涉案企业与检察机关沟通协商，进而换取刑事上的优待，提供了具体的程序路径。理论上，认罪认罚从宽制度与企业合规不起诉在"协商"方面具有天然的契合性。认罪认罚从宽制度中所蕴含的激励机制为企业合规在实体上和程序上获得从宽提供了法律依据。有观点认为，"认罪认罚是对民营企业家和民营企业从宽保护的正当基础，合规是企业认罪认罚的高级形式"[③]。有学者指出，"刑事合规与认罪认罚从宽都属于合作型司法模式，均因预防必要性降低而得以从宽，均是诉讼经济的产物，二者在理论基础上具有同源性"[④]。企业合规不仅要求企业对过去的事实予以承认，包括主动配合调查、揭露犯罪事实等，还要求其承担将来的持续性不利后果，包括花费大量成本建立风险预警、应对和识别机制等。从实践来看，各地检察机关均将企业合规不起诉制度与认罪认罚从宽制度相结合，将企业自愿赔偿、配合调查、积极整改和合规承诺等情节作为衡量企业是否"认罪认罚"的标准。同时，企业认罪认罚以及合规整改还是检察机关作出企业合规不起诉决定的重要考量因素。在试点地区，企业或者企

① 参见马明亮：《论企业合规监管制度——以独立监管人为视角》，载《中国刑事法杂志》2021年第1期。

② 参见奚玮：《论企业合规刑事化试点中的检察监督》，载《政法论丛》2022年第1期。

③ 李玉华：《以合规为核心的企业认罪认罚从宽制度》，载《浙江工商大学学报》2021年第1期。

④ 李勇：《检察视角下中国刑事合规之构建》，载《国家检察官学院学报》2020年第4期。

业家认罪认罚被确立为检察机关启动合规考察程序的先决条件。客观来说,认罪认罚从宽制度可以节省大量的办案资源,特别是办案时间。因此,办案人员在涉企犯罪案件中适用认罪认罚从宽制度的积极性相对较高。可以说,认罪认罚从宽制度和企业合规不起诉制度具有十分密切的关系。毕竟,两者都是以涉案嫌疑人自愿认罪为前提条件。从某种程度上来说,企业合规不起诉已经与认罪认罚从宽制度相融合,认罪认罚也成为了检察机关启动企业合规不起诉程序的前提条件。

## 三、我国企业合规不起诉的实践问题

最高人民检察院发布的典型案例在总结刑事合规试点工作经验的同时,也为理论界和实务界了解制度现状、进行问题分析提供了素材。当前检察机关企业合规不起诉制度在理论和实践中已经颇见成效,但总体上还处于起步阶段。随着我国检察机关企业合规不起诉工作的逐渐铺开,不难发现其在运行过程中还存在一些深层次的问题亟须解决。

### (一)合规期限问题

合规期限应当如何确定?从典型案例的样本来看,检察机关确定企业合规整改的考察期有 3 个月、6 个月和 1 年等多个时间维度。比较而言,我国检察机关审查起诉的期限是 1 个月,重大、复杂的案件可以延长 15 日,也就是一个半月。如果检察机关将案件退回补充侦查,最长能够有 6 个月的办案期限。即使检察机关在审查起诉阶段采取取保候审措施,办案期限最长也不能超过 12 个月。然而,在司法实践中,企业合规的考察期普遍长于刑事诉讼法规定的检察机关审查起诉的期间。其实,在企业认罪认罚的案件中,企业合规考察期限的延长与认罪认罚从宽制度提高诉讼效率的目的是相悖的。具体来讲,认罪认罚从宽制度要求检察机关办理认罪认罚从宽案件的时候从速从简,而在企业合规案件中,由于合规考察期限的引入,办理案件的期限势必被拉长,进而会与认罪认罚从宽制度的设定目的发生一定的龃龉。当然,与域外企业合规不起诉的考察期限相比,我国企业合规考察期限的设置比较短暂。毕竟,域外的企业合规制度主要针对的是大型企业,有些甚至是跨国型企业,目的是“拯救企业而惩罚企业家”。据不完全统计,域外刑事合规计划的调查期限通常是以“年”为单位,有的甚至达到了 7

年以上。[①] 因此，我国企业能否在如此短暂的时间内完成合规考核，激活企业合规制度，有待商榷。

(二)合规有效性问题

企业合规不起诉制度实践中的第二个问题是合规有效性问题。囿于期限制度和人员编制，检察机关在办理企业合规案件中很难全程参与和监督企业是否建构有效的企业合规制度。特别是在检察机关作出不起诉决定之后，企业就丧失了建构企业合规制度的内在动力。毕竟，构建有效的企业合规制度，在短时间内需要消耗大量的成本，而企业是以盈利为主要目标的，成本的消耗必然会带来企业利润的降低。域外合规的实践表明，涉案企业制定企业合规计划者众，但是企业合规有效运行者少。[②] 换言之，在司法实践中，"纸面合规"的现象时有发生。迫于检察机关的压力，许多企业只是制定了相关的企业合规管理规范、合规组织体系和合规风险防范手册等纸质材料，而企业的相关责任人依旧担任原职。试想，在企业领导层不更换的情况下，仅仅依靠几张书面的纸质材料，如何能够构建有效的企业合规制度？一旦检察机关作出不起诉决定，架在企业家肩上的"枷锁"得以去除，很难保证企业不会将企业合规制度搁浅，进而重操旧业牟取暴利。虽然最高人民检察院等9家单位联合印发了《指导意见》，建立了第三方监督评估机制和第三方组织，但是《指导意见》并未设定企业合规的有效性标准。因此，如何评估企业合规计划是否有效，仍是需要解决的实际问题。[③]

(三)第三方组织监管问题

如何对拟作出企业合规不起诉决定的涉案企业进行监管亦存在问题。根据《指导意见》的规定，针对涉案企业合规的监督评估由第三方组织实施。具体而言，第三方组织有权对涉案企业进行调查、评估、监督和考察，其中的考察意见将作为检察机关依法处理案件的重要参考。

---

① 参见赵恒：《刑事合规计划的内在特征及其借鉴思路》，载《法学杂志》2021年第1期。

② 参见周振杰：《刑事合规的实践难题、成因与立法思路——以企业合规改革试点典型案例为视点》，载《政法论丛》2022年第1期。

③ 参见张远煌：《尽早出台企业合规有效性标准》，载《检察日报》2021年8月11日，第3版。

选用第三方组织对涉案企业进行合规考察，一方面可保证合规考察的客观中立，彰显程序正义；另一方面可以将检察机关从冗长的非专业领域中解脱出来，让其将精力和时间集中到专业问题之上。然而，第三方组织的监管还存在一些问题：首先，第三方组织是一个临时组织，组织成员来自不同的行业和系统，缺乏协调性和统一性，可能无法集中精力全面完成监管义务。其次，第三方组织的存续期间较短，无法对涉案企业后续的合规行为进行持续监督和考察，特别是在司法机关结案之后，第三方组织就解散了，企业后续是否能够继续有效运行合规计划，缺乏有效的监管机制。这种方法显然无法彻底剪除企业的“再犯基因”。如果第三方组织在检察机关作出企业合规不起诉决定之后，就不再对其企业进行监管，那么该涉案企业以后还有可能再次实施犯罪行为。最后，第三方组织对涉案企业进行合规考察可能也会存在权力滥用的情况，目前我国还未出台相应规范性法律文件予以应对。当第三方组织成员出现渎职、滥用权力和怠于行使权力的情形时，应当如何处理还有待法律设置具体的处理程序。

### （四）检察机关权力规制问题

如何规制检察机关企业合规不起诉权也存在问题。企业合规不起诉程序的启动要件、协商方式、监督手段以及验收标准等事项还有待法律的明确规定。同时，在法律层面，我国目前并没有颁布关于涉案企业适用合规不起诉的具体条件。《指导意见》较为宏观地列举了适用第三方监督评估机制的条件，主要包括认罪认罚、承诺合规和自愿适用三个方面。然而，该文件中规定的条件主观性较强，客观标准不够凸显。在司法实践中，是否应当适用企业合规不起诉制度以及对哪些企业适用合规考察主要取决于检察机关的自由裁量。例如，在王某某等对非国家工作人员行贿案中，被要求企业合规整改的 Y 公司并非案件的当事人，将 Y 企业接受合规监督作为对王某某等人不起诉的条件之一，扩大了处分对象，有违罪行自负的刑法原则之嫌。此外，如果检察机关在企业合规期间被贿赂，降低企业合规考核标准，对未达到考核标准或者不具备合规条件的企业作出合规不起诉决定，应当怎样来监督和查处涉嫌违法犯罪的承办检察官?[①] 毕竟,案件是否进入企业合规的考察范围,最终是否作出不起诉决定,亦离不开检察机关的审慎把关。“有能力合规的企业没有资格合规,有资格合规的企业没有能力合规”的现象亦存在于司法实践中。基于权力制约理论的考量,企业是否适用企业合规不起诉制度不应由检察官主观臆断。虽然在司法改革背景下,“我国检察机关需要在国家治理体系中重新定位”[②],但是其必须遵循的基本原则仍应维持不变。也就是说,检察机关适用企业合规不起诉制度应当受制于起诉法定主义。涉案企业若不具有合规能力,或者达不到合规标准,检察机关应当向法院提起诉讼,由法院依法定罪量刑。

## 四、我国企业合规不起诉的建构路径

在梳理检察机关合规不起诉的典型案例,并就其实践问题予以分析之后,最重要的一环可能是怎样解决问题。从实践中看,目前检察机关对企业合规不起诉的适用主要套用的是酌定不起诉制度,并没有突破法律规定而创设新型不起诉制度的适用案例。虽然这对督促部分中小微型企业堵塞管理漏洞、完善内部合规管理制度和防范法律风险具有一定的积极作用,但是,企业合规不起诉制度应当是一种新型的刑事诉讼法律制度,我国立法应当在吸收实践经验的基础上,将其上升到法律层面。

### (一)构建独立的企业合规不起诉制度

作为社会治理的重要方式,检察机关合规不起诉权力的充分运用,无疑能够在挽救“民营企业”和避免“水波效应”等方面发挥积极作用。只是在过去的试点探索中,检察机关的合规不起诉一直内嵌于相对不起诉制度之中,涉企刑事案件的办理很难突破现有的制度框架。但是,面对诸多的涉案企业,如果检察机关单纯地套用相对不起诉的法律规定只保护犯罪情节显著轻微的民营企业显然是不恰当的。毕竟,涉案

---

① 参见刘少军:《企业合规不起诉制度本土化的可能及限度》,载《法学杂志》2021 年第 1 期。

② 何勤华、裴仕彬:《19 世纪美国检法关系考——兼论国家治理体系中检察机关之定位》,载《河南师范大学学报(哲学社会科学版)》2019 年第 4 期。

企业的犯罪行为很容易突破3年以下有期徒刑这一轻罪标准。因此,许多地方检察机关已经在实践中采取了"认罪认罚"与"相对不起诉"相结合的范式,来降低涉案企业的法定刑。此外,我国《刑事诉讼法》中的不起诉制度主要是以自然人为对象制定的,与企业合规不起诉制度在被指控人、审查标准以及处理方式等方面存在众多差异。[①] 因此,有必要通过立法的方式来确立独立的检察机关合规不起诉制度。首先,应当将检察机关的企业合规不起诉规定列为与法定不起诉、相对不起诉和附条件不起诉等并列的不起诉制度。毕竟,企业合规不起诉是新时代检察机关主动延伸刑事检察职能,积极参与社会治理的重要手段。可以想象,按照目前的发展趋势,检察机关合规不起诉或许会成为检察机关的"十大业务"之外的又一重要业务——企业合规检察业务。其次,企业合规不起诉制度的构建应引入更多的协商因子。随着认罪认罚从宽制度的纵深化,检察机关在审查起诉阶段不能仅仅依靠单方面的职权运作,而应当充分听取涉案企业的意见,尤其应当就合规整改期限、整改事项以及合规监管等事项交换意见,力求达到"合意"的效果。最后,应当明确企业合规不起诉制度的适用条件,将犯罪企业认罪认罚、具有合规能力以及犯罪情节严重程度等作为适用的前提条件。

(二)明确一定幅度的合规考察期限

受刑事诉讼期间制度的限制,企业构建有效合规制度的时间必然是有限的。企业在向检察机关作出企业合规承诺之后,应当按照要求积极迅速地进行合规整改。不过,检察机关在审查起诉阶段针对被羁押的犯罪嫌疑人的期限相对较短,一般只有一个月。显然,在这么短的时间内,绝大多数企业很难严格按照标准构建有效的企业合规制度。然而,在未被羁押的场域下,检察机关审查起诉的期间就没有法律上的限制性要求。这两种情况导致了企业合规考核期间过短或者过长。事实上,为了保证企业建立有效的合规制度,检察机关可以在审查起诉阶段变更强制措施,将犯罪嫌疑人释放出来,进而延长企业合规的考察期限。根据《企业犯罪相对不起诉适用办法》规定,合规监督考察期限一

---

① 参见杨宇冠:《企业合规与刑事诉讼法修改》,载《中国刑事法杂志》2021年第6期。

般不超12个月。实践中,各地检察机关为企业合规设定的考察期限不同,如辽宁省人民检察院设定的合规考察期为3—5个月,浙江省宁波市人民检察院设定的合规考察期为6—12个月,而浙江省岱县人民检察院设定的合规考察期为6—24个月。① 相比之下,域外企业合规考察期的跨度就要长得多,一般以年为计量单位。这也从侧面反映了企业建立有效合规制度的难度。有学者认为,"利用审查起诉期限、提前介入等短暂的实践不可能真正实现合规计划有效性的评估"②。企业合规计划的有效建立不是一朝一夕的事情,它从制度建立到有效运行,既需要足够长时间的消化,还需要足够长时间的吸收。因此,应当将我国企业合规的考察期与检察机关审查起诉的期间分离。一方面,将企业合规的考察期从检察机关的审查起诉期限中分离出来,两者相互独立。企业合规协议达成之后,检察机关审查起诉的期间即宣告中止,企业合规的考察期限随即开始,且企业合规的考察期间不计入检察机关审查起诉的期间。另一方面,检察机关在确定企业构建合规制度的时候,应当为企业设定一定幅度的考核期,并要求其在考核期间内按照要求完成合规计划。

(三)构建有效的监督管理机制

企业合规的有效建立离不开监管机制的高效运转。虽然《指导意见》已经颁布,但是制度的颁布不能解决所有问题,尤其不能充分说明企业合规的有效情况。对于检察机关而言,之所以在审查起诉阶段作出企业合规不起诉决定,将企业和企业家从刑事诉讼的"樊笼"中解脱出来,是因为企业承诺建立有效的企业合规制度。但是,如果监督管理机制失灵,检察机关在作出企业合规不起诉决定之后就很难指望企业自行依规运行。毕竟,在缺乏外部监管的情况下,指望企业主动投入大量的合规成本来建立合规体系几乎是不现实的。因此,有必要建立有效的监督管理体系。首先,合规监管组织应当保持基本的独立性,避免与涉案企业和检察机关有利益冲突和勾连。简言之,第三方组织应当

---

① 参见严忠华、蔡红伟、赵雅蒙:《企业犯罪相对不起诉制度引入合规监督考察的实践与思考》,载《犯罪研究》2021年第5期。

② 李勇:《企业附条件不起诉的立法建议》,载《中国刑事法杂志》2021年第2期。

独立客观地履行监督管理义务。其次,应当根据不同的企业制定有效的合规整改和合规验收标准,从实质上确立一套旨在实现企业"去犯罪化"的整改标准,防止其变成空有形式的"纸面合规"。[①] 同时,第三方组织应当建立跟踪回访机制,对企业合规的整改和落实情况持续监督。对企业建立合规计划后再出现问题的,第三方组织应当督促企业继续整改。若企业不整改,第三方组织可以向行政机关发函,建议行政机关向该企业作出行政处罚,并加强行政监管。再次,合规监管人应当由律师、税务师、会计师等自然人担任,而不能由律师事务所、会计师事务所等单位来担任。因为从世界惯例来看,让单位担任合规监管人不仅无法保障专业性,还可能导致责任归属不清晰的问题。最后,合规监管体系中,除了第三方组织和合规企业之外,还应包括承担监督职责的检察机关。检察机关不仅要监督企业的合规整改,还要监督第三方组织的履职情况。此外,检察机关在作出企业合规不起诉决定之后不能一放了之,应该不定期地进行回访巡查活动。一旦发现企业未持续执行合规计划,应当督促整改或者向行政机关发出检察建议。

(四)合理规制检察机关的权力

企业合规不起诉属于检察机关自我创新的新型权力,存在权力滥用和渎职的风险。具体来讲,我国检察机关企业合规不起诉制度还处于摸索探究阶段,相关的法律制度和配套机制还没有完全确立。在司法实践中,"检察机关在具体适用该制度的过程中,具有较大的自由裁量权"[②]。毕竟,哪些企业可以适用企业合规考察以及针对哪些合规企业可以作出合规不起诉决定,主要由检察机关自行决定。因此,合理规制检察机关合规不起诉的权力有利于该制度的长远发展。首先,应当充分激活第三方监督评估机制来制约检察机关的企业合规不起诉权。具体来讲,应当建立企业合规考察监管公示制度,让监督考察程序在阳光下运行。同时,在立法上还应当规定,检察机关一般应当采纳第三方

---

① 参见陈瑞华:《企业合规不起诉改革的八大争议问题》,载《中国法律评论》2021 年第 4 期。

② 唐彬彬:《检察机关合规不起诉裁量权限制的三种模式》,载《法制与社会发展》2022 年第 1 期。

组织的合规考察的意见，不采用第三方组织的监督考察意见，应当详细说明理由。其次，检察机关应当在审查起诉阶段公布企业合规考察的相关法律文书，包括但不限于合规考察报告、企业合规不起诉书等。当然，这些公开的法律文书不应当涉及国家秘密、商业秘密等不宜公开的信息。[①] 再次，完善公开听证制度，检察机关在拟作出企业合规不起诉决定之前应当邀请当事人及其法定代理人、辩护人、人大代表、人民监督员以及相关办案人员等到场参加合规听证会，对企业合规的建设效果以及企业合规不起诉提出意见。最后，建立企业合规申诉机制，允许当事人对检察机关企业合规不起诉决定以及检察建议等提出异议，并赋予他们向上一级检察机关申诉的权利。

## 五、结语

随着企业合规改革试点的推进，检察机关在社会治理方面的作用日益凸显。但是，在主动延伸检察职能，积极通过不起诉裁量权来督促、引导和帮助民营企业建立合规管理机制方面，检察机关应有的作用还没有完全发挥。究其原因，除了企业合规不起诉内嵌于相对不起诉之中，适用范围过窄，以及企业合规有效性标准缺乏等因素之外，还在于部分地方检察机关对企业合规的重要性认识不足。另外，一些检察机关在行使不起诉裁量权时较为保守，以至于相对不起诉率至今仍然处于低迷的状态。即使在试点区域，检察机关通常也只对可能被判处3年以下有期徒刑的企业直接负责人和其他负责人适用相对不起诉制度。因此，为了激励那些已经认罪认罚的涉罪企业认真对待企业合规制度，建立行之有效的企业合规管理体系，应当在立法上建立独立的企业合规不起诉制度，让检察机关在办理涉企犯罪案件中有更明确的依据。从全球视野来看，企业合规不起诉制度的构建不仅势在必行，而且正当其时。随着企业合规理念在我国的广泛认可，检察机关的企业合规不起诉制度势必会得到立法上的正式回应。

---

① 参见朱良：《我国刑事立案制度的发展轨迹与未来展望》，载《河北法学》2021年第12期。

# 涉案企业合规不起诉实证研究

## ——以宿迁地区办理的污染环境案件为样本

谷子青*

**内容摘要**：涉案企业合规建立并有效实施“合规计划”，可以降低预防的必要性，从而影响预防刑，进而减轻甚至免除刑罚处罚。同时，企业合规不起诉也是落实诉讼经济原则的制度。本文以宿迁地区污染环境案企业合规为样本，分析实务中探索的“环保投入交罚单”“异地协作”创造性做法，指出仍存在的第三方机制委员会不健全、有效性评估缺乏明确依据等问题，并提出完善合规监督考察、建立专业化办案团队、加强检察机关内外配合、探索“开放式检委会”有效性标准等建议，为学界及实务界提供借鉴。

**关键词**：企业合规；环保投入交罚单；异地协作；有效性标准

## 一、问题的提出

自2020年3月至今，最高人民检察院开启企业刑事合规改革试点工作以来，已先后发布4批企业合规典型案例，并与其他机关联合发布《〈关于建立涉案企业

---

* 谷子青，江苏省沭阳县人民检察院第四检察部检察官助理。

合规第三方监督评估机制的指导意见（试行）〉实施细则》《涉案企业合规第三方监督评估机制专业人员选任管理办法（试行）》，出台《涉案企业合规建设、评估和审查办法（试行）》等通知，进一步规范了第三方监督评估工作的开展。在当前刑事司法领域，从合规被引入公诉制度的路径来看，“合规不起诉”的实现路径大体上有检察建议和合规考察两种模式。有学者将合规考察模式概括为附条件不起诉模式。[①] 对越来越多的企业合规案件最终作出不起诉处理，似乎已然成为一个趋势。但需要指出的是，企业合规与不起诉之间是否可以画等号，也就是说企业合规是否必然要作不起诉处理，两者之间的内在逻辑联系在哪里？在分析内在法理之外，本文将重点结合宿迁地区办理的 3 起污染环境企业合规不起诉案件，分析司法实务中在企业合规过程中的创造性做法及存在的问题，提出完善方案，以期为学界及实务界提供借鉴。

## 二、企业合规不起诉的正当性

当前司法人员工作中存在一个明显误区，即不区分事前合规与事后合规。在教义学语境下，两者存在重大区别。前者既可能是出罪事由，也存在影响责任刑、预防刑的可能；后者则仅能成为影响预防刑的事由。这也由此引出当前存在的另一个重大疑问：为什么司法人员总是习惯于将刑事合规与不起诉相关联？在企业合规远未普及的今天，检察机关所主导的企业合规，无疑侧重于事后合规，通过事后合规的典型效应，推动社会面的企业合规，无疑是一个美好且有效的愿景，而事后合规最为重要的激励机制则为不起诉裁量权的运用。这可能是司法人员观念上，企业合规总是与不起诉密切关联的关键原因，深究二者背后的法理，会发现存在一定的正当性。

### （一）预防性角度考虑

我国《刑法》第 5 条规定：“刑罚的轻重，应当与犯罪分子所犯罪行和承担的刑事责任相适应。”刑法理论将其概括为罪刑均衡原则，属于责任主义原则的内容之一。罪刑均衡，也称罪刑相当、罪刑相适应，其基本含义是对被告人判处刑罚的轻重应当与其所犯罪行的轻重相当，

---

① 参见陈瑞华：《刑事诉讼的合规激励模式》，载《中国法学》2020 年第 6 期。

简而言之,犯多大的罪应当承担多重的刑。罪刑均衡原则源于因果报应,是一种朴素的正义观,贝卡利亚指出,“犯罪对公共利益的危害越大,促使人们犯罪的力量越强,制止人们犯罪的手段就应该越强有力。这就需要刑罚与犯罪相对称”①。众所周知,现代意义上的罪刑均衡早已走出了“以眼还眼,以牙还牙”的报应刑观念,而走向了报应与预防折中的并合主义。② 根据并合主义原理,刑罚正当化根据是报应的正当性与预防目的的合理性的结合。对被告人施加刑罚以其具有罪责能力为前提,不得对没有罪责能力的人施加刑罚,罪责为刑罚的合法性奠定基础,也为刑罚划定了上限(责任刑);但是刑罚的裁量还必须考虑预防犯罪的必要性(预防刑)。因此,量刑就是裁量责任刑和预防刑,具体裁量刑罚时,先根据影响责任刑的情节裁量责任刑,然后,在责任刑之下根据影响预防刑的情节确定宣告刑。③ 这里的预防包括一般预防和特殊预防,而一般预防又分为消极的一般预防和积极的一般预防。消极的一般预防是为了威慑一般人不实施犯罪,而积极的一般预防是为了积极地强化人们对刑法规范的忠诚和对法秩序的信任。④ 裁量预防刑时可以因预防必要性降低而从宽处罚。因特殊预防的必要性降低,所以可以减轻甚至免除刑罚处罚。

因此,建立并有效实施了“合规计划”的企业,其预防的必要性降低,从而影响预防刑,进而减轻甚至免除刑罚处罚;同时,通过刑事责任的减轻、免除,激励企业通过建立防范机制,在经营过程中符合法律规范的要求,建立完善的内部机制,进一步实现积极的一般预防。

(二)程序法角度考虑

不起诉是落实诉讼经济原则的重要程序设计。刑事诉讼中的诉讼经济原则要求司法机关和诉讼参与人投入尽量少的司法资源获得较大

① [意]切萨雷·贝卡里亚:《论犯罪与刑罚》(四十七章版),黄风译,中国方正出版社2004年版,第17~18页。

② 参见李勇:《检察视角下中国刑事合规之构建》,载《国家检察官学院学报》2020年第4期。

③ 参见张明楷:《论预防刑的裁量》,载《现代法学》2015年第1期。

④ 参见[德]乌尔斯·金德霍伊泽尔:《刑法总论教科书》,蔡桂生译,北京大学出版社2015年版,第26页。

的诉讼收益,实现诉讼的基本价值——客观公正。众所周知,作为一项现实的司法活动,刑事诉讼必然要消耗大量的司法资源。拖沓冗长的诉讼程序显然不足以应对日益增长的犯罪案件。"公正不是刑事诉讼的唯一价值目标,能否对效率进行充分的关注以及能否在公正与效率之间保持适当平衡也是衡量司法公正的一项重要标准。"①要以有限的司法资源应对汹涌的犯罪浪潮以及不断增长的诉讼需求,必须坚持诉讼经济原则,对诉讼制度进行必要的结构性调整。其中,建立酌定不起诉、附条件不起诉制度就是贯彻诉讼经济原则的重要举措。"在刑事追究利益不大,优先考虑程序的经济性或者有其他的法律政治利益与刑事追究相抵触的时候,尽管存在行为嫌疑,检察院仍可以对此不立案侦查、提起公诉。"②检察机关合理适用不起诉权,尤其是科学适用酌定不起诉,能够提高诉讼效率,节约司法资源,实现诉讼经济。

## 三、宿迁地区污染环境案件合规不起诉的样本考察

### (一)样本选择

2022年以来,宿迁市检察机关积极开展涉案企业合规工作,截至目前已开展涉污染环境案企业合规3件,分别为沭阳、泗阳、宿豫案件,由于宿豫案件仍在合规过程中,下面就沭阳、泗阳案件实践中存在的创新做法及存在问题予以分析。

**案例一(沭阳案件):**沭阳县鑫达新材料有限公司(以下简称鑫达公司)系沭阳县招商引资的民营企业,主要从事太阳能超白光伏原片玻璃、镀膜钢化玻璃等产品的研发、生产、销售。2020年8月至2021年6月,为了节约成本,经鑫达公司法定代表人徐某佳同意、纵容,该公司的行政部负责人詹某锦安排第三方运维机构南京晶莹环境监测科技有限公司委派的运维人员王某对该公司的烟气在线监测设备采集的二氧化硫、氮氧化物超标排放数据进行多次篡改,致使环保部门无法监测到真

① 陈卫东:《公正和效率——我国刑事审判程序改革的两个目标》,载《中国人民大学学报》2001年第5期。

② 《德国刑事诉讼法典》,李昌珂译,中国政法大学出版社1995年版,"中译本引言"第15页。

实排放数据。

**案例二(泗阳案件)**:江苏兄弟维生素有限公司(以下简称兄弟公司)在生产过程中会产生废甲醇。按照相关规定,废甲醇属于危险废物,应当交由有危废处置资质的机构进行处理。2018 年 8 月至 10 月,为节约成本,该公司将生产过程中产生的约 330 吨废甲醇,以每吨 500 元的价格出售给从事废甲醇非法加工的汤某等人。汤某等在一家“农家乐”院内将购得的废甲醇蒸馏提纯后,将产生的残液直接倾倒在田地内,对周边环境造成严重损害。后汤某等人又将其中经加工处理但质量不好的 29 吨废甲醇出售给从事废甲醇非法加工的梁某等人。

(二)样本对比

1. 涉案企业的规模。鑫达公司是一家生产销售超白光伏原片玻璃、镀膜玻璃、钢化玻璃等特种玻璃的新能源行业高新技术企业,拥有实用新型专利 38 项,2019 年至 2022 年纳税 5000 余万元,缴纳社保 740 余万元,解决 600 人的就业需求。兄弟公司,是一家规模相对较大的医药化工企业,注册经营地在盐城,具有多项发明和实用新型专利。

2. 涉案嫌疑人职位身份。沭阳县人民检察院办理的案件中 3 名嫌疑人分别为公司的法定代理人、行政部负责人、污水在线监测运维人员。泗阳县人民检察院办理的案件中涉案人员为 4 名责任人。

3. 案件处理模式与结果。沭阳县人民检察院经过合规建设考察,最终对 3 名嫌疑人作出相对不起诉处理的决定。泗阳县人民检察院对涉案企业作出相对不起诉决定,并对该公司总经理等人依法提起公诉,建议适用缓刑。(见表 1)

**表 1 沭阳、泗阳案件检察院处理结果**

| 单位 | 企业处理结果 | 自然人处理结果 |
|---|---|---|
| 沭阳县人民检察院 | 合规考察后不起诉 | 相对不起诉 |
| 泗阳县人民检察院 | 合规考察后不起诉 | 提起公诉,建议缓刑 |

4. 参与合规与合规监督的部门、角色。沭阳县人民检察院会同县工商联,组织建立由生态环境局、开发区、律师组成的第三方组织。泗阳县人民检察院委托盐城大丰区人民检察院成立由 2 名注册环保工程

师、1名执业律师组成的第三方工作小组。(见表2)

**表2　沭阳、泗阳案件第三方组织启动单位及构成**

| 单位 | 启动单位 | 第三方组织构成 |
|---|---|---|
| 沭阳县人民检察院 | 本院 | 生态环境局、开发区、律师 |
| 泗阳县人民检察院 | 委托盐城市大丰区人民检察院 | 2名注册环保工程师、1名执业律师 |

5. 合规有效性考评。沭阳县人民检察院办理的案件中,第三方组织采用定量评分和定性评价相结合的办法,通过现场查看、资料审阅、个别访谈等评估方法,按照合规考评表内容进行量化评分。泗阳县人民检察院办理的案件中,第三方组织通过日常巡查、专项评查、突击检查等方式对涉案企业合规整改情况进行考察,并定期反馈整改落实成效。

(三)样本分析

1. 沭阳主要做法:探索"环保投入交罚单"的新路径。具体表现在企业合规与生态修复相结合,引导磋商,促成生态环境损害赔偿协议。前期鑫达公司与生态环境部门在赔偿数额及赔偿方式等方面产生争议,沭阳县人民检察院及时告知涉案企业生态损害赔偿等保护社会公共利益的情况系企业合规考察评估的重要内容,并主动组织召开磋商会,积极督促涉案企业主动"认罪认罚认赔",成功促成鑫达公司与宿迁市生态环境部门达成赔偿协议。考虑到该公司的经营情况,协议约定鑫达公司分期支付生态环境修复费用共计人民币292万元,同时投资不少于291万元用于实施三个替代性修复项目,分别为光伏发电项目、余热发电项目及对提标改造项目,将其列为生态损害赔偿金额予以抵扣,最大限度兼顾经济效益与生态效益。后鑫达公司在环保替代性修复项目上,投入1500万元用于光伏发电项目,投入2380万元用于玻璃窑炉余热发电项目,实施SCR(Selective Catalytic Reduction,选择性催化还原脱硝技术)废气超低排放提标改造项目,预计年节约原煤约8228吨。整改后,该涉案企业节能排放、超低排放和氮氧化物、硫化物、颗粒物等排放量均远低于国家标准,走上绿色转型发展之路。

2.泗阳主要做法:探索企业合规异地协作。一是委托异地组建第三方组织。泗阳县人民检察院向涉案企业所在地的盐城市大丰区检察机关发出企业合规考察委托函。盐城市大丰区人民检察院围绕涉案企业的类型和案件具体情况,成立由注册环保工程师、专职律师、大学教授组建的第三方监督小组,对涉案企业合规建设进行监督考察。二是共同指导合规计划。泗阳县人民检察院与盐城市大丰区人民检察院共同指导企业将原"全面"合规计划改为污染防治专项整改计划。后涉案公司明确细化16条具体措施,打造从公司环保制度合规到污染治理设施建设运行管理合规的完备体系。三是开展第三方监管"再监督"。为防范"假合规""假协作",联合受托方开展临时"飞行检查",检查第三方组织履职、企业合规整改进展以及涉案企业制度运行情况,全面客观掌握合规整改情况。如兄弟公司案中,泗阳县人民检察院与盐城市大丰区人民检察院临时检查4次,着重检查合规计划中污染防治设施建设执行情况,并对第三方监管情况进行评估,防止存在地方保护。

## 四、司法实务中存在的问题

宿迁地区检察机关在办理企业合规中发现,仍然存在机制不健全、有效性评估缺乏标准等问题,具体表现为以下几点。

### (一)适用企业合规案件数量偏少

自从2021年3月最高人民检察院确定可在江苏全省范围内开展企业合规改革试点以来,截至2022年9月宿迁地区仅办结环境类企业合规案件2件,目前尚有1件在办理中,在合规案件依法"能用尽用"上做得不到位。根据相关规定,涉案企业合规改革适用的企业范围既包括民营企业,也包括国有企业、集体合作社,只要涉案企业及相关个人认罪认罚,涉案企业能够正常生产经营、承诺建立或者完善企业合规制度、具备启动第三方机制的基本条件,自愿适用的,都可以适用第三方机制进行企业合规。此外,对未启动第三方机制的小微企业,也可以由负责办理案件的人民检察院参照以上条件,对其直接进行合规考察。但是,宿迁地区已经办结的两件和正在办理的一件污染环境类企业合规案件,罪名主要局限于单位实施的经济犯罪,主体局限于有限责任公司,在罪名、犯罪主体上未有所突破,导致涉案企业合规案件数量偏少。

（二）市县级层面尚未成立第三方机制委员会

当前宿迁市未成立第三方机制委员会，那么就无法确定第三方机制专业人员名录库。未成立第三方机制委员会，导致检察机关只能商请有关行政机关临时指派对口业务部门的人员临时组建第三方组织，这种临时组建的第三方组织成员的业务知识、监管时间都不能得到保证。另外，企业合规考察模式和标准不统一。目前，全国各地合规改革试点推进并不均衡，有的没有建立第三方监管组织，有的还未健全第三方监管组织相关规范。即便都成立了第三方监管组织，但是各地经济社会发展水平、产业结构、行政监管政策、科技水平、人才队伍等差异，必然导致合规考察模式、标准、结果等差异。

（三）检察机关有效性评估缺乏明确依据

一是对于合规计划是否有效缺乏专业评价。虽然最高人民检察院等9家单位于2021年6月3日联合印发了《关于建立涉案企业合规第三方监督评估机制的指导意见（试行）》（以下简称《指导意见》），建立起了第三方评估机制，但该意见并未规定合规管理的有效性评估标准，因此，如何评价具体合规计划是否有效，仍然是当前最紧迫的问题。①需要指出的是，尽管国际标准化组织2021年4月13日发布的《合规管理体系要求及使用指南》（ISO 37301：2021）就建立、运行、维护和改进合规管理体系进行了相应的规定，但是否以及在多大程度上根据评估结论减免企业责任由司法机关最终决定。因此，行业标准原则上应该是一种参考，司法机关应该有自己的判断标准。因业务知识缺乏，无法对企业提交的合规计划是否有效、是否科学、是否切实可行提出科学的建议。因宿迁地区市县区尚未成立专门的第三方机制委员会，导致无法参照《涉案企业合规建设、评估和审查办法（试行）》第14条规定的第三方组织对涉案企业专项合规整改计划和相关合规管理体系有效性的评估，重点包括的内容来进行。在司法实践中，对于企业提供的合规计划，一般提交给检察机关承办人后，承办人因受到对相关专业领域不了解等限制，对该计划无法进行实质评估判断其是否科学有效。

---

① 参见张远煌：《尽早出台企业合规有效性标准》，载《检察日报》2021年8月11日，第3版。

二是设置的定量评分存在“一家之言”嫌疑。目前，宿迁地区正在开展统一有效性标准工作，但在司法实践中，依然存在检察官自己设计评估分值的情形，虽然该情形也是一种出于企业合规有效性评估的实践，但评分表的设计是否合理、有效、科学有待考证。

三是合规考察书面报告“流于形式”。司法实践中，存在承办人在审查合规考察书过程中，因缺乏专业知识等问题，无法开展实质审查，只能对照《涉案企业合规建设、评估和审查办法（试行）》进行形式审查，对照该办法查看有无开展合规建设、设置相关组织，有无建立监测、举报、调查、处理机制，有无建立合规绩效评价机制，有无建立持续整改、定期报告等机制。这一做法无形中会造成部分涉案企业“形式上整改”建立台账等，但未实质合规的情形。

### （四）企业合规与公益诉讼赔偿金缺乏统筹考虑

在泗阳县人民检察院办理的兄弟公司案中，泗阳县人民检察院起初在开展企业合规过程中，缺少与公益诉讼部门的协调对接。具体表现在，在开展与盐城的异地合规协作过程中，起初盐城第三方仅针对环境损害修复进行评估，未考虑到公益诉讼，直到企业合规结束后，泗阳县人民检察院才对该企业开展公益诉讼，经多轮研究磋商，最终该公司表示愿意承担环境损害赔偿责任，缴纳环境损害赔偿款 195 万元及违法所得 152 万元。这个案件在办理过程中，暴露出企业合规与公益诉讼工作缺少协调对接。

### （五）合规计划实效难以保证

刑事合规的要义是对有效实施合规计划的企业予以刑法激励。国外的合规实践表明，制定实施合规计划者众，但有效者较少。例如，美国在 2016 年根据量刑委员会发布的《组织量刑指南》处罚了 132 个组织，其中只有少数企业（2.1%）的合规计划被评估为有效。① 而且，有效性评估是非常复杂的问题，甚至被美国学者认为是监管机构不可能完成的任务。因此，采纳刑事合规制度的各国都将如何保证实效作为核心问题。从典型案例来看，我们面临的这方面问题可能更为明显。

---

① See Gustavo A. Jimenez, *Corporate Criminal Liability: Toward a Compliance—Orientated Approach*, Indiana Journal of Global Legal Studies (2019).

例如,在泗阳县人民检察院办理的兄弟公司案中,2021 年 3 月 2 日,公安机关将该公司及其 4 名责任人以涉嫌污染环境罪移送泗阳县人民检察院审查起诉,鉴于涉案企业社会危害性较小等情况,检察机关决定对之进行合规考察,这是符合政策精神与法律规定的。但是从 2021 年 11 月 26 日决定对涉案企业开展为期两个半月的合规建设考察,到次年 2 月 17 日检察机关得出第三方组织的合规建设合格的结论不过短短 2 个月,在这么短的时间内,能够真正形成有效的合规管理吗?答案至少是存疑的。最终,泗阳县人民检察院于审查起诉最后一日作出对涉案企业不起诉决定,并对涉案嫌疑人及其公司作出建议缓刑的决定。

## 五、完善建议

针对上述问题,笔者以基层检察机关办理案件为出发点,提出如下建议:

一是建立专业化的涉企办案组织。涉企办案组由若干名员额检察官、检察官助理和书记员组成,专门负责涉企犯罪案件的批捕、起诉及相关案件的补充侦查、立案监督、侦查监督、审判监督等工作,专司涉案企业合规案件。案管部门受理的审查逮捕、审查起诉案件经过形式审查,发现为涉企刑事犯罪的,应交给涉企办案组办理。其他员额检察官在办理审查逮捕、审查起诉案件过程中,经过审查认为是涉企犯罪、符合涉案企业合规适用情形的,应移交涉企办案组办理。涉企办案组再完成涉案企业合规的启动、实施、评估、决定等一系列流程,启动阶段包括告知企业、企业申请、听取意见、报批等流程。

二是在基层贯彻、对接顶层设计,完善合规监督考察工作。企业合规整改的根本目的是让企业更好地经营管理、服务经济建设,因此合规监督考察不仅有司法机关参与,还涉及多家职能单位。《指导意见》在国家层面建立健全了涉案企业合规第三方监督评估机制,为试点单位进一步规范企业合规工作提供了更有针对性的指导。第三方机制管委会包括最高人民检察院、国务院国有资产监督管理委员会、财政部、全国工商联、司法部、生态环境部、国家税务总局、国家市场监督管理总局、中国国际贸易促进委员会等部门。在已有顶层设计的情况下,省、市、区县层面仍需加强部门间协作配合,做好对接工作,在不同层级加快建立第三方机制管委会，研究制订第三方机制专业人员名录库，理顺人员、财物等归属衔接问题。另外，建议由省人民检察院、最高人民检察院组织研究确立考察模式选择、结果评估、运用等统一规则，鼓励市场化第三方监督组织的发展壮大，推动建立行业标准。

三是加强检察机关内外部配合，为做好企业合规整改提供制度保障。一方面，加强内部沟通协作。涉企办案部门在开展企业合规过程中，要及时与行政公益诉讼部门等进行联系，信息共享，建立内部线索移送、定期协商机制等，以防出现企业合规考察完毕后，再次启动公益诉讼赔偿的情形。另一方面，探索外部刑事合规特别程序。行政执法机关在调查企业违法行为时，发现企业可能涉嫌犯罪，就应让公安机关介入调查；一旦发现企业确实涉嫌犯罪，就应及时把案件移送公安机关，并通报检察机关。公安机关经审查认为有犯罪事实需要追究刑事责任而办理立案手续后，应当及时告知检察机关。公安机关在侦查时，应当告知企业犯罪嫌疑人关于认罪认罚、制订并实施合规计划可以依法从宽处理的政策，犯罪嫌疑人认罪认罚、愿意制订并实施合规计划的，应当记录在案。同时，检察机关要加强提前介入力度，对公安机关受理的可能涉嫌企业犯罪的案件及时掌握，积极引导公安机关侦查，及时固定相关证据，提高企业犯罪认定的准确度。强化审查逮捕案件的监督，对于认为需要追加起诉的涉及企业犯罪的案件，及时沟通，督促公安机关移送审查起诉，同步考虑该企业是否适合刑事合规，并对侦查活动实施监督。案件侦查终结时，公安机关应对涉案企业是否适合刑事合规提出意见，认为适合刑事合规的，应对案件作标记后及时移送检察机关审查起诉。通过提前介入的方式，将企业合规可行性以及设置考验期的时间提前，以防压线（审查起诉期限）考察的情况出现。

四是探索“开放式检察委员会”，开展合规有效标准。建议在上级部门未出台相关方案之前，基层检察院在开展合规有效性评估、监督的过程中，可以将企业合规的合规计划书、合规考察报告提交检察委员会共同商议，并可试探开展“开放式检察委员会”，邀请人大代表、开发区相关专家、企业高管等参与检察委员会，共同商议涉案企业合规计划的科学性以及第三方组织出具的书面合规考察报告书，实质性开展有效性评估。与此同时，再结合定性打分的方式，由检察委员会、人大代表、政协委员、企业家等共同打分，以防承办检察官只侧重于关注企业内部是否齐备合规制度、有无合规机制这类形式标准，从而造成企业“纸面合规”现象。

# 第二编

# 涉案中小企业合规制度构建研究

# 涉案企业合规中“企业”的范围界定与司法实践反思

## ——以法律概念的论证分析为进路

殷　勇　康俯上　赵　庆*

**内容摘要**：对刑事合规中企业范围的认定是合规计划成功的关键点，也是司法实践得以顺利展开的第一步。因此有必要对企业的范围进行研究，找到界定企业的刑法理论基础。本文就是从企业的自然属性和规范属性入手，结合最高人民检察院涉案企业合规典型案例，从法律概念和司法实践两个方面进行分析论证，发现企业的确定性范围，为刑事合规计划的正当性垫上第一块砖。

**关键词**：刑事合规；自然属性；规范属性；企业范围认定

## 一、引言

2020 年 3 月，最高人民检察院在全国 4 个省份开展涉案企业合规改革试点工作，2021 年 3 月又在 10 个

---

* 殷勇，宿迁市人民检察院党组成员、副检察长；康俯上，宿迁市人民检察院第一检察部员额检察官；赵庆，宿迁市人民检察院法律政策研究室员额检察官。

省份开展第二期改革试点工作,2022 年 4 月在全国检察机关全面推开试点工作。自此,涉案企业合规制度进入全覆盖、高密度、高质效的良性发展之中。随着该项制度的不断推进,刑事理论界和实务界均对涉案企业的“合规”进行了深入细致的研究,研究结果蔚为大观。但对涉案企业合规中“企业”的研究不多,或虽有提及,却是作为“合规”副产品的面貌出现。而“企业”的法律概念定性,是决定涉案企业合规制度自始“合规”的关键要素,这也就要求研究人员对此提供必要的关注力,从而为该项制度的适用提供正当化的价值和实现理论上的自洽。否则,刑事企业合规制度便如无源之水、无本之木,而研究人员则是缘木求鱼,犹如水火煮空铛,终无可得。因此,本文的目的就是揭开刑事企业合规的“企业面纱”,以刑事理论基础命题为导向,通过梳理分析最高检发布的前三批涉案企业合规案例,发现理论和实务中对“企业”的研究盲点,并以“企业”的法律概念分析为进路,使该概念得以刑事法律化,从而获得清晰化认识,进而发现刑事企业合规中“企业”的判断标准或原则性命题,以实现涉案企业合规制度改革的能动司法之效。正如德国刑法学者希尔根多夫所呼吁的那样:“‘刑事合规性’并不是刑法的替代物,而是跨学科认知和系统化推动的预防工作的一种新形式”。[①] 这就要求我们在面对新事物时,对刑事合规的研究对象加以详细的论证分析,以期获得刑法教义学的基础。

## 二、涉案企业合规中“企业”认定存在的问题

1. 理论上被忽视的问题。合规计划或刑事合规作为舶来品近几年已经成为法学界讨论的热点,与之相关的研究论文不在少数,研究人员的足迹也遍涉理论界和实务界,但美中不足的是对合规计划中的适用对象或适格主体鲜有人关心或加以讨论界定。在这之中,孙国祥教授在新近的论文中提及了刑事合规的对象,刘艳红教授采用了最高检使用合规计划的名称——“涉案企业合规”。除此之外,相关论文文献均未涉及。具言之,似乎合规计划中“企业”是可有可无的附属品,并不能

---

① [德]埃里克·希尔根多夫:《德国刑法学——从传统到现代》,江溯、黄笑岩等译,北京大学出版社 2015 年版,第 504 页。

成为研究的"对象"。而在刑法中,概念的不清晰定会导致犯罪处罚范围的不当扩大或缩小,致使随意出入罪,从而无法达到法律理念所规定的要求:法的安定性、合目的性和正义性。①

2. 法律规定中的漏洞问题。现行《刑法》第 30 条规定:"公司、企业、事业单位、机关、团体实施的危害社会的行为,法律规定为单位犯罪的,应当负刑事责任。"最高人民法院《关于审理单位犯罪案件具体应用法律有关问题的解释》第 1 条规定:"刑法第三十条规定的公司、企业、事业单位,既包括国有、集体所有的公司、企业、事业单位,也包括依法设立的合资经营、合作经营企业和具有法人资格的独资、私营等公司、企业、事业单位。"刑法条文和司法解释规定的单位犯罪,包含了企业犯罪。但此处的企业究竟指的是哪些单位犯罪主体,刑法条文和司法解释并未进一步加以阐明。有限的认识都将企业混同于公司,认为企业等同于公司,在使用中不加以区分。这种混同使用在法律用语中并无不妥之处,但在刑事合规中就产生了适用性问题,即刑事合规应该适用于哪些企业,是全部适用,还是部分适用,抑或不适用,这是当初立法时没有预料到的,因此有必要加以明确。

3. 司法实践运用中存在的问题。虽然合规计划进入我国较早,但刑事合规真正适用是在 2020 年后。在考虑到经济下行的风险之后,针对中央提出的"六稳六保"任务,最高检于 2020 年 7 月下发《关于充分发挥检察职能服务保障"六稳""六保"的意见》,该意见中涉及的服务保障对象就是民营企业。随着刑事合规的兴起,最高检又对涉案企业合规改革中的案件范围和企业范围作了明确规定,即适用的案件范围包括公司、企业等市场主体在生产经营活动中涉及的各类犯罪案件。适用的企业范围既包括民营企业,也包括国有企业、集体合作社;既包括上市公司也包括中小微企业,还包括私立医院,民办学校,个人合伙企业,律师事务所、会计事务所、鉴定机构等中介组织。同时,又对企业范围作了反向规定,即对于个人为进行违法犯罪活动而设立公司、企业,公司、企业设立后以实施犯罪为主要活动,涉嫌实施危害国家安全犯罪、恐怖活动犯罪、有组织犯罪、重大毒品犯罪,以及开设赌场、交通

---

① 参见[德]G. 拉德布鲁赫:《法哲学》,王朴译,法律出版社 2005 年版,第 73 ~ 74 页。

肇事、故意伤害、传播淫秽物品牟利、销售假药等不符合涉案企业合规改革目的的案件,不能适用企业合规制度。最高检的规定反映出司法部门对刑事合规中的企业范围进行了限定:其一,适用刑事合规的企业必须是涉及刑事案件的企业,这就排除了民事合规、行政合规中的企业;其二,该企业的概念等同于刑法规定的单位概念,囊括了所有的依法设立的组织体,同时不包括犯罪型的组织体和实施特殊犯罪类型的单位。但这里需要反思的是,将企业等同于单位的做法是否符合我国现实法律适用的国情。如在盗窃罪的标准设置中,刑法只是设置了一般规定,对于具体的入罪标准,则由各个地方加以明确,而各个地方的入罪标准也不尽相同。因此,对于这种定义方式是否符合我国法律实施的具体国情,需要予以认真探讨。

## 三、刑法理论中的“企业”概念分析

1. 企业的自然概念和规范概念。在考察企业的规范概念之前,先要对企业的自然概念予以明晰。《新华字典》对企业下了如下定义:是指从事生产、流通或服务性经营活动,实行独立核算的经济组织。[①] 而通过网上搜索可知,企业一般是指以营利为目的,运用各种生产要素,向市场提供商品或服务,实行自主经营、自负盈亏、独立核算的法人或其他社会经济组织。[②] 由此,可以得出企业在自然概念中的三个特征,即独立性、组织性和营利性。而在《企业所得税法》中,企业的规范概念则在第1条第1款予以了规定:“在中华人民共和国境内,企业和其他取得收入的组织(以下统称企业)为企业所得税的纳税人,依照本法的规定缴纳企业所得税。”同时该条第2款明确规定个人独资企业、合伙

---

① 参见在线新华字典,http://xh.5156edu.com/html5/353937.html。其是国民经济的基本单位。按其经营活动的部门分,有工业企业、农业企业、商业企业、交通运输企业、服务企业等;按所有制分,有国有企业、集体或合作社企业、私营企业等;按组织形式分,有公司制企业、合伙企业、独资企业等。

② 参见搜狗百科,https://baike.sogou.com/v56715.htm?fromTitle=%E4%BC%81%E4%B8%9A。企业的英语来源为“enterprise”,是指企业商业单元,可以是一家公司或者商业店铺,常常指规模最小的商家。在中国可以指个体经营户。

企业不是该法律中所认定的“企业”。[①] 综上，在规范概念中，企业所具有的特征为营利性。同时《企业所得税法》对企业的自然概念进行了一定程度的限缩，即个人独资企业和合伙企业不是法律上的企业。这就与最高检认定的企业范围产生了分歧，即二者之间虽有重合，但最高检认定的企业范围明显大于该法律所规定的范围。因此，就有必要从刑事规范中找到认定企业定义的依据，以解决刑事合规中的企业范围问题。

2. 归责理论中的“企业”。《刑法》第 31 条规定：“单位犯罪的，对单位判处罚金，并对其直接负责的主管人员和其他直接责任人员判处刑罚。本法分则和其他法律另有规定的，依照规定。”这就是我国刑法规定的单位犯罪处罚原则——双罚制，既处罚单位，又处罚个人。大部分学者主张该归责模式已经落后于现实经济的发展，认为这种归责原则免除了单位对预防员工犯罪行为的组织责任，即管理、监督责任，限缩了单位犯罪的范围，为单位规避刑事责任提供了方便条件，[②]有必要予以重构或加以改进，以适应当前社会经济的变迁。笔者将对当前提出的各类归责模式予以梳理、分析和批判，从而得出“双罚制”归责体系的完备性和适应性，进而从中找到“企业”的刑事法属性，为企业的法律概念清晰化提供一个解决路径。

（1）企业不能成为刑事归责的主体（自然人责任）。德国是持此种观点的代表性国家，受罗马法“法人无刑事责任能力”原则的影响，德国学界认为企业不能成为犯罪主体和刑罚主体，以至于德国刑法典并未将企业等法人设立为刑事责任主体。[③] 换言之，德国刑法界仍秉持传统的自然人为归责主体的观点，认为企业依附于自然人而产生，企业的犯罪无独立性，最终的行为归责主体仍然是自然人，而非企业。

---

① 《企业所得税法》第 2 条规定了企业的规范分类：“企业分为居民企业和非居民企业。本法所称居民企业，是指依法在中国境内成立，或者依照外国（地区）法律成立但实际管理机构在中国境内的企业。本法所称非居民企业，是指依照外国（地区）法律成立且实际管理机构不在中国境内，但在中国境内设立机构、场所的，或者在中国境内未设立机构、场所，但有来源于中国境内所得的企业。”

② 参见孙国祥：《刑事合规的刑法教义学思考》，载《东方法学》2020 年第 5 期。

③ 参见刘子良：《刑事合规不足以解决企业犯罪问题》，载《广西政法管理干部学院学报》2020 年第 4 期。

(2)替代责任和同一视责任。采用该归责模式的主要是美国、英国等英美法系的国家。替代责任,是指将单位成员的责任归咎到一定的个人(单位的领导层、高层)身上进行处罚,[①]所以又称为雇主责任原则。同一视责任,是将可以视同为单位的个人的行为与责任视为单位的行为与责任,从而加以处罚。[②] 其中,美国采用前者,而英国采用后者。在此,英美法系的国家均认为企业是独立的主体,具有独立性,自然人在企业中的行为只是企业行为的组成部分,不能脱离企业行为而单独存在,故而个人的行为只能归于企业行为之中。也就是说,企业的行为具有独立性,而个人在企业中的行为是依附于企业行为而存在的,即只具有附属性。

(3)组织体责任。该种归责理论的提倡者为黎宏教授,他认为现行刑法的规定无法解决作为拟制人格的单位是如何获得刑法上的犯罪主体能力这一问题。按照刑法的规定,会造成越是层级简单的小型单位越容易构成单位犯罪,而层级多、决策程序复杂的大中型单位则几乎没有构成单位犯罪的可能。[③] 因此,他认为要从单位自身的固有要素即组织体的制度政策、精神文化等要素中找寻单位犯罪的处罚根据,以摆脱传统学说只能借助单位中的自然人的思想和行为来说明单位犯罪的片面性。[④] 在将组织文化引入归责理论这一方面,澳大利亚则成为了"吃螃蟹的第一人",其将独有的企业文化乃至法人文化的概念纳入刑法典中。[⑤] 当然,组织体责任仍然是将企业作为单独的归责个体,其组成人员的个人犯罪也只是该企业的外在表现,即企业摆脱了依存于自然人归责的土壤,成为了新的责任主体,获得了法律规范上的独立性。

---

① 参见[日]今井猛嘉:《对于单位的处罚——立足于合规计划的研究》,周啸天、张小宁译,载李本灿等编译:《合规与刑法:全球视野的考察》,中国政法大学出版社 2018 年版。

② 参见[日]今井猛嘉:《对于单位的处罚——立足于合规计划的研究》,周啸天、张小宁译,载李本灿等编译:《合规与刑法:全球视野的考察》,中国政法大学出版社 2018 年版。

③ 参见李冠煜:《单位犯罪处罚原理新论——以主观推定与客观归责之关联性构建为中心》,载《政治与法律》2015 年第 5 期。

④ 参见黎宏:《组织体刑事责任论及其应用》,载《法学研究》2020 年第 2 期。

⑤ 参见[日]甲斐克则:《企业的合规文化·计划与刑事制裁》,谢佳君译,载李本灿等编译:《合规与刑法:全球视野的考察》,中国政法大学出版社 2018 年版。

（4）嵌套责任。嵌套责任源于美国社会学家科尔曼的法人超越论，并由我国学者陈忠林加以研究介绍。该理论认为刑法中的单位是一个由财物和职位组成的，相对独立于自然人的行动系统，单位成员与单位间是一种“嵌”和“套”的关系，在单位成员履行单位职责的行为构成我国刑法规定的单位犯罪时，便相应地呈现一种嵌套式的共同犯罪形态：单位与单位成员既紧密联系，又相对独立的犯罪形态。[①] 该理论中的单位和个人相互独立，但又有所联系，联系的关键点就是单位和自然人之间的履行职责的行为，在犯罪中形成了两个独立的犯罪主体，而非孤单的一个犯罪主体。

（5）以自然人为基础的“双罚制”归责原则。前文已有论述，此处不再展开。

通过对比（见表1），可以发现在自然人责任和组织体责任之间，归责主体具有双重性，既具有独立性，又具有附属性。在传统的自然人责任中，企业作为拟制人格而存在，不具有独立性；在组织体责任中，企业完全具有独立的人格，[②]而自然人则融于企业之中。而在这两种归责方式之间，则存在广阔的谱带，一如光的波粒二象性一样，企业归责方式上的二重性一览无余。在这之中，替代责任、同一视责任、双罚制都处于谱带的中心。唯一的区别仅在于企业在归责中处于何种地位。也正如李本灿教授所言：对于公司刑事责任理论的研究范式经历了从自然进路向规范进路的转变。前者以传统罪责理论为基础，强调自然人责任，公司责任是代位责任；后者强调公司自身责任，自然人责任仅是公司责任的联结点，甚至仅是观察对象，公司是在为自己的行为负责，而不是为员工的行为负责。[③] 学术史上的研究为归责方式提供了全局的视野，各类归责方式或理论都存于其中，从而破除现行刑法中“双罚制”不适应当前刑事合规计划的误解，即认为已无法适应现代社会企业的

① 参见陈忠林、席若：《单位犯罪的“嵌套责任论”》，载《现代法学》2017年第2期。

② 嵌套责任则将自然人和企业各自作为法律上独立的行为人，且抛弃了将自然人作为联结点的刑法观，而是将二者之间存在共同的意思联络和共同的行为作为归责的基础。

③ 参见李本灿：《刑事合规制度的法理根基》，载《东方法学》2020年第5期。

结构化特点,有扩大或缩小单位犯罪范围之嫌。①

**表1 不同归责理论的责任主体与各主体在法律概念上的属性**

| 序号 | 归责方式 | 归责主体 | 法律属性 |
|---|---|---|---|
| 1 | 自然人责任 | 自然人 | 附属性 |
| 2 | 替代责任和同一视责任 | 企业和自然人 | 独立性和附属性 |
| 3 | 组织体责任 | 企业 | 独立性 |
| 4 | 嵌套责任 | 企业和自然人 | (平行)独立性 |
| 5 | 双罚制 | 自然人和企业 | 附属性和独立性 |

3. 涉案企业合规案例对"企业"的认定。如前所述,最高检在相关文件中对刑事合规中涉案企业的范围作了规定,现就最高检发布的前3批共计15件涉案企业合规案件进行梳理,对涉案的企业范围予以实证分析(见表2)。

**表2 最高检发布的15件涉案企业合规案件中"企业"范围**

| 序号 | 案例名称 | 犯罪主体 | 企业性质 | 备注 |
|---|---|---|---|---|
| 1 | L公司、张某甲等人污染环境案 | 企业、自然人 | 民营企业、生产企业 | |
| 2 | A公司、B公司、关某某虚开增值税专用发票案 | 企业、自然人 | 民营企业、高科技企业 | |
| 3 | 王某某、林某某、刘某乙对非国家工作人员行贿案 | 自然人 | 民营企业、供货企业 | 企业为关联人 |
| 4 | J公司等建筑企业串通投标系列案 | 企业 | 民营企业、国有企业、集体企业、建筑企业 | |
| 5 | J公司、朱某某假冒注册商标案 | 企业、自然人 | 民营公司、生产企业 | |
| 6 | S公司、睢某某销售假冒注册商标的商品案 | 企业、自然人 | 民营企业、小微企业、贸易企业 | 企业仅有3人 |
| 7 | Y公司、姚某明等人串通投标案 | 企业、自然人 | 民营企业、销售企业 | |

① 参见赵学敏:《单位犯罪的刑事责任基本问题探究》,载《北京工业职业技术学院学报》2020年第2期。

续表

| 序号 | 案例名称 | 犯罪主体 | 企业性质 | 备注 |
| --- | --- | --- | --- | --- |
| 8 | Z公司康某某等人重大责任事故案 | 企业、自然人 | 外资企业、食品加工企业 | |
| 9 | X公司走私普通货物案 | 企业、自然人 | 民营企业、水果贸易企业 | |
| 10 | S公司、翁某某掩饰、隐瞒犯罪所得案 | 企业、自然人 | 民营企业、高科技企业 | |
| 11 | Z公司、陈某某等人非法获取计算机信息系统数据案 | 企业、自然人 | 民营企业、高科技企业 | |
| 12 | 王某某泄露内幕信息、金某某内幕交易案 | 自然人 | 民营企业、证券企业 | 企业为被害人 |
| 13 | F公司、严某某、王某某提供虚假证明文件案 | 企业、自然人 | 民营企业、咨询企业 | |
| 14 | 23家矿山企业非法采矿案 | 企业、自然人 | 采矿企业 | |
| 15 | X公司、杨某某、王某某串通投标案 | 企业、自然人 | 民营企业、高科技企业 | |

首先，应予以明确的是，就涉案企业合规而言，最高检用“涉案”限制了企业的适用范围，即企业必须是涉刑事案件，才有刑事合规的必要性。从刑事程序来看，这里的涉案是指进入检察环节的刑事案件。

其次，在15个涉案企业合规案件中，民营企业占绝大多数。[①] 也就是说，民营企业是刑事合规关注的企业。虽然最高检认定的企业范围中包含国有企业，但就目前的刑事司法实践来看，国有企业尚未成为刑事合规的适格主体。按照经营活动来分，涉案企业多为生产经营性企业。服务性企业只有2家，分别为王某某泄露内幕信息、金某某内幕交易案和F公司、严某某、王某某提供虚假证明文件案中涉及的企业，企业经营内容主要是为证券金融服务和房地产提供相关评估咨询服务。

再次，15件案件中，涉案企业为犯罪主体的有13件；涉案企业是刑事犯罪案件关联企业的有1件，为王某某、林某某、刘某乙对非国家工作人员行贿案；涉案企业是被害人的有1件，为王某某泄露内幕信息、

① 第1批第4个案例中，J公司等建筑企业串通投标系列案件中虽有国有企业，但仅涉及2家国有企业。

金某某内幕交易案。概言之,这两个案件中的企业均是关联企业,而非犯罪主体,将这两个案件作为刑事合规的典型案件,有待商榷。

最后,15 件案件中还有 1 件涉及小微企业,为 S 公司、睢某某销售假冒注册商标的商品案。该案件中的涉罪企业仅有 3 人,是否有必要将其纳入刑事合规的企业范围,有待予以重新评估。

## 四、涉案企业合规中"企业"的认定方法与范围

结合以上分析得知,从企业的自然概念出发,得出了企业具有营利性的自然属性;从企业的归责理论出发,发现了企业在刑法上具有独立性和附属性的规范属性。综上,笔者将从企业的自然属性和规范属性出发,通过检视最高检在司法实践中规定的企业范围,以及在涉案企业合规典型案例中出现的企业范围,得出刑事合规中企业的适格主体标准和认定路径,以夯实刑事合规计划的法理根基。

1. 形式认定。依据企业的自然属性,符合刑事合规计划的企业应当是营利性企业或者以营利为目的的企业。因为盈利作为企业的最高目标和国家确定的法律秩序框架之间的冲突,对于(作为所谓的合规有责方或者履行企业义务有责方的)企业来说,事实上有关乎存亡的重要性。① 这就排除了非营利性单位,如具有公益性的机构、慈善机构、基金会等。因此,最高检认定的私立医院、民办学校均不应包括在内。此外,根据现有文献,法国在 2016 年通过的《萨宾第二法案》为"用工人数超过 500 人、营业收入超过 1 亿欧元"的企业设置了强制合规义务。②根据美国《组织量刑指南》的规定,合规是确定对企业进行罚款的主要量刑考虑因素。在确定的罪责指数中,明确提出了企业拥有人员的下限,即组织拥有 10 名或 10 多名员工,且组织中某位有实权的管理人员

---

① 参见[德]丹尼斯·伯克:《合规讨论的刑法视角——〈秩序违反法〉第 130 条作为刑事合规的中心规范》,黄礼登译,载李本灿等编译:《合规与刑法:全球视野的考察》,中国政法大学出版社 2018 年版。

② 参见聂立泽、刘林群:《法人犯罪的义务犯本质与单一犯罪性质之确证》,载《政法学刊》2020 年第 5 期。

参与、放任、包庇犯罪的,则应增加1点。① 从以上两国对刑事合规企业的设置可以看出,企业的人数规模或营业收入也是法律规范的应然要求。进而言之,营利性中包含对企业规模的内在规定。那么,倘若以员工数最低限10人来检讨涉案企业合规典型案例,在S公司、睢某某销售假冒注册商标的商品案中,仅有3名成员的该企业规模就不符合该要求,也就不能被列入刑事合规计划中。故而,"人们要承认,形式上得到确保的程度取决于企业和企业成员的多寡和其活动的性质"②。

2. 实质认定。依据企业的规范属性,并根据刑法规定的"双罚制"规则,能够确定的是企业的犯罪行为要归责于企业自身,同时作为自然人意志的集合体,企业行为中的自然人当然要进行归责。因此,涉案企业合规中的企业是指作为犯罪行为的实施主体,而非被侵害的法益客体或关联性主体。这就排除了上述案例中的王某某、林某某、刘某乙对非国家工作人员行贿案中的关联企业,以及王某某泄露内幕信息、金某某内幕交易案中作为被害人的企业。

但难以认定的是J公司等建筑企业串通投标系列案中的建筑企业,该类企业因受到涉黑性质组织的要挟,成为了犯罪主体,对这类企业是否纳入刑事合规计划的范围,则成为一个难题。此时就有必要回到企业的二重性上,对其进一步作出法律概念上的阐释:由企业的独立性推出企业行为的社会危害性;由企业的附属性推出作为企业成员的自然人的人身危险性。该案例中,6家涉案企业均是被胁迫参与陪标的单位,即企业成员的人身危险性不存在,所以公安机关也仅将该涉案企业移送至检察机关审查起诉。在社会危害性上,一方面企业自身没有从犯罪行为中获得任何非法利益,另一方面其参与陪标的行为亦处于黑社会性质组织的胁迫和支配之下,故该类企业的社会危害性并不明显。综上,能够得出对该类企业开展刑事合规计划的基础并不存在。

---

① 参见[美]瑞恩·D.迈克康奈尔、[美]杰伊·马丁、[美]夏洛特·西蒙:《"事前规划"抑或"事后处罚":合规在刑事案件中的作用》,万方译,载李本灿等编译:《合规与刑法:全球视野的考察》,中国政法大学出版社2018年版。

② [德]丹尼斯·伯克:《论作为降低涉企犯罪损害预期值措施的刑法上要求的企业监督(刑事合规)——界定合规责任的基本问题》,黄礼登译,载李本灿等编译:《合规与刑法:全球视野的考察》,中国政法大学出版社2018年版。这里也透露出在归责方式上仍然以自然人为基础而设置,不然对人数就没有必要进行要求。

"或者说,刑事法介入的意义和界限都需要在刑法基本原则的行为主义、罪刑法定主义、责任主义和法益保护的调和中来展开探索。"①

3. 认定的具体路径。经过对涉案企业的形式认定和实质认定,并通过对最高检发布的案例评析后,可以得出我国刑事合规计划中的"企业自画像":进入检察环节刑事案件的犯罪主体,是自身兼具营利性及法律规范上独立性和附属性的企业。既然企业的认定范围已然明确,那么认定的具体路径如下:首先,对刑事合规中的企业进行实质审查,审查后决定开展刑事合规的对象。其次,对其从形式上予以把握,该形式的认定当然需要立法、司法结合我国经济实际情况予以确定。如美国的《组织量刑指南》在决定合规管理制度的具体内容时,特别重视企业的组织规模、经营性质,并对特别是拥有雇工50人以上的企业,在量刑时间点时未执行合规管理制度的,有必要实行保护观察制度。② 最后,对于未进入到刑事合规计划中的企业,也不能置之不顾,使之脱于刑法的监管之外。对于这些企业,可以用刑事合规指导的方式,开展相应法律监督工作,以示区别于刑事合规计划。因为合规计划有失败的风险,特别是对中小微企业而言,这是执行任何合规计划所不容忽视的问题。而合规失败可能损害企业的声誉,造成数百万元的罚款,产生调查费用和法律费用,导致宝贵的管理时间及资源流失。另外,还要区分刑事合规计划和企业帮扶。企业帮扶是中国特色社会主义经济制度中的一项具有时效性和针对性的举措,其旨在通过政府机关负责人和企业之间建立联系,以解决企业的现实问题。如J公司等建筑企业串通投标系列案中的建筑企业,其遇到的复工复产、银行贷款融资等困难,完全可以通过帮扶计划予以解决,而并非一定要以刑事合规计划的方式解决。

---

① [日]甲斐克则:《企业的合规文化·计划与刑事制裁》,谢佳君译,载李本灿等编译:《合规与刑法:全球视野的考察》,中国政法大学出版社2018年版。

② 参见[日]川崎友巳:《合规管理制度的产生与发展》,李世阳译,载李本灿等编译:《合规与刑法:全球视野的考察》,中国政法大学出版社2018年版。

# 企业合规不起诉的适用对象研究

袁洪中　贾　栩*

**内容摘要**：尽管企业合规不起诉制度在改革试点期间取得了长足发展，但该制度的适用对象问题却依然没有得到很好的诠释。考虑到罪刑法定原则，当前我国企业合规不起诉不应突破轻罪界限，未来立法如果将重罪案件纳入适用范围，需合理关注法律的平等适用原则。为了不给无辜企业创设合规义务，原则上只能在单位犯罪案件中适用合规不起诉，但囿于我国单位犯罪体系的天然缺陷，合规考察在特殊情况下也可以对个人犯罪案件中的企业开展。基于我国现实，应将合规不起诉的适用重心逐渐向大中型企业偏移，并且应对小微企业审慎开展合规考察工作。事前合规相比于事后合规，更需要小微企业的自觉和配合，检察机关要引导企业自觉开展合规建设。

**关键词**：涉案企业合规改革；罪刑法定；单位犯罪；小微企业

当前，由最高人民检察院牵头部署、各相关部委共同着力推进的涉案企业合规改革已经进入纵深阶段。

---

* 袁洪中，扬州市广陵区人民检察院第二检察部主任；贾栩，扬州市广陵区人民检察院第二检察部检察官助理。

2022年3月8日,时任最高人民检察院检察长张军在向全国人民代表大会作最高人民检察院工作报告时强调,要在本年度全面推开涉案企业合规改革,落实第三方监督评估机制。[①] 2022年4月2日,最高人民检察院会同全国工商联正式官宣涉案企业合规改革试点在全国检察机关全面推开。[②] 这意味着我国涉案企业合规改革取得了阶段性的成功,同时也意味着,企业合规的相关立法工作已经正式提上了日程。经过两年改革试点的探索,我国检察机关逐渐选择了一条颇具中国特色的"附条件不起诉"道路。同一时期,理论界与实务界从刑事政策、制度价值等方面展开了激烈的讨论,并取得了一定共识。就目前来看,实务界的焦点聚集在第三方机制的理解适用,理论界则更专注于对单位犯罪基础理论的探讨。不得不说,企业合规制度在短短两年间已经由嗷嗷待哺的"婴幼儿"成长为涉世未深的"青少年",并且有望在未来的一两年内,蜕变为独当一面的"成年人"。但同时随着时间推移,企业合规不起诉制度入法所首要面临的基本问题——适用对象问题却一直没有得到充分的回应。企业合规不起诉制度究竟应适用于轻罪还是重罪、单位犯罪还是个人犯罪、大中型企业还是小微企业,依然充满争议。"水之积也不厚,则其负大舟也无力"[③],企业合规制度在实现跨越发展的同时也需要夯实基础,因此,本文拟围绕上述问题,对企业合规不起诉的适用对象做出合理解释,期望能对新一轮改革试点及未来立法工作有所裨益。

## 一、企业合规不起诉不能随意突破轻罪界限

企业合规不起诉应适用于重罪案件还是轻罪案件?根据涉案企业合规改革试点的经验,虽然企业合规不起诉在形式上越来越趋近于附条件不起诉,但实质上,企业合规不起诉仍属于相对不起诉的一种。厘清企业合规不起诉适用于轻罪案件还是重罪案件,应从其形式与实质

① 参见张军:《最高人民检察院工作报告——二〇二二年三月八日在第十三届全国人民代表大会第五次会议上》,载《人民日报》2022年3月16日,第2版。

② 参见徐日丹:《如何让好制度释放司法红利——全国检察机关全面推开涉案企业合规改革试点工作部署会解读》,载《检察日报》2022年4月6日,第1版。

③ 《庄子》,孙通海译,中华书局2007年版,第5页。

进行双重把握。

### (一)形式:附条件不起诉不包含重罪情形

经过两轮涉案企业合规改革试点工作的探索,检察机关所采取的企业合规不起诉从最初的“检察建议模式”和“附条件不起诉模式”并行,逐渐转变为以“附条件不起诉模式”为主。从最高人民检察院发布的关于企业合规的前三批典型案例,以及大力推广的“第三方监督评估机制”来看,“附条件不起诉模式”很大程度上也得到了官方认可。究其原因,从时间顺序来看,“检察建议模式”下检察机关只能在作出不起诉决定的同时或之后制发检察建议,此时因为针对企业的不起诉决定已经作出,无论涉案企业是否按照检察建议进行合规整改,检察机关都不可能再对其做出惩罚或奖励措施,因此“检察建议模式”因约束力不足而具有天然的弊端。[①] 相较而言,“附条件不起诉模式”下检察机关可以为涉案企业设置一定的考验期限,通过交由第三方监督评估机制代为考察的方式,视情况对涉案企业作出起诉或者不起诉的决定。在“附条件不起诉模式”下,检察机关始终手握“达摩克利斯之剑”,对涉案企业具有较强的约束力,所以更能达到督促其进行合规整改的目的。不仅如此,“附条件不起诉模式”下检察机关将部分监督、考核的权力让渡给了第三方机制,也使得合规考察的整个过程更为客观、中立。综合以上优点,“附条件不起诉模式”成为了检察机关企业合规不起诉的不二选择。

企业“附条件不起诉模式”在形式上与未成年附条件不起诉制度高度相似,均为涉案人员设置一定时间的考验期,并视情况作出是否起诉决定。但是,二者又有显著区别,我国《刑事诉讼法》第 282 条对未成年人附条件不起诉制度作出了明确规定,[②]而关于企业的“附条件不起诉模式”则没有明确的法律条文作为支撑,尚属于各改革试点做出的实践探索。这也是“附条件不起诉模式”始终为双引号所引的原因,在当前

---

① 参见刘译矾:《论企业合规检察建议激励机制的强化》,载《江淮论坛》2021 年第 6 期。

② 《刑事诉讼法》第 282 条第 1 款规定:“对于未成年人涉嫌刑法分则第四章、第五章、第六章规定的犯罪,可能判处一年有期徒刑以下刑罚,符合起诉条件,但有悔罪表现的,人民检察院可以作出附条件不起诉的决定。人民检察院在作出附条件不起诉的决定以前,应当听取公安机关、被害人的意见。”

阶段，该模式只能特指为一种“类似于未成年人附条件不起诉的刑事诉讼程序”。既然如此，对于仍处于摸索阶段的“附条件不起诉模式”来说，为了学习成熟的制度经验，也为了维持同一法律体系下统一的制度逻辑，有必要借鉴相对更为完善的未成年人附条件不起诉制度。

我国于2012年修正《刑事诉讼法》时引入了未成年人附条件不起诉制度，根据法律规定，针对未成年人所实施的可能被判处有期徒刑一年以下刑罚的犯罪，可以适用该程序。但是，由于立法范围过窄，实务领域通常采取的做法是将该范围拓展至可能被判处三年以下有期徒刑刑罚的未成年人犯罪案件，结合未成年人具有的自首、坦白等量刑情节，以此来符合“可能判处一年有期徒刑以下刑罚”的要求。① 实际上，学界也常有呼声，建议将未成年人附条件不起诉的适用范围扩展至“三年以下有期徒刑”。② 换言之，无论是从制度层面，还是实务经验，抑或学理研究，均达成了未成年人附条件不起诉只能适用于轻罪的共识。因此，类比未成年人附条件不起诉程序，关于企业的“附条件不起诉模式”的适用对象不应为重罪案件，这是因为，未成年人作为刑事法领域受到最多关照的群体，尚不能突破轻罪界限，关于企业的“附条件不起诉模式”又怎能将重罪案件纳入其范围呢？因此，企业合规不起诉的适用对象理应不包括重罪案件。

（二）实质：应在轻罪范围内适用相对不起诉

在轻罪范围内适用相对不起诉是恪守罪刑法定原则的体现。③ 近年来，随着未成年人附条件不起诉、认罪认罚等制度的确立，相对不起诉的内涵得以丰富，然而无论怎么发展，相对不起诉始终不能突破《刑事诉讼法》第177条第2款规定的“犯罪情节轻微”的界限，④换言之，即使犯罪嫌疑人具有认罪认罚从宽、刑事和解等量刑宽缓情节，也只能

---

① 参见何挺：《附条件不起诉制度实施状况研究》，载《法学研究》2019年第6期。

② 参见张中剑：《检视与完善：我国未成年人附条件不起诉制度若干问题探讨》，载《中国刑事法杂志》2013年第7期。

③ 参见刘艳红：《企业合规不起诉改革的刑法教义学根基》，载《中国刑事法杂志》2022年第1期。

④ 《刑事诉讼法》第177条第2款规定：“对于犯罪情节轻微，依照刑法规定不需要判处刑罚或者免除刑罚的，人民检察院可以作出不起诉决定。”

在“犯罪情节轻微”的前提下才能对其作出相对不起诉决定。至于企业合规不起诉，虽然其具有与未成年附条件不起诉相似的形式外观，但实质上仍为相对不起诉的一种，同样需要严格恪守罪刑法定原则，不能逾越“犯罪情节轻微”的界限。

但是，从最高人民检察院所发布的企业合规典型案例，以及深圳市南山区①、山东省郯城县②等地改革试点的制度文件来看，部分涉嫌重罪的企业也被纳入了合规不起诉的适用范畴。例如在最高人民检察院发布的深圳X公司走私普通货物案中，X公司涉嫌偷逃税款共计397万余元，最终经过合规整改，该公司与相关涉案人员获得了不起诉决定。③ 由此可见，最高人民检察院对于重罪案件适用企业合规不起诉似乎采取了肯定态度。但本文认为，在合规整改既未被规定为法定量刑宽缓情节，也未被确立为法定出罪事由的当下，对企业涉嫌重罪的案件作出不起诉决定具有不妥之处。这是因为，“附条件不起诉模式”作为检察机关行使起诉裁量权的产物，始终不能跳脱出相对不起诉的范畴，当涉案企业符合全部犯罪构成要件并对法益造成了严重侵害，涉嫌重罪的时候，检察机关便丧失了针对轻微刑事犯罪的起诉裁量权，此时，检察机关理应依法提起公诉。

一言以蔽之，企业合规不起诉作为相对不起诉的一种，只能在“犯罪情节轻微”范围内适用，否则有悖于罪刑法定原则，进而陷入反教义学的泥潭。

### （三）不排除重罪案件在未来存在适用可能

考虑到当前我国的立法现状，重罪案件目前在企业合规不起诉中不存在适用空间，但是，这并不意味着就绝对排除了重罪案件在未来存在适用的可能。相反，基于两方面的考虑，将企业合规不起诉制度适用于重罪案件，可能更能发挥其制度价值。一方面，企业合规作为舶来品，域外经验表明其适用并无犯罪轻重限制。典型如“西门子案”，在此

---

① 参见《南山区人民检察院企业犯罪相对不起诉适用机制试行办法》第3条。

② 参见《郯城县人民检察院企业犯罪相对不起诉实施办法（试行）》第2条。

③ 参见《企业合规典型案例（第二批）》，载最高人民检察院网，https://www.spp.gov.cn/xwfbh/wsfbt/202112/t20211215_538815.shtml#2。

案中，虽然西门子公司因巨额商业贿赂涉嫌重罪，但其通过承受巨大的合规整改代价以“断尾求生”，从根本上消弭了企业的刑事风险，换取了德国检察机关和美国司法机关的不起诉决定。另一方面，刑事立法会跟随刑事政策理念不断更新变化，[①]根据我国宽严相济、护航民企的刑事与社会政策，可以预见，未来立法将会把企业合规不起诉的适用范围有条件地拓展至重罪案件，以更好地实现营造法治营商环境、服务保障民企的深层次目的。

需要注意的是，改革永远不是一蹴而就的，将重罪案件纳入企业合规不起诉的范畴意味着要对整个相对不起诉体系做出配套制度改革。在这一过程中，要尤其关注法律平等适用原则，自然人犯罪中的重罪案件是否应该获得平等的不起诉机会，立法的限度又在何处，是立法者们无法回避的问题。刑法的根本功能在于惩罚与预防犯罪，无限制的立法恐将动摇刑法的正当性根基。[②]

## 二、企业合规不起诉应限制在单位犯罪范围内

企业合规不起诉应适用于单位犯罪案件还是个人犯罪案件？在涉案企业合规改革探索中，检察机关以单位犯罪为前提，几乎不约而同地选择了“双不起诉”这一具有本土特色的不起诉形式，但是，也存在部分试点单位将企业合规不起诉的适用范围拓展至个人犯罪案件的情况。企业合规不起诉是否能适用于个人犯罪案件中的企业，关键在于分析合规考察本身的性质。

### （一）“双不起诉”是企业合规本土化过程中的应然选择

推行企业合规不起诉制度的目的在于营造良好的法治营商环境，为企业健康发展保驾护航，所以涉罪企业是该制度理所应当的适用对象。从各改革试点的实践情况来看，大部分检察机关都以企业构成单位犯罪为基础，采取了既不起诉企业，又不起诉个人的“双不起诉”模式。之所以“企业”合规不起诉会同时适用于企业与个人，究其原因，主要在于以下三点。

---

① 参见陈伟：《刑事立法的政策导向与技术制衡》，载《中国法学》2013 年第 3 期。

② 参见陈兴良：《刑法的价值构造》，载《法学研究》1995 年第 6 期。

第一,我国单位犯罪确立了"一个犯罪主体、两个刑罚主体"的制度框架,采取既要惩罚企业,也要惩罚个人的"双罚制",所以在追究企业刑事责任的同时,避免不了审视企业中的直接责任人员。[①] 第二,我国诸多企业具有明显的"人企合一"特征,一些企业的命运完全掌握在民营企业家个人手中,如若只不起诉企业,而没有不起诉个人,那么该企业仍然避免不了走向衰亡的命运。第三,从公平角度看,某些企业实施的犯罪行为往往是企业自上而下共同意志的体现,例如在大多污染环境类案件中,通过长期实施排污等犯罪行为,从企业上层的管理人员到下层的操作人员已经形成了稳定的共同意志,具有结合紧密的"利益共同体"特征,此时,如若只对单位不起诉,而不给予个人不起诉的机会,则有悖于公平原则。

综上,考虑到我国单位犯罪的特殊构造,以及企业犯罪的现实状况,对企业与个人采取"双不起诉"是当前阶段的应然选择。同时,又因为"双不起诉"必须在企业构成单位犯罪的前提下进行,所以企业合规不起诉的适用对象理应限制在单位犯罪范围内。

### (二)企业合规不起诉不能任意为无辜企业创设义务

尽管仍然有观点认为应该将单位犯罪中的个人排除在"企业"合规不起诉之外,以符合"放过企业、严惩个人"的域外经验及理念,[②]但是,考虑到我国特殊国情以及当前涉案企业合规改革的阶段特征,将单位犯罪中企业和个人同时纳入企业合规不起诉的适用范畴在学界已经争议不大。[③] 存在争议的问题是,个人犯罪案件中的企业是否应该同样适用企业合规不起诉程序?当然,此"个人犯罪"指企业实际控制人、高管等人员实施的与企业日常经营活动密切相关的犯罪。对于该问题,部分试点单位在探索过程中给出了肯定的答案。例如,苏州市检察机关就将适用范围限定在了"企业实施的单位犯罪,以及以企业名义或者为企业利益实施的个人犯罪"[④];辽宁省检察机关对企业合规考察的适用

---

① 参见张军等:《刑法纵横谈(总则部分)》(增订版),北京大学出版社 2008 年版。

② 参见李玉华:《企业合规不起诉制度的适用对象》,载《法学论坛》2021 年第 6 期。

③ 参见陈瑞华:《企业合规不起诉制度研究》,载《中国刑事法杂志》2021 年第 1 期。

④ 《苏州市检察机关企业刑事合规从宽制度工作规程(试行)》第 1 条。

范围也采用了类似的表述。[①]

之所以会将个人犯罪案件中的企业纳入合规考察的适用范围，检察机关主要出于两方面的考虑：一方面，为了响应服务保障民营企业的刑事与社会政策，通过将个人纳入合规不起诉的适用范围，尽量避免出现企业人才因定罪判刑而流失的情况。另一方面，为了营造良好的法治营商环境，通过敦促企业进行合规整改，让其获得更优的刑事抗风险能力。但是，好的目的并不能当然解释行为的正当性，对个人犯罪案件中的企业强行适用合规考察，反而可能背离服务保障民营企业的初衷。这是因为，从境内外诸多的企业合规案例来看，合规考察并不是"起草一份法律文书"就简单了事，通常，涉案企业要在合规整改过程中抱有"壮士断腕"的决心并付出巨大代价，以建立完善的合规机制，从而换取不起诉决定。易言之，合规机制不是一份"免费的午餐"，合规考察因对涉案企业创设了合规义务而具有了明显的负担性。在这一点上，部分改革试点的制度文件也能提供证明，例如深圳市宝安区的文件就规定，涉案企业不仅需要承担第三方机制的合规监管费用，还会酌情被要求禁止从事相关工作、向社会提供公益服务等。[②] 由此看来，企业合规考察的过程，也正是为涉案企业创设义务并要求其履行义务的过程。

回到问题原点，在合规考察具有负担性的前提下，能否任意对个人犯罪案件中的企业适用合规不起诉制度呢？答案显然是否定的。如果个人犯罪行为完全与单位意志无关，作为合规整改措施的制定与实施主体，企业是否选择进行合规建设在更大程度上应该是市场主体的自治行为，如果没有明确的法律依据支持，任何机构和个人都不能无端为企业创设合规义务。因此，带有负担性的合规考察不能任意适用于个人犯罪案件中的企业。

### （三）不否认个人犯罪案件中的企业在例外情况下存在适用空间

在厘清合规考察会给企业创设合规义务之后，本文认为，原则上不能将合规不起诉适用于个人犯罪案件中的企业。但是有原则就会有例

---

① 参见《辽宁省人民检察院等十机关关于建立涉罪企业合规考察制度的意见》第7条。

② 参见《深圳市宝安区人民检察院企业犯罪相对不起诉适用机制改革试行办法》第11条、第19条。

外，在例外情形之下，个人犯罪案件中的企业也存在适用合规不起诉的空间。现实中存在这样的情况，尽管个人犯罪行为是依托单位意志进行的，但因为现行刑法没有将该种犯罪行为纳入单位犯罪处罚体系，所以企业无须承担刑事责任。典型如贷款诈骗罪，现实生活中单位依托个人实施的贷款诈骗行为屡见不鲜，但因为现行刑法没有规定单位犯此罪时如何处理，使企业的“犯罪行为”完美规避了刑法的评价。

据统计，在我国《刑法》分则之中，有170多个适用“双罚制”的单位犯罪罪名，占全部分则罪名的1/3，另外仍有约2/3的罪名未被纳入单位犯罪处罚体系之中。[①] 由此可见，我国单位犯罪具有明显的“片段性”[②]，究其原因，在于我国刑法体系是以个人犯罪为基础构建的，没有完整有效地为规制单位犯罪提供规范依据。[③] 因此，在例外情形下，以个人犯罪行为中的单位意志为联结点，当个人犯罪行为体现出了单位意志，但该犯罪行为又没有被规定为单位犯罪时，可以对涉案企业进行合规考察，从而施加其带有负担性质的合规义务，并对相关责任人员作合规不起诉处理。当然，此种例外情形必须以单位意志为联结点，如若个人犯罪行为与单位意志无关，则合规考察依然不能任意适用于个人犯罪案件中的企业。

## 三、企业合规不起诉的重心应向大中型企业偏移

企业合规不起诉应主要适用于大中型企业还是小微企业？司法实务中，企业合规不起诉的适用对象几乎均为中小微企业，其中，又以小微企业为主。诚然，这与我国的特殊国情密切相关，但从涉案企业合规改革的设立初衷与深层目的来看，应将企业合规工作的重心逐渐转移至大中型企业。

### （一）对大中型企业开展合规考察具有现实必要

从域外经验来看，企业合规制度主要是针对大中型企业所设立的，

---

① 参见黎宏：《企业合规不起诉改革的实体法障碍及消除》，载《中国法学》2022年第3期。

② 李本灿：《刑事合规制度改革试点的阶段性考察》，载《国家检察官学院学报》2022年第1期。

③ 参见万方：《企业合规刑事化的发展及启示》，载《中国刑事法杂志》2019年第2期。

法国《萨宾第二法案》就规定，凡用工人数达到500人，或者营业收入达到1亿欧元的企业，均应当建立合规制度。[①] 我们耳熟能详的“西门子案”，也是针对大中型企业采取合规考察的鲜活实例。将目光转向国内，之所以涉案企业合规改革在近几年会发展如此之快，很大程度上就是因为中兴、华为等大中型企业在“走出去”过程中遭遇“被动合规”后，有关部门做出了回应。如何提高我国大中型企业的刑事抗风险能力，帮助大中型企业建立起完善的合规治理体系，成为热门的刑事问题。

另外，大中型企业因其体量特征在企业合规体系中占有举足轻重的位置，这主要是基于以下两方面考虑：一方面，大中型企业所涉及的投资者、员工、客户、上下游企业等利益关联群体庞大，如企业被定罪判刑，将产生明显的“水波效应”[②]，严重损害企业员工、投资者等诸多无辜第三人的利益，从而“牵一发而动全身”，甚至对社会稳定造成不利影响，“安达信事件”[③]就是典型。另一方面，大中型企业所生产的产品往往具有较大体量的市场与受众，且与人民群众的生活息息相关，因而其犯罪行为更易造成群体性的社会事件。例如，在“三鹿奶粉事件”和“长生疫苗事件”中，三鹿集团与长春长生生物科技有限公司的违规经营威胁了广大群众的身体健康，造成了极其恶劣的社会影响。基于以上两点原因，如何处理大中型企业的刑事犯罪问题成为了社会治理中的一个难题。针对此问题，企业合规制度提供了一个良好的思路，通过为大中型企业创设合规义务来替代其刑事责任，使涉罪企业既获得了惩罚，又避免了“水波效应”，还防范了未来的刑事风险，可谓一举三得。如果三鹿集团与长春长生生物科技有限公司能够事先构建起完善的合规治理体系，则有望避免此类事件发生。

总而言之，无论是比照域外经验，还是基于政策考量，抑或关照社

---

① 参见张远煌等编著：《企业合规全球考察》，北京大学出版社2021年版，第19页。

② 所谓“水波效应”，是指惩罚犯罪会对与犯罪行为无关、但与犯罪存在某种社会联系的第三人所可能产生的不利影响。参见叶良芳：《美国法人审前转处协议制度的发展》，载《中国刑事法杂志》2014年第3期。

③ 安达信曾是全球五大会计师事务所之一，因财务造假，涉嫌妨碍司法罪被美国检察官提起公诉，导致安达信业务大量流失，客户中断业务联系，员工纷纷另寻出路，据统计，仅在美国就有28000人失业。

会稳定，对大中型企业开展合规考察工作，督促其进行合规建设，都具有紧迫的现实必要。

（二）对小微企业应审慎适用企业合规不起诉

目前来看，小微企业仍是企业合规不起诉的主要适用对象，通过督促涉嫌轻罪的小微企业进行合规整改，进而对其相对不起诉，检察机关达到了保护小微企业健康发展、优化法治营商环境的目的，这是当前阶段我国涉案企业合规改革的有益尝试。但是，广泛对涉案小微企业开展合规不起诉工作也引发了一些质疑。有观点认为，小微企业在涉嫌轻罪的情况下，本就可以依托现行法律体系获得相对不起诉的宽大刑事处理，为何还要大费周章地进行合规建设来换取不起诉呢？① 诚然，在认罪认罚、少捕慎诉慎押等刑事政策大力推行的今日，涉嫌轻罪的小微企业本就更有机会被作出相对不起诉的决定，即使小微企业在检察机关督促之下开展了合规建设，其刑罚宽缓效果也难以得到明显体现。进一步来说，不作分辨地对小微企业一律开展合规建设，甚至有可能出现“为了合规而合规”的不合理现象，导致针对小微企业的合规考察工作流于表面，浮于形式，给涉案小微企业带来不必要的负担。针对涉案小微企业的合规考察是否“应开展，尽开展”值得深思。

现实情况是，许多小微企业由于公司结构缺陷、资金流中断等原因，本就在生产经营方面陷入严重困难，此时要求其付出较大的人力与财力，通过进行合规建设，在短时间内建立起完善的合规治理体系，难免有些强人所难。况且，小微企业不同于大中型企业，大中型企业因为存在专门的法务部门，具有从事法律事务的经验，更易开展合规建设，而小微企业往往是家族经营性质，本就不存在明晰的职能分工，更有甚者，个别企业家一人主导着小微企业的经营、人事、财务等各方面工作，难以奢求其具有开展合规经营的制度与法律基础。② 简言之，小微企业并非当然有能力建立起完善的合规治理体系。此时可能有人会讲，对

---

① 参见邱春艳：《从讲政治的高度共同推进企业合规工作——最高检调研组赴江苏张家港调研企业合规改革试点》，载《检察日报》2021 年 5 月 17 日，第 1 版。

② 参见李玉华：《企业合规本土化中的“双不起诉”》，载《法制与社会发展》2022 年第 1 期。

涉案小微企业进行合规建设指导，不正是检察机关与第三方组织应该进行的工作吗？本文认同此观点，但同时也不应忽略，企业合规建设理应以企业自身为主，检察机关应该把握好指导的尺度，如果干预过深，难免有本末倒置之嫌，恐将产生适得其反的效果。

总而言之，对小微企业应该审慎适用合规不起诉制度，如若需要对涉嫌轻罪的小微企业开展合规考察，须基于两点现实条件：一是涉案企业具有明显的合规建设意愿；二是涉案企业具有进行合规建设的最低物质基础。

### （三）不反对小微企业凭借自力开展事前合规

依前文所述，在小微企业涉嫌犯罪之后，检察机关是否对其开展合规考察工作应该持审慎态度，但若小微企业赶在刑事风险到来之前，凭借自力主动自觉地开展事前合规工作，则是一种值得肯定和提倡的做法。现代企业制度诞生于企业对法律的自觉遵守，[①]而企业实施的事前合规，正是强化其内部自我管理、提升抗刑事风险能力的有效手段。具体而言，事前合规具有以下三个优点。

第一，事前主动合规相比于监管式的“被动合规”，小微企业会具有更高的合规建设积极性，尽管“被动合规”也是出于企业自愿，但始终因为企业创设了合规义务而具有“半强迫”的性质，难以言明其主观合规意愿。第二，期间限制是小微企业“被动合规”面临的最大困难之一，事前主动合规因为具有更充裕的时间而不存在这个问题，小微企业在拥有更充裕的建设期间后，可以连带解决人、财、物等多方面问题。第三，事前合规是更高层次的“企业合规”，具有更强的刑事抗风险能力，若小微企业可以证明其事前合规计划完善且被有效落实，那么该计划可以完全成为其犯罪阻却事由，[②]从而规避小微企业的刑事风险。

但是，事前合规相比于事后合规，更需要小微企业的自觉和配合。这就要求检察机关不仅要在每一个企业犯罪案件中释放善意，更要面向社会，宣传企业合规政策，引导企业自觉开展合规建设，深度参与社

---

① 参见孙永波、王道平：《现代企业管理的十大核心思想》，知识产权出版社2009年版，第32页。

② 参见姜涛：《企业刑事合规不起诉的实体法根据》，载《东方法学》2022年第3期。

会综合治理。

## 四、结语

企业合规不起诉制度应该适用于何种对象,是涉案企业合规改革的基本问题,也是无法回避的问题。本文以我国现行法律体系为出发点,结合域外经验及试点工作实际,主要得出了以下结论:第一,为维护罪刑法定原则,以及保持同一法律体系之和谐,当前企业合规不起诉制度不宜突破轻罪界限。但为了更好地发挥制度价值,未来立法可以在兼顾平等适用原则的前提下将重罪案件纳入适用范围。第二,为避免给无辜企业凭空创设合规义务,企业合规不起诉制度应仅适用于单位犯罪中的企业和个人。但考虑到我国单位犯罪体系的天然缺陷,特殊情况下,以个人与单位的共同意志作为联结点,对个人犯罪案件中的企业也可以开展合规考察。第三,为防止合规不起诉制度流于形式,并充分为小微企业减负,企业合规不起诉制度应审慎适用于小微企业。同时提倡小微企业凭借自力开展事前合规建设,以达到更高境界的企业合规。但是,上述结论只提供了方向指引,如何确认单位犯罪、如何具体设计入罪条款等问题,仍需要进一步阐明。同时,检察机关要不断总结本土经验,积极借鉴域外经验,科学地划定符合我国国情的企业合规不起诉的适用范围。

# 企业刑事合规监管中的繁简分流机制研究

张　曙　陈子琳*

**内容摘要**：鉴于涉案企业的差异化特点以及合规动力的内在激励要求，有必要在企业刑事合规监管领域确立繁简分流机制，以提升合规建设的效率。与范式合规相比，简式合规由于"简化"这一特殊性，需对其适用范围及具体程序予以明确。以现有实践为基础，从企业规模、案件类型、合规问题、企业合规主动性及刑罚轻重等方面综合分析简式合规的适用条件。重点从涉案企业提交合规计划的必要性、是否需要有第三方机制的介入、合规考察期的设置以及监督机制的建立四方面，阐述简式合规的具体机制构建。

**关键词**：合规不起诉；繁简分流；小微企业；简式合规

## 一、引言

2020年3月，最高人民检察院在6家基层人民检察院启动了企业合规不起诉制度改革的试点工作。

* 张曙，浙江工业大学法学院教授；陈子琳，浙江工业大学法学院硕士研究生。

2021年4月，最高人民检察院在前期试点的基础上下发《关于开展企业合规改革试点工作方案》，正式启动第二期企业合规改革试点工作。从世界范围来看，企业合规适用于大型、超大型企业，特别是一些跨国企业，以实现其长臂管辖的国际治理。而在我国，虽理论上企业合规不起诉可适用于各类企业，但若对不同类型企业采用统一程式进行合规监管，可能降低企业合规不起诉的运行效率，不利于该项制度的推广及发展。因此，在实践探索中，已有检察机关提出了对涉案企业合规案件适用繁简分流，例如上海市金山区人民检察院就创新设计了“范式—简式”两种繁简分流的合规模式；北京市检察机关提出“以繁简分流为抓手，量身定制涉案企业合规整改模式”；江苏省溧阳市人民检察院重点针对小微企业探索适用“简式”合规程序。实践的有益探索需要理论界的积极回应。未来在我国的企业合规不起诉制度构建中，繁简分流程序机制的必要性在哪里，繁简分流的区分标准如何确立，简式流程如何具体设计，这些问题都需要进一步思考和分析。本文拟以我国企业刑事合规监管中的繁简分流机制为题，寻求本土化语境下企业合规建设的差异化处理方法，以期推动企业合规不起诉制度的合理构建。

## 二、企业刑事合规监管的繁简分流机制之必要性分析

### （一）涉案企业存在差异化现状

从企业规模来看，我国涉案企业规模差异大，不同企业合规部门或人员的配置各不相同，导致相关企业合规体系建设的完备程度各不相同。例如，2021年最高人民检察院公布的第二批典型案例中不仅有注册资本200万元、在职员工3人的小微企业，也有相关行业的龙头企业。若对各类涉案企业适用统一的监管模式，不仅操作难度大，而且易导致效率低下。

此外，相关涉案企业的业务性质千差万别，涉及智能科技贸易、家电销售、食品加工、水果进口销售等不同的领域；涉嫌罪名也不尽相同，包含了假冒注册商标罪，串通投标罪，重大责任事故罪，走私普通货物罪，掩饰、隐瞒犯罪所得罪等，而不同业务类型的企业以及不同的犯罪对企业的合规整改提出了差异化要求。因此，根据涉案企业规模、业务性质、涉罪情节、合规需求等实际情况，采用繁简分流机制对不同案件

分别适用范式合规和简式合规两种差异化监督考察模式具有其必要性。

(二)合规不起诉适用范围的扩大要求提升合规建设效率

从域外情况看,企业合规的适用对象主要限于大型、具有规模化、公司治理体系完整的企业。但当下,我国检察机关大力推进的企业合规不起诉的适用对象明显比域外更具广泛性、多样性。而适用对象范围的扩大意味着适用合规企业数量的增加,合规建设的情形更多样化,这对该项制度的运行效率提出了新要求。九部委联合印发的《关于建立涉案企业合规第三方监督评估机制的指导意见(试行)》(以下简称《指导意见》)要求人民检察院在办理涉企犯罪案件时,对符合企业合规改革试点适用条件的,交由第三方监督评估机制管理委员会选任组成的第三方组织,对涉案企业的合规承诺进行调查、评估、监督和考察,明确了统一完整的合规流程,需要第三方组织的参与。而对于一些规模较小、案情简单的企业,难以也无必要建立整套的合规体系,对其要求完整的合规体系不仅会导致相关司法行政资源的浪费,也会大大增加企业的经济和时间成本,最终不利于企业特别是中小微企业的正常经营与发展。加之目前企业合规改革第二期试点已从基层检察院扩展到省、市级别的人民检察院,其整体存在推进不平衡、部分人民检察院办案总量偏小的现状,因此这一阶段采用繁简分流差异化的企业合规模式有其必然性。

(三)企业合规面临动力激励要求

企业如果没有合规动力,那么合规整改就缺乏有效运行的基础。我国企业普遍存在合规动力不足的问题:一方面在于企业合规作为舶来品,在我国没有相应的文化基础,其在我国的认同度较低;另一方面在于企业建立合规体系的成本与得到的相应激励不匹配,完整合规所需付出的成本并不亚于违法所导致的经济方面的惩罚。

在我国,小微企业相对于大中型企业更需要合规激励。企业合规不起诉制度建立初衷之一是保护民营经济,而我国的民营企业大多是家族化经营的小微企业,且小微企业相对来说管理制度、法律体系建设更不完善,更容易产生不合规的问题。相对于大中型企业来说,小微企业的合规积极性不足更为显著。完整企业合规体系的建设需要相关法务、财务等方面的人员配备,对于大多数小微企业来说,这是一笔不小的支出,合规所面临的巨大成本是能否推进企业合规的重要考虑因素。而企业合规在域外国家大多只适用于大型、超大型企业的一个重要原因也在于对成本的考虑,中小型企业可能难以承担合规体系建设以及相关司法执法过程中所产生的经费。因此,在有效合规整改的前提下,对于一些规模比较小、资金比较紧张、案情比较简单的案件,可以考虑采用简式程序以降低相关企业的合规体系建设成本,鼓励其开展合规建设。

## 三、企业刑事合规监管的繁简流程选择之区分标准

繁简流程选择与涉案企业合规的难度密切相关。构建繁简分流机制,首先要明确范式合规和简式合规在相关案件中的区分适用标准。范式合规应当是大多数案件适用企业合规不起诉的模式,而简式合规作为程序相对简化的模式,在适用条件上应具有一定的特殊性。这样,在合规监管领域引入繁简分流机制,可以合理实现司法资源的有效配置,推动企业合规不起诉制度的科学运行。

上海市金山区人民检察院在探索繁简分流程序时明确了适用"简式"的案件范围:企业规模较小、合规问题明确、监督评估专业性要求较为简单。① 金山区人民检察院检察官李轲通过前期试点经验提出:"如果企业只是销售类或电子信息技术类企业,其涉及领域较为单纯,那么可以考虑适用简式合规的程序。而对于生产型企业,其员工、部门较多,涉及税务、销售市场,领域较广,则最好还是适用范式合规流程。"②

目前,不同地区企业合规不起诉的实践经验差异较大,明确简式合规流程选择的确定性标准,有利于司法实践的操作和运用,避免繁简分流程序选择的随意性。笔者认为,对简式合规的适用条件应当从企业

---

① 参见上海市金山区人民检察院、上海市浦东新区人民检察院联合课题组、谈倩:《涉案企业合规第三方监督评估机制的程序优化》,载《中国检察官》2022 年第 7 期。

② 上海检察:《75 号咖啡 | 合规之道,取则行远(中)——检察机关办理涉案企业合规案件适用流程繁简分流的思考与探索》,载微信公众号"上海检察"2021 年 12 月 2 日,https://mp.weixin.qq.com/s/c7hLYmm7CoPdoNa6Q5jwg。

规模、案件类型、合规问题及企业合规主动性和能否完成有效合规方面进行综合分析明确。

首先,适用简式合规的企业规模应当限于小微企业。从理论上来看,超大型、大型、中型以及小微企业在我国均可以适用企业合规不起诉制度,但考虑到较大规模企业往往组织结构复杂,面临的合规难度也会增加,因此对于简式合规的适用应当限定在小微企业。金山区人民检察院明确简式合规的适用标准之一为企业规模较小,而笔者认为"企业规模较小"在司法实践的判断中没有明确的标准,存在模糊或不确定性。不同地域、不同行业、不同人员等的判断差异可能会得出同一企业是否属于规模较小的不同结论。而小微企业的表述,则具有明确性。对其判断可依据2021年工业和信息化部与国家统计局会同有关部门形成的《中小企业划型标准规定(修订征求意见稿)》中企业从业人员、营业收入、资产总额等指标以及企业控股等情况,结合行业特点制定的定量标准,①以保障简式合规适用的统一性,避免在全国范围内类案不同判所导致的不公平。另外,考虑到当前小微企业合规风险频发的现状以及其对合规体系建设的负担能力,对企业结构相对简单、营业收入相对较少的小微企业适用简式合规不仅有利于提升合规质效,也有利于优化资源配置。

其次,适用简式合规的案件类型必须是单一罪名的,多罪名案件不宜适用简式合规程序。原因在于涉嫌多类型犯罪企业的合规整改的难度会大大增加,且往往对于整改考察机关有更丰富的专业要求,简式合规难以满足其有效整改要求。可以根据试点工作中比较集中的案件类型,②选择监督评估专业性要求较为简单的案件,制定允许适用简式合规案件的类型列表,以推进企业合规建设。根据实践发展动态更新该

---

① 根据从业人员和营业收入或营业收入和资产总额对各行业中小微型企业定量划型,分为:(1)农、林、牧、渔业;(2)工业(采矿业,制造业,电力、热力、燃气及水生产和供应业),交通运输、仓储和邮政业;(3)建筑业,组织管理服务;(4)批发业;(5)零售业;(6)住宿和餐饮业;(7)信息传输、软件和信息技术服务业;(8)房地产开发经营;(9)房地产业(不含房地产开发经营),租赁和商务服务业(不含组织管理服务),科学研究和技术服务业,水利、环境和公共设施管理业,居民服务、修理和其他服务业,教育,卫生和社会工作,文化、体育和娱乐业。

② 主要有环境污染犯罪、税收征管犯罪、职务犯罪、安全生产犯罪、走私犯罪、市场经营和质量管理犯罪、企业管理秩序犯罪、知识产权犯罪、数据和网络信息犯罪。

列表，既可以进行扩展，也可以取消部分不适宜简式合规的案件类型。鉴于不同类型案件涉及不同领域的专业问题，对专业性要求不强的案件类型适用简式合规，可以使检察机关在明确该类整改问题的基础上对标对表，以保障合规建设的有效性。

再次，基于效率性及避免“纸面合规”的考量，适用简式合规程序：一方面要求合规问题明确，即能够清晰研判目前企业存在的合规风险，对产生违法犯罪行为的潜在诱因进行识别；另一方面需要企业具备较强的合规建设主动性和较高的整改配合度。例如，在犯罪之后企业退赃退赔、赔偿损失、赔礼道歉，积极整改组织内部结构，采取有效的合规措施，对企业员工进行合规培训，积极协助调查，等等。①

最后，区分范式合规和简式合规，不应以实体法上的刑罚轻重作为区分标准。合规不起诉的案件范围包括轻微单位犯罪和重大单位犯罪，重罪案件的合规不起诉具有教义学基础。② 企业合规的重点应当放在能否完成有效合规、企业内部风险控制体系是否有效建立上。而合规建设难度及成效与刑罚轻重并不直接相关，能否完成有效合规受到多方面因素影响。简式合规作为一种合规方式，应不仅仅适用于轻微刑事案件。对于涉嫌重罪的企业，若其合规问题明确，监督考察标准明确简单，合规整改意愿强烈且配合度高，通过简化程序能够有效完成其整改监督考察，也应被允许采用简式合规。

合规监管繁简分流的目的是进一步提升效率，保护民营经济发展。简式合规相比范式合规在监管考察程序、时间以及成本方面都进行了缩减，因此其适用应当有明确的限制条件，慎重考量，不可滥用，以防部分企业企图以简化合规程序来逃避实质合规，背离企业合规不起诉制度的设立目的，使该项制度沦为表面和形式。

## 四、简式合规的具体机制构建

### （一）涉案企业提交合规计划

关于简式合规中涉案企业是否需要提交合规计划在试点中存在不

---

① 参见蔡仙：《论企业合规的刑法激励制度》，载《社会科学文摘》2021 年第 10 期。

② 参见刘艳红：《企业合规不起诉改革的刑法教义学根基》，载《中国刑事法杂志》2022 年第 1 期。

同的实践探索。上海市金山区人民检察院试点中所采用的“简式”模式不再要求企业出具合规计划，由检察机关在前期调查基础上针对涉案企业的经营管理漏洞制发检察建议，其与“范式”最大的区别在于省去了合规计划，大大节约了时间、人力成本，减轻涉案企业负担。[①] 江苏省宿城区人民检察院在探索简式合规整改中仍要求涉案企业制订合规计划，在监督考察合规计划执行落实中发现企业未采取任何措施，将最终认定涉案企业未通过合规考察。笔者认为，合规计划的有效性是企业合规不起诉制度的重要基石，适用“简式”模式的涉案企业仍应当提交合规计划，检察机关制发检察建议可能难以达到实质合规的目的。

简式合规不能省略合规计划，但考虑到适用简式合规的企业是小微企业，其往往具有自有资金少、业务规模小、公司治理结构不完善等特点，关于其合规计划的内容和要求，应当适当予以简化。人员较少、规模较小的小微企业往往难以负担建立完整标准的合规体系所需的高昂成本。如果对其要求过高标准的合规计划，加之其最终能否获得不起诉具有不确定性，其投入合规整改的积极性会大幅下降，也不利于通过企业合规不起诉制度来实现企业合规经营和长远发展的目的。

不同规模企业的合规需求、评价标准等均会有所差异，其所需制订的合规计划内容繁简也会有所差异，但均需确保其合规计划的有效性，对合规计划的有效性评估是合规计划的重点。2022 年 4 月 19 日全国工商联牵头会同多部门制定的《涉案企业合规建设、评估和审查办法（试行）》（以下简称《合规办法》）第 14 条明确了第三方组织对涉案企业专项合规整改计划和相关合规管理体系有效性的评估，重点包括六个方面的内容：对涉案合规风险的有效识别、控制；对违规违法行为的及时处置；合规管理机构或者管理人员的合理配置；合规管理制度机制建立以及人力物力的充分保障；监测、举报、调查、处理机制及合规绩效评价机制的正常运行；持续整改机制和合规文化已经基本形成。陈瑞华教授提出对小微企业适用简式合规模式，涉案企业最多做到有针对

---

① 参见上海市金山区人民检察院、上海市浦东新区人民检察院联合课题组、谈倩：《涉案企业合规第三方监督评估机制的程序优化》，载《中国检察官》2022 年第 7 期。

性的制度纠错和管理修复,就达到较为现实的整改目标了。[①] 笔者认为,对于简式合规来说,应当建立单独的简式合规有效性评估要求,与范式合规的有效性评估要求相区分。其也应当具备以上六方面内容合规基本要素,但对其基本要素的规定应更有侧重性,重点应当放在对涉案合规风险的有效识别、控制,对违规违法行为的及时处置,合规管理机构或者管理人员的合理配置这三个方面。且对于每一基本要素的具体评价标准应当予以适当简化。例如,2022 年 5 月 23 日中国中小企业协会发布的《中小企业合规管理体系有效性评价》在合规风险的评估、分级方面对中型企业提出了 11 条具体标准,而对于小微企业只提出了"有人员或部门根据风险发生概率和影响程度对与其业务活动、产品和服务相关的合规风险进行评估、分级""具备对合规风险进行评估、分级的静态或动态载体""领导支持进行合规风险评估与分级""识别出优先级的合规风险"4 条具体标准。对于合规领导机构,考虑到小微企业资源成本的限制,并非一定要设立合规管理委员会或合规领导小组,可由企业管理最高层为合规领导机构,也不一定需要设立专门的合规管理部门,但须至少配备一名合规专员。

原则性、抽象化的评估标准的具体落实在司法实践的监管考察中不可避免需要结合个案进行相应的动态调整,使之具象化、个性化,能够符合实际需求。

### (二)确立检察机关自行监管考察机制

《指导意见》明确了企业合规不起诉案件第三方机制的建立和运行,构建了由第三方监督评估机制管理委员会选任组成的第三方组织对涉案企业的合规承诺进行调查、评估、监督和考察的制度架构。但对于适用简式合规流程的涉案企业,是否需要由第三方机制介入进行监管考察,是一个值得探讨的问题。有不少学者和实务专家认为简式合规也必须有第三方机制的介入,理由主要有:第一,《指导意见》里关于检察机关办理合规案件的职责条款的表述中大多都涉及第三方机制,

---

① 参见《【星来资讯】陈瑞华教授:企业合规不起诉改革的六个前沿问题》,载微信公众号"星来律师"2022 年 4 月 12 日,https://baijiahao.baidu.com/s?id=1729967992610923816&wfr=spider&for=pc。

说明其必须介入检察机关办理企业合规的流程之中;第二,企业合规涉及较多专业性问题,检察机关不具备第三方专业背景和知识导致无法深入了解相关合规问题会削弱合规的实质性、有效性和权威性;第三,没有第三方机制的介入可能会影响企业合规流程的规范性和公正性。①

但笔者认为,在上文提出的类型化案件适用简式合规,不采用第三方机制,而由检察机关自行监管更具有实践可操作性,也更有利于激发相关企业的合规建设动力。主要有以下三点理由:第一,《指导意见》并未强制规定检察机关办理企业合规案件必须有第三方机制的介入,其第10条第1款中"人民检察院在办理涉企犯罪案件时,应当注意审查是否符合企业合规试点以及第三方机制的适用条件,并及时征询涉案企业、个人的意见"以及第2款中"人民检察院经审查认为涉企犯罪案件符合第三方机制适用条件的,可以商请本地区第三方机制管委会启动第三方机制"的表述,强调了第三方机制的适用也需要满足相应条件,并非所有企业合规案件均需要适用第三方机制;《合规办法》第1条第4款"针对未启动第三方机制的小微企业合规,可以由人民检察院对其提交的合规计划和整改报告进行审查"也明确了小微企业合规建设的评估和考察可以不启动第三方机制。第二,对于已明确适用类型的简式合规案件来说,随着试点的进一步推进,各检察机关办理案件数量的增加,相关知识经验也会更丰富,且必要时可以向行政主管机关进行专业性咨询甚至邀请其协同参与,并不会影响合规建设的有效性、权威性和公正性。第三,第三方机制的泛化不利于社会资源的优化配置。有学者指出:"通过实践调研,发现存在滥用第三方监管的情况。第三方监管的资源实际非常有限,如果将其用于微小企业,会导致资源的过度消耗和浪费。"②第三方机制存在监管人员复杂多样、水平参差不齐的问题,加之对合规材料的衔接、报告以及调查核实等也会降低合规建设的运行效

① 参见上海检察:《75号咖啡 | 合规之道,取则行远(中)——检察机关办理涉案企业合规案件适用流程繁简分流的思考与探索》,载微信公众号"上海检察"2021年12月2日,https://mp.weixin.qq.com/s/c7hLYmm7CoPdoNa6Q5jwg。

② 中国政法大学刑事司法学院:《"企业合规改革视野下刑事实体法的修改与完善"探讨会综述》,载微信公众号"蓟门一体化刑事法讲坛"2022年5月9日,https://mp.weixin.qq.com/s/g402N6gSJHBbIFAqj62ISQ。

率,不利于相关涉案企业合规建设的"简"化目标。

在简式合规缺少第三方机制参与的情况下,对检察官提出了更高的工作要求。这些要求应当包括:(1)在审查程序启动前,检察官应提前联络涉案企业负责人,考量其认罪认罚态度及合规整改意愿和配合度,了解企业经营情况及社会贡献度,审查涉案企业现有合规体系及所提交的相关材料,核实涉案企业是否全面停止违法犯罪行为及积极履行相关处罚义务,运用实地走访等多种方式对涉案企业进行深入调查,考察涉案企业是否符合简式合规审查条件。(2)在审查过程中,为保障公正及合理性,检察官应吸纳相关主管行政机关等人员参与合规审查,核实涉案企业合规风险点及所提交相关材料的准确性、真实性,全面了解企业资金能力、风险防范等方面的信息,深入剖析企业违法犯罪的合规风险漏洞、主体责任等,听取相关人员的专业意见,确定合规监管期限及重点合规建设事项。(3)在监管考察期间,涉案企业定期上交整改清单及证明材料,检察官开展不定期走访调查,必要时会同相关监管部门现场考察,以确保涉案企业通过简式合规程序获得有效整改。(4)合规考察期结束后,检察官应及时组织整改效果验收,根据涉案企业合规建设结果制发不起诉决定书或提起诉讼。

### (三)规定合理的合规考察期

目前,暂未有相关法律文件对合规考察期作出统一规定,但部分地区检察机关在试点过程中进行自行探索设定。例如,辽宁省人民检察院等机关制定《关于建立涉罪企业合规考察制度的意见》规定了3个月以上5个月以下的合规考察期;浙江省岱山县人民检察院出台的《涉企案件刑事合规办理规程(试行)》规定了原则上6个月至2年的合规考察期。受《刑事诉讼法》中检察机关办理审查起诉案件期间规定的限制,试点案例中大多数案件的合规考察期在3个月至1年,其中简单涉企合规考察案件的整改考察期限大多在3个月左右。

"考察期应该是合理的期限,时间不能太短也不能太长。考验期太短不能给企业充足的时间完善或实施合规方案,考验期太长则对实现司法效率不利。在司法实践中,检察机关可以根据涉案企业规模、涉案罪名及其他情况，综合考虑应该设定的考察期限。"①对于规模较大或者涉案较为复杂的企业，在当前的改革探索阶段试点检察机关给予涉案企业的合规考察期通常为6个月至1年。有学者提出在部分案件中此合规考察期略显紧张，企业无法完成有效的全面合规建设，合规治理效果大打折扣，因此对于范式合规的企业可以参考域外经验，拉长其考察期以保障合规建设的有效性。而考虑到简式合规对效率的要求，相比普通范式合规，对其合规考察时间应当有所限制，参考现有案例及规定，笔者认为将简式合规案件的整改考察期限制在2—5个月较为合理。首先，对于合规建设相对简单案件的合规考察期时间不可过长。简式合规案件的整改要求和目标相对较为简单，长时间的合规考察期导致简式程序失去其适用的必要性，试点中也有涉案企业反映企业合规考察时间过长的问题。若涉案企业在合规考察期内未进行有效整改，办案机关需及时对其提起公诉并继续督促指导涉案企业进行合规整改，若考察合格可对其从宽变更量刑建议。为了合理限制检察官的量刑建议权以及法官的刑罚裁量权，实现量刑上的公正，有必要将企业犯罪量刑标准规范化、透明化，并明确企业认罪认罚从宽制度的具体适用标准。② 其次，合规考察期不可过短，部分案件在合规整改和评估阶段进行听证会也需耗费时间。江苏省宿城区人民检察院在试点简式合规整改中确定了2个月的合规考察期；在最高人民检察院公布的典型案例中对一些公司员工数少、业务单一、合规建设相对简易的案件确定了3个月的考察期。最后，所规定的合规考察期需要有波动范围但不可过大。一方面，基于不同案件的个性化差异，合规考察期需要根据案件具体情形予以调整确定；另一方面，在当前该项制度发展时间较短、各地区办案机关对合规的认识和处理能力差异较大的情形下，合规考察期波动范围过大会导致办案机关的任意性较强。

### （四）建立相关监督约束机制

由检察机关享有对于简式合规的主导监管考察权和完全决定权，

---

① 赵运锋：《刑事合规附条件不起诉立法思考和内容构建》，载《上海政法学院学报（法治论丛）》2021年第6期。

② 参见蔡仙：《论企业合规的刑法激励制度》，载《社会科学文摘》2021年第10期。

在当前缺乏有效监督约束机制的情况下，可能会存在权力过大的风险，因此需要通过相关制度的建立以避免企业交“思想汇报”、检察官搞“书面审批”现象的发生，使涉案企业在相对有限的考察期内有效完成合规建设，产生积极的社会效果。

第一，对于简式合规的适用，检察机关应当建立内部监督控制机制。检察机关启动简式合规以及通过简式合规程序拟作出不起诉决定的案件，应当报上一级检察机关备案。上一级检察机关经过审查，如果发现不符合条件不应当采取简式合规监管程序或者不应当作出不起诉决定，有权根据《人民检察院刑事诉讼规则》第 10 条的规定，撤销下级检察机关作出的决定。通过此程序督促检察机关审核企业适用简式合规的必要性，避免检察机关启动简式合规的随意性。

第二，对虚假合规、表面合规的企业，在适用上应当严格限制。基于宽严相济的刑事政策，一方面，“如果发案后愿意合规与不愿意合规、真合规与假合规在处理上没有什么区别，那么，又有哪个企业愿意走合规之路呢”[①]？因此，应当对虚假合规的企业重新提起诉讼并从重追究责任，以达到震慑作用。另一方面，可以参考目前的累犯制度，对于在规定期限内再次犯同类罪的企业，限制其对合规不起诉制度的适用。规定对于虚假合规的企业在刑罚执行完毕后再犯同类犯罪不得适用简式合规，因为简式合规的基础之一在于整改意愿强烈且配合度高。当单位在合规整改以后再犯同类罪的，说明合规失败，单位的组织危险性比较高，[②]不再具备简式合规的适用基础。

第三，对于简式合规，应当加强监督考察验收结果的公开性和透明性。在当下实践普遍采用的范式合规程序中，无论是在启动合规监管考察时，还是在考察验收时往往要经过多次公开的审查听证程序，听取社会各界的意见。对于简式合规，也有一些地方的检察机关采取听证程序，邀请社会多方代表到场听取意见。但笔者认为，如果简式合规仍然需要审查听证，那么通过程序简化进而提升诉讼效率的制度目的可

---

① 朱孝清：《企业合规中的若干疑难问题》，载《法治研究》2021 年第 5 期。

② 参见隋莉莉、徐建军：《涉案企业合规刑事立法路径探索》，载《中国检察官》2022 年第 13 期。

能就无法实现，实际的司法成本也没有明显节省，进而使得简式合规的优势难以体现。故在机制构建中，简式合规无须经过公开听证程序。但未经公开听证的简式合规，可能内含检察官权力扩张的风险，故为强化监督，提升合规工作的透明度及公信力，检察机关除了应当采用公开宣告方式送达不起诉决定书以外，还应当将考察验收结果及不起诉决定书上传至官方网站进行公开公示，接受社会公众的监督。①

## 五、结语

与域外相比，企业合规不起诉制度在我国的构建存在独特性。结合中国企业复杂多元的特点以及现有的实践经验，对小微企业一律适用完整的合规机制，不仅会增加企业负担，也会耗费大量司法资源。笔者认为，进行本土化改造中建立繁简分流机制是大势所趋，使得该项制度更具实践性，能够得到更广泛的认同。繁简分流机制不仅需要建立具体明确的标准，也需坚守刑事诉讼法的基本理念，加强与刑事法律规范的衔接。未来在实践层面需积累更多的企业合规监管的繁简分流经验，理论层面也应更多关注企业合规监管的本土化需求，进而为我国企业合规不起诉的构建提供更为丰富的制度资源。

---

① 全网公示对简式合规而言应是强制性的，但范式合规因实施过程有较强的社会参与和监督，故可以不作强制性要求。

# 小微企业合规路径探索

吴晓敏*

**内容摘要**：涉案企业合规改革试点是检察机关深入贯彻落实习近平总书记重要指示精神和党中央重大决策部署，全面贯彻习近平法治思想，助力推进国家治理体系和治理能力现代化的重大改革创新举措。合规试点对象包括所有企业，目前小微企业占比较大。与大中型企业相比，小微企业治理结构普遍存在先天缺陷，较难建立起行之有效的合规管理体系。如何把握小微企业合规有效标准，探索契合小微企业实际的有效合规模式，防止出现"纸面合规"以确保合规整改的有效性，值得深入探索。笔者结合检察办案实际，从合规计划打造、合规监督考察过程等方面对小微企业合规路径作初步思考，以期为小微企业合规改革提供有益参考。

**关键词**：小微企业；合规有效标准；简式合规；检察建议

## 一、涉案小微企业合规现状

### （一）小微企业界定及现状

国家税务总局《关于实施小型微利企业普惠性所

---

* 吴晓敏，江苏省人民检察院第四检察部三级高级检察官。

得税减免政策有关问题的公告》(国家税务总局公告 2019 年第 2 号,已失效)第 2 条规定:“本公告所称小型微利企业是指从事国家非限制和禁止行业,且同时符合年度应纳税所得额不超过 300 万元、从业人数不超过 300 人、资产总额不超过 5000 万元等三个条件的企业。”调查数据显示,中国企业类商事主体超过 4100 万家,但其中资金规模在 5000 万元以上的企业只有 36.81 万家,仅占企业总量的 8.9‰。因此,中国 99% 以上的企业均是营业规模在 5000 万元以下的中小企业。①

根据工信部数据,截至 2021 年 11 月,我国市场主体已达 1.5 亿户,其中企业 4600 万户,中小企业占 99%,数量已经超过了 4500 万家,个体工商户数量超过 1 亿。与此同时,这些中小企业和个体工商户贡献了全国 50% 以上的税收、60% 以上的 GDP、70% 以上的技术创新成果和 80% 以上的劳动力就业。中小微企业在发展生产力、培植地方财源、扩大劳动就业、创造地区经济繁荣等方面发挥了重要作用。同时,小微企业在治理模式、业务规模、员工数量、资金能力、风险防范等方面与大中型企业存在显著差异。探索小微企业的有效合规标准,做实涉案企业合规整改有效性审查,对于推进合规改革具有重大的现实意义和普适价值。

### (二)小微企业合规特点

1. 合规风险相对集中。受制于企业自身经营范围、规模等因素,小微企业的合规风险一般相对集中。以 J 省为例,2020 年办理的合规案件涉及罪名 12 个,其中近 40% 为虚开增值税专用发票案件。又如,Z 市自 2018—2020 年办理的涉企案件 239 件,共涉及 14 项罪名,主要集中于虚开增值税专用发票罪、重大责任事故罪、非法吸收公众存款罪,上述三类罪名案件占据案件总数的 68.6%。这说明企业在财税管理、安全生产、融资借贷等方面存在较多的刑事风险。

2. 合规激励效果有限。对本身符合相对不起诉条件的案件,合规的刑事激励效果有限。如虚开增值税专用发票案件中,犯罪嫌疑人、单位偷逃税款数额 50 万元以下的,法定刑在 3 年以下。若犯罪嫌疑人认

---

① 参见董梦瑶:《涉企轻微犯罪刑事合规整改中“少捕慎诉慎押”问题》,载《经济研究导刊》2022 年第 19 期。

罪认罚、自首、退赔,案件本身可以作相对不诉。对于企业、公司负责人而言,为何还要通过合规来获得不起诉的诉讼从宽利益?进行合规整改,给公司带来的直接效益体现在何处?这是企业作为市场主体不得不考虑的现实问题。如何激发企业合规积极性、降低合规成本,需要进一步探索。

3. 企业合规能力有限。关于合规意义,部分企业负责人尚未认识到位,对合规计划如何打造、合规体系如何建设了解度不够。且小微企业受制于经营规模、自身能力等因素,大多无力聘请专业律师团队来进行专门的合规建设,亦无力承担合规过程中发生的费用。对于这些企业,首要任务是生存。对于轻微的涉企刑事案件,当事人积极认罪悔罪、弥补损失,一定程度上修复了被破坏的社会关系,全程适用第三方机制是否"用力过猛"?因此,针对小微企业合规需要适当地简化合规程序,增加合规的可操作性,实现效率与公正并重。

## 二、小微企业合规需要解决的问题

陈瑞华教授认为:"对于小微企业没有必要做完整合规,合规不起诉制度应尽量适用于大型企业,对中小微企业应当慎重适用。"[①]以安达信案件为例,检察机关起诉该企业半年以后,企业破产,全球 85000 名员工失业。美国也有 26000 名员工失业,引发了水波效应。值得做合规的是那些有良好发展前景、规模体量大的企业,如美国适用的案例几乎是大企业。"大、高、精、尖"公司,一般而言有完整的内部管理制度规范,有专门的法务部门,能提供合规所需要的必要时间、人力、经费保障,是真正值得选择的样本。另外,只有对重大犯罪的涉案企业才需要耗费大量的司法资源改变企业经营模式和商业模式,对其进行"去犯罪化"改造。

### (一)合规不起诉以及第三方机制适用必要性问题

1. 小微企业是否适用合规不起诉制度?实践中企业合规整改后从宽处理的方式主要体现为相对不起诉。对于本身符合相对不起诉条件的案件,是否需要通过合规整改、评估验收合格之后才相对不诉,即是

---

① 陈瑞华:《企业合规不起诉改革的八大争议问题》,载《中国法律评论》2021 年第 4 期。

否将合规附加为相对不起诉的先决条件？但现行法律并没有针对单位犯罪设置附条件不起诉制度。此时合规的必要性、正当性体现在哪里？由此引发对企业是否需要甄别类型、分级处置的探讨。

2. 小微企业是否适用第三方机制？最高人民检察院等九部门发布的《关于建立涉案企业合规第三方监督评估机制的指导意见(试行)》(以下简称《指导意见》)规定：第三方机制适用于公司、企业等市场主体在生产经营活动中涉及的经济犯罪、职务犯罪等案件。是否符合基本条件的企业都可以启动合规考察程序？结合《指导意见》以及各地的规范性文件，检察机关将企业经营状况、社会贡献度作为启动合规程序的评价要素。相较于小微企业，大中型企业已构建了较为完整成熟的公司内控制度，在启用合规建设方面具有先天的优势。而广大的小微企业往往是家族式管理，"老板一言堂"现象普遍，合规整改往往流于形式。对小微企业能否适用合规不起诉制度及第三方机制，目前还存在争议。

### (二)如何界定合规有效性评价指标

"评估任何机制的关键都在于看它是否是为了充分防止或发现员工的违法违规行为而精心设计的，企业的管理运行又是否在支持、遵循这种机制。"[①]探索小微企业合规路径，前提是对"规"加以明确界定，从而为小微企业提供明确的操作指引，切实起到规范、引导和促进其合规管理体系建设，提升合规管理能力，识别和防范合规风险，建设合规文化的作用。

### (三)合规监督考察路径

目前涉案企业完整适用第三方机制的路径比较明确，一般按照调查评估、合规承诺、监督考察、处理决定四个环节进行。结合小微企业自身特点，探索符合实际的合规路径，实现"因企施救"，是实操方面需要解决的重要问题。

---

① 邓若讯：《英国贿赂罪改革研究》，载《中国刑事法杂志》2012 年第 3 期。

## 三、小微企业合规路径探索

### （一）适用范围

笔者认为，小微企业作为国民经济的重要组成部分，应当纳入合规改革适用范围且视情况适用完整的第三方机制。就合规的目的和意义而言，这是为了保护企业健康发展，通过促进企业有效整改，达到持久经营的目的。小微企业对老板的人身依附性强，直接责任人和企业实际为一体。企业老板一旦被追究责任，就相当于追究企业责任，对企业的影响巨大。因此，企业无论规模大小，即使是小微企业、一人公司，符合条件的也可以适用合规机制。通过合规来促进企业内部加强管理、堵塞漏洞，保证企业生存并获得更多经营发展机会。

### （二）合规有效性标准的设置

在合规有效性标准的界定上，需要充分论证其科学性和合理性。关于合规整改验收标准的构建方面，陈瑞华教授归结了五点："危机发生后的合规整改目的是对症下药，预防同类犯罪再次发生……有效合规整改的前提是进行充分的补救工作……进行有针对性的制度纠错……要进行与犯罪有关的专项合规体系建设。"从该表述来看，主要体现了三个关键词：针对性、专项、制度纠错。

2022年5月23日，中国中小企业协会发布了《中小企业合规管理体系有效性评价》团体标准（以下简称《标准》），7月1日正式实施。《标准》确立了中小企业合规管理体系有效性评价的总体原则和方法，制定了评价机制和评价指标，明确了合规管理体系有效性评价核心要素，为中小企业的合规管理体系提出了具有针对性的评价标准。此外，《标准》分别针对中型企业、小型企业和微型企业的合规管理体系制定了不同的评价标准。

结合《标准》内容，笔者认为有效合规体系包括且不限于以下内容：

1. 制订有效的专项合规计划。陈瑞华教授指出："司法机关的终极目标是在迫使企业终止犯罪行为的前提下，做出有针对性的制度改进和漏洞堵塞，预防再次发生新的类似犯罪行为。"笔者认为，应针对企业特有的合规风险点，考虑企业的实际需求，为其量身定制一套适当的合规管理体系,堵塞管理中的漏洞。

2. 设立独立的合规管理机构。企业内部应设置独立的合规机构或者合规专员,并赋予清晰明确的职责。与大型企业不同,中小微企业并不需要设置完整的包括合规管理委员会、合规部、合规团队等多层级合规组织。《涉案企业合规建设、评估和审查办法(试行)》(以下简称《办法》)第7条规定:涉案企业应当设置与企业类型、规模、业务范围、行业特点等相适应的合规管理机构或者管理人员。“要求仅20名员工的小微企业、七八个人的个体工商户设置完整的包括合规管理委员会、首席合规官、合规部、合规专员的组织架构体系不现实也没有必要。但仍需设置专门的合规专员负责相应业务。可以根据企业规模和资金状况合理确定合规组织简化方式,但至少应当保证专人专岗负责合规体系建设。”①

《标准》就设置合规管理机构规定如下:中型企业一般应设合规管理部门,小微企业应配备至少一名合规专员,合规专员应由具备合规管理资质或相关专业能力的人员担任,可以聘请兼职的企业合规师或者律师等。如最高人民检察院第一批合规典型案例中的某化机公司及张某等人污染环境案。该公司在启动合规建设时,建立合规执行领导小组,以公司总经理张某为组长,行政主管陆某某及律师为副组长,各部门、各班组负责人为成员的合规执行领导小组。通过组织自学、培训、巡查以及签署承诺书、保密协议等方式落实各项合规制度,重点学习员工手册的规定,对外开展业务及交往中完善合规政策的落实。

3. 设置风险识别、应对和持续改进的评价指标。《标准》从合规风险识别、应对、优化管理方面,对中型、小型、微型企业设置了各项指标,并细化为风险应对、日常监测、举报、报告机制、持续改进等几个方面。具体规定为“有给予合规评估、分级结果的应对措施,有专门人员或部门进行日常监测,有特定人员负责举报信息的处理,有明确的合规报告人”等。坚持过程评价与结果评价相结合、评价内容客观可证实、评价准则明确且评价方法一致。

对照前述指标,笔者认为企业应建立风险识别、应对等有效机制,

---

① 刘艳红:《遵循三个基本原理　运用两种主要方法:做实涉案企业合规整改有效性审查》,载《检察日报》2022年8月1日,第3版。

形成工作闭环管理。有效的合规管理体系包括是否制订书面合规计划、合规章程、合规政策,流程方面包括是否建立预防体系、识别体系、应对体系。进行穿透式监管,将合规检查点嵌入具体业务流程之中,如生产、采购、销售、物流、财务、雇佣、投资等。针对突发事件、自然灾害也可制订专门合规计划,并不折不扣地加以执行,确保合规计划中的各项指标落实落地。

4. 形成合规文化。合规文化应是企业自上而下的认同,形成内在的价值理念并贯穿于员工言行之中,真正"内化于心、外化于行"。如西门子公司商业贿赂事件后,逐渐形成了一整套完整的合规体系,强调"西门子只做干净的业务"。关于塑造合规文化,公司、企业一把手首先要有合规意识,作出合规承诺,对公司合规负起主体责任。并将压力、责任自上而下地传导到各个部门和环节,促进企业从"要我合规"到"我要合规"的转化。合规标语上墙固然是合规整改的体现,但不能仅仅停留在形式上,而是将依法依规经营理念贯彻到企业生产经营全过程。

(三)合规整改程序

从最高人民检察院发布的第三批合规典型案例来看,其中案例三"江苏F公司、严某某、王某某提供虚假证明文件案"体现了小微企业简式合规的流程。该案例的借鉴意义在于"检察机关应当结合小微企业的自身特点,积极探索适合小微企业的合规模式,在保证合规计划制订、实施、验收评估等基本环节的同时,通过简化程序、降低合规成本,制定与大中型企业不同的监管标准等简式合规管理,激发小微企业做实合规的积极性"。笔者认为,小微企业实施有效合规,可以从以下几个方面着手。

1. 严格把握标准,简程序不简标准。

积极探索小微企业合规简易程序,同时坚持实质合规标准,做到简程序但不简标准。确保企业合规整改的实质化,避免走过场式的"纸面合规",维护司法公信力及法治尊严。如某假冒注册商标案件中,检察机关对涉案企业适用企业合规,考察期限两个月,督促涉案企业围绕商标规范使用进行合规建设。经第三方组织考察评估发现,涉案企业虽然已聘请了兼职合规顾问,开展了安全生产主题培训,但没有按照合规计划建立商标规范使用奖惩机制、不当行为举报机制，也没有开展防范商标侵权类知识培训，存在使用注册商标时添加新的图案标志、商标注册地未变更等级、生产活动记录不全、账目混乱等问题，最终认定合规考察结果为不合格。检察机关采纳了第三方组织的合规考察书面报告，认定涉案企业未通过合规考察，依法对相关责任人员提起公诉。

对于整改不到位的企业是否一律提起公诉？笔者认为应当具体分析：对于主观上动机不纯、怠于合规整改、确无实际整改措施的，经评估不通过可以提起公诉。从而传递“纸面、粉饰合规无法过关”的价值导向，体现合规监督考察的实质性。但对于确实进行了一定整改，只是认识不到位、能力有限的企业，即使暂时没有达到评估验收标准，不宜一律认为不合格从而提起公诉。毕竟，合规的目的还是保企业，可以适当地延长考察期以观后效。如某科技公司及负责人顾某虚开增值税专用发票案，针对合规计划中第三方记账、公司决策制约机制等落实不及时、不到位的问题，第三方组织决定延长合规监督考察期限两个月。该公司对此高度重视，积极性明显增强，后完成相应整改。经验收评估合格后，检察机关作出了相对不起诉处理决定。

2. 设置较短的考察期，简化相应程序。

《办法》第 1 条规定，针对未启动第三方机制的小微企业合规，可以由人民检察院对其提交的合规计划和整改报告进行审查，设置较短的考察期限。《江苏省检察机关办理涉企业合规案件工作规程》规定：合规考察期限一般不得少于 3 个月，对小微企业可视情况缩短合规考察期限，但不得少于两个月。在此基础上，应合理把握监管期限，为合规整改提供必要的时间保障。同时不拘泥于时间和形式，遵循灵活、便利、有效原则，对于企业确实整改有效的，亦可适当缩减合规整改期限，确保企业发展平稳有序。

3. 注重专项整改，有效堵塞漏洞。

对于小微企业，重在堵塞管理漏洞，制订专项合规计划。“企业合规的灵魂并不是大而全的合规管理体系，而在于针对企业的合规风险点确立专项合规计划。”[①]《办法》第 8 条第 1 款亦规定：“涉案企业应当

---

① 陈瑞华：《中兴公司的专项合规计划》，载《中国律师》2020 年第 2 期。

针对合规风险防控和合规管理机构履职的需要,通过制定合规管理规范、弥补监督管理漏洞等方式,建立健全合规管理的制度机制。”故小微企业的合规应针对重点风险领域、重点岗位人员打造专项合规计划,排查风险、完善机制、优化流程,提出应对举措,定期检查监督,真正发挥合规的作用。如中兴公司打造的“出口管制计划”、“反商业贿赂合规计划”和“数据保护合规计划”。

4. 探索适合小微企业的合规监管模式,实现“因企施救”。

结合案件具体情况,企业类型、规模,涉罪风险复杂程度,监督考察的实际工作量等因素,坚持繁简分流,因地制宜确定合规监督考察模式,实现公正与效率的统一。

(1)独立监管:第三方机制考察模式。《〈关于建立涉案企业合规第三方监督评估机制的指导意见(试行)〉实施细则》第 23 条规定,第三方组织一般由 3 名至 7 名专业人员组成,针对小微企业的第三方组织也可以由 2 名专业人员组成。该实施细则第 28 条规定,第三方组织根据涉案企业情况和工作需要,应当要求涉案企业提交单项或者多项合规计划,对于小微企业可以视情况简化。如张家港市检察院研发的智能管理平台,根据企业规模和具体合规领域随机抽取第三方监管人员,对于小微企业缩减为 1—2 人。

例如,某虚开增值税专用发票案,涉案企业系小微企业,但考虑到该企业合规计划类型为财税合规,对于税务师的财税风险专业程度要求较高,检察机关启动第三方监督考察程序,第三方小组由 1 名律师、1 名会计师组成,考察期为 3 个月。合规考察期间,该公司聘请律师制订财税风险领域合规计划并提交第三方小组审核。第三方小组针对合规计划提出了修改完善的三条意见,并进行监督考察。经第三方小组现场验收评估,认为该公司已完成合规计划整改要求,可以通过验收。

(2)检行联合:检察机关会同行政部门共同监督考察模式。针对业务单一、风险较小、合规工作量不大的企业,可以采取“检行联合”模式,依托行政机关的专业性完成合规验收,体现监管模式的灵活性和时效性。

如某个体经营部、季某某重大责任事故案,该经营部仅七八名员工,主要从事建筑材料、钢材销售,水泥稳定碎石加工、销售,经营业务较为单一。案件发生原因在于工人违反水稳机操作规定,在启动设备前未确认搅拌机料仓内无人且未进行打铃警示,在操作室内按下了水稳机电源操作按钮,导致进行清理作业的被害人卡入搅拌机内受伤,后经抢救无效死亡,季某某作为经营部负责人对事故负有管理责任。

针对事故发生原因,该经营部对员工进行了安全培训,采取了一系列整改措施:对搅拌机加装了电动开关,为工人配备了对讲机、安全帽等设备,在操作室、主机周边加装视频监控设备,在操作室墙壁上张贴水稳机操作流程。上述措施系针对已发事故而"度身定做"的改进举措,属于专项合规且行之有效。在该经营部风险较为单一且已经进行有效整改的前提下,检察机关联合应急部门对该经营部安全生产合规整改情况进行监督考察。在听取企业负责人情况介绍、查看合规整改工作台账、实地督查生产车间设备、对 2 名员工进行问询谈话后,办案检察官联合应急管理部门执法人员制作了监督考察报告,认为企业合规整改有效,后对该经营部及季某某作出相对不起诉处理决定。

(3)检察主导:检察建议模式。制发检察建议系检察机关参与社会治理的重要体现。对案情简单、风险点单一的小微企业,可通过制发检察建议等方式,督促企业进行相应整改,避免为了合规而合规。上海金山区检察院结合该区企业经营实际,形成"范式—简式"两种合规模式。对涉案企业规模较小、合规问题明确、整改要求比较低的小微企业,通过向企业制发合规检察建议来提出整改方向,涉案企业可以不再另行提交企业合规计划,通过企业后续整改作出相应的检察处理决定。发出检察建议后,检察机关定期回访,如发现整改不到位可以提起公益诉讼,保证检察建议的有效性。

如 Z 市检察院办理的某化纤公司维保中心主任李某重大责任事故案,该院在依法作出不起诉决定后,当面向该公司送达检察建议并加强合规宣传,引起公司高度重视,该公司提出了帮助其排查刑事风险点的请求。后该院帮助该公司排查出 19 项刑事风险点,该公司制定了合规管理手册,健全完善相关制度 57 条。

(4)各方协同:"检察机关主导 + 企业自主选择 + 联合第三方调查评估"模式。对检察建议的落实情况,检察机关可以委托第三方组织开展监督考察,考察结果作为检察处理决定的重要参考。

如某货运公司、胡某某单位行贿案，行贿数额为 30 万元，胡某某经监委电话通知到案后，主动交代行贿事实，认罪态度较好。考虑到相关违法建筑已拆除、企业发展前景较好等因素，检察机关启动合规考察程序，向涉案企业送达了合规风险告知书和检察建议书，为涉案企业开展合规建设指明问题。企业根据自身经营状况，自主选择进行全方位整改。后检察机关联合第三方监管小组对企业合规整改情况进行调查评估。经公开听证，依法对涉案企业和胡某某作出不起诉决定。

# 我国小微企业简式刑事合规探析*

梁云宝**

**内容摘要**：比较地看，小微企业能否开展刑事合规不是一个不证自明的命题，也不是一个伪命题。小微企业在我国国民经济中举足轻重的地位决定了要搞以及要搞好小微企业合规，实践中小微企业合规的成功案例及其成效印证了能搞好。当前，小微企业简式合规是我国刑事合规本土化发展中的重要方向。但是，域外迄今没有一套成熟的可供我国借鉴的小微企业合规方案，小微企业简式合规的发展必须立足于我国企业合规改革试点实践中积累的经验以及在小微企业简式合规上的探索所得，在去粗取精的基础上以开放和务实的思维积极拓展其本土化内容。为此，应以“排毒”和“造血”功能为重心展开小微企业简式合规，检察机关的主导地位更是小微企业简式合规发展不宜动摇的基础，精简化的内容应围绕程序和实体两方面进行。

**关键词**：合规；企业合规；简式合规；小微企业

---

* 本文系中央高校基本科研业务费专项资金暨江苏“紫金文化人才培养工程”（社科优青）、江苏省“333 高层次人才培养工程”（第三层次）资助。

** 梁云宝，法学博士，东南大学法学院副教授、博士生导师，泰兴市人民检察院副检察长。

一般认为,传统的公司决策、执行、监督治理结构由于公司规模的扩张、过于逐利等原因而高概率存在“企业内部的管理与监督失灵”的“组织缺陷”问题,这是推动域外企业合规发展的强大动力之一。随着我国社会主义市场经济向纵深发展,作为“自主经营,自负盈亏”市场主体的企业的“组织缺陷”问题也持续暴露了出来,在借鉴和实践探索的基础上我国企业合规拉开了帷幕。2021 年 6 月 3 日,最高人民检察院等九部委联合发布了《关于建立涉案企业合规第三方监督评估机制的指导意见(试行)》(以下简称《第三方监督评估指导意见》),企业合规程序被区分为范式合规和简式合规①。其中,简式合规主要适用于企业规模较小、合规问题明确、监督评估专业性要求较为简单的案件。笔者认为,随着企业合规在我国的持续深入发展,小微企业简式合规是我国刑事合规本土化发展过程中难以改变的重要方向,其精简化的具体内容需要理论界和实务界以开放和务实的思维在既有的基础上积极探索创新。

## 一、焦点转移:从“能否”到“如何”是小微企业简式合规的前提

### (一)小微企业能否开展企业合规不是一个伪命题

在我国企业合规正如火如荼发展的当下,提出小微企业能否搞企业合规的命题似乎有点格格不入。但是,如果从域外企业合规的理论和实践两方面来看,小微企业能否开展企业合规并不是一个伪命题。

一方面,法人刑事责任的归责基础会质疑小微企业的企业合规。相对而言,受功利主义和实用主义影响的英美法系国家有处罚法人犯罪的传统,而大陆法系国家因受罗马法“法人无犯罪能力”的影响对法人犯罪的惩处晚得多。不过,理论上对法人刑事责任的归责基础的理解不尽一致,其分歧主要在于代位责任和自我责任。所谓代位责任,是指法人应对其代理人或受雇人的不法行为,在代理人职权范围内,基于为法人利益意思所实施的行为,承担刑事责任。不同地,自我责任,是指法人的代表人或具决策权限的人实施的违反规范行为属于法人本身的违法行为。因此,刑法追究法人责任是法人自我责任,并非代他人受

---

① 为了行文方便,本文中探讨的简式合规是简式刑事合规的简称。

罚。然而,不论是哪种归责基础,它们最终都成为了企业合规的理论基础,且如今自我责任的归责基础取得了优势。

究其原因,代位责任使得法人不是对自己行为负责,偏离以个人罪责(责任主义)为基础的传统刑法理论,因而招致了批判。比如,有学者指出:“美国联邦最高法院承认法人刑事责任,也不过是回应社会之期待,但未必合于当代之刑法理论。”①实际上,代位责任更为严重的问题是它让公司近乎承担了结果责任。显然,这是不合理的。为此,这就需要一种平衡机制来解决这种不合理的结果责任,企业合规充当了这种平衡机制。类似地,自我责任也存在不完善之处,即不考虑法人负责人超越授权范围的越权行为、法人本身是否已存在“法令遵循”措施、负责人本身违反“法令遵循”措施而做出不利法人的个人行为,以及负责人的犯罪行为是背信或掏空等行为,法人均同受处罚,被批评为不合理。此后,自我责任的支持者以“归责关联性”进行了弥补修正,不具有“归责关联性”的不能视为法人的行为。不难发现,修正的自我责任在与传统刑法理论的关系上更为和谐,因而具有优势。正是在此意义上,“目前德国学说与实务判决见解认为,法人刑事责任之可归责性主要在于‘组织缺陷’或‘未尽防止义务’,倘若法人或企业内部存在着有效的法令遵循之管理系统,则可切断法人责任的客观可归责性”②。换言之,在修正的自我责任基础上,为了解决传统的公司决策、执行、监督治理结构由于公司规模的扩张、过于逐利等原因而高概率存在的法人内部管理与监督失灵的“组织缺陷”问题,特别是法人对其受雇人、代理人等在日常业务过程中应负起选任、监督、管理、控制等义务,因故意或疏忽不履行而承担刑事责任,企业合规被用来有效限缩刑事责任范围,它是法人自我责任的一种有益补充和理性选择。

问题是,小微企业在治理结构上的特殊性是否构成对其适用企业合规的实质障碍?如果答案是肯定的,那么小微企业能够开展企业合规就是一个伪命题。从公司治理结构的角度看,我国存在大量小微企

---

① 温祖德:《法人刑事责任之归责法制——以美国模式为核心》,载《刑事政策与犯罪研究论文集》2019 年第 22 期。

② 王皇玉:《法令遵循对法人刑事归责性之意义与影响》,载《月旦法学杂志》2020 年第 4 期。

业具有治理结构上的缺陷,但这类缺陷往往不同于大型企业和超大型企业的“组织缺陷”。大型企业和超大型企业基本以传统的公司治理结构为基础,其主要调整的是股东大会、董事会、监事会和管理层在公司决策、经营等方面所形成的相互制衡关系,合规机制被纳入公司治理结构中是为了公司防范法律风险、减少公司损失;①而小微企业治理结构上的特殊性在于它们通常是由某一个人或者某一个家族控制的民营企业,存在法人与法定代表人或实际控制人“人格混同”问题。对此,尽管“揭开公司面纱制度”是现代公司制度的核心内容之一,②它要求将法人与自然人进行责任切割,《公司法》第20条也引入了“揭开公司面纱制度”,但它们常常很难发挥作用。故而,强行套用所谓的合规管理体系,会因小微企业的代表人或实际控制人在决策、经营、财务和法务等各个管理环节中具有绝对的权威性和控制力,其权力处于不受有效制约的状态,而导致这一合规管理体系有流于形式的巨大风险,很难发挥企业合规在预防和识别违法犯罪上的真正价值。的确,这是我国企业合规发展过程中无法回避的问题。但是,笔者认为,解决问题之道不是全然将小微企业这类市场主体拒绝在企业合规的门外。我国小微企业在国民经济中发挥着不可替代的重要作用,引导和帮助它们健康发展是不可动摇的方向,且既有的针对小微企业合规的探索显示其在治理结构上的特殊性并非不能得到有效的解决。因此,在实践探索的基础上直面问题、解决问题,发挥合规创造价值在小微企业健康发展中的积极功效,才是我国企业合规推进过程中应坚持的基本立场。这预示着,小微企业能否开展企业合规不是一个不证自明的命题,也不是一个伪命题。

另一方面,域外企业合规的国际化实践面向会质疑小微企业的企业合规。一般认为,在历史上企业建立合规计划始于美国。文献资料显示,20世纪50年代以后美国在电气行业发生的一系列反垄断案中就涉及了企业合规计划,只是它们在当时并不成功。③ 此后,20世纪70

① 参见陈瑞华:《企业合规制度的三个维度——比较法视野下的分析》,载《比较法研究》2019年第3期。

② 参见刘俊海:《公司法学》(第2版),北京大学出版社2013年版,第305页。

③ 参见李本灿:《刑事合规的基础理论》,北京大学出版社2022年版,第49页。

年代美国发生的一系列反腐败案促进了企业合规计划的发展。其中，极具标志性的事件是为严惩日趋严重和普遍化的公司海外贿赂行为，美国颁布了《反海外腐败法》，且随着对属人管辖条款的增设、对“美国境内”范围解释的扩张等，该法开启了企业合规的国际化面向之路。同时，为了维持美国公司的竞争优势，美国政府与一些国际组织进行谈判，推动美国的主要贸易伙伴制定反腐败法律，推动反腐败国际规范性文件的制定和实施。沿着这一方向，2005 年 4 月巴塞尔银行监管委员会发布了《合规与银行内部合规部门》，2010 年 3 月经济合作与发展组织（OECD）发布了《内部控制、企业道德及合规最佳实践指南》，2014 年 12 月国际标准化组织（ISO）发布了《合规管理体系——指南》（ISO 19600：2014），2021 年 3 月国际标准化组织（ISO）升级出台了《合规管理体系——要求及使用指南》（ISO 37301：2021）……很明显，这些国际规范性文件持续将国际化面向的企业合规向纵深发展推进。值得注意的是，不论这些国际规范性文件之间存在何种差异，它们都有一个不容忽视的共同点，即配合国际反商业贿赂，这塑造出了这类企业合规的着力点一开始就不是小微企业而是大型企业或超大型企业的鲜明特征。类似地，为了履行反腐败的国际义务，法国《萨宾第二法案》确立了强制合规制度以预防腐败行为，其对公司规模就有要求，即“同时符合以下两项条件的企业应建立合规制度：一是用工人数达到 500 人以上，或者隶属于总部设在法国且用工人数达到 500 人的公司集团；二是有关营业收入超过 1 亿欧元”[①]。此外，企业合规向普通刑事犯罪类型上的扩张以及相应法律规范的国际化也促进了域外企业合规关注的重点在大型或超大型企业。[②] 例如，2002 年 7 月美国参众两院通过的《萨班斯法案》就借助其广泛的管辖范围推动了刑事合规的国际化发展，而其关注的主要是大型企业和超大型企业。“根据一项针对 321 家企业的调查结果，每家需要遵守《萨班斯法案》的美国大型企业第一年实施《萨班斯法案》第 404 条的总成本将超过 460 万美元。”不难发现，依据《萨班斯

---

① 陈瑞华：《法国〈萨宾第二法案〉与刑事合规问题》，载《中国律师》2019 年第 5 期。

② 实际上，美国的《联邦量刑指南》第八章并非没有涉及小微企业应考虑的有效合规的最低要求以最大程度降低违规风险，但近几十年来美国中小企业的严重衰败使得这一规定基本上徒具形式意义。

法案》建立合规计划所需的高额支出会实质性地将小微企业合规挡在门外。至于在美国一度出现的企业合规由带有垄断性质的基础设施领域和关系国计民生领域向包括安全生产和环境保护在内的社会性监管领域发展,[①]未能实质性地推动小微企业合规的发展也是由于美国小微企业受国内外诸多因素的影响而整体上陷入了相对衰败的窘境所致。可见,在我国小微企业能否开展企业合规问题不是一个伪命题。

### (二)小微企业合规的争议焦点已转向如何合规

当前,在我国有关小微企业合规的争论焦点已经转向了小微企业如何合规。究其原因,我国小微企业在国民经济中举足轻重的地位不仅决定了要搞小微企业合规,而且必须搞好小微企业合规。

毋庸置疑,小微企业是我国社会主义市场经济不可或缺的组成部分。统计数据显示,截至 2011 年年底,“中小企业在国民经济中的地位可以概括为五六七八九,五是指中小企业税收贡献占整个税收的 50%,六是指占 GDP 的 60%,七是指占进出口的 70%,八是指承担就业 80%,九是指数量上占整个企业数量的 99%。小微企业是其中的主要组成部分,特别是在就业方面,过去说中小企业占城镇就业的 80%,其中主要是小微企业”[②]。截至 2021 年年末,全国企业的数量达到 4842 万户,增长 1.7 倍,其中 99% 以上是中小企业,而小微企业在拉动经济增长、增加就业机会、优化营商环境等多个方面更是发挥着不可替代的作用,特别是近 10 年来我国小微企业增长快、贡献大、活力足特点明显,其核心竞争力显著提升。[③] 正因如此,习近平总书记在致 2022 全国专精特新中小企业发展大会的贺信中才强调要“为中小企业发展营造良好环境,加大对中小企业支持力度,坚定企业发展信心,着力在推动企业创新上下功夫,加强产权保护,激发涌现更多专精特新中小企业”[④]。客

① 参见梁涛:《美国企业合规制度的构建:国家监管、强制性自我监管与刑事激励》,载《政治与法律》2022 年第 7 期。

② 赵达:《加快促进小微企业发展》,载《光明日报》2012 年 3 月 31 日,第 3 版。

③ 参见王政:《我国迎来向“制造强国”“网络强国”历史性跨越》,载《人民日报》2022 年 6 月 15 日,第 2 版。

④ 《习近平致信祝贺 2022 年全国专精特新中小企业发展大会召开　强调着力在推动企业创新上下功夫　激发涌现更多专精特新中小企业》,载人民政协网,http://www.rmzxb.com.cn/c/2022-09-08/3198441.shtml。

观上，我国并没有因为小微企业相对于（超）大型企业而具有契约意识淡薄、发展模式粗放、违法作业频发、危机公关滞后等通病而歧视或粗暴地对待它们。相反，近10年来国家大力扶持小微企业健康发展，出台并落实了一系列政策措施，放宽市场准入、实施减税降费、优化营商环境等，针对它们在发展中存在的困难和问题向企业公共服务平台、政府部门、企业本身提出新的要求。例如，2020年6月1日，中国人民银行联合银保监会（现为国家金融监督管理总局）、财政部、发改委、工业和信息化部印发了《关于进一步对中小微企业贷款实施阶段性延期还本付息的通知》和《关于加大小微企业信用贷款支持力度的通知》，积极推出“两项政策”助力小微企业融资。① 又如，2022年1月13日，最高人民法院出台了《关于充分发挥司法职能作用 助力中小微企业发展的指导意见》，以20条“实招”以及不少“新招”来助力小微企业的发展。② 既然如此，针对小微企业的企业合规就不是搞不搞的问题，而是能不能搞以及如何搞的问题。在此意义上，小微企业在我国国民经济中举足轻重的地位为企业合规向小微企业方向的拓展起到了一锤定音的效果。

接下来的问题是，小微企业合规能不能搞？对此，我国有关小微企业合规的探索实践已经给出了肯定的答案。就最高人民检察院2021年6月至2022年7月先后发布的三批共15个企业合规改革试点典型案例而言，比较地看，在第一批4个案例中没有一个案例被显性化地强调小微企业合规这一特征，但小微企业合规案例位列其中，即“张家港市L公司、张某甲等人污染环境案”，③其突出的是检察机关主导企业合规的典型性；在第二批6个案例中“积极引导涉案小微企业开展合规建设”作为典型性被强调，以“张家港S公司、睢某某销售假冒注册商标的商品案”为例；在第三批典型案例中“江苏F公司、严某某、王某某提供虚假证明文件案”的典型性就是“简式合规”。对此，最高人民检察院在该批案例发布时就立场鲜明：“该批典型案例从检察机关近期办理完

---

① 参见骆丹：《央行“两项政策”助力中小微企业融资》，载《合作经济与科技》2022年第2期。

② 参见陈丽媛：《最高法20“招”保护中小微企业》，载《中国中小企业》2022年第5期。

③ 该案中，涉案的企业“L公司系省级高科技民营企业，年均纳税400余万元、企业员工90余名、拥有专利20余件，部分产品突破国外垄断”，属于小企业范畴。

结的案件中选出,充分考虑大中小微不同企业类型合规特点,既有针对大中型企业开展的专项合规,也有对小微企业开展的简式合规,典型案例更具代表性。”显然,这一清晰的小微企业简式合规的发展方向是建立在小微企业能搞合规的基础上,具有“实践理性”。

除此之外,实践中小微企业合规探索中的成功案例及其成效也能印证这一点。自从我国启动企业合规改革试点以来,检察机关就对大量的小微企业适用了合规考察制度,且在合规模式上有常见的“相对不起诉”“检察建议”,还有为数不多的“附条件不起诉”。比如,2020年浙江省临海市人民检察院出台了《涉罪民营企业附条件不起诉工作意见(试行)》(以下简称《临海市不起诉意见》),此后办理了适用“附条件不起诉”的小微企业合规案件。不久,又出台了《关于建立涉案中小微企业简式合规第三方监督评估工作机制的实施办法》。[①] 这预示着,在理论上,以“小微企业的经营成本有限,构建刑事合规计划会加重其负担”为由,进而否定对小微企业搞合规的立场,[②]在我国是不能成立的。同时,这也预示着,小微企业在治理结构上的特殊性不会构成对其适用企业合规的实质障碍。

在理论上,与我国小微企业合规的这一发展方向高度一致,关于小微企业合规的争论焦点转向了小微企业如何合规,并呈百花齐放之势。为此,有的着力于探讨在小微企业合规中构建差异化的涉案企业合规模式,即对企业和企业主采取“双不起诉”模式。[③] 有的侧重于探讨小微企业刑事合规多适用检察建议模式、合理区分企业犯罪与责任人犯罪、多层次优化刑事合规制度成本等本土化内容。有的专注于探讨小微企业合规改革第三方监督评估机制的构建与完善。[④] 凡此种种,不一

---

① 参见《临海:积极探索涉案中小微企业简式合规工作》,载台州检察网,http://tz.zjjcy.gov.cn/art/2022/7/28/art_682_195213.html。

② 参见王雷:《把握好考察小微企业刑事合规有效性的标准》,载《人民检察》2021年第12期。

③ 参见赵龙、李润东:《推进涉案中小微企业合规改革的建议》,载《人民检察》2022年第11期。

④ 参见孙振江、陈广计:《中小微企业合规改革第三方监督评估机制的构建与完善——基于郯城县人民检察院企业合规改革试点的实证考察》,载《河南警察学院学报》2022年第3期。

而足。

总之,针对小微企业确实存在企业无法保证合规体系"行之有效"的难题,我国企业合规的实践做了相当理性的选择,即从实际出发逐步总结出两种合规模式:一种是适用于(超)大型企业的范式合规模式;另一种则是适用于(中)小微企业的简式合规模式。相应地,小微企业简式合规及其具体内容成为了理论界和实务界关注和研究的热点之一,小微企业简式合规正在成为我国刑事合规本土化发展中不可逆转的方向,该部分内容也为我国企业合规贴上了极具特色的标签。因此,任何偏离这一方向的企业合规的推进,都会面临来自我国当前小微企业发展客观实际的审视和拷问,也值得理论和实务上双重警惕。

## 二、实践现状:小微企业简式合规轮廓在探索中日渐清晰

可以说,当下小微企业合规已是我国企业合规实践探索中显性的存在,小微企业简式合规的轮廓更是日渐清晰。具体包括以下几个方面。

### (一)小微企业合规在规范性文件层面呈乱中有"序"之态

自2020年3月最高人民检察院在6家基层检察院开展企业合规改革试点以及不久后扩大改革试点以来,有关小微企业合规的规范性文件陆续出台。由于到目前为止我国的企业合规尚未建构起完整的法律体系,"合规"这一表述散见于多个规范性文件中,再结合我国之前出台的有关企业合规的规范性文件,它们在整体外观上因不同层级、不同内容、不同地域等差异而显得杂乱。但是,仔细研究后可以发现,这些规范性文件并非杂乱无章,而是乱中有"序"。其中,围绕小微企业有"序"的醒目内容有两个方面:

一是对小微企业合规由抽象性要求走向相对具体的规定。比较来看,之前我国的企业合规往往更多的是向包括小微企业在内的所有企业提出抽象性要求。例如,2017年8月31日国家工商总局(现为国家市场监督管理总局)、中国银监会(现为国家金融监督管理总局)《关于开展"银商合作"助力小微企业发展的通知》在"指导原则"中提出"共同推进小微企业名录建设和应用,加强宣传引导,不断培育小微企业的市场意识、风险意识、信用意识和合规意识,推动构建良好的社会信用

体系”;2019 年 12 月 4 日中共中央、国务院《关于营造更好发展环境支持民营企业改革发展的意见》第 19 条提出“……民营企业要筑牢守法合规经营底线,依法经营、依法治企、依法维权,认真履行环境保护、安全生产、职工权益保障等责任。民营企业走出去要遵法守法、合规经营,塑造良好形象”。凡此种种,不一而足。

不同的是,此后规范性文件更多地针对小微企业合规作出相对具体的规定。例如,2021 年 3 月由张家港市企业合规监管委员会制定的《合规有效性审查办法(试行)》第 3 条规定:“合规有效性审查的标准采用多元化区分方法,大型企业合规审查标准应当接近央企标准,具备本办法规定的合规有效性审查的全部要素;对于中小微企业,可以适度放低标准,但应当具备合规计划、预防体系、识别体系、应对体系中的核心要素。”很明显,这不是小微企业合规抽象性要求的规定,而是具体性要求的规定。又如,2022 年 4 月 19 日最高人民检察院等九部委联合发布的《涉案企业合规建设、评估和审查办法(试行)》(以下简称《九部委合规办法》)第 1 条第 4 款规定“针对未启动第三方机制的小微企业合规,可以由人民检察院对其提交的合规计划和整改报告进行审查”,第 17 条规定“人民检察院对小微企业提交合规计划和整改报告的审查,重点包括合规承诺的履行、合规计划的执行、合规整改的实效等内容”,这为小微企业合规提供了差异性的具体标准。再如,2022 年 4 月 29 日最高人民检察院发布的《关于支持和服务保障浙江高质量发展建设共同富裕示范区的意见》(以下简称《浙江共富示范区意见》)第 7 条明确指出:“全面推进涉案企业合规改革,积极探索中国特色企业合规司法制度……针对浙江中小微企业多的特点,对中小微企业探索适用有别于大型国有企业、民营企业的简化合规程序……”相应地,2022 年 8 月浙江省金华市婺城区人民检察院出台《涉案小微企业简易合规实施办法(试行)》(以下简称《婺城区简易合规办法》),在合规办案期限、合规成本、听证程序、第三方机制等多个方面作出了具体适应性的精简化……这些规范文件的陆续出台无疑是我国小微企业合规发展进入新阶段的标志。

二是小微企业简式合规的推进方向明朗化。应当说,这从不同层级的规范性文件能够清晰地体现出来。比如,《九部委合规办法》在小微企业使用第三方机制的灵活性、合规计划和整改报告的精简性等方面有所涉及。此后,2022 年 5 月 23 日,我国中小企业协会发布了《中小企业合规管理体系有效性评价》,确立了中小企业合规管理体系有效性评价的总体原则和方法,制定了评价机制和评价指标,明确了合规管理体系有效性评价核心要素,为中小企业的合规管理体系提出了具有针对性的评价标准。沿着这一方向,2022 年 5 月 13 日浙江省滨江区人民检察院等三部门联合发布了《滨江区涉案中小微企业合规第三方监督评估指引(试行)》,积极探索有别于大型企业的小微企业简式合规程序,健全完善企业合规第三方监督评估机制。类似地,义乌市人民检察院制定了《企业合规操作指南》突出小微企业简式合规模式,即针对案情简单、社会危害性不大的小微企业,在合规工作中适当缩短考察的时长,简化阶段性文书的制作等有别于大型国有企业、民营企业的简化程序。

(二)小微企业合规在司法操作层面趋于有"章"可循

不论是最高人民检察院发布的企业合规典型案例,还是企业合规改革试点中涌现的小微企业刑事合规案例,都有力地表明小微企业合规在司法操作层面有"章"可循的态势,小微企业简式合规的轮廓渐显。具体体现在以下方面。

其一,小微企业(简式)合规的案件类型相对集中。从最高人民检察院发布的典型案例涉及的罪名分布来看,除极个别罪名外,其余的都分布在破坏社会主义市场经济秩序罪(《刑法》第三章)和妨害社会管理秩序罪(《刑法》第六章)章节中,而五起涉案小微企业的罪名分布也是如此。究其原因,这一现象与我国当前单位犯罪的突出特点密切相关。最高人民检察院的统计数据显示,近年来我国单位犯罪呈现出三个方面的主要特点:一是从罪名分布看,破坏社会主义市场经济秩序类犯罪相对集中,破坏社会主义市场经济秩序类犯罪占起诉单位犯罪总数的 75% 。二是从涉案单位类型看,非国有公司、企事业单位占比超八成。三是从刑罚情况看,对单位判处罚金数额巨大,对单位主管人员和其他直接责任人员判处刑罚以轻缓刑为主。[1] 此外,基层检察机关对小

---

① 参见《单位犯罪起诉数量从逐年递增到明显下降,涉案企业合规改革试点成效初显》,载微信公众号"最高人民检察院"2022 年 7 月 26 日,https://mp. weixin. qq. com/s/aCTUQrA0bliWqBES—msUw。

微企业合规适用范围的限制，也是导致出现这一现象的重要原因。比如，《临海市不起诉意见》就将企业合规的对象限定为："以民营企业为主体实施的、涉及《刑法》第三章、第六章第六节以及拒不支付劳动报酬和拒不执行判决、裁定的单位犯罪案件中，涉罪民营企业以及可能判处五年以下有期徒刑的民营企业主管人员和其他直接责任人员，符合起诉条件，但确有悔罪表现，且自愿认罪认罚。"

其二，小微企业合规发展的地域性特点鲜明。迄今为止，最高人民检察院发布的企业合规改革试点典型案例涉及的企业在地域范围上呈由上海、江苏、广东、山东向湖北、海南、广西、福建、北京等地发散之势，且涉及小微企业合规的几起典型案例绝大多数来自江苏，其地域性特点明显。形式上，这与我国企业合规的试点逐步扩大密切相关。2020年3月起，最高人民检察院在上海浦东、金山，江苏张家港，山东郯城，广东深圳南山、宝安6家基层检察院试点开展"企业犯罪相对不诉适用机制改革"，开始对企业合规不起诉制度进行积极探索。2021年3月，试点范围进一步向北京、辽宁、浙江、湖北、湖南等10个省份的市级及基层检察院扩展。不难发现，企业合规改革试点地域的扩展与小微企业合规的地域性特点吻合。实质上，这与我国民营企业的分布有着内在联系。客观地说，江浙一带向来是我国民营经济的高地，从全国工商联关于2021年我国民营企业500强省份分布排名的统计数据就可见一斑。"从区域分布来看，浙江有96家民企上榜，江苏有93家，广东有61家，三个经济大省合计250家，占据半壁江山。如果加上山东、上海、北京、福建，东部地区占比近四分之三。"①结合小微企业在我国民营企业中的地位来看，小微企业合规的地域性特点一目了然。其实，这样的地域性特点也体现在改革试点扩大后基层检察机关办理的小微企业合规案件上。

其三，小微企业合规趋于精简性。从占比来看，在最高人民检察院发布的15个典型案例中有4个小微企业合规的案例，所占比率为26.7%，该占比并不低，但如果从这三批典型案例的关联信息来看，小微企业简式合规的发展共识并非不明显。如前所述，在第一批典型案例中，虽有小微企业合规案例，但其典型性不是在强调小微企业合规这

---

① 全国工商联：《2021中国民营企业500强省份分布排名》，载《决策》2021年第10期。

一特征。不同地,第二批中小微企业合规典型案例突出了“积极引导涉案小微企业开展合规建设”,其侧重点在于检察机关主导企业合规,出现的合规精简化内容具有“附带性”和“偶然性”,即本案一开始采取的是范式合规,而不是简式合规,只是后来因为“该公司员工数少、业务单一、合规建设相对简易”,在第三方监督评估小组的建议和检察机关的审查决定下缩短了合规监督考察期限,才使得这一范式合规具有了一些简式合规的色彩。此后,第三批中小微企业合规典型案例的典型性就是“简式合规”,即“检察机关应当结合小微企业的自身特点,积极探索适合小微企业的合规模式,在保证合规计划制定、实施、验收评估等基本环节的同时,通过简化程序、降低合规成本、制定与大中型企业不同的监管标准等简式合规管理,激发小微企业做实合规的积极性”。如今,基层检察机关对小微企业简式合规的积极适用已不是个案,其指明了我国小微企业简式合规的重要发展方向。例如,针对小微企业江苏溧阳市人民检察院积极探索适用简式合规,在一起生产、销售伪劣产品案件中,该院对涉案的小微企业采取“承诺 + 引导 + 整改 + 考察”的精简化模式,最终取得了不错的效果。[①] 又如,内蒙古自治区扎兰屯市人民检察院探索“简式合规 + 宣告送达检察建议”引导小微企业合规整改,效果良好。[②]

### (三)小微企业简式合规的基本轮廓逐步显现

比较地看,在《第三方监督评估指导意见》出台前我国企业合规的程序和内容一直处于摸索和成型中,很难说有一个标准化的模式。但是,《第三方监督评估指导意见》大体上确立了范式合规与简式合规的框架。该意见第 4 条、第 5 条、第 10 条、第 11 条等分别就适用涉案企业合规机制的条件、不适用企业合规试点及第三方机制的情形、第三方机制的启动和运行、第三方组织要求的合规计划等进行了规定,至此范式合规初具雏形,即围绕企业合规计划的设计、运行、查验而展开的检察

---

① 参见徐丹、王晴:《探索形成各有特色的“本地模式”》,载《常州晚报》2022 年 5 月 22 日,第 A04 版。

② 参见李晓光:《简式合规 + 宣告送达　检察建议引导“小微企业”合规整改》,载内蒙古自治区扎兰屯市人民检察院网,http://www.nmzhalantun.jcy.gov.cn/tpxw/202206/t20220624_3721368.shtml。

机关、企业/关联自然人、第三方组织之间的三方法律关系。在此基础上，简式合规只能是对企业合规计划以及三方法律关系中的企业/关联自然人、第三方组织的精简化。由此，在形式上，《第三方监督评估指导意见》可谓在积极和消极或者说显性和隐性的意义上确立了我国范式合规和简式合规的基本模式。其中，范式合规的规定是积极的、显性的，简式合规的规定是消极的、隐性的。

沿着这一方向，《九部委合规办法》进一步明确了对小微企业采用简式合规的基本立场。比如，该办法第 1 条第 4 款规定“针对未启动第三方机制的小微企业合规，可以由人民检察院对其提交的合规计划和整改报告进行审查”。同时，其第 17 条规定：“人民检察院对小微企业提交合规计划和整改报告的审查，重点包括合规承诺的履行、合规计划的执行、合规整改的实效等内容。”显然，这样的简式合规可以有效地降低小微企业的合规成本，避免长时间的合规整改给其经营所带来的负面影响。

值得注意的是，《九部委合规办法》尚未对小微企业合规建设的内容作出区分规定。换句话说，依据《九部委合规办法》小微企业合规建设的内容是开放性的。很明显，这为后续实践探索预留了充分的空间。在此意义上，我国小微企业简式合规处于轮廓初显且正在成型的发展阶段。此后，《浙江共富示范区意见》对小微企业“简化合规程序”这一“中国特色企业合规”的突出强调，以及各地基层检察机关持续深入探索小微企业合规精简化的具体内容，都是对我国小微企业简式合规正在成型的有力印证之一。

## 三、合规创新：小微企业简式合规本土化内容的拓展

在回答了我国小微企业合规需要搞、能够搞以及简式合规是小微企业发展的重要方向之后，无法回避的问题是小微企业简式合规如何搞？对此，域外迄今为止没有一套成熟的可供我国借鉴的小微企业合规方案，我国小微企业简式合规的发展必须立足于企业合规改革试点实践中积累的经验以及在小微企业简式合规上的探索所得，在去粗取精的基础上以开放和务实的思维积极拓展其本土化内容。

### (一)以"排毒"和"造血"功能为重心展开小微企业简式合规

众所周知,有效性可谓企业合规的灵魂。① 然而,"相对于国际组织的制裁压力所促成的合规整改而言,我国行政机关和司法机关督导下的合规整改尚处于刚刚起步的阶段,既缺乏具有可操作性的合规指南,也不具备行之有效的验收标准"②。因此,要搞好我国小微企业简式合规,就必须在合规的有效性上下功夫。对此,笔者认为,其关键是要让合规创造价值,即让小微企业在市场经济条件下直观地感受到简式合规能够实质性地创造出价值。这预示着,小微企业简式合规有效性的重心应紧紧围绕"产投比"这一企业合规"排毒"功能和"造血"功能的正常发挥来进行。具体而言:

客观地说,在市场经济条件下小微企业作为市场主体在"自主经营,自负盈亏"的生存法则驱动下具有极强的逐利性。可是,相较于大中型企业,它们在治理模式、业务规模、员工数量、资金能力、风险防范等方面具有明显的劣势,故为了追求自身的利益往往会忽视或无视风险,甚至陷入唯利是图的陷阱。比如,在从事电镀、印刷、五金等重污染行业的小微企业,为了节省成本,追求最大利润,很少投资环保设施建设,违法犯罪率高。"以G市H区为例,2016年H区共批准逮捕环境污染案件7件13人,涉案企业6家,全部为小微型企业,分别从事五金加工、机械制造、化工产品、塑胶生产、垃圾处理等重污染行业。6家企业均未通过环评,未取得排污许可,产生的废气、污水、固体废物随意向空中、水域、地面排放,给当地生态环境造成恶劣影响。"③对此,要真正发挥企业合规在风险识别和犯罪预防上的积极功效,就要让小微企业看到合规会创造价值,且能创造价值,这要求小微企业合规的设计、运行、查验要紧紧围绕合规所具有的"排毒"功能和"造血"功能着重展开。

所谓"排毒"功能,是指在风险识别的基础上剔除不合规不合法的内容。我国小微企业涉及的行业领域广泛,其涉案刑事合规应围绕涉

---

① 参见刘艳红:《涉案企业合规建设的有效性标准研究——以刑事涉案企业合规的犯罪预防为视角》,载《东方法学》2022年第4期。

② 陈瑞华:《有效合规管理的两种模式》,载《法制与社会发展》2022年第1期。

③ 左传卫、李红琳:《小微企业刑事法律风险防范——以G市H区2016年涉小微企业刑事犯罪案件为样本分析》,载《中国检察官》2017年第24期。

嫌的犯罪建立“专项合规”，即对小微企业涉嫌的犯罪的相关诱因风险予以整改，建立相应的识别和处置机制，对相关风险进行有效管控，避免类似问题再次出现。如果不考虑小微企业的特点，机械地对其存在风险的各个领域都建立“合规体系”，是不切实际的，最终也会因其缺乏后文所述的“造血”功能而大概率地沦为徒有其表的“纸面合规”。值得注意的是，即便涉案小微企业还存在其他合规风险，如果各风险之间不具有明显的同质性，则不应立即建立其他“专项合规”体系，以致成为检察机关考察的必要问题或重点问题，这是我国小微企业简式合规“排毒”时务必要重视的。对此，妥善的处理办法是检察机关在小微企业涉案的“专项合规”完结时，若确有必要可以以检察建议的形式提出建立其他“专项合规”。究其原因，这是由小微企业简式合规的启动条件、考察期十分有限等特点决定的。

所谓“造血”功能，是相对于“输血”功能而言的，是指合规要内化为企业盈利的手段。如果小微企业合规仅具有“排毒”功能而不具有“造血”功能，那么发生在美国等域外国家的企业合规所存在的小微企业合规发展不畅的一幕将在我国出现，这显然与小微企业在我国国民经济中具有无可替代的重要地位不相匹配，也是我国在企业合规本土化发展过程中绝不允许出现的现象。这意味着，在市场经济条件下，“排毒”功能和“造血”功能正常发挥的关键是“产投比”，即让小微企业对合规的投入与产出之间存在实质的盈利，合规真正创造价值，不能让合规成为小微企业发展不能承受的负担，否则再完美的合规设计方案都会流于形式而走向失败。也唯有如此，小微企业涉案刑事合规才不会沦为“头痛医头，脚痛医脚”的片面性合规，而是在自主性合规的道路上逐步走向有效剔除违法犯罪基因并提高风险免疫力的持续合规。毕竟，“一旦有适当的利润，资本就胆大起来。如果有10%的利润，它就保证到处被使用；有20%的利润，它就活跃起来；有50%的利润，它就铤而走险；为了100%的利润，它就敢践踏一切人间法律；有300%的利润，它就敢犯任何罪行，甚至冒绞首的危险”①。一旦合规创造出真正的

---

① 《马克思恩格斯文集》（第2卷），中共中央马克思恩格斯列宁斯大林著作编译局译，人民出版社2009年版，第871页。

价值,小微企业合规的有效性就具有了内在的动力和切实的保障。

不过,小微企业具有如上所述的劣势,这指向了小微企业的合规在"产投比"上的盈利时间跨度不能过大。在客观上,构建合规往往会加重小微企业的负担,这虽然不构成我国小微企业合规发展的障碍,但合规成本却是小微企业刑事合规建设中不得不予以考量的因素。在国外,这不光涉及合规考察成本,一般还伴随巨额的刑事处罚成本。一旦小微企业的合规在"产投比"上的盈利时间跨度过大,在合规成本的冲击下看似完美的合规可能会成为"压死骆驼的最后一根稻草"。由此,在大中型企业与小微企业之间的合规作出区分就具有了实际意义,其实质内容则是合规的精简化。在我国,这恰恰是范式合规和简式合规区分的价值和精髓所在。在此意义上,甚至可以认为,对于小微企业而言简式合规本身就是合规有效性的最佳注脚。

(二)既有探索所得是小微企业简式合规推进的新起点

由于域外没有一套成熟的小微企业合规方案可供我们直接借鉴,我国小微企业合规的发展更多的是一条"摸着石头过河"之路,这就要求充分重视我国企业合规改革试点实践中积累的经验,以及在小微企业简式合规上的探索所得,它们是我国小微企业简式合规后续发展的新起点,也是我国小微企业简式合规发展中的宝贵财富。

就积累的经验而言,有学者归纳了以下五点:一是让小微企业最高层作出合规承诺,并承担合规管理的责任;二是围绕涉嫌实施的犯罪建立专项合规计划,并发布专项合规政策、标准和程序;三是引入外部法律专家担任合规顾问,并使其在防范、识别和应对合规风险方面发挥实质作用;四是根据自身的管理缺陷和制度漏洞,建立有针对性的预防、识别和应对流程,实行差异化的合规管理;五是在短暂的合规考察期结束后,检察机关除了向行政监管部门建议作出行政处罚以外,还可以建议这些部门加强合规监管,保证专项合规体系运行的可持续性,并引入必要的行政合规激励机制。① 有学者强调,针对小微企业违法违规行为的报告及举报机制在整改验收标准上应建立个性化的违规行为报告机

① 参见陈瑞华:《中小微企业的合规计划》,载《民主与法制》2022年第11期。

制,其中重点要解决报告的保密性问题。[①] 也有学者主张,企业合规试点初期,检察机关可以牵头推进建立起第三方监督评估机制,待机制建立、条件成熟后应当将主导权交给工商联。检察机关应以“监管者”的角色,对合规的全流程起到协调、监管的作用。[②] 凡此种种,不一而足。毋庸置疑,这些对有关企业合规改革试点中小微企业合规方方面面的总结极为必要,它们有助于我国小微企业简式合规沿着正确的路径健康发展,值得理论界和实务界的认真对待。

不过,笔者认为,在这些经验和探索所得中至关重要的是,在我国企业合规的推进中检察机关应居于主导地位,[③]它对小微企业简式合规来说更是不宜动摇的基础。理由主要是:

其一,预防企业犯罪是我国检察机关早已具有的职能之一。一直以来,我国检察机关都有专门的职务犯罪预防机构,其职能涵盖了企业犯罪预防,国家监察体系改革后职务犯罪预防机构转隶到了监察机关,但检察机关的普通犯罪和企业犯罪预防与综合治理职能仍然存在,且企业犯罪预防职能一直以以案说法、法治讲座、警示教育、检察建议等方式进行着。不可否认,这一职能在以往的履行过程中存在一些缺陷,如对行为人的强制力和约束力不足,但改进的方向不是不顾这一客观实际一刀切地废除检察机关的这一职能,然后另起炉灶地搞重复性建设。既然如此,那么小微企业简式合规就应在检察机关的这一既有职能上挖掘潜力,实现有效性和经济性的统一,这会赋予检察机关在小微企业简式合规推进中主导地位的角色。

其二,精简化企业合规的三方法律关系决定了以检察机关为中心。如前所述,在《第三方监督评估指导意见》出台后,范式合规围绕企业合规计划的设计、运行、查验形成了检察机关、企业/关联自然人、第三方

---

① 参见谢安平、刘琦:《协商性司法下的企业刑事诉讼新规制——以中小微企业适用合规不起诉为视角》,载《中国检察官》2022 年第 5 期。

② 参见孙振江、陈广计:《中小微企业合规改革第三方监督评估机制的构建与完善——基于郯城县人民检察院企业合规改革试点的实证考察》,载《河南警察学院学报》2022 年第 3 期。

③ 有学者认为,企业合规检察主导的内生动力和深层根源涉及三个方面,即主体认知自觉、法理依据证成、工具理性支持(参见董坤:《论企业合规检察主导的中国路径》,载《政法论坛》2022 年第 1 期)。这样的看法很难说错,但要说切中肯綮似乎言过其实。

组织之间的三方法律关系,简式合规只能是对企业合规计划以及三方法律关系中的企业/关联自然人、第三方组织的精简化。现实中,第三方组织在形式上不是简式合规的必备内容。对此,《九部委合规办法》第 1 条第 4 款规定:“针对未启动第三方机制的小微企业合规,可以由人民检察院对其提交的合规计划和整改报告进行审查。”这也是合规改革实践的基本立场。例如,在镇江,检察机关尝试独立监管人制度,在一起小微企业涉嫌假冒注册商标案件中,“合规整改期间,涉案企业聘请了市场监管部门推荐的退休业务骨干为合规监管人,合规监管人每周在企业坐班 4 天,将企业合规监管工作贯穿于企业合同签订、生产加工、产品销售等各个环节,并针对涉案企业侵犯他人商标权的行为,定期普法培训”①。毕竟,在小微企业刑事合规中,无论如何精简检察机关和企业/关联自然人都是不可或缺的内容。同时,在合规不起诉制度中,检察机关通过制发检察建议、参与不起诉协议签订、评价合规整改等方式进行小微企业犯罪的治理,这种角色的不可精简性和主体性特征很难不使得检察机关在小微企业简式合规中居于主导性位置。

其三,检察机关居于主导地位具有规范性依据。我国刑事诉讼法增设认罪认罚从宽制度后,在审查起诉阶段新增了检察机关推进审前分流、量刑协商、签署具结书等内容。比较而言,合规不起诉制度与认罪认罚从宽制度一样属于“协商性司法”框架下的犯罪处理机制,在审查起诉阶段作出决定的自由裁量权在于检察机关,因而检察机关主导合规不起诉不存在实质的障碍。并且,《九部委合规办法》第 1 条赋予了检察机关在企业合规中的审查权限,这有利于其主导地位的形成。此外,在既有的相对不起诉制度以及未成年人附条件不起诉制度中检察机关都居于主导性地位,在企业合规不起诉制度中延续这一做法,具有规范性依据上的正当性,也可以保证规范性依据适用的统一性。至于有学者担忧检察机关在企业合规中居于主导地位而导致裁量权过大,进而“存在检察官以不起诉协议作筹码而索要贿赂的违法空间和廉洁风险”。② 笔者认为,

---

① 张驰川:《全市检察机关深入推进企业合规改革试点——让“带病”企业实现“司法康复”》,载《镇江日报》2022 年 6 月 26 日,第 1 版。

② 参见刘少军:《企业合规不起诉制度本土化的可能及限度》,载《法学杂志》2021 年第 1 期。

这种担忧是过度的。事实上，这一风险在侦查阶段和审判阶段同样存在。《九部委合规办法》已经给出了实质性的回答，即主导不等于“独(专)断”，检察机关和第三方组织在涉案企业合规整改中具有不同的功能面向，这能有效地避免主导异化为“独(专)断”。另外，实践中检察机关“办理的企业刑事合规案件，在作出处理决定前，必要时可以组织公开听证”，①也是防止检察机关裁量权失范的有益措施。

其四，检察机关在企业合规推进中所处的阶段性位置具有优势。在企业合规流程的闭环“出口”上，当前审查起诉阶段的不起诉或立法可能增设的缓起诉比侦查阶段公安机关撤案和审判阶段法院的无罪裁判等有更大的优势。例如，在审判阶段一旦行为人或单位不能被判无罪，即使对行为人适用了缓刑或对单位判处的罚金不多，也可能导致他们会丧失商业行为的一定资格，进而丧失市场竞争力。实践中，涉案企业刑事合规已经逐渐由审查起诉阶段向侦查阶段和审判阶段扩展，这有利于检察机关主导性地位的形成。例如，广州市人民检察院在办理一起涉嫌串通投标罪的案件中，在侦查阶段提前介入，启动涉案企业合规，对相关责任人员不予批准逮捕。② 值得一提的是，当职务犯罪预防职能转隶到了监察机关后，较之公安机关和审判机关所存在的“案多人少”问题，检察机关相对好得多，这能为检察机关在小微企业简式合规中发挥主导地位提供便利条件。

(三)从程序和实体上拓展创新小微企业简式合规的内容

小微企业简式合规在我国是一个新生的事物，沿着我国刑事合规本土化发展方向，其精简化的内容显然需要在现有探索所得的基础上进行拓展创新。这主要包括以下两个方面：

一方面，在程序上小微企业简式合规的“简”宜从刑事程序和合规程序进行规范化。就前者而言，在刑事程序上进行简式合规的规范化。在理论上，当前一种有力的观点认为，应把企业合规融入认罪认罚评价

---

① 参见李英华、彭振、熊哲菱：《当好“老娘舅”，让企业走得稳走得远——深圳市宝安区检察院积极推进企业合规试点一年间》，载《检察日报》2021年5月25日，第5版。

② 参见钟亚雅、熊焕、丘恺琦：《企业合规改革试点工作开展以来，广州市检察机关结合区位特点深入谋划推进试点工作——走出企业合规改革的“广州节拍”》，载《检察日报》2022年5月11日，第9版。

体系,而不是在认罪认罚体系外搞企业刑事合规。“针对涉罪民营企业有关认罪认罚从宽制度适用问题,有学者提出构建以合规为核心的认罪认罚评价体系以及‘附条件不起诉’涉罪企业认罪认罚从宽制度,以求既实现对涉罪民营企业依法惩罚的目的,也实现对民营企业持续健康发展的有效保护。”①的确,认罪认罚从宽制度是构建我国企业刑事合规的绝佳契机和重要突破口,但从二者的价值、内涵和效果等来看,“制度间的差异更大,不宜参照认罪认罚从宽制度作为企业合规不起诉制度的路径选择”②。实践中,《第三方监督评估指导意见》是将“涉案企业、个人认罪认罚”作为企业合规规范化推进的条件。笔者认为,应当沿着这一方向探索简式合规的规范化。比如,检察机关对小微企业适用简式合规但其未通过合规考察而被依法提起公诉的,能否结合后续合规考察结果从宽变更量刑建议?对此,有的地方采取了肯定的立场。例如,2021 年宿城区人民检察院在一起涉嫌假冒注册商标罪的小微企业简式合规案件中,单位未通过合规考察,被告人被提起公诉,办案检察官认为:“虽然合规整改没有通过,已经提起公诉,但合规考察程序还在继续,如考察合格,检察机关会对你(被告人)从宽变更量刑建议。”③相应地,审判机关能否以涉案小微企业未通过合规考察而否定缓刑等的适用?很明显,这些都需要理论上深入的探讨。

就后者而言,小微企业简式合规的“简”宜贯穿于合规制定、执行、验收评估等的全流程。在合规方案的制定上充分做到“因案制宜”,甚至根据小微企业涉案的具体情况检察机关可以直接制发企业合规检察建议,涉案小微企业可不再提交企业合规计划;与此同时,针对目前存在的检察建议强制性和刚性不足的缺陷,应在后续的发展中进行改革完善。例如,有检察机关在小微企业涉嫌环资类犯罪的环保专项简式合规中提出“相对不起诉 + 检察建议 + 公益诉讼”模式,通过引入公益诉讼来提升检察建议的刚性,即在检察机关作出相对不起诉决定的同

---

① 黄铃娟、尤永盛:《以合规为核心的企业认罪认罚从宽制度研究》,载《民主与法制》2022 年第 36 期。

② 刘少军:《企业合规不起诉制度本土化的可能及限度》,载《法学杂志》2021 年第 1 期。

③ 卢志坚、陈颖、蔡楠:《涉案企业合规整改不是“走过场”》,载《检察日报》2022 年 1 月 3 日,第 1 版。

时发出合规检察建议，并同步启动公益诉讼立案审查以确保合规检察建议得到落实，督促企业合规整改。[①] 显然，这是值得肯定的。在合规方案的执行上，也应充分做到“便宜行事”。实践中，值得关注和肯定的做法是，检察机关在范式合规引入第三方监督评估机构参与企业合规考察的基础上进行简化，即灵活适用第三方机制，不引入第三方机构（如前列的独立监管人）或由 2 名左右专业人员组成的第三方机构进行。同时，在合规监督考察期限上可以考虑弹性化（如充分利用公安机关立案至提请审查起诉的时间段，将其作为企业自行合规整改时间）或一定的缩短，在合规监督考察上可采取随机方式或“定向 + 随机”方式。在合规方案的验收评估上，同样应当精简化。比如，验收评估上可以由专业人员协助检察机关进行而不是由第三方组织进行合规的验收评估，甚至有的检察机关以组织公开听证的方式进行评估验收。

另一方面，在实体内容上小微企业简式合规的“简”也需进行拓展创新。例如，在江苏省人民检察院将探索适合小微企业的合规监管模式列为涉案企业合规改革试点工作重点项目后，江苏省各地的基层检察院积极响应，南京市栖霞区人民检察院在一起小微企业涉及污染环境案件简式合规中尝试了“缴纳合规承诺金”措施，就具有积极的价值。笔者认为，甚至可以参照环资类犯罪中修复生态环境的保证金制度，探索建立“合规保证金”制度，拓展小微企业简式合规的本土化内容。又如，在国内外，一直以来影响企业合规推进的一个重要的障碍因素是成本问题，对此，“在深圳宝安的企业合规不起诉试点过程中，对小微企业的合规监管费用由地方财政予以负担。在管委会设立专项资金，专门用于支付第三方组织的评估验收费用，防止出现资金管理漏洞等”[②]。小微企业简式合规会在这类本土化的创新中稳步发展。

当然，现有的小微企业简式合规的内容也不应成为我国小微企业简式合规发展中不能质疑的“信条”。比如，2020 年 12 月 16 日辽宁省人民检察院等十机关发布的《关于建立涉罪企业合规考察制度的意见》

---

① 参见李勇：《融合公益诉讼完善企业合规激励》，载《检察日报》2022 年 5 月 24 日，第 3 版。

② 潘瑶：《小微企业刑事合规路径探索》，载《江苏法治报》2022 年 9 月 15 日，第A07 版。

第6条第3款规定:“直接负责的主管人员和其他直接责任人员依法应当被判处三年以上十年以下有期徒刑的,具有自首情节或者在共同犯罪中系从犯,或者直接负责的主管人员、其他直接责任人员具有立功表现的,可以适用合规考察制度。”有学者就质疑:“相关涉案人员如果符合相对不起诉条件,应该及时作出不起诉的决定;符合缓刑条件的,则按照缓刑的考察制度进行考察,而不是进行所谓的合规考察。”①可以说,我国小微企业简式合规的健康发展离不开这类质疑。

## 四、结语

从域外企业合规的理论和实践两方面来看,小微企业能否开展企业合规并不是一个不证自明的命题,也不是一个伪命题。我国企业合规改革实践中小微企业合规的成功案例及其成效印证了小微企业合规能够搞好,小微企业在治理结构上存在的“人格混同”等特殊性不会构成对其适用企业合规的实质障碍,即这一治理结构上的特殊性能够得到有效解决。更重要的是,我国小微企业在国民经济中发挥着不可替代的重要作用,引导和帮助他们健康发展是不可动摇的方向,这使得我们不仅要搞小微企业合规,更要搞好小微企业合规。相应地,有关小微企业刑事合规的争议焦点已由能否合规转向了如何合规,小微企业简式合规也成为了我国刑事合规本土化发展中的重要方向。比较地看,在《第三方监督评估指导意见》出台前我国企业合规的程序和内容一直处于摸索和成型中,很难说有一个标准化的模式。但是,《第三方监督评估指导意见》大体上确立了范式合规与简式合规的框架,是在积极和消极或者说显性和隐性的意义上的范式合规和简式合规,其中范式合规的规定是积极的、显性的,简式合规的规定是消极的、隐性的。此后,《九部委合规办法》进一步明确了对小微企业采用简式合规的基本立场,但小微企业合规建设的内容仍然是开放性的,这为后续实践探索预留了充分的空间。在域外,企业合规迄今为止没有一套成熟的可供我国直接借鉴的小微企业合规方案,我国小微企业简式合规的发展必须立足于企业合规改革试点实践中积累的经验以及在小微企业简式合规

① 孙国祥:《企业合规改革实践的观察与思考》,载《中国刑事法杂志》2021年第5期。

上的探索所得,在去粗取精的基础上以开放和务实的思维积极拓展其本土化内容。为此,应以“排毒”和“造血”功能为重心展开小微企业简式合规从而让合规真正创造价值,而检察机关的主导地位是小微企业简式合规发展不宜动摇的基础,精简化的内容应围绕程序和实体两方面进行拓展创新。

# 中小微企业合规有效性评价标准的理解与适用

李　勇*

**内容摘要**:企业合规的本质内涵是改造企业的治理结构、重塑企业的合规文化,这一本质内涵可以具体化为各种要素,进而形成规律性的共性指标。《中小企业合规管理体系有效性评价》是国内首部关于中小企业合规管理体系有效性评价的团体标准。在理解和运用过程中,需要把握评价标准与建设标准、技术指标与文化指标、正文与附件、中型企业与小微型企业、评价方法与评价标准五组关系,并准确评价机构设置和职责配置、合规风险识别、合规风险应对、持续改进、合规文化建设等具体指标。

**关键词**:企业合规;合规计划;有效性;技术指标;文化指标

## 一、引言

如何评估、评价企业合规计划的有效性,可谓世界难题。合规计划具有很强的专业性和技术性,凡是专业

---

* 李勇,南京市人民检察院法律政策研究室主任、全国检察业务专家、法学博士。

性和技术性强的事项，都有一些共性的、规律性的指标，都需要一定的标准。企业合规的本质内涵是改造企业的治理结构、重塑企业的合规文化，这一本质内涵可以具体化为各种要素，进而形成一种规律性的共性指标。中国中小企业协会于2022年5月23日发布了《中小企业合规管理体系有效性评价》团体标准（以下简称《有效性评价》团体标准，于2022年7月1日实施），这是国内首部关于中小企业合规管理体系有效性评价的团体标准。笔者作为《有效性评价》团体标准的核心起草专家组成员之一，结合参与起草的经验与体会，针对该标准的理解及运用谈谈个人的看法。

## 二、准确把握五组关系

在理解和运用《有效性评价》团体标准过程中，需要注意把握以下五组关系。

### （一）评价标准与建设标准的关系

《有效性评价》团体标准是评价一个企业的合规管理体系是否专业、科学和有效的标准，本质上是一个有效性评价标准，而非建设标准。换言之，该标准的适用范围包括：一是中小微企业对其合规管理体系的有效性进行自我评价。二是行业协会、认证机构等对中小微企业已经建设的合规管理体系的有效性进行评价。三是执法机关、司法机关、第三方监管组织对涉案企业建立的合规计划是否有效进行评估。在征求意见过程中，有人提出应当更加详细地规定合规计划的要素。经研究认为，该标准不是用来指引一个企业如何设计和建设合规计划，而是用来指引相关机构、组织如何评价企业合规计划是否有效运行。尽管评价标准在客观上能够起到“以评促建”的作用，即通过评价标准来引导和促进其合规管理体系建设，起草过程中也参考了ISO 37301:2021《合规管理体系——要求及使用指南》，但其与建设标准本身依然是有差别的。就设计和建设合规管理体系来说，可以参照ISO 37301:2021《合规管理体系——要求及使用指南》。

### （二）技术指标与文化指标的关系

《有效性评价》团体标准在引言部分就指出：“为规范中小企业合规

管理体系有效性评价活动,引导和促进其合规管理体系建设,提升合规管理能力,识别和防范合规风险,建设合规文化……”这里既强调了合规管理体系的技术指标,也强调了“建设合规文化”。《有效性评价》团体标准第6、7、8章侧重技术指标,第9章专门规定了文化指标,呈现前后递进的关系。这种递进关系的原理在于技术指标是基础,在技术指标的基础上才能逐步形成合规文化。第6、7、8章具体内容包括机构设置和职责配置、合规风险识别、合规风险应对和持续改进,同时在这些技术指标的具体阐述中多次强调了文化指标。例如,在第6章关于合规管理部门或合规专员职责中强调其开展合规培训、弘扬合规文化的职责,在第8章举报机制中也强调培育合规文化。

在使用《有效性评价》团体标准的过程中,既要看企业的合规计划是否满足基本的技术指标,更要看有无形成合规文化。从某种意义上来说,合规文化才是合规计划有效性的终极标准。[1] 原因就在于技术指标容易对照勾选,容易流于形式。因此,批评人士认为,企业利用合规计划“粉饰门面”,仅仅是为了制造合规承诺的表象,只是为了可能给企业带来减刑的好处,这是“纸面计划”,企业只是将政策和程序落在纸上,但不将其嵌入实际操作中。考虑到诚信的价值,当前的思潮是期望合规计划考虑组织文化,以利于执法人员寻找公司“合规态度”的证据。

### (三)正文与附件的关系

《有效性评价》团体标准分为正文和附件两部分,正文和附件同等重要,正文侧重对评价指标的解释和说明,附件侧重于评价指标的运用。《有效性评价》团体标准的第6、7、8、9章规定了评价的技术指标和文化指标,与这些指标相对应的三个附件以表格形式将评价指标按照中、小、微三种企业类型进行了详细列举,其中第6章对应的是附件A,第7、8章对应的是附件B,第9章对应的是附件C。从篇幅上看,第6、7、8、9章共计3400余字,而三个附件达4900余字。从实践运用的角度来说,附件的三张表格更为重要。

在使用该标准过程中,可以将表格中的指标对照正文进行理解,同

① 参见李勇:《涉罪企业合规有效性标准研究——以A公司串通投标案为例》,载《政法论坛》2022年第1期。

时可以根据实际情况对表格中的指标进行赋分,采取量化计分的方法进行评估。在起草过程中,有意见提出应当在表格中列出每项指标的分值以及加分项。经研究认为,合规计划的评估与合规计划的设计、建设都是"最佳实践",评价标准不能过于"公式化"和"机械化"。美国司法部发布的《企业合规计划评估指南》的引言部分也强调:由于公司合规计划必须在刑事调查的特定背景下进行评估,刑事部门没有使用任何严格的公式来评估公司合规计划的有效性。笔者认识到,每一家公司的风险概况和降低其风险的解决方案都需要详细而具体的评估。因此,我们对每一种情况都作出了合理的、个性化的决定。考虑各种因素,包括但不限于公司规模、行业、地理位置、监管环境和其他可能影响公司合规计划的内部、外部因素。在作出个性化决定的过程中,重点是围绕三个基本问题进行个性化的判断。该标准所列举的示例主题和问题"既不是清单也不是固定公式"。《有效性评价》团体标准作为一种通用指标,不宜设定分值,有些企业也不一定适合采取量化计分的方式进行评估。实践中,相关组织或机构可以根据企业的具体情况决定是否采取量化计分以及如何进行量化计分。

### (四)中型企业与小微型企业的关系

理论界对于大型企业开展合规计划没有争议,但是对于小微企业甚至中型企业能否开展合规计划一直无法达成统一意见。我国有学者认为,合规不起诉制度应尽量适用于大型企业,对中小微企业应当慎重适用。理由是国外的暂缓起诉协议制度几乎都适用于上市公司或者大型企业集团,这些企业中有股东会、董事会、监事会等完整且有效运行的现代公司治理结构,具备建立合规治理体系的基础条件,并且能够使其得到有效运行。只有在大型企业中,企业合规才能焕发生命力,发挥出制度优势和整改效果。① 甚至有学者认为,对于中小微企业而言,与其承受合规所需的时间、精力、金钱成本以及不确定是否能获得从宽处

---

① 参见陈瑞华:《企业合规不起诉改革的八大争议问题》,载《中国法律评论》2021年第4期。

理,还不如另行注册企业重新经营。[①] 但是,我国的中小微企业被形象地比喻为中国经济的"毛细血管",占各类市场主体的95.68%,在促进经济增长、扩大就业、提升市场活力方面发挥着重要作用。同时,由于中小微企业并不具有完备的公司治理结构和现代化管理经验,与大型企业相比,往往也更容易陷入合规风险。这样的国情决定了中小微企业需要被纳入企业合规改革的范围内。从试点的情况来看,中小微企业也确实成为了合规试点改革的主力军。事实上,ISO 37301:2021《合规管理体系——要求及使用指南》也并未对企业大小和规模做出限制,而是适用于所有类型和规模的组织。

对于不同规模的企业,合规的基本要素和基本评价指标是相通的,但是其具体表现形态是不同的。比如,无论企业规模大小,领导作用都是合规的必备要素。对于大中型企业而言,可以成立合规委员会,设立首席合规官,下设合规部;对于小微企业而言,没必要成立合规委员会和首席合规官,但是可以设立合规专员。ISO 37301:2021《合规管理体系——要求及使用指南》指出,"并不是所有的组织,尤其是小型组织,都会有一个独立于最高管理者的治理机构"。

《有效性评价》团体标准充分考虑了中小微企业的特点,特别是区分了中型企业与小型企业、微型企业评价指标的差异。例如,关于合规管理机构设置,该标准第6章第2节c项规定"中型企业一般应设合规管理部门,小微企业应配备至少一名合规专员",特别是附件表格按照中型、小型、微型企业进行了分别列举。又如,关于风险识别,中型企业应当"具备识别与其业务活动、产品和服务相关的强制性义务的方法或举措",而小微企业"有人员或部门识别与其业务活动、产品和服务相关的重要强制性义务"即可。在实践操作中,要充分考虑企业的规模,实事求是地进行评价。

### (五)评价方法与评价标准的关系

评价标准与评价方法同等重要。即便有了评估标准,如果采取流于纸面的"查台账""查档案"的方法去评估,也是没有意义的。必须

---

① 参见陈卫东:《从实体到程序:刑事合规与企业"非罪化"治理》,载《中国刑事法杂志》2021年第2期。

要有实质性的评估方法,避免形式主义。《有效性评价》团体标准第5章规定了评价方法、内容和流程。合规管理体系有效性评价可以根据评价内容和指标的具体情况,采用文件审阅、问卷调查、访谈调研、飞行检查、穿行测试、感知测试、模拟运行等评价方法。

笔者认为,评价合规计划有效性的基本方法是坚持从技术指标到文化指标层层递进,这个基本方法应当贯穿于评估验收人员思维过程的始终。《有效性评价》团体标准列举的评价方法是有侧重点的。(1)文件审阅是常规方法,侧重于合规有效性的技术指标,主要是通过调阅企业的档案、文件、财务资料等方式,这是评估验收的基础性工作。(2)问卷调查是了解企业管理人员及员工对合规的态度、习惯以及有无形成一种文化氛围的有效手段。该方法的关键在于设计合理且有针对性的"调查问卷",调查问卷的问题设计应遵循从技术指标到文化指标逐步递进的原则。(3)访谈调研与问卷调查在功能上具有相似性,都是了解企业管理人员及员工对合规的态度、习惯以及有无形成一种文化氛围的有效手段。使用该方法应当注意以下三点:一是设计专业性的"访谈提纲"。实践中,很多人误以为访谈就是调查走访,就是找员工随意谈话。企业合规监管中的访谈,技术性要求很高,必须设计专业性的"访谈提纲"。二是访谈原则上应当个别进行,而非座谈会,目的就是防止相互干扰,影响访谈内容的客观性和真实性。三是采取随机、匿名的方式,以防止外界因素干扰。(4)飞行检查(unannounced inspection)是跟踪检查的一种形式,指事先不通知被检查部门而实施的现场检查。飞行检查作为一种突击性检查方式,具有秘密性、突击性、迅速性和检查内容不确定性等特点,有利于强化企业的自律意识和自觉性,是检测企业合规计划是否真正实施、是否融入企业员工的内心、是否潜入经营的各个方面和环节、是否成为一种企业文化的重要手段。飞行检查与问卷调查、访谈调研等方法相结合,能够兼顾合规计划有效性的技术指标和文化指标。(5)穿行测试原本多运用于财务审计领域,是指追踪交易在财务报告信息系统中的处理过程,是注册会计师了解被审计单位业务流程及其相关控制时经常使用的审计程序。在企业合规有效性评估中,其是指在正常运行条件下,将初始数据输入内控流程,穿越全流程和所有关键环节,把运行结果与设计要求对比,以发现合规内控流程的缺陷。[1] (6)感知测试是评价人员通过感知测试的方式体验合规管理运行过程和效果,感知即意识对内外界信息的觉察、感觉、注意和知觉的一系列过程,感知可以分为感觉过程和知觉过程,是检测企业合规文化氛围指标的重要方式。(7)模拟运行即模拟场景测试。例如,可以抽查投标项目,监管人员假装是另一家投标公司的人员,在投标报价前的“敏感期”,打电话邀约 A 公司负责该项目的人员出来吃饭,测试其态度。[2]

上述这些方法可以结合企业的实际情况进行选择或组合使用。实践中,可以先通过文件审阅、飞行检查等方法评估一个企业的合规管理体系基本要素的技术指标是否具备,这是基础性条件。在具备技术指标的基础上,进一步通过穿行测试、问卷调查、访谈调研、模拟运行等方法评估其合规计划有无真正实施并融入企业文化,成为员工的行动自觉,成为一种态度、习惯和氛围。

## 三、各项评价指标的理解与运用

### (一)机构设置和职责配置

在企业管理中,人的因素是至关重要的。领导层、高级管理层对合规计划的支持和绝对承诺是合规计划真正建立和有效实施的关键保障,其被形象地称为“一把手”工程。如果员工看到“一把手”对合规采取消极应付的态度,那么他们就会知道这个合规计划其实就是用来“应付检查”的,这个合规计划就不可能真正发挥效用。《有效性评价》团体标准第 6 章第 2 节 a 项规定,有董事会的企业设合规管理委员会,没有董事会的企业设合规领导小组。同时还规定,确定合规管理第一责任人。法定代表人或实际控制人是企业合规的第一责任人,并作为合规管理委员会或合规领导小组的成员。这里的第一责任人通常被称为首席合规官(CCO),中小型企业可以是合规专员。首席合规官应当有一

---

① 参见孟宪章:《内控评测中穿行测试评估体系的建立和操作》,载《经济研究参考》2010 年第 58 期。

② 参见李勇:《涉罪企业合规有效性标准研究——以 A 公司串通投标案为例》,载《政法论坛》2022 年第 1 期。

定的地位并保持独立性,首席合规官能够直达公司管理层,可以直接向公司最高管理者汇报。

有效合规计划的创建和执行需要一个精干团队的持续努力,需要付出一定的资源和成本。《有效性评价》团体标准第 6 章第 2 节 c 项规定,中型企业一般应设合规管理部门,小微企业应配备至少一名合规专员,合规专员应由具备合规管理资质或相关专业能力的人员担任,可以聘请兼职的企业合规师或者律师等。

这里需要特别说明的是合规管理人员是专设还是兼理的问题。从理论上来说,为了保证合规管理人员的权威性和独立性,合规官包括首席合规官、合规部门人员以及合规专员都应当是专职的,不能既从事本公司相关业务活动又监督自己的业务活动,这无异于"既当运动员又当裁判员"。但是对于小微企业来说,一律要求设置专职的合规专员也存在困难。实践中,根据企业的实际情况,在特定条件下也可以是兼职人员,但是基本原则是兼职人员的本职工作与合规工作不能存在利益冲突,避免突破"既当运动员又当裁判员"的底线要求。例如,有些小微企业,办公室主任、总经理秘书等本职工作是负责后勤保障,不从事业务工作,那么就可以由办公室主任、总经理秘书来兼任合规专员。全国工商联与最高人民检察院等联合发布的《涉案企业合规建设、评估和审查办法(试行)》第 7 条第 2 款规定:"合规管理机构或者管理人员可以专设或者兼理,合规管理的职责必须明确、具体、可考核。"这里的"兼理"是考虑到有的小微企业难以做到合规人员由专职的合规专员担任,但是这里的"兼理"应当理解为由没有利益冲突的人员兼理,即可以"兼理"但不得违反"既当运动员又当裁判员"的底线规则。

合规部门的职能与传统的法务部门是不同的,这是为很多实务人士所误解的。合规部门负责合规管理体系的运行,根据 ISO 37301:2021《合规管理体系——要求与使用指南》,合规部门(团队)的职能包括:(1)促进识别合规义务;(2)记录对合规风险的评估;(3)使合规管理体系与合规目标保持一致;(4)监视和测量合规绩效;(5)分析和评估合规管理体系的绩效,以决定是否需要采取纠正措施;(6)建立合规报告和记录制度;(7)确保按计划的时间间隔对合规管理体系进行评审;(8)建立提出疑虑以及确保疑虑得到解决的机制;(9)监督履行已识别的合规义务的职责在整个组织内得到有效分配；(10)监督合规义务纳入方针、过程和程序；(11)监督所有相关人员按要求接受培训；(12)监督建立合规绩效指标；(13)向相关人员提供与合规方针、过程和程序有关的资源；(14)就合规相关事宜向组织提供建议。

(二)合规风险识别

风险识别是建立和设计合规计划最为重要、最为基础的环节。风险识别不深入、不精准，就不可能建立起符合“最佳实践”要求的合规计划。

首先，梳理和辨别合规义务。《有效性评价》团体标准第 7 章第 1 节规定，合规义务的梳理和辨别是合规风险识别的基础。梳理合规义务的过程也是识别组织环境的过程，也就是对企业所处的法律、监管环境予以识别和梳理，这些环境既涉及法律法规、监管要求、行业准则、良好实践、道德标准，又涉及组织自行制定或公开声明遵守的各类规则。合规风险或者说合规义务的识别，不单纯是刑事义务，对于合规计划的建构来说，刑事合规这个术语是极具误导性的。企业建立合规计划，不能仅识别刑事犯罪风险，而不顾行政违法风险甚至行业违规的风险。行政违法和刑事犯罪是一纸之隔，有时只有数额差异。比如，充电器存在起火风险，违反行业安全标准，产品质量安全存在引发火灾的重大隐患，如果没有导致人员伤亡或者重大经济损失、销售金额较小，可能不构成刑事犯罪，只是行政违法，但是向前一步就是刑事犯罪。一个企业生产的产品不符合行业标准，离刑事犯罪也就不远了。如果建立的合规计划只预防犯罪，对行政违法和行业标准不管不问，这无疑会把企业推向风险的“火山口”。所以 ISO 37301:2021《合规管理体系——要求与使用指南》中的组织环境识别包括法律法规、行业规则、行业标准、商业伦理等。

其次，要建立合规义务识别的常态化机制。由于企业所处的组织环境会不断变化和更新，这就决定了风险识别也需要持续更新，这就要求企业建立一套合规义务识别的常态化工作机制，以适应这样的动态变化。从这个意义上来说，企业合规是一个动态系统。《有效性评价》团体标准第 7 章第 2 节规定了合规义务识别机制，包括能够识别与企业业务活动、产品和服务相关的自愿性义务和强制性义务的机构、方法、制度和流程。合规义务识别机制的实施包括配备人员、规定方法、落实制度、实施流程、形成识别合规义务的文件化信息等。合规义务识别机制的实施保障包括领导支持、人力资源、预算、必备物项工具、开展培训与交流等。合规义务识别机制的实施效果包括识别出重要合规义务、合规风险,并将这些合规义务与业务活动、产品和服务相关联,确保识别合规义务的机制与管理措施更新相结合。

最后,企业应当对识别到的风险按照严重程度和发生可能性进行分级。合规的资源是有限的,应合理配置资源,优先解决严重且发生可能大的风险。按照风险严重程度可以分为不重要的、次要的、重要的、灾难性、毁灭性;按照发生可能可以分为几乎没有、不太可能、有可能、极有可能、几乎确定。《有效性评价》团体标准第7章第7节至第9节规定,企业要建立风险评估分级机制,有相应的人员、方法、制度确保风险分级的实施,确定合规风险等级和优先管理顺序,并将这些排序、分级的合规风险与业务活动、产品和服务相关联,确保合规风险评估和分级与管理措施更新相结合。

(三)合规风险应对

合规风险应对是指企业建立对监测到的风险以及已经出现的风险作出反应的体系,包括企业根据合规风险评估和分级结果,设置合规风险应对责任人、应对措施、应对流程的机制,记录与沟通机制,监督与检查机制,以及针对突发合规事件的应对预案。《有效性评价》团体标准第8章第1节规定,要有相应的机制、措施保障风险应对体系的响应和实施。实践中,评估风险应对体系时应重点关注以下方面:(1)调查不当行为。一是企业是否快速响应,设定合理的调查期限,并实时跟踪调查进度,确保调查结果的可靠性。二是企业是否组织合格的人员在适当范围内进行独立、客观的调查,并作相应记录和归档。三是企业是否定期对举报内容和调查结果进行监控、分析,查处相关责任人,排查合规系统漏洞,完善合规管理制度。对于违法违规行为,合规管理机构可独立展开调查,也可以经董事会批准后委托其他机构调查,并向最高决策层汇报,同时提出解决方案。(2)奖励与惩戒。一是企业是否对部门及员工进行考核,并将考核结果作为晋升、薪资待遇等重要依据。二是企业有无基于考核结果建立奖惩机制,对合规经营、防范合规风险、避免企业遭受损失的部门或员工给予激励，对隐瞒合规风险、违法违规的部门或员工给予惩处。三是企业实施奖惩机制在内部有无得到公正的执行，不因职务高低而有所区别对待。(3)分析与纠正。一是企业是否对重大合规事件的发生原因进行了周密的分析，制定整改方案。二是企业是否针对重大合规事件果断采取适当的纠正措施，如补救挽损、缴纳罚款、赔偿被害人等，并修订合规计划，以避免此类不当行为的再次发生。三是企业是否对责任人进行查处问责，涉及违法犯罪行为时，将其移送行政机关或司法机关，并配合调查。具体而言，经调查认为存在违法行为或者事实时，合规管理机构应及时向最高决策层报告，并建议向执法或者司法机关披露。合规管理机构应与调查机关充分进行合作，合作方式包括主动承认违法事实、提供相应证据或者证人、接受制裁、赔偿损失、恢复原状等。①

(四)持续改进

有效合规计划的标志之一在于企业对合规计划的改进和发展，应当与时俱进，根据其违规事件的教训而对合规计划进行修订；采取合理措施，确保遵守组织的合规和道德程序，包括监控和审计以发现犯罪行为，以及定期评估合规计划实施的有效性。② 基于合规计划是一个动态系统，风险是动态变化的，风险应对措施也必须持续改进以确保合规管理体系持续有效。持续改进的目标是确保合规管理体系的适宜性、充分性和有效性。《有效性评价》团体标准第 8 章第 5 节规定了持续改进机制的评价要素，包括制定合规整改措施和违规问责制度，指定人员跟踪和评估合规风险的变化，持续调整或更新管控措施，具备相关机制以对管控措施与合规管理目标的偏离进行原因分析，采取相应措施确保合规管理与企业的实际情况相适应；还包括持续改进机制的实施保障和效果。持续改进机制的实施保障，包括领导支持、人力资源、预算，开展合规培训与交流，关注并培育合规文化等方面。持续改进机制的实

① 参见周振杰：《合规计划有效性评估的核心问题》，载《国家检察官学院学报》2022 年第 1 期。

② 参见陈瑞华：《有效合规计划的基本标准——美国司法部〈公司合规计划评价〉简介》，载《中国律师》2019 年第 9 期。

施效果，包括具体不合规行为得到整改，违规事件责任人被问责，相同或类似的不合规事件得到有效防范、尽早发现或避免，系统性漏洞或责任缺失得到补救，公司员工及利益相关方认可企业在合规管理改善方面的尝试和努力。

### （五）合规文化建设

如前所述，合规文化是企业合规计划有效性的根本性标准。《有效性评价》团体标准第9章规定，合规文化建设的有效性评价应以各个层级、各领域员工所具备的合规知识、合规意识、合规信念和合规行为为基本标准。主要负责人和管理层的合规承诺与表率作用对合规文化的形成与提升具有重要作用。各层级员工都作出合规承诺，并对其合规职责进行绩效考核。合规文化的形成，包括对不合规行为的反应、行为习惯的改变、顾客或者客户对其合规形象的印象。从理论上对上述内容进行概括就是态度、习惯、氛围三个层层递进的维度，先有承诺合规的态度，才能逐步改变行为习惯，最后形成人人合规的文化氛围。[①]（1）评估验收涉案企业有无树立合规态度，评估企业全体人员是否对合规经营保持积极正面的态度，树立起“做正确的事”的态度。（2）评估验收涉案企业有无养成合规习惯，评估企业是否通过相应的一系列合规技术措施，促使合规计划转化为企业员工的行为习惯，主要内容包括但不限于：企业合规计划实施后，从管理层到员工，以往不规范的行为习惯是否得到改观。企业是否通过场景测试，考察员工有无坚守合规承诺，并分析测试结果，形成文件化信息。（3）评估验收涉案企业有无营造合规氛围，评估企业是否形成依法合规、守法经营的价值观，营造人人合规的文化氛围。其内容包括但不限于：企业采取何种方式努力营造合规光荣、不合规可耻的氛围。企业员工是否对合规达成共识、相互感染，合规成为一种美德信念在企业内传播和流行。

## 四、余论

在合规考察评价期间，如果发生不当、违法甚至犯罪行为，合规计

① 参见李勇：《涉罪企业合规有效性标准研究——以A公司串通投标案为例》，载《政法论坛》2022年第1期。

划是否一定无效呢？这个问题不能一概而论。实践中，合规考察出现不当、违法犯罪行为时，一些地方就一票否决合规计划的有效性，这种做法是错误的。合规计划运行的PDCA循环就是要发现问题不断持续改进，合规计划的基本要素是风险监测和应对体系，通过合规计划发现不当、违法犯罪行为并迅速作出应对反应，是合规计划有效运行的应有之义。不报告异常情况的合规不是好合规。监管对于确保合规计划的有效性必不可少，但只报告好消息而不报告坏消息的监管等于没有监管，没有异常报告可能是因为合规计划根本没有真正运行。不能认为只要合规考察期间发生违法犯罪行为合规计划就一定无效，而是看如何发现违法犯罪行为的以及发现之后是如何行动的。如果是通过合规计划发现并迅速作出了合理反映，恰恰说明合规计划有效；如果违法犯罪行为的发生，不是合规体系发现的，而是外部执法机关发现的，合规计划没有作出适当的反应，甚至公司还试图隐瞒，那就是合规计划无效。西门子公司在合规考察期间又发生了贿赂事件，但西门子公司通过反贿赂合规计划及时发现了该贿赂行为，并迅速作出反应，中止了该笔交易，并开除员工，向司法机关报告。美国监管机构将其视为合规计划有效性的表现之一。

# 涉案中小微企业合规有效性标准研究

史轶晴　柳丽丽　徐新佳*

**内容摘要**：近年来，企业合规日益受到关注。中小微企业作为推动经济发展的重要力量，其相对于大型企业具有规模较小、业务领域相对固定、涉案风险相对单一等特点。推动涉案中小微企业建立企业合规制度、预防涉案企业再犯罪，是检察机关护航民营企业发展、营造法治化营商环境的重要举措。面对涉案中小微企业合规内生动力不足、评价标准模糊的实践困境，可以从形式标准和实质标准两个维度来综合评估合规有效性。同时，检察机关可积极探索在提前介入阶段启动合规程序，将事后合规与事前合规相结合，多措并举激励中小微企业积极主动合规。

**关键词**：中小微企业；刑事合规；有效性标准

## 一、问题的提出

随着经济全球化的发展，企业在开展涉外经营业务时，逐渐认识到了防范洗钱、知识产权、数据隐私保护等

---

* 史轶晴，江苏省苏州市相城区人民检察院党组成员、副检察长、四级高级检察官；柳丽丽，江苏省苏州市相城区人民检察院第二检察部主任、一级检察官；徐新佳，江苏省苏州市相城区人民检察院第二检察部检察官助理。

领域法律风险的重要性，企业合规日益受到大众关注。合规本质上是一种公司治理方式，是企业为实现自身利益的最大化所进行的一种风险防控机制。[①] 不同的语境下，企业合规的内涵与外延不尽相同。就涉案企业合规而言，主要指企业针对与涉嫌犯罪有密切联系的合规风险，制订详细的合规计划，形成有效合规管理体系的活动。检察机关作为国家法律监督机关，要立足检察职能，落实少捕慎诉慎押刑事司法政策，以涉案企业合规为重要场域，主动担当作为，为推动涉案企业合规治理、营造良好法治化营商环境提供检察助力。

在基层司法实践中，涉企刑事案件大部分涉及的是中小微企业。目前域外合规经验的主要对象为大型企业，但中小微企业作为我国推动经济发展的重要力量，对于确有整改意愿且有整改可能的，检察机关也要着力推动开展企业合规建设。当然，中小微企业在企业规模等方面存在一定的特殊性，如何推动涉案中小微企业有效合规，如何把握合规计划有效性的标准，成为实践中亟须解决的命题。

## 二、涉案中小微企业合规的实践困境

### （一）内生动力不足

在一定程度上，企业合规本身并不会产生直接的经济效益，相反涉案企业进行合规是要付出一定成本的。假设市场经济主体能够像“理性人”一样思考，那么企业在作出决策前都会对决策所产生的预期成本和收益进行考量。[②] 近年来逐渐为人所熟知的建立了有效合规计划并得到从宽处罚的企业，例如，德国的西门子公司、美国的毕马威会计师事务所、中国的中兴通讯公司等，都是大型企业甚至是超大型的跨国企业。[③] 对于大型企业来说，企业能成长至如此规模离不开多年的苦心经营，一旦被追究刑事责任，可能会为企业带来商誉减损、交易机会减少、交易资格丧失等负面影响，而且企业还要承担由此引发的一系列“水波

① 参见陈瑞华：《论企业合规的中国化问题》，载《法律科学（西北政法大学学报）》2020年第3期。

② 参见刘少军：《企业合规不起诉制度本土化的可能及限度》，载《法学杂志》2021年第1期。

③ 参见赵恒：《刑事合规计划的内在特征及其借鉴思路》，载《法学杂志》2021年第1期。

效应”。因而,大型企业通常具有强烈的合规意愿,以达到规避法律风险、避免因违规违法而遭受重大损失的目的。

但是,很多中小微企业尚处于初创阶段,由于其自身的规模限制,对于企业合规所能投入的人力和财力等资源是极其有限的。一方面,有的中小微企业本身经营艰难,甚至实践中不乏有中小微企业为了少缴税款而实施虚开增值税专用发票等犯罪行为。一些中小微企业囿于员工数量和场地,甚至没有专门的财务或法务等部门,也没有条件设立合规专员或专门的合规部门。另一方面,即便检察机关对涉案中小微企业不起诉,该企业后续仍可能要面临行政处罚,不论起诉还是不起诉都可能要付出相应的罚款。对于中小微企业经营者来说,与其花费较多的时间和精力进行企业合规,或许被起诉后重新注册一个企业“改头换面”是更“方便”的选择。

(二)评价标准模糊

企业合规近年来才逐渐进入大众视野,部分中小微企业经营者对于企业合规的重要性认识还存在一些不足,在日常生产经营过程中通常不具备通过合规提前预防风险的意识。直到涉及刑事案件时,涉案企业才会为了争取获得检察机关的宽缓处理而启动合规计划,但对于合规计划的长效运行却没有充足的筹划。其实,要在一个企业中建立完善的合规体系绝非一朝一夕可以完成的,一份优秀、全面的合规计划是极易获得、极易被模仿的,但“纸面合规”并不是真正有效的合规。

为了防止“纸面合规”,目前有第三方监督评估机制(以下简称第三方机制)对涉案企业合规计划的有效性进行评价、监督、考察等,也有对涉案合规风险能否有效识别和控制、对违规违法行为能否及时处置、合规管理制度机制是否已经建立等有效性评估重点。如何把握不同类型企业合规有效性的判断标准和尺度,是推动中小微企业合规落实到位的重要保障。但现有的评估重点相对来说还是比较宽泛、相对笼统的,具体操作中有赖于检察人员和第三方组织人员的专业判断。

## 三、涉案中小微企业合规有效性标准

(一)形式标准:制度设计

合规计划的制度设计是企业合规的形式标准。讨论企业合规有效性标准首先应考虑企业的规模,并非所有的企业都要适用合规,不同规模企业的合规标准也应有所不同。[①] 最高人民检察院于2022年8月10日发布了第三批涉案企业合规典型案例,典型案例充分考虑大中小微不同企业类型合规特点。例如,江苏F公司、严某某、王某某提供虚假证明文件案,该案中涉案企业属于小微企业,检察机关立足小微企业实际,发挥检察主导作用,探索开展简式合规。根据企业类型的不同开展有针对性的企业合规工作,在保证合规计划制定、实施、验收、评估等基本环节的基础上,通过简化程序、降低合规成本、制定与大中型企业不同的监管标准等简式合规管理,激发小微企业做实合规的积极性。[②]

一方面,中小微企业合规计划应"小而精"而非"大而全"。相对于大型企业,中小微企业规模较小、资金能力有限、业务领域相对固定、涉案风险相对单一,若要求中小微企业对标大型企业在产品质量、安全生产、知识产权、税收管理等多方面领域制定全面的合规计划实际上缺乏可操作性。企业合规也应体现多元性和比例性原则,企业的合规计划也没有完全固定的范式。对于中小微企业来说,在有限的合规考察期限内,合规计划应是特定的、专项的、具有可操作性的,具备书面合规计划、落实保障机制、识别纠正机制等基本要素即可。当然,这不是刻意对中小微企业降低标准,而是考虑到中小微企业的实际情况,激励更多的市场主体参与合规建设。中小微企业在合规的过程中以全面合规为目标,根据整改的实际情况,可在有条件的情况下逐步增设必要的专项合规计划。

另一方面,中小微企业合规计划应具有针对性和可行性。明确的合规计划是企业合规能够取得实效的基础。涉案中小微企业的合规计划需紧扣企业自身实际,符合行业规范,做到"量身定制"。合规计划的范围应与涉罪领域密切关联,在查明企业涉嫌犯罪原因的基础上准确识别制度漏洞和关键薄弱点,对企业重点风险领域如内部治理结构、规章制度、人员管理等方面存在的问题提出解决方案。同时,在合规考察

---

① 参见李玉华:《有效刑事合规的基本标准》,载《中国刑事法杂志》2021年第1期。

② 最高人民检察院:《涉案企业合规典型案例(第三批)》,载中华人民共和国最高人民检察院网,https://www.spp.gov.cn/xwfbh/wsfbt/202208/t20220810_570413.shtml#2。

期内细化合规措施，不能仅限于“喊口号”，而要明确具体的负责人员及进度安排，为合规制度的运行提供必要的人员、培训、宣传、场所、设备和经费等人力物力保障。以预防腐败为例，企业要对高风险职位的员工提供有针对性的反腐败培训，建立企业员工合规报告机制。[①]

（二）实质标准：实际运行和长期效果

从域外经验来看，美国对于合规计划有效性判断的根本出发点是节约刑事司法资源、便利刑事司法程序以及预防再犯的发生，而不是对合规本身的强调。[②] 涉案企业合规是一个持续推进、不断发展的过程，专业、科学和严谨的合规计划是前提，合规计划确立之后真正有效运行、得到严格执行和落实才是关键，在实践中要防止“走过场”的合规。

第一，防止再次发生相同或者类似的违法犯罪行为。有效的企业合规能够对企业违规违法行为及时进行预防，可从相关业务管理流程是否得以完善、风险防范报告机制是否得以落实、制度漏洞和风险隐患是否得以弥补等方面予以考虑。合规运行效果作为实质标准，要求检察机关和合规监管人员运用多样化审查方法对合规体系诸要素的运行有效性作出评估。[③] 对于中小微企业作出的合规承诺，检察机关积极督促整改落实，可根据企业的实际情况决定是否启动第三方机制。有必要启动第三方机制的涉案中小微企业，应严格分配第三方组织人员的责任，将定期和不定期的监督评估落实到位。对未启动第三方机制的小微企业，可以由负责办理案件的检察人员直接进行合规考察，在要求办案人员的司法亲历性的同时，也可积极在涉案企业合规中引入社会监督、组织公开听证对合规成果进行验收。

第二，合规计划内化为企业文化。企业文化可以理解为影响企业和员工行为的共同价值观和指导原则，应将企业文化作为合规有效性

---

① 参见杨宇冠：《企业合规案件不起诉比较研究——以腐败案件为视角》，载《法学杂志》2021 年第 1 期。

② 参见陈玲：《企业刑事合规计划有效性评价标准的域外考察——以美国为中心的展开》，载李双元主编：《国际法与比较法论丛》第 28 辑，武汉大学出版社 2022 年版。

③ 参见刘艳红：《涉案企业合规建设的有效性标准研究——以刑事涉案企业合规的犯罪预防为视角》，载《东方法学》2022 年第 4 期。

的核心标准。[①] 换言之，制定的合规计划究竟有无内化为企业文化、有无成为企业和员工自觉遵守的行为准则，是判断合规是否有效性的重要方面。在中小微企业中，企业员工人数相对较少，关键岗位人员如法定代表人、实际经营者、财务人员等通常具有较大的话语权和影响力。合规计划或许短时间内无法达到使企业所有员工都自觉遵守的程度，但从抓关键少数的角度出发，企业关键岗位人员应当率先树立合规经验的理念、作出履行合规计划的承诺，并进一步带动整个中小微企业自觉将合规内化于心、外化于行。

第三，合规措施能够根据企业经营发展实际不断调整和完善。合规计划应当是随着业务和市场的变化而动态发展的，涉案中小微企业要有持续整改的积极作为。检察机关应加强与企业、企业员工和被害人等多方面的沟通，定期了解涉案企业合规状况，充分听取各方意见。[②] 若检察机关发现涉案企业在预防违法犯罪方面制度不健全、不落实，管理不完善，存在违法犯罪隐患，需要及时消除的，可以结合合规材料，向涉案企业提出检察建议。

## 四、推动中小微企业“有效合规”的探索路径

### （一）多措并举激励中小微企业积极主动合规

检察机关对于积极建立合规制度、切实履行合规承诺的中小微企业，经评估符合刑事合规标准的，要贯彻落实少捕慎诉慎押刑事司法政策，对企业和涉企人员依法能不诉的就不诉或酌情提出从宽处罚的量刑建议。对于涉案企业合规，可适当探索暂缓起诉和附条件不起诉的方式，在合理的范围内适当增加从宽处理的幅度。同时，刑事案件中对单位犯罪的刑罚种类仅限于罚金，而没有资格刑或其他附加刑，可通过加大部分罚金刑力度、增加刑罚种类的方式给企业一定的外部压力。[③] 以上述双向激励的方式，多措并举激发企业主动合规的内在动力。

---

① 参见李勇：《涉罪企业合规有效性标准研究——以 A 公司串通投标案为例》，载《政法论坛》2022 年第 1 期。

② 参见杨帆：《企业合规中附条件不起诉立法研究》，载《中国刑事法杂志》2020 年第 3 期。

③ 参见李玉华：《我国企业合规的刑事诉讼激励》，载《比较法研究》2020 年第 1 期。

另外，将企业合规与涉企案件办案影响评估机制相结合。江苏省苏州市相城区人民检察院依托其制定的《涉企案件社会影响评估工作办法》，主动对接税务、环保、市场监管部门及属地政府，全面了解涉案企业经营和发展状况，综合评估企业合规建设必要性。同时，探索将企业合规建设情况纳入个人刑事处罚的考量范围，比如党某某等人诈骗案中，鉴于犯罪嫌疑人是在企业初创时期，为企业利益实施骗取科技补贴的诈骗行为，在综合考虑犯罪背景、企业经营状况、犯罪嫌疑人认罪悔罪态度等情况后，将企业合规建设和个人合规表现纳入起诉必要性审查范围，最终对犯罪嫌疑人作出不起诉决定。

（二）在提前介入阶段启动涉案中小微企业合规

目前企业刑事合规主要在检察机关审查起诉环节开展，而侦查阶段涉及不多。一方面，公安机关在侦查阶段有可能对涉案企业人员实施刑事拘留或对涉案企业财物采取了查封、扣押、冻结等措施。鉴于中小微企业本身规模较小，其生产、经营容易受到影响，即便后续在检察机关审查起诉环节启动企业合规，可能也无法达到最佳效果。另一方面，即便是中小微企业合规，短期内也很难实现立竿见影的成效。虽然刑事合规考察期限一般不超过 12 个月，但实际操作中也不宜过短，否则难以判断其有效性。故检察机关在案件基本事实已查清的前提下，可探索针对中小微企业在提前介入阶段启动合规程序，不仅可以使考察期限更加充裕，也更有利于在多个环节全面推进涉案中小微企业合规。

（三）事后合规与事前合规相结合

将事后合规与事前合规相结合，在“抓末端、治已病”的同时“抓前端、治未病”，主动探索开展事前合规，推动检察职能向事前、积极预防转变，帮助企业规避风险。以江苏省苏州市相城区人民检察院办理的某台资企业被假冒注册商标案为例，检察机关在办案中了解到被害单位在相关生产领域享有较高知名度、对辖区经济发展作出较大贡献，但是内部管理呈扁平化、家族化，且知识产权保护意识薄弱，被侵害风险较大。对此，检察机关及时向被侵权企业制发检察建议，帮助企业堵塞制度漏洞，提升知识产权保护意识。

## 五、结语

企业合规制度具有“跨学科法律研究”的特点，涉及公司治理、行政监管和刑事司法等领域，需要在实践中继续积累经验，不断探索前行。[①]中小微企业数量庞大，促进着市场经济的发展，应更好地推动涉案中小微企业合规建设、使企业合规更好地扎根于中国土壤。检察机关作为国家法律监督机关，应充分发挥检察职能，主动担当作为，服务“六稳”“六保”，在帮助中小微企业完善治理结构、堵塞企业漏洞、预防犯罪等方面发挥出重要作用。

---

① 参见陈瑞华：《企业合规制度的三个维度——比较法视野下的分析》，载《比较法研究》2019年第3期。

# 涉案企业合规中的社会各方协同治理实证探析

## ——以S市涉案小微企业为视点

刘　岚　颜蒙蒙*

**内容摘要**：当前我国小微企业数量庞大，已成为国民经济发展的重要支柱。但由于小微企业经营者法律意识不强，在企业运营过程中缺乏相应的法律防控措施等，给企业埋下了致命的风险，甚至会一不小心触犯法律底线。企业合规有利于企业实现可持续发展，帮助企业进行自我监管，使其承担应有的社会责任。就涉案小微企业而言，在没有能力构建庞大的"合规管理体系"、支付高昂律师费的前提下，检察机关积极延伸职能，采取政府领导、检察机关主导、行政职能部门监督、专业组织参与的社会各方协同治理模式进行合规审查，引导涉案企业建立合规制度，达到事后治理与事前预防相结合的效果，更有利于涉案小微企业健康发展。

**关键词**：小微企业；合规计划；协同治理

S市地处苏北地区，近年来随着高铁的开通，经济

---

* 刘岚，江苏省宿迁市宿豫区人民检察院员额检察官；颜蒙蒙，江苏省宿迁市人民检察院第三检察部助理检察员。

发展驶入快车道，经济实力持续增强，其中小微企业贡献良多。小微企业对于促进该市经济发展、提升科技创新能力、保持多元化的竞争格局和吸纳社会就业等方面发挥着重要作用。然而，与大中型企业相比，由于存在资金规模、管理模式、资源利用等短板，再加上激烈的市场竞争，小微企业发展所面临的法律风险也日益严峻，企业涉诉的法律纠纷也越发频繁，甚至不少小微企业在运营过程中，涉嫌刑事犯罪，给企业发展带来巨大危害。

## 一、小微企业涉刑事犯罪司法透视

据统计，S 市截至 2021 年 6 月共有企业 152000 多家，其中：规模以上企业[①] 3800 多家，占 2.5%；中小企业 148000 多家，占 97%；私营企业 139000 多家；个体工商户约 564000 家。[②] 从上述数据可以看出中小企业占比相当高。2018 年 1 月至 2021 年 6 月 S 市单位犯罪共计 101 件，犯罪嫌疑人 254 人，[③]其中小微企业[④]单位犯罪 94 件，占总单位犯罪的 93%，小微企业涉案犯罪嫌疑人 240 人，占总人数的 94%，可见小微企业犯罪占较大比例。

### （一）小微企业犯罪主要特点

1. 犯罪主体较为单一

从数据上来看，犯罪主体主要以管理层居多，涉及法人、总经理、负责人等职务。法人占小微企业犯罪总人数的 68%，总经理占小微企业犯罪总人数的 18%，负责人占小微企业犯罪总人数的 12%，上述人员对企业经营、管理等具有决定权。

① 规模以上企业是中华人民共和国自 1996 年开始使用的一个统计学术语，与“规模以下”相对，2011 年 1 月用于指代年主营业务收入人民币 2000 万元及以上的工业企业。

② 该数据来源于 S 市市场监督管理局统计数据。

③ 以案件有处理结果为统计标准。

④ 根据《企业所得税法实施条例》第 92 条规定，小型微利企业，是指从事国家非限制和禁止行为，并符合下列条件的企业：（1）工业企业，年度应纳税所得额不超过 30 万元，从业人数不超过 100 人，资产总额不超过 3000 万元；（2）其他企业，年度应纳税所得额不超过 30 万元，从业人数不超过 80 人，资产总额不超过 1000 万元。

2. 犯罪种类相对集中

从数据上来看，小微企业犯罪主要集中于以下五大高发环节：财务管理、经营过程、贸易过程、融资过程和生产过程。具体罪名为非法吸收公众存款罪、职务侵占罪、虚开增值税专用发票罪、行贿罪、串通投标罪、拒不支付劳动报酬罪、污染环境罪、非法经营罪等，这些罪名占到小微企业单位犯罪总数的94.8%。这一数据表明，小微企业犯罪主要集中在《刑法》第三章“破坏社会主义市场经济秩序罪”的罪名中。

3. 犯罪目的趋于逐利性

从数据上来看，涉案小微企业虚开增值税专用发票的主观目的是减少生产成本，从小商贩手中购买原材料，让他人为企业虚开发票以抵扣税款；涉及污染环境主要是减少环保设备投入，找无废物处理资质个人进行低价处理等；串通投标也是为了中标工程，而采取向招标负责人行贿或围标等不法手段。尽管涉案罪名不尽相同，但其实质都是通过不法手段获取金钱，以追求利润的最大化。

4. 轻微刑事案件占比较大

从数据上来看，对小微企业犯罪嫌疑人适用取保候审强制措施211人，占总人数的88.9%；法定刑为3年以下有期徒刑的案件63件，占全部小微企业犯罪总数的67%；被判处缓刑的62人，占小微企业犯罪嫌疑人总人数的25%；检察机关对小微企业作出相对不起诉的案件共54件，占小微企业单位犯罪总数的57%。

（二）具体原因分析

1. 小微企业经营者法律意识淡薄

小微企业所有者既是经营者也是决策者，这导致他们只注重防范商业风险，忽视法律风险，认为搞好生产、赚取利润才是企业发展的主要任务。同时小微企业大多是劳动密集型企业，在经营过程中缺乏现代化管理理念，不重视企业技术创新，也没有知识产权、商标权以及著作权意识，在市场竞争中缺乏核心竞争力，抵抗风险能力差，这就使企业容易走上犯罪道路。例如，某农业有限公司、张某某虚假广告一案，公司法人张某某在专利技术只是受理还未被授予的情况下，为获取非法利益，谎称已获得国家养殖专利技术，采取夸大养殖效果和收益、引用数据不真实等手段进行虚假宣传，欺骗和误导消费者，从而诱引众多不特定人员投资学习养殖,收取培训费达3000余万元。

2. 小微企业经营管理机制不完善

小微企业自身管理不善是其实施经济犯罪的重要原因。小微企业大多数实行家庭或家族式管理,所有权与经营权高度统一是其典型的管理模式。企业经营者往往追求经济效益最大化,只关注企业本身经营状况,经常身兼数职,既是老板又是员工,同时又是会计和统计员,从而容易产生资金串项挪用、家庭账与企业账混淆、账外账等诸多财务问题。

3. 小微企业监督机制欠缺

近年来,随着改革开放的深入,小微企业得到迅猛发展,然而与之相适应的规章制度和监督机制尚处于完善过程中。小微企业内部家庭式的管理模式往往缺乏相互监督,容易忽视制度建设,为企业从事违法活动、实施犯罪行为提供了便利条件。

## 二、涉案小微企业合规的协同治理与基本标准

### (一)涉案小微企业合规协同治理路径的提出

2020年3月,最高人民检察院启动涉案企业合规改革试点工作,此后,时任最高人民检察院党组书记、检察长张军在全国两会上表示,要探索督促涉案企业合规管理,促进"严管"制度化,进一步向社会各界发出检察机关通过履职办案在企业合规管理方面主动作为的信号。

2021年6月3日,最高人民检察院、司法部、财政部、生态环境部、国资委、国家税务总局、国家市场监督管理总局、全国工商联、中国贸促会印发了《关于建立涉案企业合规第三方监督评估机制的指导意见(试行)》(以下简称《指导意见》)。《指导意见》提出检察院在办理涉企犯罪案件时,对符合企业合规试点改革条件的,可以引入第三方监督评估机制对涉案企业的合规承诺进行调查、评估、监督和考察,考察结果作为检察院办理案件的重要参考。该意见的发布是依法推进企业合规改革试点工作的重要节点,意味着中国刑事合规不起诉制度进入了新的应用阶段,具有里程碑式意义。

目前浙江、江苏、广东等地检察机关积极探索在现行诉讼制度框架内将企业合规引入司法实践的路径。大中型企业有财力、精力进行合

规建设，并依托合规建设推动自身健康发展。而对于小微企业而言，其在合规建设方面缺乏意愿和动力。这主要是因为小微企业经营者大多认为合规建设需要投入大量企业管理成本且收效难以评估，担心合规建设可能会影响其对外竞争力。这种担忧有一定的合理成分，然而企业疏于内部制度建设，就无法有效防范各类法律风险，无法消除经营中的隐患。当法律风险一旦爆发，企业难免会陷入重大经营困顿，承受巨大的经营损失。

检察机关是法律监督机关，对于涉案企业的从宽处理也只是以侦查的思维为主要切入点，寻找可能存在的风险点，然后提出合规计划，这在一定程度上只是局部的合规、相对性的合规。事后的合规是相对全面的企业合规，它需要懂管理学的人、懂行政法的人和懂刑事辩护的人一起做，是一个需要融合多个专业知识才能解决的问题。小微企业是国民经济发展支柱之一，代表公共利益的政府部门应当担负起预防与治理涉案企业的责任。因此，由党委领导、检察机关主导，行政监管部门、行业协会、专业组织等协同参与治理，利用公共管理的思维发动全社会力量进行多层次、全方位的防控和治理，才能解决当前涉案小微企业合规问题。

### （二）涉案小微企业合规协同治理的基本标准

企业合规究竟采用何种组织模式取决于其公司结构、经营规模、业务和产品线的运营管理模式，以及政府监管和其所处行业的合规风险等。综合不同国家和国际组织的做法，李玉华教授认为有效合规的基本标准应当包括三个方面，即预防机制、识别机制和应对机制；每个标准的判断可以从 12 项要素进行。预防机制是否有效可以从是否建立和实施有效的合规制度、合规管理机构、合规培训、合规文化等具体要素上进行判断。识别机制是否有效可以从是否建立和实施合规风险识别、合规风险评估、合规风险处置、合规审计、合规举报等具体要素上进行判断。应对机制是否有效可以从是否建立和实施有效的内部调查、合规问责与惩戒、持续改进等具体要素上进行判断。[①] 目前，我国的企业大多没有建立合规制度，小微企业更是如此，也不能以大中型企业的

---

① 参见李玉华：《有效刑事合规的基本标准》，载《中国刑事法杂志》2021 年第 1 期。

合规标准尺度来衡量小微企业。因此对于涉案小微企业，在建立合规制度时，书面的合规计划必不可少，应当坚持基本标准、适当标准。具体来说，合规计划应当具备三个机制——预防机制、识别机制和应对机制及其中的部分核心要素。由于处于初级阶段，合规计划对核心要素的具体要求可以视情况降低。例如，对于合规的管理机构，要求其建立与其规模和经营状况相适应的机构即可，可以不要求其建立严格的、复杂的投诉举报机制。又如，小微企业的合规制度不一定像大公司一样全面，合规培训可以不像大公司那样密集，培训的对象也不一定像大公司那样细分等。①

具体到涉案小微企业，笔者认为要突出简便、经济、高效特点，体现事后合规为主、事前合规为辅，专项合规为主、全面合规为辅，以简单为主、详尽为辅的原则，综合来看至少应具备以下标准：(1)识别体系。企业应当通过建立完善审计、内部监控制度等，建立违法违规线索识别预警机制。(2)防范体系。企业应当通过合规风险点评估，对风险高发的岗位、部门进行尽职调查以及定期对员工进行合规培训等，建立企业风险防控机制。(3)应对体系。企业应当通过配合行政部门调查，积极赔偿、补救、补缴税款、缴纳罚款，更新、健全整改方案等，建立企业违法违规行为应对机制。

## 三、涉案小微企业合规社会各方协同治理的具体设计

### (一)适用的前提

针对S市涉案小微企业具体情况，将涉案小微企业分为以下两类。

1. 可能被判处3年以下有期徒刑的涉案小微企业，并具有以下情形：(1)犯罪情节较轻；(2)犯罪事实清楚，证据确实、充分；(3)自愿认罪认罚；(4)企业仍能正常经营，具备建立健全合规管理的意愿和条件；(5)积极采取退赃、赔偿损失、补缴税款、修复环境等补救措施，积极化解社会矛盾。

2. 可能被判处3年以上10年以下有期徒刑的涉案小微企业，同时符合上述规定的五项条件的。

---

① 参见李玉华：《有效刑事合规的基本标准》，载《中国刑事法杂志》2021年第1期。

### （二）启动步骤

涉案小微企业符合上述条件，且愿意接受合规，并自愿签具合规考察意见书，由检察机关提出合规建议，并征询行政监管部门意见。

在考察期内，由检察机关主导，会同司法局选出专业律师、专业会计师组成第三方组织，并与行政监管部门、工商联、商会、行业组织共同指导并监督涉案小微企业制订合规计划，通过健全企业管理规章制度，规范生产经营方式，完善企业治理结构。

检察机关结合办案发现企业有犯罪风险的，或者企业有被侵害风险、违法经营风险的，应当制发“三函”，帮助企业有效开展刑事合规。①

### （三）专业组织（也可称为第三方组织）的遴选和职责

由于小微企业受到财力的影响，加之企业经济利润有限，难以支付合规费用，为了让小微企业愿意接受合规，政府应承担此项费用，才更利于推动小微企业的发展。司法局的公共法律服务科负责规划和推进当地公共法律服务体系和平台建设工作，指导、监督当地法律援助、司法鉴定、公证、仲裁工作。司法局对于专业组织的挑选具有天然优势，因此可由司法局负责组织遴选、推荐律师事务所和会计事务所。由专业组织协助企业出具合规计划，包括针对企业涉嫌的罪名，对引发犯罪的企业内部治理结构、规章制度、人员培训等问题和漏洞进行全面梳理，通过制定完备的合规管理规范、构建有效的合规组织体系、健全合规风险防范及违规应对机制等方式，在制度上有效防止犯罪再次发生。

专业组织应就企业合规情况进行调查，协助涉案企业制订合规计划以及协助人民检察院监督合规计划的执行，并针对其履职情况、企业合规建设出具阶段性书面监控报告，作为检察机关作相应处理决定的参考。

### （四）合规基本指标

通过上文所述可以看出，S 市小微企业涉案领域主要集中在安全

---

① S 市检察机关为帮助企业强化刑事合规意识，增强法律风险防控能力，发出的涉法防控建议函、涉法救济指引函、涉法风险预警函，简称为“三函”。涉法防控建议函是就涉案企业管理存在的漏洞而提出的完善管理制度的建议。涉法救济指引函是就被害企业挽回损失、加强自我保护提出的建议。涉法风险预警函是就企业可能面临的法律风险提出的防范建议。

生产、财务管理、环境保护、纳税信用体系和知识产权保护等，故参照国家安全生产监督管理总局印发的《企业安全生产标准化评审工作管理办法(试行)》(已失效)、国家生态环境部印发的《关于优化小微企业项目环评工作的意见》、国家税务总局印发的《纳税信用管理办法(试行)》、国家知识产权局印发的《企业知识产权管理规范》等法律法规制定合规基本指标，并将其分为正负指标，根据不同企业进行菜单式选择适用。

1.安全生产

正向指标包括：(1)目标。企业应按规定设置安全生产管理机构，配备安全生产管理人员。(2)组织机构和职责。企业应按规定设置安全生产管理机构，配备安全生产管理人员，建立安全生产责任制，明确各部门和人员的安全生产职责。(3)规章制度。企业应建立健全安全生产规章制度，并发放到相关工作岗位，规范从业人员的生产作业行为。安全生产规章制度至少应包含下列内容：安全生产职责、安全生产投入、文件和档案管理、隐患排查与治理、安全教育培训、特种作业人员管理、设备设施安全管理、建设项目安全设施“三同时”管理、生产设备设施验收管理、生产设备设施报废管理、施工和维修安全管理、危险物品及重大危险源管理、作业安全管理、相关方及外用工管理、职业健康管理、防护用品管理、应急管理、事故管理等。企业应根据生产特点，编制岗位安全操作规程，并发放到相关岗位。企业应每年至少一次对安全生产法律法规、标准规范、规章制度、操作规程的执行情况进行检查评估。企业应建立主要安全生产过程、事件、活动、检查的安全记录档案，并加强对安全记录的有效管理。(4)教育培训。企业应确定安全教育培训主管部门，按规定及岗位需要，定期识别安全教育培训需求，制定、实施安全教育培训计划。应做好安全教育培训记录，建立安全教育培训档案，实施分级管理，并对培训效果进行评估和改进。(5)安全文化建设。企业应采取多种形式的安全文化活动，引导全体从业人员的安全态度和安全行为，逐步形成为全体员工所认同、共同遵守、带有本单位特点的安全价值观，实现法律和政府监管要求之上的安全自我约束，保障企业安全生产水平持续提高。(6)隐患治理。企业应根据隐患排查的结果，制定隐患治理方案，对隐患及时进行治理。隐患治理方案应包括目标和任务、方法和措施、经费和物资、机构和人员、时限和要求。重大事故隐患在治理前应采取临时控制措施并制定应急预案。隐患治理措施包括:工程技术措施、管理措施、教育措施、防护措施和应急措施。

负面指标包括:(1)企业1年内发生过伤亡生产安全责任事故。(2)企业有重大隐患且未整改完成。(3)企业被列入“安全生产黑名单企业”。(4)近1年内受到安全生产监督管理部门的行政处罚。(5)其他受安全生产监督部门的处罚情形。

2. 财务管理

正向指标包括:(1)企业设立专门财务部门,并有专职会计。根据企业自身情况设立会计、出纳员、成本核算员、采购员、内勤管理员、保管员等,并明确相应的职责。(2)会计基础工作规范。财务报表符合财务制度要求,具有严格的资金管理制度。(3)流动资产管理。流动资产包括现金、各种存款、应收及预付账款、其他应收款、存货等,加强资本金管理,设立与之相对应的使用、管理制度。(4)固定资产管理。企业要建立健全固定资产管理制度,包括固定资产的安全使用制度,维修保养制度,定期盘点制度和折旧计提制度等。公司财务要设置固定资产明细账,并制定固定资产目录,生产车间安全设备科应当建立固定资产使用登记卡。(5)负债管理。加强应付账款和其他应付款的管理,及时核对余额。(6)收入、利润和税金的管理。企业制定具体销售制度,按照法律规定分配利润,建立税务管理制度确定企业纳税原则,明确税务登记内容、纳税种类、纳额等。(7)会计档案管理。加强原始凭证管理,做到制度化,按照国家统一会计制度的规定和会计业务的需要设置会计账簿。

负向指标包括:(1)违反相关法律规定,非法筹集资金。(2)未根据《会计法》等制定本企业具体财务制度。

3. 纳税信用体系

正向指标包括:(1)按期准确申报纳税。(2)准确报送财务会计制度或者财务会计处理办法和会计核算软件。(3)按照规定设置、保管账簿、凭证,根据合法、有效凭证记账,进行核算。(4)按规定对发票进行保管、开具、使用。(5)按规定对税控装置及防伪税控系统进行安装、保管、使用。(6)按规定缴纳税款。

负面指标包括:(1)存在逃避缴纳税款、逃避追缴欠税、骗取出口退税、虚开增值税专用发票等行为的。(2)存在前项所列行为,未构成犯罪,但偷税(逃避缴纳税款)金额10万元以上且占各税种应纳税总额10%以上,或者存在逃避追缴欠税、骗取出口退税、虚开增值税专用发票等税收违法行为,已缴纳税款、滞纳金、罚款的。(3)在规定期限内未按税务机关处理结论缴纳或者足额缴纳税款、滞纳金和罚款的。(4)以暴力、威胁方法拒不缴纳税款或者拒绝、阻挠税务机关依法实施税务稽查执法行为的。(5)提供虚假申报材料享受税收优惠政策的。(6)存在税务机关依法认定的其他严重失信情形的。

4. 环境保护

正面指标包括:(1)设立环境管理机构,制定管理制度,明确管理人员及相应职责。(2)具体的环评要求。建设项目环评许可和排污许可符合法律规定,大气污染物和水污染物排放环节、排放口、排放种类、排放量、排放浓度、污染防治设施设备、污染处理工艺现状符合环评、排污许可、法律规定,噪声污染的产生环节、排放情况、污染防治设施设备、污染处理工艺符合环评、排污许可、法律规定,固体废物及危险废物的产生、贮存、运输、处置、管理等与申报情况及管理计划相符、符合法律规定,危险化学品管理符合法律规定,环保安全距离符合环评和法律规定。(3)制定环境保护合规章程、政策、员工手册等制度。(4)建立环保设施运行台账,做好环保资料归档和统计工作。(5)对员工进行环保法律、法规教育和宣传,提高员工的环保意识。

负面指标包括:(1)近1年内受到环境生态部门的行政处罚。(2)发生重、特大环境污染事故。(3)未落实地方生态环境主管部门规范性工作要求。

5. 知识产权保护

正面指标包括:(1)明确相应管理人员及职责。(2)制定在合同签订、生产、销售等环节知识产权合规制度。(3)制定企业自身知识产权保护制度。

负面指标包括:(1)存在未经注册商标所有人许可,在同一种商品上使用与其注册商标相同商标的情况。(2)存在销售明知是假冒注册商标的商品的情况。(3)存在伪造、擅自制造、销售他人注册商标标识的情况。(4)存在假冒他人专利的情况。

(五)行政机关参与

1. 工商联的职责

主要包括:(1)作为企业的"娘家人"充分发挥工商联的桥梁纽带作用,对涉罪企业进行调研,了解企业实际需求。(2)搭建金融合作平台,帮助企业缓解资金压力,发挥私营个体经济协会作用,联合有关金融机构,通过多种形式,帮助涉案企业缓解资金压力。(3)积极组织涉案企业参加各类展会,帮助企业开拓市场。(4)定期组织涉案企业家参加法律、行业等培训,增强企业家风险防范意识。

2. 环保局的职责

主要包括:(1)主动与企业对接,及时了解困难,提出切实可行的环境污染防治措施和风险防范措施。(2)通过简化小微企业项目环评管理,简化审批程序,降低小微企业环评成本。(3)实施环评帮扶工作,畅通咨询服务渠道,为小微企业提供环评指引。(4)进行专题培训,强化企业环保意识,引导企业安装环保设备。

3. 税务局的职责

主要包括:(1)在司法诉讼过程中由税务机关提供绿色通道办理涉税事项。(2)通过线上、线下相结合方式,向企业宣传税费优惠政策,提供精准涉税咨询服务。(3)轻微违法行为处理轻缓化。对符合免罚条件的轻微违法行为处罚轻缓化或依法不予行政处罚,采用政策辅导、行政建议、警示告诫等方式加强行政指导,助推涉案小微企业发展。

4. 市场监督管理局的职责

主要包括:(1)为涉案企业提供网上服务平台和线下服务企业活动,解决企业实际困难。(2)对涉案企业开展质量管理知识、基础能力以及相关法律法规的培训与宣传,推广先进质量管理理念。(3)强化涉案企业对知识产权保护的意识,指导涉案企业培育、创新具有自主知识产权的产品。(4)指导涉案企业利用专利、商标质押等方式拓宽融资途径,助力企业提高核心竞争力。

5. 司法局的职责

主要包括:(1)畅通企业法律服务渠道,对涉案企业提供精准、个性化法律服务。(2)对涉案企业开展法制宣传活动,提高遵守法律的意识。

6. 商会或行业协会的职责

主要包括:(1)组织涉案企业参加招商会、高新技术交流会等,搭建商务交流平台,拓宽企业发展渠道。(2)通过多途径宣传、报道企业举办的重要活动和取得的成绩,扩大涉案企业影响力。(3)提供多途径融资担保方式,缓解涉案企业融资难问题。(4)加强与政府之间的合作,向当地政府反映涉案企业存在的经营困难。(5)促进同行业企业间交流、沟通,实现企业资源共享,为涉案企业解决用工、设备采购等困难。

(六)合规考察报告

专业组织在合规考察期届满后,应当对涉案企业的合规计划完成情况进行全面检查、评估和考核,并制作合规考察书面报告,报送检察机关;行政部门依职能出具在考察期限内企业表现情况,报送检察机关。

(七)合规考察的法律后果

检察机关对合规考察进行审查,涉案企业在监督考察期限内履行完毕合规计划,没有违反监督考察要求,自愿认罪认罚,积极采取退赃、赔偿损失、补缴税款、修复环境、消除诚信不良影响等措施,积极化解社会矛盾,检察机关可以通过公开听证会的形式将考察结果进行公布,并听取人民监督员意见,根据不同情形作出如下处理:(1)对可能判处3年以下有期徒刑的涉案企业、犯罪嫌疑人作出不起诉决定,并依据《刑事诉讼法》第177条第3款的规定处理;①(2)对于可能被判处3年以上10年以下有期徒刑的涉案企业、犯罪嫌疑人,在提起公诉时,可以向法院提出可以适用缓刑、从宽处理的量刑建议。

## 四、结语

对涉案小微企业进行合规整改的最终目标是要使企业"活下去",

① 《刑事诉讼法》第177条第3款规定:"人民检察院决定不起诉的案件,应当同时对侦查中查封、扣押、冻结的财物解除查封、扣押、冻结。对被不起诉人需要给予行政处罚、处分或者需要没收其违法所得的,人民检察院应当提出检察意见,移送有关主管机关处理。有关主管机关应当将处理结果及时通知人民检察院。"

达到“六不”的效果,即企业不犯罪、老板不坐牢、企业不破产、员工不失业、税收不流失、经济不停滞。在对涉案小微企业进行合规的过程中可以根据企业具体情况实施个性化的合规计划,突出简便、经济、高效原则,让更多的企业从合规中看到效益。企业经营活动的复杂性决定了在合规审查过程中,检察机关、行政部门和专业组织之间,基于不同视角,必须协同并进形成合力,这样才能避免企业合规流于形式,最大限度降低或避免权力滥用风险,最终保障小微企业合规监管的有效性,促进小微企业健康发展。

# 第三编

# 刑事诉讼全流程引导涉案企业合规经营研究

# 涉案企业刑事合规检察建议前置的机制研究*

李佳林　钟可心**

**内容摘要**：在我国各地检察机关自发探索涉案企业犯罪刑事合规不起诉制度本土化的过程中，出现了以认罪认罚制度、附条件不起诉制度以及相对不起诉制度三种不同出罪通道的具体路径。在处理轻微案件时，相对不起诉路径在我国当前法制环境下具有明显优势，其中检察建议的灵活运用能够充分发挥其指导机能，在该路径中具有承上启下的重要地位，是合规协商的主要手段。从我国刑事合规的实践探索来看，合规监管型检察建议在刑事合规程序中存在前置、后置两种模式，其各自使用条件、运行机制、法律效果并不相同。在检察建议前置的路径中，同样存在出罪通道过窄、考察期限过短等实际问题，为保障刑事合规制度的科学性与出罪依据的正当性，应制定适当延长检察建议考察时间等相关规定，拓宽附条件不

* 本文系2022年度四川省犯罪防控研究中心科研创新项目“企业刑事合规检察建议研究”（项目批准号：FZFK22－09）的阶段性成果。

** 李佳林，成都市新都区人民检察院第三检察部四级检察员助理，中国法学会会员，成都市检察调研骨干人才，成都十佳公诉人，成都市法学研究先进个人；钟可心，西南政法大学人工智能法学院硕士研究生，主要研究方向为：企业刑事合规与人工智能。

起诉作为涉案企业犯罪出罪的程序性出口。

**关键词**:刑事合规;涉案企业犯罪;检察建议;相对不起诉;认罪认罚制度

## 一、引言

在现代社会中,企业作为市场主体,是社会经济运作的重要载体,承担着重要的社会责任。而在现代社会的经济管理中,由于经济活动的复杂性及经济活动刑事法网的严密性,企业活动极易越过法律红线,触犯刑法。在传统法律法规"重打击"而"轻预防"的环境下,将触犯刑法的涉案企业统统纳入刑法的打击领域不仅无法保护和挽回社会公众损失的利益,还将导致被认定为犯罪的涉案企业信誉降低、无法上市等负面影响,甚至等于敲响了该涉案企业的"丧钟",其引发的"水波效应"还极有可能对更多无辜第三人的利益造成严重损害,如美国安然和安信达事件给美国经济带来的巨大负面影响。

在此背景下,美国众多司法工作人员、法律学者开始探求处理涉案企业的第三条道路,在经历各方力量的交会与博弈后,最早在 1991 年的《美国联邦量刑指南》中引入了"有效的合规计划"这个概念,并将合规计划作为涉案企业的刑事责任轻重、是否予以暂缓起诉的一个核心标准,将涉案企业合规与涉案企业刑事责任直接关联起来,并逐渐发展为以暂缓起诉协议(Deferred Prosecution Agreement,DPA)和不起诉协议(Non Prosecution Agreement,NPA)为基本形式的涉案企业出罪机制,同时标志着涉案企业犯罪规制领域法律变革的开端。通俗来讲,所谓刑事合规,是指为避免因涉案企业或涉案企业员工相关行为给涉案企业带来的刑事责任,国家通过刑事政策上的正向激励和责任归咎,推动涉案企业以刑事法律的标准来识别、评估和预防公司的刑事风险,制定并实施遵守刑事法律的计划和措施。[①] 由于其能够整改、惩罚涉案企业而不将涉案企业逼入绝境,刑事合规机制被认为能够起到结合维护社会经济秩序与发挥刑法机能交汇点的支撑作用,避免刑法的广泛打

---

① 参见孙国祥:《刑事合规的理念、机能和中国的构建》,载《中国刑事法杂志》2019 年第 2 期。

击造成社会经济的二次伤害,可能影响到更多无辜第三人的合法权益。

对于我国而言,刑事合规建设的起步较晚,引起我国政府对刑事合规关注的原因可以归结为我国企业在境外遭受的打击以及国内经济形势的持续低迷,如 2018 年中兴事件与华为事件相继爆发,我国政府意识到此类由涉案大型跨国企业合规问题引起的争端甚至可能演化为国际纠纷,全球合规的大背景推动着中国涉案企业合规相关研究及相关政策的不断推出。为建立健全中国本土的刑事合规机制,2020 年 3 月,最高人民检察院开展第一期涉案企业合规改革试点。2021 年 3 月,最高人民检察院扩大试点范围,在 10 个省份 61 个市级检察院、381 个基层检察院开展第二期试点工作。2022 年 4 月,最高人民检察院正式宣布,在全国检察机关全面推开涉案企业合规改革试点。由此可见,中国的刑事合规建设在未来一段时间内将高速度、大广度落实到全国各地区,刑事合规将成为我国涉案企业出罪的重要机制。

## 二、我国涉案企业刑事合规模式的现状考察

检察机关作为企业刑事合规制度的核心,发挥着指导合规、预防犯罪的机能,以自身刑事诉讼程序衔接者、中立者、监督者的主导地位,帮助涉案企业诊断风险,消除制度隐患,改善经营模式、商业模式。以比较法的视野来看,自 20 世纪 90 年代美国将涉案企业合规用于实践以来,其对刑事合规机制在司法程序中的运行方式进行了深入探索,在其实践过程中,掌握追诉权的检察机关无疑是作为该机制运行的支点与核心而存在,如美国检察机关会根据涉案企业建立合规计划的情况,来决定是否对其提起公诉;在美国确立的暂缓起诉协议制度和不起诉协议制度中,检察机关依然是作为监督、指导、建议的主导者协调整个机制的运行。

究其原因,在传统司法系统的三大机关中,侦查机关已经具备了一定的立案裁量权,若将侦查机关设计为涉案企业出罪的第一道关口,会极大程度上导致案件信息无法在司法机关内部流转共享,进而引起应诉不诉的情况发生;法院所具有的审判权在程序上过于后置,难以进行审判后的合规监管,在合规建设有效性检验上难以落实;而检察机关处于司法系统运行的中轴位置,作为刑事诉讼程序的纽带,是出罪机制最

佳的落点。[1] 但与此同时，检察机关通过办理案件参与涉案企业合规建设也具有一定被动性：首先，其与涉案企业并非简单的管理与被管理的关系，不能直接以行政管理的方式来处理二者之间的关系；其次，基于检察机关对其追诉权的自我约束，检察机关不能勒令涉案企业进行合规建设；最后，涉案企业刑事合规对检察队伍明显有着更高的工作要求，是对检察队伍工作质量的一场考验。在综合考虑之后，我国推进刑事合规建设的过程同样是从检察机关入手，以检察院试点探索作为刑事合规建设的第一步，充分利用好检察机关的法律监督权能，以实现多层次高质量的公平正义。

最高人民检察院《关于开展涉案企业合规改革试点工作方案》强调，试点必须坚持"严格依法有序推进"这一基本原则。以部分试点单位发布的规范性文件以及最高人民检察院发布的典型案例、指导性案例为观察样本可以发现，在我国各级检察机关的积极探索中催生了大量的本土刑事合规方案，从适用合规出罪的案件范围到具体的程序适用都表现出了差异化尝试，对于实践中出现的不同落实方案，具体有直接引入暂缓起诉协议、相对不起诉、附条件不起诉以及认罪认罚从宽处理机制四个不同路径。而在当前出现的实践方案中，有的路径暴露出了其原生的违法性问题，且在我国现行的法律框架中难以找到对应的框架基础。

在当前的实践探索中形成了以认罪认罚、附条件不起诉及相对不起诉＋检察建议为基础的三种方案，对于三种不同方案的路径探索，国内学者进行了大量讨论。

### （一）认罪认罚路径

在我国合规试点案例的基础上，有学者提出将涉案企业刑事合规内嵌于认罪认罚从宽制度，并以不起诉作为突破口，激发涉案企业生存欲望，督促涉案企业进行合规建设。与之类似的是，有学者将涉案企业刑事合规建设看作涉案企业独立人格所"作出"的认罪认罚，并将其按照合规计划的构建时机分为"事前合规"型认罪认罚及"事后合规"型

---

[1] 参见谢登科：《集权与制衡：论附条件不起诉中的权力配置》，载《中南大学学报（社会科学版）》2016 年第 1 期。

认罪认罚,此种方案虽解决了附条件不起诉的适用法律依据问题,但以认罪认罚制度吸收刑事合规必将催生新的矛盾,其实现可能性、法律适应性、逻辑正当性都存在难以解决的问题。

首先,从其实现可能性来讲,我国《刑事诉讼法》第 15 条规定:"犯罪嫌疑人、被告人自愿如实供述自己的罪行,承认指控的犯罪事实,愿意接受处罚的,可以依法从宽处理。"虽然通说认为这里的"从宽"处理既包括量刑从轻也包括相对不起诉,但认罪认罚仅能作为适用相对不起诉的一种缘由、参考依据,真正落实到不起诉决定上依然需要将案件具体情况与《刑事诉讼法》第 177 条第 2 款之规定进行对比,只有满足相对不起诉条件的案件才能作出不起诉决定,在制度设计上仍然需要从现有不起诉制度中寻找切口。其次,对于其法律适应性问题,认罪认罚制度是位于刑事诉讼法总则的一项基本制度,是概括性、指导性的条款,无法对涉案企业犯罪进行专门规定,将其嵌入认罪认罚制度在真正设计上存在困难,此种路径面临着立法成本过高、立法难度过大的问题。最后,从其逻辑正当性而言,陈瑞华教授提出,我国认罪认罚从宽制度旨在提高案件办理效率,一旦犯罪嫌疑人认罪认罚,检察机关将在尽可能短的时间内对嫌疑人作出刑事处理,而这样的制度逻辑与刑事合规是相悖的:刑事合规需要检察机关对涉案企业设置尽可能长的合规考验期,以便给涉案企业建立或者改善合规体系,以较为宽松的时间周期,真正发挥防范合规风险的效果。因此认罪认罚制度与刑事合规在运行逻辑上存在分歧,应当将认罪认罚制度与合规不起诉相分离,仅以涉案企业实际的认罪态度、行为作为合规不起诉的启动标准。

### (二)附条件不起诉路径

对于我国而言,与美国暂缓起诉最为相似的诉讼制度就是未成年人的附条件不起诉,因此在我国开展的刑事合规探索中,绝大多数是以附条件不起诉为基础构建的本土模式,即检察机关对提交合规计划的涉案企业作出附条件不起诉的决定,并设立一定的考验期,责令其聘请合规监管人,该监管人对涉案企业合规进展情况进行全流程监管,并定期提交合规进展报告,在考验期结束后,检察机关根据涉案企业合规的推进情况,作出是否提起公诉的决定。我国《刑事诉讼法》规定了附条件不起诉制度,但其仅适用于未成年人实施的《刑法》分则第四章、第五章、第六章可能判处1年以下有期徒刑刑罚的犯罪。也就是说,根据我国《刑事诉讼法》的规定,涉案企业犯罪并不适用附条件不起诉制度(暂缓起诉协议制度)。

面对上述困境,有学者认为应当以立法的形式确立涉案企业合规附条件不起诉制度,以构筑强有力的诉讼激励机制,以法定形式将制度的适用拓宽至涉案企业犯罪领域;并提出在涉案企业仅有犯罪嫌疑的情形下(证据不充分),仅能通过检察建议的方式督促其实现合规机制改革。李勇指出现行不起诉实践存在诸多问题,针对涉案企业刑事合规立法,可以将认罪认罚从宽制度作为附条件不起诉在刑事诉讼法总则层面的制度基础;对于具体的适用条件,其认为应当限定在可能判处3年以下有期徒刑的案件,且不作罪名限制,涉案企业应当认罪认罚、积极采取补救措施修复法益、无受处罚(刑事处罚或行政处罚)经历以及积极配合司法机关的调查、检察机关的监督。在立法设计层面,其建议在《刑事诉讼法》第182条之后增加两个条款作为"第一百八十二条之一"和"第一百八十二条之二"。[①] 在多条路径的设计成本中,附条件不起诉可以最大限度地节约立法资源,最大限度地保持刑事诉讼法的稳定性,也能够在最接近暂缓起诉协议的基础之上将其引入我国,但在当前我国立法尚未回应之时,应当谨慎运用。[②]

(三)相对不起诉+检察建议路径

在我国的试点实践中,出现了一种以相对不起诉+检察建议的"检察建议模式",采取该模式的有南京市建邺区人民检察院、浙江温州市人民检察院等,本文将其称为"检察建议后置模式"。具体而言,此种模式的程序为:案件移送至检察机关进行审查起诉,在法定的审查起诉期间内,检察机关在对案件事实、证据等一般性材料进行审查时,还应当对涉案企业的性质、经营情况、主要合规风险、起诉带来的风险等问题进行专门调查核实,在对符合不起诉条件的涉案企业作出相对不起诉决定的同时出具检察建议,以检察建议作为激励、督促涉案企业进行合

① 参见李勇:《企业附条件不起诉的立法建议》,载《中国刑事法杂志》2021年第2期。
② 参见黎宏:《企业合规不起诉:误解及纠正》,载《中国法律评论》2021年第3期。

规建设的主要约束方式。[①] 根据出具检察建议的时间节点不同，在我国的试点实践中还出现了一种检察建议出具于不起诉决定之前的“检察建议前置模式”，两种模式均是认罪认罚制度、检察建议与相对不起诉制度的融合运用，以认罪认罚为前提，再根据具体情况决定是否起诉。

当前，相对不起诉模式在我国适用不会出现于法无据的尴尬境地，但在面对情节较为严重的案例时，是否能够用于出罪仍然存疑。根据我国《刑事诉讼法》第177条第2款的规定，只有对犯罪情节轻微，依照刑法规定不需要判处刑罚或者免除刑罚的涉案企业犯罪，人民检察院才能够作相对不诉决定。根据该条规定对可以相对不诉的案件提出了三点前提：一是涉案企业案前已具有相对科学的内部管理体系；二是涉案企业有合规计划，案件发生的原因是其合规计划有瑕疵、漏洞，但其在案前已进行了一定的合规计划建设；三是犯罪行为的社会危害性不大。[②] 由此看出其适用范围相对狭窄，该模式的处理重心是轻微案件，面对需要作不起诉处理的大案时并不能很好地发挥作用。从其内核来讲，相对不起诉制度是诉讼便宜主义的代表，而刑事合规是刑事诉讼与涉案企业治理的复杂交涉，二者存在一定的隔阂。在实际司法运用中，该种模式只能作为立法机关对刑事合规作出立法回应前的过渡模式，并不能长久作为涉案企业刑事合规不起诉的主要制度，但就目前而言，其仍然是检察机关作出刑事合规不起诉决定时最有力的制度基础。

## 三、涉案企业刑事合规检察建议前置的正当根据

### （一）涉案企业刑事合规检察建议的机能释放

《人民检察院检察建议工作规定》（以下简称《工作规定》）第2条规定：“检察建议是人民检察院依法履行法律监督职责，参与社会治理，维护司法公正，促进依法行政，预防和减少违法犯罪，保护国家利益和社会公共利益，维护个人和组织合法权益，保障法律统一正确实施的重要方式。”2020年，时任最高人民检察院检察长张军要求，提升检察建

① 参见陈瑞华：《刑事诉讼的合规激励模式》，载《中国法学》2020年第6期。

② 参见谢安平、刘琦：《协商性司法下的企业刑事诉讼新规制——以中小微企业适用合规不起诉为视角》，载《中国检察官》2022年第5期。

议质量,要做成刚性、做到刚性。检察建议是检察机关行使法律监督的重要方式和载体,是检察机关在履行法律监督职能中,发现被监督对象存在违反法律或管理体制漏洞,向被监督对象提出更正或整改措施,保障法律统一正确实施的方式,换言之,检察建议是检察机关的一种表意行为,是在行使公权力时制发的法律文书,具有强制性和说理性两种效力。《工作规定》明确检察建议的类型包含再审型、纠正违法型、公益诉讼型、社会治理型和兜底型。其中社会治理检察建议、公益诉讼检察建议的法律效力多表现为启动程序而非实体处分,强制性但非命令性,非实体性意味着检察机关在发现需要整改的情形时,是告知被制发单位或组织要及时整改,而非检察机关亲自整改。

在检察机关处理刑事合规案件的过程中,检察建议作为一种灵活的文书类型,不论是刑事合规试点中采用何种路径,都能够作为其对涉案企业提出整改意见的内容载体;在我国刑事合规改革的试点中,有检察机关将检察建议嵌入刑事合规之中创设了合规监管型检察建议。[①]对于这种法律并未明文规定的检察建议类型,既可以将其列入兜底型,亦可将其划入社会治理型;从法律效力上看,此两种检察建议兼具"刚"性与"柔"性,但"柔"性还是大于"刚"性,更适宜作为一种督促手段。因此其制发的时间节点极为重要,应当充分考虑到检察建议的"柔"性与不起诉决定的"刚"性,只有二者协调,涉案企业刑事合规才能起到更好的效果。

### (二)涉案企业刑事合规检察建议前置的正当性

#### 1. 检察建议作为"诉讼内"协商载体的合理性

我国自2018年《刑事诉讼法》设立认罪认罚制度以来,协商性司法已经逐渐成为我国刑事司法的重要理念,在涉案企业犯罪中如何确定协商模式,是检察机关合理运用我国现行法律制度的思路展现。在以相对不起诉制度作为出罪依据的众多案例中,不同检察机关对于涉案企业的协商模式作出了差异化的尝试,如在最高人民检察院发布的第二批指导性案例三——"山东沂南县Y公司、姚某明等人串

① 参见谢登科、张赫:《论刑事合规不起诉中的检察建议——以最高人民检察院第81号指导性案例为视角》,载《青少年犯罪问题》2021年第3期。

通投标案"中,沂南县人民检察院以合规整改协议作为协商的载体,通过一种创新的司法协商模式来指导涉案企业进行合规建设。从其实践的效果来看,此种方法与国外的暂缓起诉模式极为相似,但检察机关与涉案企业之间作出此类协议的法律依据问题仍然是此模式下存在的隐患。还有部分检察机关把对涉案企业的合规指导建议写在认罪认罚具结书内,从法律文书的规范性来看,其做法也是存疑的:认罪认罚具结书的主要内容应当是对于涉案企业、犯罪嫌疑人的量刑建议、认罪认罚可能产生的法律后果,此类文书所欲达到的协商目的是以罪刑上的协商来节省司法资源。

从合法性上来看,检察机关以公权力机关身份与涉案企业在是否追究其刑事责任上作出的协议,是协商性司法的最终表现形式,也与美国当前的司法协商模式极为相似。而在我国的现行法律制度中,对协商性司法的引入是非常克制的,虽然认罪认罚制度的引进在我国掀起了协商性司法的本土化浪潮,但就目前而言,这一项制度的存在并不意味着协商性司法可以脱离我国原有法律的基础,更不能因为此项制度的存在衍生出有浓厚协商性司法意味的相关协议,应当认识到在刑事合规建设到一定规模之时,此类协议可能存在的风险。《工作规定》第11条规定了人民检察院制发社会治理检察建议的情形,该条第1项、第2项及第4项均规定了检察机关在对单位有违法风险时能够制发针对涉案单位完善管理、治理的检察建议。检察建议作为一种有明确规定的司法工具,在合法性上并不具有明显的瑕疵,《工作规定》中对于检察建议的类型、内容、适用条件的相关规定也比较开放,为检察机关更"放得开手脚"适用这项工具提供了很宽的自由度。

从内容上看,"合规整改协议"多是检察机关单方面提出涉案企业应当履行的义务,此类单向的协议完全可以通过建议、意见等文书来完成,且检察建议具有制发时间、建议内容、建议对象上的灵活性,能够在刑事合规程序中多次使用。此类文书对涉案企业及工作出现疏漏的相关政府机关都提出相应建议,贯穿于"诉讼内"与"诉讼外",具有显著的优势。以最高人民检察院发布的第81号指导性案例——"无锡F警用器材公司虚开增值税专用发票案"为例,新吴区人民检察院共制发过两次检察建议,第一次是作为检察机关对涉案企业进行合规整改指导的检察建议,第二次是对相关的政府机关制发了检察建议。这不仅指导涉案企业完成了自身的合规建设,还通过检察建议的方式解决了检察机关处罚权力缺失的问题,以检察建议的形式将涉案企业应受的处罚制发给相关机关,让有处罚权力的机关对其进行处罚。

2. 检察建议作为协商手段的适配性

在刑事合规中的协商主要是确定合规建设的内容、期限及考察方式,确定合规建设内容的前提是经过细致的调查、实地走访。《工作规定》第3章专门规定了制发检察建议的调查核实、办理流程、文书内容、督促落实等内容,就规定的具体内容而言,检察建议与刑事合规的流程在一定程度上相互匹配。

《工作规定》第14条规定,检察官可以采取查询、调取、复制相关证据材料,向当事人、有关知情人员或者其他相关人员了解情况,咨询专业人员、相关部门或者行业协会等对专门问题的意见等多种措施对相关事实进行查明。根据此条规定,检察机关在对涉案企业进行调查时具有明确的法律依据,此条规定的数种措施也能够帮助检察机关作出更加贴合实际情况的检察建议,使涉案企业的合规建设有更好的效果。《工作规定》第16条规定,检察建议书的内容一般包括案件来源,认定或核实的事实及其证据,存在的违法情形或者应当消除的隐患,建议的具体内容及相关法律、法规、有关文件的规定,被建议单位提出异议的期限以及被建议单位书面回复落实情况的期限,这与检察机关提出整改建议的内容基本一致,可以容载所需内容及确定回复期限。值得注意的是,《工作规定》第19条规定了被建议单位作出相应处理的最晚期限为两个月,在考察期限上可能存在过短的问题。《工作规定》第24条规定了人民检察院积极督促和支持配合被建议单位落实检察建议的督促职责,为检察机关后续监督涉案企业合规计划的落实情况提供了法律依据。

### (三)涉案企业刑事合规检察建议后置模式的局限性

在当前的本土化路径探索中,检察建议大多数作为检察机关作出不起诉决定之后的监督手段,其往往是与不起诉决定同时制发的,在这种模式下,可以理解为检察建议后置于不起诉决定。作出不起诉决定的理由并非涉案企业已经根据合规检察建议完善或者是建立起一套合规体系，而是通过实地走访、调查来了解涉案企业既往及案发之后的态度表现，结合涉案企业自主改进情况，公开听证，在听取各方意见后作出不起诉决定。

以上海市长宁区检察院的实践经验为例，其对一批涉嫌虚开增值税专用发票罪的小微涉案企业通过检察建议后置模式作出了不起诉决定。其作出不起诉决定的主要依据是涉案企业及时申报或补缴了全部税款，且案发后运营状态平稳正常，多数涉案企业还在积极拓展新的业务，能够继续促进经济发展和保障就业，部分涉案企业还解决了大量残疾人的就业问题。其作出不起诉决定的主要依据是涉案企业的过往贡献，对于案发后涉案企业是否建立相关的合规体系，该院并没有纳入考虑的范围。这种模式从本质上还是属于传统检察建议“查清问题—提出建议”的运行机制，对于涉案企业在获得不起诉决定之后是否根据检察建议建立了相关的合规体系，检察机关缺乏相关的法律依据对其进行强有力的监督，对不依照检察建议建立合规体系的涉案企业也无法进行处罚。因此该种模式暴露出了局限性，从约束力强度、预防再犯功能两个角度都存在明显的短板。首先，作为主要约束方式的检察建议与不起诉决定同时出具，这在刑事激励目的的实现上存在逻辑不恰的问题：不起诉决定是激励涉案企业进行合规建设的最强动因，从逻辑上来讲应当是检察机关在检验合规建设的情况之后，再作出不起诉决定。该种模式以后置的检察建议来替代不起诉决定的约束力效果，即便最高人民检察院为提高检察建议约束效力已经确立了若干项配套制度，但其约束效力不能与不起诉决定相比，这从理论上、实际上亦显而易见。其次，在预防再犯功能的实现上，只有涉案企业通过刑事合规建立健全了自身的合规计划，其再犯类似案件的可能性才会有实质性的减小，而该种模式存在约束效力不够、激励效果存疑的逻辑后果，以该种模式获得不诉处理的涉案企业仍有可能只是做了表面功夫，其合规建设只是流于表面，其预防再犯的功能难以真正实现。

## 四、涉案企业刑事合规检察建议前置的办案模式

在刑事合规不起诉的实践探索中，不起诉决定作出的不同时间节点可能对检察建议效力和合规建设成效产生不同影响。就当前实践

中出现的两种模式来说，一种为在作出不起诉决定之前制发检察建议，即“检察建议前置”模式，与之相对的是“检察建议后置”模式。对我国试点中使用相对不起诉路径的案例分析得出，该路径在传统的刑事诉讼程序中有几个重要的时间节点：一是案件移送审查起诉之时，代表着审查时效开始起算，作出是否起诉决定的最晚日期基本确定；二是检察机关决定或上级检察机关批准启用刑事合规程序之时，此时代表着刑事合规的程序正式启动；三是检察机关对涉案企业深入调查，了解合规缺口之后与其达成协议（表现为认罪认罚具结书、合规整改协议或是前置的合规型检察建议）；四是第三方机构介入监督涉案企业进行合规建设；五是检察机关主持听证会对涉案企业的合规建设情况进行检查以及作出是否不起诉的决定。具体流程如下图所示：

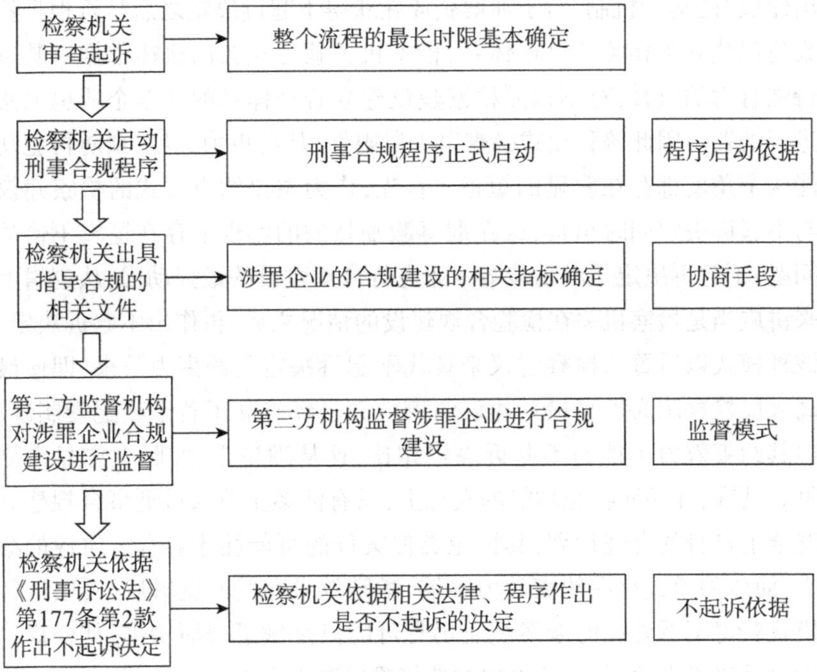


在当前出现的不同刑事合规不起诉路径中，基本上将上文提及的几个时间节点纳入了考量范围，每一个时间节点的进入依据在不同的路径中表现为不同的形式。从刑事合规程序启动的依据来看，涉案企业的有无自首情节、认罪认罚情况、合规建设的积极性、涉案企业的社

会责任承担情况以及未来发展前景等都会纳入检察机关的综合考虑范围;从检察机关与涉案企业之间的协商手段来看,附条件不起诉路径中通常直接以涉案企业完成合规建设作为不起诉的条件,相对不起诉路径中则存在合规整改协议、认罪认罚具结书和合规型检察建议三个种类;涉案企业合规建设情况的监督模式则根据不同地方的具体条件有所差异,但组建第三方监督机构进行走访、考察的基本模式已经是该环节的发展趋势;对于最终作出不起诉决定的依据,则与检察机关选择的路径一致。

检察建议前置的相对不起诉路径,指的是在最终的出罪依据上以相对不起诉制度为出口,而在协商手段上选择以检察建议为载体,其他部分如程序启用的依据、监督模式等则与附条件不起诉相似,主要差异体现在附条件不起诉目前并未对涉案企业犯罪进行规定,至于案件的具体情节是否轻微、社会影响是否恶劣等因素是否影响刑事合规不起诉程序的启用,目前还缺乏相关规范。与其他路径不同的是,本条路径在处理轻微案件,甚至是一般案件时,能够保证每一步都在现行《刑事诉讼法》的框架之内运行:在确定启用刑事合规不起诉之时,可以将《刑事诉讼法》第 15 条、《刑法》第 13 条等规定作为检察机关判断的基本依据及启用该程序的制度依托;《工作规定》对检察建议使用范围作出了开放性的规定,合规型检察建议作为程序中的协商手段也具有合理性、合法性;为加强各地刑事合规的建设水平,各地也纷纷推出地方的第三方机构建设的相关文件,以保障合规建设的落实;对于轻微案件,相对不起诉作为出罪依据也完全合法合规,以此套模式能够减少检察机关在处理轻微的涉案企业犯罪时的办案流程合法性的风险。

## 五、余论:涉案企业刑事合规检察建议前置模式的局限与出路

我国刑事合规建设需要在现行法律框架下将众多的制度连接起来,从程序启动、协商过程、不起诉依据等多个环节综合考虑,选择相对适合的路径实现刑事合规制度的本土化。本文提出的检察建议前置模式将合规检察建议嵌入相对不起诉中,可以有效保障合规监管检察建议的制度刚性,对于轻微案件、一般案件的处理可以优先适用。但检察建议前置的相对不起诉路径也存在诸多局限性,如适用案件的范围、考

察期限的限制、检察建议的个案依赖性等方面都存在明显的问题,即仅能作为立法完善前的过渡方式。

首先,检察建议前置模式并不适宜作为刑事合规不起诉制度的唯一路径。由于检察建议前置模式的出罪依据为相对不起诉制度,其适用的案件范围相对狭窄,从未来发展的适应情况来看,附条件不起诉制度是更为合适的出罪途径,以立法方式增添合规型附条件不起诉制度能够应对更多的应当适用刑事合规不起诉制度的案件,也能够更好地融入合规全球化的大环境。

其次,可以适当延长合规监管型检察建议的履行期限。《工作规定》第 19 条将检察建议履行期限和回复期限规定为作出检察建议之日起两个月。对于涉案企业来讲,在两个月内建立起一套合规计划相对困难,而合规计划的建设情况是检察机关作出不起诉决定的主要参考因素。对此,可以借鉴未成年附条件不起诉中的监督考核期限,将期限延长为 6 个月至 12 个月;对于更加复杂的案件,经检察长或检察委员会决定,可以适当延长。

最后,可以通过诉讼外的宣传方式增强刑事合规不起诉的教育功能。所谓个案依赖性,指的是合规型检察建议的制发依赖于其审查起诉的具体案件,其内容也涉及涉案企业保密性较强的一些信息,因此不便于公开,具体案件的社会教育效果也会比较有限。对于检察机关在处理此类案件中发现的涉案企业犯罪风险的共性类的漏洞,可以通过诉讼外的一些宣传手段对广大涉案企业起到警示、教育的效果,使刑事合规不起诉的教育、指导功能更好地发挥。

# 检察建议企业合规模式实践运行探究

李井忠　汤佩山*

**内容摘要**:涉案企业合规改革顺应了当前中央加强民营企业保护的发展趋势,体现了从源头上治理企业违法犯罪的理念。合规改革探索过程中,形成了检察建议"简式合规"和第三方监管"范式合规"的二元合规模式。在中国的司法语境下,面对中小微企业发展现状,检察建议"简式合规模式"不仅具有内在的正当性,而且还具有强大的制度生命力。但是,合规检察建议还存在刑事激励不足、质量不高、效力不佳等诸多问题。应当立足合规改革实践,从引入刑事激励因子、强化检察建议质量与效力等方面对检察建议"简式合规模式"进行优化完善。

**关键词**:检察建议;企业合规;刑事激励;听证制度

2020年3月以来,最高人民检察院先后部署启动了两批涉案企业合规改革试点工作;2022年4月,全国检察机关全面推开涉案企业合规改革试点工作。这一改革探索顺应了当前中央加强民营企业保护的发展趋势,体现了从源头上治理企业违法犯罪的理念。两年多

* 李井忠,安徽省寿县人民检察院研究室主任;汤佩山,淮南市人民检察院案件管理办公室助理检察官。

以来,全国检察机关探索开展涉案企业合规改革工作取得了阶段性成效,各地检察机关在合规改革探索过程中,逐步形成了多元化的涉案企业合规改革模式,其中最为典型的便是合规检察建议和第三方合规考察这两种模式,有学者将其概括为"简式合规模式"和"范式合规模式"。[①] 然而,企业合规制度毕竟属于"舶来品",又囿于合规改革处于探索起步阶段。因此,无论是合规检察建议模式还是第三方合规考察模式,在改革实践过程中,既存在理念上的羁绊,也存在一些制度性的障碍,这都需要对其进行实质性的本土化改造,使其在适应中国司法语境的前提下,发挥有效治理企业违法犯罪的应然制度价值。本文以安徽省首例合规检察建议案件为考察样本,在分析检察建议合规模式实践运行现状的基础上,对合规检察建议良性运行的制度基础进行逻辑展开,进而对合规检察建议存在的问题进行实践层面的探讨与"有限"的反思,以期对中国涉案企业合规改革制度的进一步完善提供司法实务的参考。

## 一、检察建议企业合规模式的实践样态

2021 年 9 月 13 日,经安徽省人民检察院批准同意,安徽省寿县人民检察院对涉嫌保险诈骗罪的安徽省 S 农场医院(以下简称 S 医院)启动了检察建议合规办案程序,该案也是安徽省首例检察建议合规不起诉案件。

### (一)基本案情

2018 年 12 月,S 医院实际负责人王某某为了让单位非法获利,通过伪造 S 医院与王某医患纠纷案的寿县医调委调解协议书、医学专家评定意见书等材料,更改赔偿金数额及医院责任占比,额外骗取中国人民财产保险股份有限公司淮南分公司保险金 65367.3 元。案发后,王某某主动到公安机关投案,并如实供述犯罪事实,且 S 医院退还了全部诈骗款,并取得了中国人民财产保险股份有限公司淮南分公司的谅解,公安机关对其采取了取保候审强制措施。2021 年 7 月 9 日,公安机关以 S 医院及王某某涉嫌保险诈骗案移送寿县人民检察院审查起诉。

① 参见陈瑞华:《企业有效合规整改的基本思路》,载《政法论坛》2022 年第 1 期。

S 医院及王某某均自愿认罪认罚,在律师的见证下签署了认罪认罚具结书,寿县人民检察院经审查综合案件情况拟作出不起诉处理,并围绕如何推动 S 医院合法规范经营提出具体的检察建议,督促 S 医院健全完善医院管理制度。2021 年 11 月 1 日,寿县人民检察院举行公开听证,并依据《刑事诉讼法》第 177 条第 2 款的规定,对该公司及王某某作出不起诉决定,同时对被不起诉单位予以行政处罚等相关问题向寿县医保局提出检察意见。

(二)合规履职情况

在审查起诉阶段,检察机关及时向 S 医院及王某某送达认罪认罚从宽制度告知书,结合案情进行释法说理,依法听取意见。王某某表示认罪认罚,S 医院提交了书面意见,表示对本案事实及罪名不持异议,认罪认罚,请求检察机关从宽处理。

检察机关实地走访、调查了解 S 医院经营状况,评估案件对 S 医院经营的影响,听取 S 医院对合规整改的意愿。经查,S 医院制有单位章程,出资方式为个人独资,医院共有从业医务人员 70 余人,业务范围涵盖了内科、外科、妇产科等 11 个常见科室,是寿县城镇职工、城乡居民医疗定点医疗机构,2020 年医院门诊量达 27000 余人次,收治住院患者 2000 余次,该医院有效缓解了当地紧张的医疗资源,2020 年被授予"平安医院"创建合格单位,全年收到几十份锦旗及感谢信。

通过实地走访调查发现,S 医院发案前有基本的经营管理制度,具有相对完善的合规管理体系,但医院治理制度尚不健全,尤其是相关医务人员法治意识不强,内部财务管理不规范。在评估案件情况后,经层报安徽省人民检察院批准同意,寿县人民检察院启动了检察建议合规不起诉办案程序,围绕完善医院财务管理、健全内部监管机制等方面提出具体的检察建议,督促涉罪 S 医院健全完善医院管理制度,并规定 2 个月整改期限。S 医院根据合规检察建议,在整改期限内,制定合规经营方案,修订医院规章制度,完善财务管理制度,出具合规整改报告。

为提升不起诉决定的公信力和公正性,突显检察建议合规质效,寿县人民检察院举行公开听证会,邀请人大代表、政协委员、人民监督员、侦查机关代表等参加听证。经听取各方意见,结合 S 医院合规整改报告,寿县人民检察院依法作出不起诉决定,同时依法向寿县医保局提出对 S 医院行政处罚的检察意见。

## 二、检察建议企业合规模式的制度基础

无论是从涉案企业合规改革的顶层制度设计来看，还是从各地检察机关的探索实践来看，涉案企业合规改革的中心无疑落在了第三方监管合规考察的“范式合规模式”上，尤其是最高人民检察院牵头九部委发布的《关于建立涉案企业合规第三方监督评估机制的指导意见（试行）》更是说明了这一点。然而，问题的关键不在于涉罪的中小企业能不能适用合规考察，而是对不同性质、不同规模企业的合规计划不能作统一的要求。合规计划不能“千人一面”，而需要区别对待，“因人而异”“因事而异”。[①] 也就是说，刑事合规可适用于各类企业，但在有效合规体系的标准上，大型企业、中型企业、小微企业应当有所区别，而不能套用一个模式。[②] 与“相对不起诉 + 合规检察建议”的“简式合规模式”相比，“附条件不起诉 + 第三方监管合规考察”的“范式合规模式”在合规激励、合规公信等层面的确有其独特优势。然而，从上述 S 医院“简式合规模式”案例来看，在合规质效层面，两种合规模式几无区别。但是，从合规成本、合规效率等层面考量，“简式合规模式”却有“范式合规模式”所不具有的优势。应当说，在中国特定的司法语境之下，“范式合规模式”也存在一定的实践局限性，而“简式合规模式”不仅具有内在的正当性，而且还具有强大的制度生命力。

### （一）合规检察建议是检察机关主导涉案企业合规改革的内涵之一

涉案企业合规改革是检察机关充分发挥检察职能，做好对涉案企业负责人依法不捕、不诉、不判实刑的“后半篇文章”的关键。为做好“后半篇文章”，实现司法资源在企业合规体系建设中的优化配置，纵然“范式合规模式”是改革探索的主流，但是包括合规检察建议“简式合规模式”在内的多元化的合规考察模式，无疑是改革探索的必然之举。无论是从最高人民检察院下发的企业合规改革文件来看，还是从最高人

---

① 参见孙国祥：《企业合规改革实践的观察与思考》，载《中国刑事法杂志》2021 年第 5 期。

② 参见朱孝清：《企业合规中的若干疑难问题》，载《法治研究》2021 年第 5 期。

民检察院出台的合规典型案例来看，最高人民检察院对企业合规改革的探索方向之一便是“企业合规与检察建议相结合”。合规检察建议不仅与检察机关法律地位没有冲突，反而是检察机关回应社会需求、守护公共利益的应有之义，具有内在的正当性，尤其与当前民营企业犯罪治理的刑事政策相契合。[①] 而这一点在最高人民检察院指导性案例（检例第81号）：无锡F警用器材公司虚开增值税专用发票案中体现得淋漓尽致，可以说，最高人民检察院第81号指导性案例就是一个检察建议“简式合规模式”的典范。

（二）合规检察建议是检察机关参与社会治理的题中之义

2019年最高人民检察院颁布了《人民检察院检察建议工作规定》，其中第5条第4项规定的检察建议类型便是“社会治理检察建议”。从一定程度上来讲，检察机关主导的涉案企业合规改革正是检察机关参与社会治理的一种制度探索，体现了检察机关的重大政治担当。检察机关通过合规不起诉、合规从宽量刑建议的激励方式，督促企业进行有效整改，建立有效合规体系，激活涉案企业自我监管，完成去犯罪化改造。在整个合规改革过程中，检察机关不再是机械地审查办案，而是体现了主动参与企业治理的司法理念，通过主导合规改革而成功地参与到国家治理现代化的进程之中，实质上是将检察权的行使主动契合人民群众的期待和社会发展的实际需求，真正维护了国家利益和社会公共利益。因此，合规检察建议的性质当然属于“社会治理检察建议”的范畴，合规检察建议无疑是检察机关参与社会治理的题中之义。

（三）合规检察建议是因应民营企业发展现状的应然之举

与域外企业合规制度主要针对大型企业不同，我国涉案企业合规改革的对象主要是中小微企业，尤其是一些带有家族化经营特征的小微企业。从改革实践来看，有些涉案企业只有几十名员工，甚至只有几名员工。比如，上述涉案的S医院，可以说是我国合规企业类型的一个典型或者缩影。这类涉案企业经营模式简单粗犷，管理方式原始简单，一般没有建立现代化的公司治理体系，也不具备建立合规管理体系的

---

① 参见李奋飞：《论企业合规检察建议》，载《中国刑事法杂志》2021年第1期。

组织和资源条件,即便在形式上按照第三方监管的“范式合规模式”建立了合规管理体系,但是在短时间的合规考察期限内,追求中小微企业形式上尽善尽美的合规,既增加了企业负担,又耗费了监管所需的大量社会资源,也难以使其得到有效运行,合规整改往往流于形式。就涉案中小微企业而言,合规的第一要务就是让其“活下来”。因此,从降低企业合规成本、调动企业参与合规建设积极性、最大限度达到合规质效的角度出发,将合规计划的履行效果嵌入检察建议法律效力之中的“简式合规模式”,将是结构简单、规模有限、员工较少的中小微企业合规改革的逻辑归宿。

## 三、检察建议企业合规模式存在的问题

相对于“范式合规模式”而言,“简式合规模式”中的合规检察建议固然有提升合规效率、制发时间和对象的灵活性等诸多独特优势,但是,合规检察建议作为一种社会治理类型的检察建议,除了具有检察建议本身固有的弊端之外,从当前合规改革的探索实践来看,合规检察建议还存在诸如制发时机选择不佳、合规激励不足、合规整改内容不科学等问题。

### (一)合规检察建议提出的时机问题

一般来讲,涉企案件进入检察环节后,合规检察建议可以在审查逮捕与审查起诉阶段被制发。在审查逮捕环节,虽然可以把少捕慎押政策与合规改革相结合,也可以扩充后续合规考察的时间,但是囿于审查逮捕办案期限短暂,提出针对性合规检察建议的可能性较小,故此启动检察建议合规模式的空间不大。就目前合规改革探索实践来看,合规检察建议基本上是内嵌于审查起诉程序当中的。若以作出合规不起诉(轻缓量刑)结果的时间节点来划分,可以将制发合规检察建议分为前置程序和后置程序(含与不起诉及轻缓量刑决定同时作出的情形)。在前置程序中,合规检察建议的采纳履行情况将直接决定是否作出合规不起诉及轻缓量刑结果,以此突显了合规检察建议的刚性,但是,这里却涉及办案期限与合规检察建议考察期限的冲突问题。在后置程序中,合规检察建议采纳履行情况将不是作出合规不起诉或者轻缓量刑的考量因素,此时的合规检察建议与传统检察建议性质几无差别,检察

建议内生强制力不足问题凸显,进而导致合规激励严重不足,无法为涉案企业建立合规体系提供内在动力。

（二）合规检察建议内容的针对性问题

在检察建议"简式合规模式"中,检察建议的内容实质上就是企业合规承诺或者合规计划,检察机关通过检察建议的方式参与到企业合规体系的建设中来,它与作为传统法律监督手段的检察建议的内容相比有很大的区别。然而,企业合规体系建设是一项非常复杂且专业性极强的工程,而且不同类型的企业之间在经营范围、内部结构、合规风险管控体系等方面千差万别,所以每一个涉案企业的合规计划也不可能有统一的标准,这就对合规检察建议的内容提出了极高的要求。合规改革实践中,存在两种截然对立的做法:一种是对全面合规性质的内容"大而全"式检察建议;另一种是对专项合规性质的内容"打补丁"式检察建议。而前者追求形式上尽善尽美的合规,实质上回到第三方监管"范式合规模式"上了,不但背离了检察建议"简式合规模式"的初衷,而且增加了企业负担,最终很可能导致流于形式的"纸面合规";后者虽然具有较强的合规整改针对性,但是就事论事,无法消除企业犯罪的真正病因,难以指出企业经营管理风险中的本质问题,不能真正实现合规改革质效。

（三）合规检察建议整改落实的标准问题

无论采用哪种企业合规模式,最终都要促使涉案企业实现"真整改""真合规"之目的,这里就涉及企业合规整改与考察的标准问题。然而,合规考察标准问题又是合规改革的一个核心问题,从目前合规改革探索实践来看,在顶层制度设计层面,制定一套符合企业发展实际的合规考察标准尚待时日。然而,无论是传统检察建议还是合规检察建议,监督对象或者涉案企业的采纳率并不能说明其整改了问题或者完成了合规整改,即便是前置程序的合规检察建议,形式上的采纳也不能与实质上的整改落实相提并论。尤其是在缺乏"范式合规模式"第三方监管机制的情况之下,如何防范涉案企业流于形式的"纸面合规",显然是一个需要认真研究的问题。同时,如何防范检察机关对涉案企业"纸面合规"的认定采纳亦即"合规腐败",以及面对企业真合规时,"检察机关既当运动员又当裁判员”的质疑等都将是当前合规改革试点全面推开之后而亟待正视的问题。

## 四、完善检察建议企业合规模式的路径选择

面对中小微企业发展现状及特定的司法语境,在推进涉案企业合规改革过程中,检察建议“简式合规模式”无疑具有巨大的适用空间。检察机关应当在探索多元化企业合规模式的基础上,从强化刑事合规激励、提升合规质效等层面对检察建议“简式合规模式”进行合理优化。

### (一)以合规检察建议前置程序充分激活合规激励功能

在审查起诉阶段,检察机关结合涉案企业犯罪情况、认罪认罚及生产经营现状等因素对涉案企业进行走访调查,形成启动检察建议“简式合规模式”的可行性报告,做到“因案制宜”,明确合规考察模式,从而避免将本该适用第三方机制“范式合规模式”的合规案件而使用了检察建议“简式合规模式”,进而影响合规质效。在此基础上,采取合规检察建议前置程序,在作出(提出)合规不起诉及轻缓量刑建议之前,充分激活合规检察建议所蕴含的刑事激励因子,解决合规检察建议后置程序刑事激励不足问题,保障合规检察建议的制度刚性。同时,全面贯彻落实少捕慎诉慎押刑事政策,突破传统检察建议两个月整改期限的限制,充分利用取保候审等非羁押办案期限,扩张企业真合规空间,防止出现“纸面合规”,切实为企业建立科学完善、行之有效的合规管理体系提供内在动力。

### (二)以高质量合规检察建议引导企业建立专项合规计划

合规检察建议质量的高低决定着涉案企业合规计划的有效性及合规整改的成效。中小微企业合规的灵魂不是要所谓的“全面合规”,而是要使涉案企业尽快“起死回生”,保证其继续生存下去,恢复正常的生产经营。为了保障合规检察建议内容的科学性、针对性、必要性,检察机关既不能脱离现有的检察职能,也不应替代涉案企业内部的法律顾问,应当在实地走访、调查、核实,充分了解涉案企业经营状况,评估案件对企业生产经营影响的基础上,结合自身法律监督的定位及专业、经验、资源等限制,广泛听取涉案企业意见,咨询行业专家或者行业协会

对专门性问题的意见，进而针对涉案企业的制度隐患、管理漏洞和主要合规风险点提出专项的合规检察建议，以此为涉案企业量身打造一套简便可行的合规整改方案，激活涉案企业内部自我监管机制，激励涉案企业“健全制度、加强管理、堵塞漏洞”，从而降低再次违法犯罪的可能性。从根本上来讲，涉案中小微企业合规整改的宗旨在于先破后立，先进行制度修复，再进行体系构建，最高人民检察院第81号指导性案例以及上述S医院案例中检察建议的内在逻辑也在于此。

### （三）以公开听证为中心构建合规检察建议效力监管体系

在缺少合规第三方监管机制的前提下，要保障检察建议“简式合规模式”的合规整改质效，防止出现“走秀式”的“纸面合规”“形式合规”，同时避免检察机关在合规改革过程中的“权力寻租”，降低检察机关权力滥用风险，那么，构建一套合规检察建议执行效力外部监管体系至关重要。从合规改革的实践来看，在第三方机制“范式合规模式”当中，听证制度已成为保障涉案企业程序参与权的重要程序，可以说，在当前涉案企业合规改革的司法场域之下，听证制度已经成为提升企业合规考察制度公信力的最基本要求。那么，与此相比，在检察建议“简式合规模式”当中，听证制度无疑应该成为合规检察建议效力正当性的根基。此外，要确保企业合规制度建设的长期有效，还需要公权力机关外部监督的支持。[①] 因此，应当以合规听证制度为中心，强化刑行衔接机制，激活“府检联动”内生动力，建立诸如“合规监督员”“合规专员”参与的跟踪监督回访机制，以防范随意合规评估带来的风险隐患，并防止合规考察评估过程中司法裁量权的滥用，以此不断提升合规考察的透明度和公信力，最终促进“严管”制度化，防范“厚爱”被滥用。

---

① 参见周新：《涉罪企业合规不起诉制度重点问题研究》，载《云南社会科学》2022年第2期。

# 涉案企业刑行合规衔接机制研究

## ——以一起国家级高新技术企业污染环境合规案为切入点

李立明*

**内容摘要：**截至2021年年底，最高人民检察院先后启动两批涉案企业合规改革试点工作，全国160余家检察机关参与涉案企业合规改革试点实验并取得了初步成效。然而由于涉案企业合规改革目前仅由检察机关主导，尚未能建立起刑事合规与行政合规有效衔接的权威、科学、高效的管理体系，无法有效推动涉案企业合规持续走向深入。涉案企业刑行合规衔接机制建设无疑将会对今后涉案企业合规的更加深入开展产生举足轻重的影响，而涉案企业刑行合规衔接之所以推进不畅的主要原因在于实体、程序、理念等多方面因素的共同影响，因此当务之急是要从这几个层面同时发力，推动刑行衔接不力问题有效整改，才能更好保障涉案企业合规改革。

**关键词：**涉案企业；企业合规；刑行衔接；合规衔接机制

* 李立明，江苏省宿迁市沭阳县人民检察院第六检察部主任。

## 一、案例及问题的引入

### (一)基本案情

2020年8月至2021年6月,沭阳鑫达新材料有限公司(以下简称鑫达公司)法定代表人徐某某同意、纵容公司行政部负责人詹某某安排第三方运维机构南京晶莹环境监测科技有限公司委派的运维人员王某多次篡改烟气在线监测设备采集的二氧化硫、氮氧化物超标排放数据,致使环保部门无法监测到真实排放数据。2021年6月,生态环境部大气帮扶组随机抽检发现,该公司存在篡改废气监测数据、除尘设施未运行等问题。2021年7月10日,沭阳县公安局根据县生态环境局移送的线索对该案立案侦查。

2021年10月22日,沭阳县人民检察院对该案受理审查起诉,该院通过走访企业调查、听取行政机关意见等方式,获悉该公司是一家从事特种玻璃产品制造的国家级高新技术企业,2021年销售额超6.6亿元,纳税3317万元,员工600余人,曾获评宿迁市50强企业、江苏省优秀企业。案发后,该公司及时整改,企业废气自动监测设备分析仪等设备参数已恢复,处于正常运转状态。鉴于企业对合规管理的接受度高、执行力强,该院评估认为其具备良好的合规整改基础,逐层报江苏省人民检察院护航民企专班审批同意后,决定对该案开展企业合规改革试点,确定了2021年11月1日至2022年4月1日共5个月的合规考察期。2021年11月11日,该院启动民事公益诉讼办案程序,委托第三方检测机构两次取样,测算出鑫达公司生态损害赔偿金为583万元。针对鑫达公司与生态环境部门就赔偿数额及赔偿方式等产生的争议,该院又牵头召开磋商会,通过"直接支付赔偿金+环保投入交罚单"的方式,促成鑫达公司与生态环境部门达成583万元赔偿协议,由鑫达公司向宿迁市财政局国库处分期支付生态环境修复费用292万元,同时投资不少于291万元用于实施光伏发电项目、余热发电项目及提标改造项目,作为生态损害赔偿金额予以抵扣。

此后,该院对鑫达公司递交的合规整改计划书进行实质审查,指导该企业重点围绕环保监督、组织权责等方面开展专项合规。后该公司对计划书方案予以调整,围绕环保监督及举报、环保绩效考核等细化23

条具体措施。该院与县生态环境保护局共同制定污染环境合规考核表,设置24项合规标准,并对照江苏省环境工程技术有限公司出具的环境修复项目生态环境绩效核算报告,将三个替代性修复项目实际运转情况纳入合规整改计划的重要内容。

2022年4月14日,第三方监督评估组织根据污染环境合规考核表,综合评估鑫达公司合规整改得分为92.11分,远超过80分合格线。2022年7月6日,该院再次会同第三方监督评估组织部分成员走访了解到该公司在环保替代性修复项目上,已投入1500万元用于光伏发电项目,投入2380万元用于玻璃窑炉余热发电项目,实施SCR废气超低排放提标改造项目,预计年节约原煤约6975.2吨。2022年7月11日,该院邀请人民监督员、第三方监督评估组织代表、侦查人员等参加公开听证,参会代表一致认可合规考察结果,同意检察机关拟作出不起诉处理决定。

(二)该案引发的思考

该案系2021年10月江苏省人民检察院、江苏省生态环境厅联合挂牌督办的案件。沭阳县人民检察院在受理案件后,积极引导涉案企业开展合规建设,推动涉污企业投入3800余万元用于实施生态损害替代性修复项目,经合规考察合格后依法对3名涉企人员作出相对不起诉决定。目前,该企业正申报"绿色标杆"示范企业,与央企建材集团合作投资的1200吨超白光伏玻璃生产线正在动工建设,在检察机关主导下,促成该涉污企业实现"绿色"转型,取得成效让人倍感振奋。但与此同时暴露出来的一些问题也值得深入反思:其一,与检察机关相比,行政机关对企业合规改革的参与度不够高,其行业监管作用何以得到充分发挥?其二,在合规考察期内,行政监管部门如果没有将对涉案企业的监管职责履行到位,检察机关主导的对企业的治理效果何以得到足够保证?其三,改革初期,各参与主体都具有改革的热情和愿望,改革效果尚能得以保障,但是,在改革的热情退却之后,如果仍然不存在必要的企业合规刑行衔接机制约束,这场检察机关主导的改革试点是否可持续?

带着以上三点疑问,笔者查阅大量公开发表的文献成果尝试找到答案,但少有这方面的专题研究,不过有学者对2020年3月至2021年

12 月，检察机关先后启动的两批涉案企业合规改革试点工作实践进行观察并提出刑行衔接的最新研究观点：在涉案企业合规改革中，检察机关积极将办案职能向社会治理延伸，在 160 余家试点检察机关的推动下，涉案企业合规改革实验取得了初步成效，挽救了不少对经济发展有重要意义的企业，体现出检察机关“严管”和“厚爱”结合。然而由于涉案企业合规改革目前仅由检察机关主导，未能有效推动企业通过建立刑事合规与行政合规有效衔接的专项合规管理体系。[①] 综上，对涉案企业刑行合规衔接机制的研究可谓是迫在眉睫，该衔接机制建设也必将对今后涉案企业合规的更加深入开展产生举足轻重的影响。

## 二、强化涉案企业刑行合规衔接的现实必要性

### (一)加强对企业违法违规经营问题的源头预防和治理之需要

刑事执法部门在办理涉企刑事案件过程中，在企业行为定性、企业案件侦查、合规整改监管和验收、制定专项合规计划等诸多方面均需要得到行政监管部门的配合和支持。不过，由于涉案企业合规改革目前仅由检察机关主导，而检察机关与行政执法部门又没有行政隶属关系，行政执法部门在企业已经涉嫌犯罪的情况下，不再对案件行使行政调查权和行政处罚权，行政执法部门并没有配合刑事执法部门办理企业犯罪案件(包括但不限于企业合规案件)的法定义务，加上标准、规则和程序的缺乏，刑事执法部门与行政执法部门在办案程序衔接上出现问题也就不可避免。[②] 此外，由于基层检察机关办案人员的知识视野、办案经验、时间精力等自身局限，若无行政监管部门的专业力量作为支撑，检察机关就无法监督和指导企业实现有效合规，无法对企业风险行为在构成行政违法、构成刑事犯罪的倾向上进行有效阻断，因而，从源头上预防和治理企业的违法违规经营问题也就成为空谈。

### (二)消除涉案企业合规改革工作的障碍和潜在壁垒之需要

从近几年的企业合规改革实践来看，虽然检察机关是主导机关，但由于缺乏行政机关的协助难以有效开展合规工作。同时绝大多数试点

---

① 参见李奋飞：《涉案企业合规刑行衔接的初步研究》，载《政法论坛》2022 年第 1 期。

② 参见李奋飞：《涉案企业合规刑行衔接的初步研究》，载《政法论坛》2022 年第 1 期。

地区缺乏态度积极、强有力的领导单位牵头协调,导致检察机关、各行政执法单位主要通过个别协调沟通、召开座谈会、个案协调会等方式来进行衔接,尚没有形成统一高效的刑行合规衔接工作机制。我们应当看到,涉案企业合规改革不仅是一场政法领域的单项改革,更是一场影响深远的社会治理的综合改革,既需要公安机关、人民法院的积极参与,也需要行政监管部门的全面配合,因此建立统一高效的刑行合规衔接工作机制显得尤为迫切,如此方能推动企业合规改革效果达到最大值。

(三)优化涉案企业合规改革中相关办案环节刑行衔接之需要

近些年,为推动刑事司法机关、行政执法机关的各类不作为、违法失职等现象的整改,国务院有关部门、最高人民检察院先后颁发了《人民检察院办理行政执法机关移送涉嫌犯罪案件的规定》(已失效),《关于加强行政执法机关与公安机关、人民检察院工作联系的意见》,《关于在行政执法中及时移送涉嫌犯罪案件的意见》,《关于加强行政执法与刑事司法衔接工作的意见》等规范性文件;2021 年,在涉案企业合规改革持续推进的大背景下,最高人民检察院于 9 月 6 日又发布了《关于推进行政执法与刑事司法衔接工作的规定》,这些均在一定程度上推动了刑行衔接工作的深入开展。但在司法实践中,涉案企业合规改革中反映的行政机关行业监管作用发挥不足、各相关行政主体对检察建议置之不理等相关办案环节刑行衔接问题仍然突出,如检察机关通过合规考察予以不起诉的案件,只是不再追究刑事责任,但仍需要承担行政责任。因此,合规的考察,需要推动企业合规与经济、行政处罚相衔接。对于涉企案件,检察机关依法可以不予追诉,但经济上、行政上需要追责的,向有关主管部门提出检察意见。[①]

## 三、涉案企业刑行合规衔接存在的问题

(一)涉案企业刑行合规衔接的程序不健全不畅通

其一,从"两法"衔接不畅问题多年来始终得不到有效解决的情况

---

① 参见徐日丹:《促进"严管"制度化,防范"厚爱"被滥用——检察机关开展企业合规改革试点工作综述》,载《检察日报》2021 年 4 月 9 日,第 1 版。

来看,公安机关和行政执法部门在配合检察机关办理企业合规案件方面出现程序衔接不畅通问题,几乎是不可避免的。检察机关与行政执法部门并无行政隶属关系,行政执法部门也没有配合刑事执法部门参与企业合规案件办理的法定义务。检察机关在对涉案企业合规考察不起诉后,通常只能依法向行政执法部门发出检察意见或检察建议,刚性不足是其硬伤,行政执法部门收到检察意见后,无正当理由仍不移送涉嫌犯罪案件,检察机关也只能将有关情况书面通知公安机关,而不能对涉嫌犯罪案件直接立案侦查。

其二,在改革初期的热情和愿望驱动下,刑事执法部门和行政执法部门都能够积极配合衔接,但是,在改革的热情退却之后,若无必要的规则和程序,配合衔接中发生推诿扯皮等问题恐怕也是在所难免。从企业合规的实践来看,由于缺乏协作配合的规则和程序,刑事执法部门与行政执法部门在办案程序衔接上出现问题是不可避免的,检察机关更多地只能依赖"多动嘴、勤跑腿"的方式来推动和行政执法部门的配合衔接,合规考察的效果也将带有很大的不确定性。如涉案企业合规考察对象评估工作中的刑行衔接不到位,主要表现为未能充分发挥行政机关的行业监管作用。司法实践中,合规考察对象的调查评估工作主要由检察机关主导,涉案企业到底有无必要适用合规程序,由检察机关结合企业的生产经营、纳税、吸纳就业、社会贡献等情况进行必要性、可行性评估之后作出判断。但是在此阶段,对涉案企业的行业背景、经营情况更为熟悉,且对企业拥有管理权的行政执法部门参与不多,有的行政机关对涉案企业合规改革认识不足,不愿意参与涉案企业合规工作。

### (二)合规考察及验收阶段的刑行合规衔接不到位

在合规考察期内,如果行政监管部门对涉案企业的监管职责没有履行到位,就有可能导致涉案企业对行政监管部门的处罚产生不解,甚至引起争议,即合规考察期内的刑行衔接处理不好,就会让检察机关的前期工作大打折扣,难以取得应有的治理效果。以本文开头提及的涉案企业鑫达公司为例,检察机关确定了5个月的考察期。考察期内,检察机关了解到鑫达公司与生态环境部门就赔偿数额及赔偿方式等产生的争议后牵头召开磋商会,及时约谈涉案企业高级管理人员,开展释法说理，涉案企业最终明白接受检察机关主导的合规不等于可以减免其他责任。涉案企业法人代表明确表态要承担相应行政责任，自愿接受行政处罚，并以此为戒，继续配合落实合规计划，做好合规建设。

在合规检查验收阶段，检察机关发挥能动履职要求，积极推动行政监管部门参与对涉案企业合规整改的检查验收，但在具体实践中，很少形成常态化的刑行衔接机制，检察机关承办人往往是根据工作需要，临时牵头组建检察官（非案件承办检察官）、行政监管部门业务骨干、相关行业领域专家组成合规检查验收组，对企业合规整改情况进行检查验收。以本文开头提及的涉案企业鑫达公司为例，检察机关与生态环境保护局、第三方组织人员共同组成检查验收组，共同研判企业合规验收标准，共同开展合规验收，对于实现刑事司法与行政执法的衔接、督促企业改善治理结构非常有利，但这种验收组织临时性较强，未能及时固化为常态化组织。

### （三）司法办案人员与行政执法人员对涉案企业的刑行合规衔接意识不够强

涉案企业合规工作的理想预期效果是检察机关对被提出合规检察建议或者被纳入合规考察的涉罪企业作出不起诉决定之后，没有“一放了之”，而是通过刑行衔接引导各方力量督促涉罪企业开展积极补救，对被涉罪企业侵害的“法益”进行及时修复，有效弥补其犯罪行为所造成的社会危害，并使其受到相应的经济处罚，为自己的违法犯罪付出代价，从而充分发挥刑罚所固有的惩罚和威慑功能。然而，遗憾的是，由于认识上的偏差（不少人认为，检察机关主导下合规整改就是刑事合规）和受合规考察期限过短的限制，涉案企业在试点检察机关的监督下目前所进行的有针对性的合规整改，基本上就是“去犯罪化”改造，可以说是以预防企业再次实施同类犯罪为归宿的。“这一目标实现了，检察机关对企业的合规整改也就成功了。”①此现象反映出了涉案企业合规工作的检察机关办案人员在办理涉罪企业案件中对刑行合规衔接意识不足，其原因在于，对案件的跟踪监督往往更多地关注行政机关是否履职到位，而对后续因行政机关落实检察建议情形关注甚少，缺乏案件跟

① 陈瑞华：《企业合规不起诉改革的八大争议问题》，载《中国法律评论》2021年第4期。

踪监督意识,遗落了后续可能引发行政争议的环节。刑行衔接意识较差的一种表现形式为"应当移送而没有移送"。有些行政执法人员错误地认为,将案件移送给司法机关影响了自己的权威和人际关系,因而移送积极性不高。这种认识,一方面说明办案人员未能准确把握罪与非罪的界限,对相关法律法规理解不透彻;另一方面与办案人员"两法"衔接意识不强密切相关。衔接意识通常与办案人员自身的素质有关,也与行政机关或其上级机关对衔接重要性的重视程度有关。在实践中,因过多考量自身部门利益或办案人员的绩效而导致衔接失灵的情况屡见不鲜。①

## 四、完善涉案企业刑行合规衔接机制之路径

### (一)明确行政监管部门配合刑事执法部门之职责

试点实践中,联合发文、会商研判、成立临时小组是检察机关常用的方式,虽然暂时解决了涉案企业合规改革中第三方监管人选任、合规考察验收、合规成果在行政处罚中运用等刑行衔接问题,但是从长远计,若想让刑事合规建设更加行稳致远,则需要加强与行政监管部门的协调配合,这样才可实现刑行合规有效衔接。因此,建议在法律上加快明确行政监管部门在企业合规中的法律职责,细化与司法机关衔接的程序和规则,实现刑事处罚与行政处罚的良好衔接,从而实现对企业犯罪的源头治理,营造良好的法治化营商环境。例如,明确检察机关主导做好事前调查评估工作,对企业是否构成单位犯罪、案件是否符合合规考察适用条件进行初步判断。涉案企业应当积极配合公安机关调查取证,如实供述犯罪事实,主动向检察机关提出合规整改申请,并提供企业纳税、生产经营、用工规模等用于证明企业经营规模、经营状况、社会贡献度的证明材料等。行政机关配合检察机关对涉案企业的调查走访,围绕涉案企业生产经营、纳税社会贡献、前科劣迹等方面充分发表意见建议。条件成熟后,可探索将企业合规整改情况作为量刑情节写入法条,同时规定检察机关可以根据企业合规整改情况向行政监管部

---

① 参见张锋学:《行政执法和刑事司法衔接机制研究》,载《山东社会科学》2019年第1期。

门提出从宽处罚的检察建议,提升检察建议刚性方面的刑行衔接。[①]

(二)建立涉案企业合规中检察机关与行政机关衔接制度

一是探索建立行政机关与检察机关在企业合规办案中的双向通报咨询制度。检察机关在决定启动企业合规程序时,应向涉案企业行政监管部门进行通报,函商第三方监督评估机制委员会推荐第三方监管人员和第三方监督评估机制委员会组建的合规验收小组,协助制定行之有效的企业合规计划,也可以就合规考察中遇到的专业性问题向行政部门咨询。行政机关在涉案企业合规考察期内,定期向检察机关反馈涉案企业对行政处罚的执行情况、违法行为整改情况,也可以向检察机关了解涉案企业的合规开展情况、涉案企业认罪认罚情况等。[②] 刑行部门的双向通报咨询制度可有效实现合规案件信息互通有无,也可有效打击个别企业利用合规整改谋求减轻行政处罚的投机行为,从而实现刑事合规与行政合规的衔接。

二是探索建立行政监管部门与司法机关加强协作配合联席会议工作制度。联席会议,顾名思义,是指两个以上的机构、组织,为了一个共同的目的,以会议的形式进行工作联系、协调、配合的制度。[③] 司法实践中,行政监管部门与公安、检察等司法机关彼此不存在领导和管理的隶属关系,许多工作需要研究、协商、配合才能共同推进,而涉案企业合规改革的深入需要统筹立法、司法、行政等多方资源,由检察机关牵头主导明显力不从心。例如,检察机关认为案件是企业犯罪案件,但公安机关仅对自然人立案应当如何处理？公安机关是否可以通过建议检察机关适用合规从宽措施激励涉罪企业配合侦查？检察机关依据涉罪企业合规整改的情况对其提出从宽量刑建议,但审判机关不采纳应当如何处理？[④] 因此,建议由党委政法委牵头成立企业合规改革工作领导小组,确定公、检、法三机关在司法推动企业合规建设中的角色,系统化地

---

① 参见梁莉、朱芳红:《强化刑行衔接促进涉案企业合规整改》,载《检察日报》2022 年 7 月 29 日,第 3 版。

② 参见梁莉、朱芳红:《强化刑行衔接促进涉案企业合规整改》,载《检察日报》2022 年 7 月 29 日,第 3 版。

③ 参见许道敏:《预防职务犯罪工作联席会议机制研究》,载《人民检察》2012 年第 6 期。

④ 参见李奋飞:《涉案企业合规刑行衔接的初步研究》,载《政法论坛》2022 年第 1 期。

分配职能、明确责任，形成公、检、法三机关协作推动企业合规改革的实施办法，建立公、检、法三机关共同激励企业合规的制度体系。[①] 例如，将司法推动企业合规建设的制度创新，采取定期会议的形式（根据工作需要，亦可召开临时会议），并确定1—2名联络员。联席会议重点通报案件及移送情况、立案及移送起诉情况以及开展立案监督情况，及时交换情况信息。

### （三）增强各方参与人员的刑行合规衔接意识的引导与培育

无论是检察机关、公安机关、审判机关还是行政机关，在案件办理过程中都存在办案人员或执法人员的衔接意识不足的现象，这是造成"刑行衔接"脱节的重要原因。如果办案人员或执法人员所在部门的主流职业价值观正当，则"刑行衔接"相对顺畅；反之，则部门或个人利益将成为"刑行衔接"的巨大障碍。为此，各单位必须要高度重视涉案企业合规的法治教育，从思想理念上筑牢企业合规改革的工作基础。第一，要加强法治意识的精心培育。将定期教育与培训相结合并使其成为常态，探索提高司法办案人员与行政执法人员"刑行衔接"意识的有效路径，引导办案人员与执法人员在司法、执法中能始终主动保持谦抑的心态。第二，要坚持新人、老人同堂培训。充分利用老人办案经验丰富、能力较强等特点，发挥以老带新的优势，加速新人成长。对新人的培训还要紧紧围绕法治意识和政治思想意识来进行，引导其树立牢固的职业精神和法治精神。通过表彰先进、树立模范、个案评析等方法全面激活队伍内生动力。第三，要追求教育培训的实际效果。通过常抓不懈的教育培训与深入长期的学习讨论，将法治意识和"刑行衔接"意识根植于广大司法、执法人员的灵魂，使其自觉坚持以谦抑的心态来行使司法权与执法权，从而确保"刑行衔接"顺畅。

综上，当前涉案企业刑行合规衔接推进不畅，是多重因素共同作用的结果。要从根本上解决问题，有赖于从实体、程序、意识等多个层面同时发力，既要注重国家层面法律的修改与完善，也要进一步探索建立健全程序中的刑行衔接制度与衔接标准，同时还要加强对企业合规所

---

① 参见李奋飞：《司法改革的实验方法——以试点方案的类型化设计为研究对象》，载《法学》2017年第8期。

有参与主体的意识培育与引导，从而打破现行涉案企业刑行合规衔接机制方面“中、梗、阻”等障碍，实现今后涉案企业合规改革的持续深入推进。

# 涉案企业合规整改后刑行衔接的问题与解决

司　彤　黄　闯*

**内容摘要**：涉案企业合规改革中，检察机关与行政部门都承担着社会治理与引导企业规范经营的职责。涉案企业合规案件中行政犯比例高，故司法机关与行政部门需要积极合作，特别是在有效合规整改后，完成从刑事到行政的衔接。在以往的刑行衔接案件中，多为从行政到刑事的衔接，而在检察机关对有效合规整改的涉案企业作出宽缓处理后，从刑事到行政的衔接，缺少相关规定与制度的理论研究。涉案企业合规整改后的刑行衔接，既是作为有效合规的程序保障，也是法秩序统一的综合表现。部分合规实践案例中良好的刑行衔接取得了非常好的社会治理效果。在综合整理相关的实践经验后，归纳出落实合规结果的刑行互认，完善刑行信息互享机制与建立考察回访制度等"从刑到行"的衔接方案。

**关键词**：涉案企业合规；刑行衔接；法秩序统一

---

* 司彤，江苏省人民检察院经济犯罪检察部三级检察官助理；黄闯，江苏师范大学法学院2021级法律（法学）硕士研究生。

## 一、问题引出

涉案企业合规是指检察机关在办理涉企刑事案件时，在依法作出不批准逮捕、不起诉决定或者根据认罪认罚从宽制度提出轻缓量刑建议的同时，针对企业涉嫌的具体犯罪，结合办案实际，督促涉案企业作出合规承诺并积极整改落实，促进企业合规守法经营，减少与预防企业犯罪所开展的特定工作。在合规整改验收评估合格后，检察机关认为有必要的，会建议行政部门对涉案企业作出行政处罚。在涉案企业合规的工作中，虚开增值税专用发票罪、污染环境罪、单位行贿罪等罪名占比极大。合规所涉犯罪绝大部分为行政犯，也就是法定犯，①区别于自然犯，行政犯本身并无强烈的道德、人伦层面的谴责性，而是因“违反前置行政法规”而形成的犯罪。其特征是具有行政违法性与刑事违法性双重属性。在承担双重法律责任的同时，需要适用刑事和行政双重程序进行衔接处理。据此，两种程序在适用过程中需要高度配合，行政部门与司法机关的合规工作也就不能完全独立进行。其衔接工作包括前期对行政案件的移送与合规期间对第三方监管机制的构建，以及对合规成果的验收等方面内容。但实践中，整体合规工作尚在深度探索阶段，从刑行衔接的角度来看，尤其是合规后的衔接，仍有较大的研究空间。

涉案企业有效合规整改后，刑行衔接的不足一方面体现为，从刑事到行政衔接的程序性规范较为缺乏。国务院及其各部门出台的相关文件，也多为规定从行政到刑事的衔接的内容。例如，党的十八届四中全会通过的《中共中央关于全面推进依法治国若干重大问题的决定》中就要求健全行政执法和刑事司法衔接机制，实现行政处罚和刑事处罚无缝对接；以及中共中央、国务院印发的《法治政府建设实施纲要(2021—2025年)》也指出应当完善行政执法与刑事司法衔接机制，加强“两法衔接”信息平台建设，推进信息共享机制化、案件移送标准和程序规范化。再有《关于加强行政执法机关与公安机关、人民检察院工作联系的意见》、《行政执法机关移送涉嫌犯罪案件的规定》、《环境保护行政执

① 参见陈瑞华：《企业合规的基本问题》，载《中国法律评论》2020年第1期。

法与刑事司法衔接工作办法》以及国家食品药品监督管理局(现为国家市场监督管理总局)、公安部《关于做好打击制售假劣药品违法犯罪行政执法与刑事司法衔接工作的通知》等规范性文件,内容明确规定了行政部门移交案件到司法机关的程序。

另一方面体现为刑行衔接缺乏有效途径。较通常刑事程序,涉案企业合规工作可能会增加合规验收评估与移交行政处罚等步骤,增加了检察机关与行政部门后续工作内容与职责。检察机关根据涉案企业合规状况,对企业作出刑事宽缓处理,认为有必要的,向行政部门提出检察意见或制发检察建议,行政部门再参照意见或建议对涉案企业进行行政处罚。但现行规定并没有要求行政部门必须对检察意见或建议进行回复,也没有要求行政处罚的裁量必须参考刑事合规结果。例如,辽宁省发布的《关于建立涉罪企业合规考察制度的意见》第29条规定:"检察机关对涉罪企业作出不起诉决定后,认为需要给予行政处罚的,应将不起诉决定书一并移送行政监管机关,由行政监管机关依法依规处理。"该规定虽然由检察机关与各行政部门联合发布,但是却没有要求对检察建议进行反馈。对比宁波市检察机关《关于建立涉罪企业合规考察制度的意见(试行)》第18条规定:"被不起诉的涉罪企业需要给予行政处罚的,检察机关应当提出检察意见,连同不起诉决定书一起移送有关主管机关处理,并要求有关主管机关及时通报处理情况。"虽然该文件中规定了反馈机制,但遗憾的是检察机关发布的文件对行政机关并无直接强制力。

由此可见,全国各地检察系统对合规的事后刑行衔接问题都有一定的探索,但是也都存在不统一且难实施的情况。由于涉案企业合规中的行政犯具有双重违法的特征,故必须要求刑事处理与行政处罚进行有效衔接。但在合规工作结束后,检察机关却仅仅只依靠检察意见或建议的方式与行政部门进行沟通,[①]这种缺少强制反馈机制的交流方式,容易造成低效衔接。

---

① 参见徐日丹:《促进"严管"制度化,防范"厚爱"被滥用——检察机关开展企业合规改革试点工作综述》,载《检察日报》2021年4月9日,第1版。

## 二、完善涉案企业刑行衔接法秩序统一的理论基础

之所以会有涉案企业合规的刑行衔接问题，主要是因为以下几点：首先，涉案企业之所以“出罪”，是因为其在涉案后能够认罪认罚、积极配合、补救挽损，并进行了有效的合规整改，消除了管理漏洞和治理缺陷，对于再次实施同类犯罪进行了有效的预防。[①] 这一点区别于通常的行政犯，不仅有从行政到刑事的案件转移过程，而且存在从刑事再到行政的衔接过程。

其次，单位能够通过合规整改获得一定的合规激励，是因为企业的责任基础在于公司为自己的行为承担责任，而非为企业内部的某个自然人承担代位责任。通过对自然人与公司罪责关系的分析后，公司在自身责任的认定过程中是否有良好的内部管理系统成为重要的考量因素。简言之，排除违法或责任的刑事合规制度是符合公司罪责理论的。[②]

最后，因为我国没有行政处罚与刑事处罚一体化的责任制度，在合规制度的引进过程中，当检察机关对涉案企业作出刑事宽缓处理后，并无对其罚款的权力。故检察机关需要专业化程度高的行政部门对各领域的涉案企业进行行政再处理。

因此，涉案企业合规的刑行衔接是合规无法避免的研究内容，对此还是应当先回到理论层面寻找支撑。刑法是其他部门法的保障法，其他部门法律是刑法的前置法，[③]这一点上，自然犯与行政犯都是如此，只不过行政犯由于行政部门的前置处理，不如其他法律法规相较刑法的前置性展现得更为明显。这种违法构成的理解正是法秩序统一的基础，简言之，违法行为触犯的不是某一个部门法，而是整体法律构建的秩序。[④] 基于法秩序统一的理论要求，各部门法之间应当保持一致，尽管对于一致的概念，理论界并无定论，但是基调基本算是达成一致。涉

---

① 参见陈瑞华：《企业合规出罪的三种模式》，载《比较法研究》2021 年第 3 期。

② 参见李本灿：《刑事合规制度的法理根基》，载《东方法学》2020 年第 5 期。

③ 参见陈兴良：《违法性理论：一个反思性检讨》，载《中国法学》2007 年第 3 期。

④ 参见简爱：《从刑民实体判断看交叉案件的诉讼处理机制》，载《法学家》2020 年第 1 期。

案企业合规制度，属于刑事制度的范畴，合规能够推行，某种程度而言正是基于法秩序统一的理论支撑，涉案企业的违法行为已经触犯刑法的前提下，企业能够通过整改，换来合规激励，最终在承担一定的行政责任后，继续健康发展，其底层原理正是前置法与保障法为达成社会治理的共同目的而进行综合运用。

不同法域对同一行为类型的调整具有自身的相对性，[①]即对同样的行为类型，行政法律法规与刑法所保护的法益会有些许不同，以《治安管理处罚法》为例，其中对“卖淫”方式的规定，就远远超出刑法中该概念的界定范围。差别的主要原因是行政法的处理偏向于社会治理，强调社会治理效率与效果。而刑法则强调对组织者或恶意传播疾病主体的打击与犯罪预防。对于涉案企业合规案件中的行政犯，刑法所保护的法益可以理解为涉案企业已经侵犯或因存在管理漏洞可能侵犯的公私利益与行政管理秩序，恰与行政法所保护的法益有所重叠。从这个角度出发，涉案企业合规不起诉后的刑行衔接就是通过司法与行政双手段去实现社会治理效果与法益保护效果的统一。

## 三、企业合规后刑行衔接的实践

优化营商环境是党中央、国务院在新形势下做出的重大决策部署，是解放生产力、促进高质量发展的重要举措。党的十八届四中全会通过的《中共中央关于全面推进依法治国若干重大问题的决定》也指出要“健全行政执法和刑事司法衔接机制……实现行政处罚和刑事处罚无缝对接”。尽管涉案企业合规工作还处于“双轨执法体制”[②]模式下，刑行交流衔接受到一定限制，但各地检察机关对于合规后的涉案企业大都做了一定的工作延展，积极地与行政部门相配合，并取得一定的成绩。

探索工作基本上可以概括为：其一，提高行政部门对合规结果的认可度，确保涉案企业合规的价值得到实现。例如，深圳某公司走私普通

---

① 参见李文吉：《论我国行政犯构成要件的规范要素内容之填补原理与方法》，载《北方法学》2022 年第 4 期。

② 参见朱孝清：《企业合规中的若干疑难问题》，载《法治研究》2021 年第 5 期。

货物案[①]中海关对涉案公司作出行政处理决定时,将第三方监管工作小组相关考察意见作为重要的参考,酌情减少对该企业的行政处罚。企业合规的刑行衔接问题既是实现实质性合规的保障,也是引导涉案企业持续性健康经营的关键。该案件中,检察机关对行政部门的检察建议以及附带的合规整改成果在得到行政部门的认可后,符合涉案企业对"合规激励"的合理预期,使企业有动力剔除内部的犯罪因素,且健康良好的内部管理可以使企业如获新生。在合规整改后的1年,检察机关对合规企业进行回访调查,该企业在合法合规的基础上实现年营收25%、年进口60%逆势同比增长。同年该企业被深圳市宝安区评为"3A"信用企业(海关认证、纳税信用、公共信用)与诚信合规示范企业。

其二,合规工作中加强行政部门与检察机关信息交流。如江苏省宿迁市某公司侯某、宋某假冒注册商标案[②]中,涉案企业在整改期间,检察机关与行政机关就已经开展密切的合作,经常同行到涉案企业,考察合规执行情况并听取行政主管部门的意见。尽管该企业的各项整改相对合规,但根据行政主管部门意见,由于该企业的整改计划中的注册商标使用并没有得到切实有效的落实,检察机关依法对该企业提起公诉。由此可见,各行各业在自己的领域内都有对应的行政主管部门,相较检察机关有着更专业的行业知识。因此,行政主管部门的意见对检察机关来说具有较强的参考性。

其三,对合规工作的进一步延伸与扩展。企业合规监管监督评估后,涉案企业合规体系是否能够实现持续有效地运行,直接关系到合规整改的实效,因此需要切实做到"涉案企业合规考察—问题漏洞排查分析—行业风险系统治理"模式。在张家港市某公司、睢某某销售假冒注册商品案[③]中,张家港市人民检察院联合公安机关对涉案企业启动合规监督考察程序,确定了6个月的整改考察期。考察期限届满后,该企业

① 参见最高人民检察院《关于印发〈企业合规典型案例第二批〉的通知》,2021年12月8日。

② 参见2021年江苏省检察机关"服务保障民营经济高质量发展"新闻发布会典型案例二。

③ 参见最高人民检察院《关于印发〈企业合规典型案例第二批〉的通知》,2021年12月8日。

通过了合规评估验收。据此,张家港市人民检察院对公安机关发出检察意见,建议公安机关根据合规整改成效对案件及时作出撤案处理,并移送市场监督管理部门进行行政处罚,促进企业合规合法经营,警示潜在缺乏规制约束的企业守法发展,建立长效机制,实现精准监督。合规程序结束后,张家港市检察机关与相关行政主管部门就该涉案企业设立了两个月回访期,不定时地对企业的发展进行回访调查,发现该企业经营步入正轨,同时因为合规建设成效较好,其他两家大型企业看中其合规资质并与其建立了长期合作关系,业务预期翻了几番,发展势头强劲,在当地给其他企业起到了很好的示警与示范作用。

## 四、规范涉案企业合规整改后刑行衔接的具体措施

### (一)推动刑行合规互认

涉案企业经过合规整改后获得的刑事激励性,也应过渡至行政领域。所谓"刑行协同",正是通过检察意见等方式积极推动刑事合规成果在行政机关的监管活动中得以运用。

从检察机关角度而言,其并没有直接对涉案企业处罚的权力,只能通过向行政机关制发检察建议的方式去督促、建议。如果检察建议只停留在"建议"层面,很容易造成合规的纸面化。

检察机关推行的涉案企业合规试点,就是要通过引入合规机制来参与社会治理的最新探索。[①] 在探索过程中,很容易因为急于求成对合规的标准有所放宽,对于事后的行政处罚上也是笼统地采取建议轻缓处理。对此,有些地区的检察机关已经意识到该类问题并作出相应的规定,例如江苏省人民检察院制定下发的《江苏省检察机关办理涉企业合规案件工作规程(试行)》中规定,对于检察机关作不起诉处理的案件需要移送行政处罚的,不是一味提出从轻处罚的意见,要根据案件具体情况秉承"当轻则轻、当重则重"原则提出处理意见,不搞简单地"一刀切"。对于有些案件,要推动行政机关在后续行政处理中认可企业合规

---

① 参见孙佳:《当检察官听说企业准备不干了 检察建议助力跨境电商保障新型小微企业复工复产》,载微信公众号"青岛市人民检察院"2020 年 6 月 15 日,https://mp. weixin. qq. com/s/BIPc5jWtAmdjU335urXA0A。

成果,防止检察机关费尽心思“救活”企业,却被行政机关给“罚死了”。对于其他一些案件,也要防止行政处罚不到位,造成企业犯罪成本过低的局面,形成不良示范效应。

在合规互认层面上,对于有效合规的涉案企业而言,检察意见或建议应当指出行政机关对该案的适用处罚标准、处罚依据,以及适用条件。因为对于行政机关而言,也遵守本部门的规章制度,所以检察机关的检察意见或建议,不能光靠从轻从宽等言辞,更不能仅根据检察机关所适用的规定,而是应当提前与行政部门沟通,然后以检察意见书或检察建议的方式明确具体地指出处罚的依据、处罚的标准。这并不会导致越权,因为检察意见或检察建议并不能直接对行政部门产生刚性约束,某种程度而言,反而使该行政处罚有了司法机关的背书。

从行政机关角度而言,检察机关的检察意见或建议,本身并不属于自己工作体系,与部门内部规定也存在差异。例如,虚开的增值税专用发票行为根据《税收征收管理法》第63条中规定的处罚范围是“不缴或者少缴的税款百分之五十以上五倍以下”的罚款。在其内部也有具体情节对应具体适用几倍罚款的规定。当检察意见或建议写着从轻时,往往都是整倍的差距,数额巨大。所以,对于行政机关在前期配合合规工作时就应当及时与检察机关沟通处罚事宜。同时行政机关应当对检察意见或建议建立相应反馈机制,点对点回复,提高交流效率。合规成果的互认最终也将会保障合规整改、发挥替代刑事处罚方面的实质性功能。[①]

### (二)完善刑行信息共享机制

涉案企业合规工作的实质化,要求各部门提高工作交流效率,建立刑行交流工作简报制度,因为行政部门相比司法机关,对案件介入更早、了解更深,专业性判断更强,检察机关与行政主管部门可以通过类似于“两法衔接”平台信息共享,避免信息的不对称性,提高案件办理质效。检察机关审查认为对行政机关移送的犯罪线索中的涉案企业有必要适用企业合规考察制度的,可以通过主动提前介入行政案件的方式引导行政机关开展社会调查,同步固定相关证据,缩短后期考察期限。

---

① 参见陈瑞华:《刑事诉讼的合规激励模式》,载《中国法学》2020年第6期。

例如,淮安市梁某等操纵证券市场案中,涉案企业为上市公司,合规整改工作流程多、耗时长。淮安市检察机关利用"两法衔接"信息共享平台,在提前介入阶段即开展合规工作,有效解决了合规整改期限长与检察机关办案期限间短的矛盾。本文认为,各地应当借鉴该模式,扩展刑行交流渠道,增加刑行互动。

同时,信息共享的建立还应当体现在检察机关对于行政机关对类案的处理建议上,由个案合规到行业治理进行溯源治理。信息共享不仅仅是行政机关向司法机关移送犯罪线索,司法机关更应当在个案处理后就行业整体问题对行政机关提出意见或建议。个案刑事合规聚焦于企业内部治理,只能解决单个企业的合规问题,而行业合规治理则强调优化外部营商环境,意义重大。例如,无锡市惠山区人民检察院通过"惠企慧控"大数据平台,分析行业犯罪风险,总结行业合规建设事项,对刑事合规个案考察验收合格后,积极与市场监督管理局、工商联以及行业协会等行政机关、社会团体沟通,并制发检察建议书,建议其对同类型企业开展检查,并参照涉案企业刑事合规整改方案进行整改。

在企业合规刑行衔接方面,各地检察机关虽然做了一些探索,取得了一定成效,但距离全面高效的要求,还有一定的差距和不足,如合规理念有待进一步统一,执法、司法机关的沟通协作有待进一步增强。检察机关在服务保障经济健康发展、优化法治营商环境方面还能做得更多。据此,检察机关要继续落实好宽严相济刑事政策,在办案中依法科学合理处置,进一步完善合规宽缓处理与行政处罚的衔接机制。

### (三)建立考察回访制度

美国司法机关对企业合规的一劳永逸的合规方案十分地排斥。①其原因是一次性的整改方案即使再科学有效,也很难确保企业在生产经营中能够持续保持。因此,我国检察机关对能够有效合规整改的企业作出宽缓处理的同时,认为需要移送行政处罚的,应当在移送后对后续行政处理的情况进行跟踪掌握,保证刑事司法、行政执法的严肃性、统一性。检察机关与行政部门的追踪调查,可以看作一种事后的企业

---

① See J. Paul McNulty & Jeff Knox, *Patricia Harned*, *What an Effctive Corporate Compliance Program Should Look Like*,9 Journal of Law,Economics & Policy 375,384(2013).

风险评估或者风险识别，应当符合相关的工作原则，包括全面风险识别、及时风险识别与客观风险识别原则等。① 检察机关可以视企业风险、案件情况，联合相关行政部门和第三方监督评估组织，通过调查访谈、实地走访等方式，在一定期限内对企业合规机制运行状况进行跟踪回访，督促企业继续保持规范经营，巩固合规整改效果，促进企业将刑事合规效果逐步延伸到行政监管环节，形成全面合规的自觉。

考察回访在当下实践中，一般由地方检察机关自主决定。但是回访制度的意义不仅仅是对合规成效的判断，还是对于能否实现合规价值的最终考量。因此，应当具体化、细节化地完善相关制度。例如，对于合规期间内无法短期完成的合规任务，或者短期内无法看出成效的合规方案，可以设立一到两年的回访期，采取“飞行检查”模式，即联合主管行政部门以不打招呼、不定期的方式进行登门回访，对公司合规整改的核心问题进行检查与记录。该模式最早用于国际产品认证机构对获证企业的跟踪检查，一定程度上可以避免形式主义，揭开那些为合规而合规的伪装，其产生结论一般更具真实性。该制度一方面能更好地强化企业的合规意识和守法自觉性，另一方面能让合规结果取得更好的社会反馈，让有效合规整改的企业重获商业信誉。

## 五、结语

涉案企业合规整改后刑行衔接的冲突，虽然只是企业合规改革中一个非常细微的待解问题，但是其能得到妥善解决同样离不开对涉案企业合规改革目的的准确理解和对企业合规整改结果的正确运用。本文构建“推动刑行合规互认”“完善刑行信息共享机制”“建立考察回访制度”等配套措施的解题建议也正是立足于此的必然选择。

涉案企业合规的制度中，会同时涉及“行政违法”与“刑事犯罪”两个概念，这种双重责任就意味着涉案企业合规适用双重处理程序，既不能让涉案企业以“行”代“刑”，也不能让涉案企业的合规激励只有刑事激励，缺乏行政激励。在此背景之下，要真正地达到过程可监督，结果可控制的状态，就必须重视涉案企业合规的刑行衔接，不仅仅是本文所

---

① 参见巴曙松主编：《监管与合规通识》，机械工业出版社2020年版，第97页。

述的合规整改后从刑事处理到行政处罚的衔接,在行政部门案件的移交与合规整改的全过程中,都需要行政部门的紧密配合。只有这样,才能确保涉案企业合规改革精准清除企业违法犯罪的潜在因素,为企业实现持续健康发展保驾护航。

# 企业合规建设行刑衔接路径探析

徐忠云　崔　健*

**内容摘要：**自2020年3月最高人民检察院启动合规试点至今，随着合规工作的深入开展，前期完全由检察机关主导的合规体系已越发“独木难支”，在横向上加强与行政机关的协调沟通，在纵向上完善与司法、执法、行业监管部门的携手共管，多维度推进企业合规的溯源治理，搭建起全面细化、可操作性强的行刑衔接路径是合规制度进一步发展的必然选择。但目前检行双方在合规启动阶段职责划分不清，加之在合规考察标准及后续跟踪回访方面缺乏具体规定，办案程序上衔接不足的现象还时有发生。因此，只有立足整体全面把握企业合规，搭建衔接信息共享平台，形成行政部门提前介入机制，并针对中小企业制定有差异化的行刑衔接合规审查标准，建立企业合规结果互认制度，才能持续优化“行刑双向衔接”，让合规建设成为企业犯罪预防和惩治的新的最有力的方式。

**关键词：**企业合规；行刑衔接；合规审查标准；后续考察监督

---

* 徐忠云，浙江省衢州市人民检察院第二检察部主任；崔健，浙江省衢州市人民检察院第二检察部检察官助理。

## 一、问题的提出

2020 年 11 月 9 日是全国消防安全日，但就在这样一个极具警示和教育意义的日子里，衢州市某氟硅材料有限公司发生了严重的火灾，大火燃烧了两天才被彻底扑灭，固体废弃物的燃烧对当地和周围地区的环境及水质都造成了一定影响。经事后调查，涉案公司曾因违反《水污染防治法》《建设项目环境保护管理条例》等法律法规有过三次环保处罚记录。那么对于这样一类有着行政违法记录的企业，作为国家法律监督机关的检察院应当如何充分发挥自司法体制改革以来越发重要的社会治理参与职能，实现行政处罚到刑事合规的有效过渡？另外，在检察机关决定采取附条件不起诉后，以及启动第三方监管人机制时，如何充分运用行政主管机关监督审查的前置性和专业性，实现对检察机关执法活动的充分延续？如何通过明确行政监管部门在企业合规中的法律职责，细化与司法机关衔接的程序和规则，最大限度保证涉案企业合规整改的效果，避免出现“软约束”和“纸面合规”等情形？这些问题如今已成为企业合规建设在全国铺开这一现实背景下检察机关监督履职的重要课题和研究面向。针对此类涉罪企业，2020 年 3 月起，最高人民检察院本着支持和保护中国民营经济的考量，积极将办案职能向社会治理方面延伸，先后启动了两批企业合规改革试点工作，创造性地将合规建设作为涉企刑事案件起诉及量刑的重点考量要素，使之成为依法对涉罪企业或负有责任的自然人作出不起诉等从宽处理的附带要求。同时，在这几年的改革试点中，通过与行政主管机关以及企业法务合规部门的密切合作，检察机关可以采取制发检察建议、附条件不起诉、参与企业托管与重组程序等多种方式，以“监管者”的身份，从事前、事中、事后等多个角度引导企业的规范运作。[①] 这种将“严管”与“厚爱”相结合，多元化的救济渠道相比单一的经济类制裁措施及对企业主要负责人施加自由刑等事后惩罚性措施，无疑更有利于让企业“活下来”“留得住”“经营得好”，持续性常态化的监管人制度的确立也更有助于预防犯罪的再次发生。

---

① 参见陈瑞华：《刑事诉讼的合规激励模式》，载《中国法学》2020 年第 6 期。

然而，正如某氟硅材料有限公司的例证，在司法实务中监管不力是企业违法犯罪发生的一个重要原因，大部分涉企违法案件也是由行政违法转化而来的"行政犯"与"法定犯"，相对宽松的行政审查环境及不完善的行刑衔接制度，让部分一味追求利益最大化的企业最终走上了犯罪的道路。在具体办理涉企案件以及对企业合规计划履行情况的考察中，由于不同行业企业的合规计划设计千差万别且极为专业，所涉及的行政规范和行业规章更是时有改废且数量庞杂，在这种非对称的信息环境下，检察机关受限于专业知识及司法资源，更需要在涉案企业的行为定性、侦查引导、技术性证据审查、合规计划科学性判断以及合规整改结果验收等多个方面与行政监管部门积极对接。事实上，当前由最高人民检察院牵头，全国各级检察机关也在对建立行刑双向衔接机制进行积极探索。2021 年 9 月，最高人民检察院发布了《关于推进行政执法与刑事司法衔接工作的规定》（以下简称《行刑衔接工作规定》），立足检察监督职能搭建行刑衔接桥梁。该套机制既包括基于检察监督保证行政机关发现的违法犯罪事实能够顺利地移送公安侦查并交由检察院审查起诉的"行刑衔接"，也包括在进入司法环节后，检察院在作出相对不起诉决定需要给予行政处罚时，可以通过提出检察建议保证行政处罚不会畸轻畸重的"刑行衔接"。同年 6 月出台的《关于建立涉案企业合规第三方监督评估机制的指导意见（试行）》（以下简称《合规指导意见》）则通过设立"第三方监督评估组织"将这套衔接机制落实到了企业合规建设和评估管理工作之中，利用行政监管人员的专业力量对涉案企业合规计划构建履行进行指导监督，并对最后的整改结果和处理方式进行评估验收。尽管如此，在我国企业合规行刑衔接过程中，仍存在诸如合规建设中检察机关与行政机关的职责范围界定不清、行政处罚与刑事量刑的归责考量冲突以及是否存在多重评价和双重处罚、检察机关合规考察过后如何优化行政机关的日常监管流程等较多问题。下面笔者将结合自身在基层检察机关工作经历，从明确合规建设行刑衔接机制的意义、剖析行刑衔接中的现实问题以及结合域外经验展望合规行刑衔接未来发展三个方面来对我国的行刑衔接路径构建提出自己的设想与考量。

## 二、涉案企业合规行刑衔接机制建设的意义

### （一）行刑衔接是中国特色企业合规制度的核心

通过对国外涉案企业合规制度的学习分析，不难看出德法等传统大陆法系国家在设置企业犯罪刑罚时，往往是定性不定量的，所以可以将企业的行政违法行为直接入罪。但我国在考虑企业行为是否应受刑法处罚时则需要考虑违法获利的数额大小及违法行为的情节轻重，即《刑法》分则中对企业诸多构成行政犯的情形进行了数量方面的明确规定，所以部分学者认为我国涉企案件的刑罚标准需要达到"前置法定性与刑事法定量的有机统一"①。从司法实务上看，最高人民检察院和公安部也一直致力于细化各类犯罪尤其是行政犯的入罪标准，先后于2008年、2010年和2012年出台了三部"刑事案件立案追诉标准"，以进一步明确各类犯罪尤其是企业法人犯罪这种"行政犯"的立案追诉标准，并且如果我们细化考察《关于在行政执法中及时移送涉嫌犯罪案件的意见》《关于加强行政执法机关与公安机关、人民检察院工作联系的意见》《行政执法机关移送涉嫌犯罪案件的规定》等上百部规范性文件，可以看出几乎所有的企业类违法犯罪都有行刑衔接的司法解释及行政规章予以调整。因为企业犯罪大多兼具行政违法性与刑事可罚性，加之我国行政犯"定性加定量"的判断标准，使我们必须从"行刑"实体衔接的角度来探讨企业合规，才能保证涉案企业在行政处罚与刑事量刑的归责上的统一，避免出现"有罪不移""以罚代刑""以刑代管"等现象，②从而为企业因履行合规计划减免刑事责任提供法理依据。

### （二）行刑衔接是合规建设的前提基础和最终落脚点

2022年4月，最高人民检察院联合其他八部委共同出台的《涉案企业合规建设、评估和审查办法（试行）》第2条第1款明确指出："对于涉案企业合规建设经评估符合有效性标准的，人民检察院可以参考评估结论依法作出不批准逮捕、变更强制措施、不起诉的决定，提出从宽处

① 储槐植：《刑事一体化与关系刑法论》，北京大学出版社1997年版，第271页。

② 参见陈文兴：《刑事合规与行政合规衔接机制研究》，载《民主与法制》2022年第19期。

罚的量刑建议,或者向有关主管机关提出从宽处罚、处分的检察意见。”可见,行刑衔接是整个企业合规建设的基础和前提,有效的合规计划及其实施不仅是检察机关衡量一个企业是否应受到刑罚的重要标准,而且是企业在面对刑事指控时的抗辩资本以及运用刑事法律标准来准确识别、评估和预防自身法律风险的关键手段。从实践的角度讲,合规计划的履行并不直接表现为对刑法的遵从,而更多地表现为对行政法规、行业标准及社会伦理等制度中的命令性或禁止性规范的遵守,所以行刑衔接存在自然且必要的法律基础。另外,在合规考察的过程之中,作为“主考官”的第三方监督评估组织实质上是一个在检察机关主导或推动下,吸收了包括市场监管、环境资源保护、税收管理、国有资产管理、工商联、司法行政等机构参与的合规监管考察联合领导机构。为保证评估的真实性、有效性,使最后的刑事处理意见有的放矢,必须依靠行政监管部门的专业知识对不同的涉案企业进行个别化、差异化的审查,只有各单位根据《合规指导意见》按照职权分工审查并组织联席会议进行联合调研、信息共享,建立统一的考察判断标准形成统一意见,共同进行合规验收工作,才能真正推动企业合规建设落实落细。[①] 最后,在合规不起诉决定作出后检察机关仍然可以向有关主管机关提出从宽处罚、处分的检察意见。检察机关对于被纳入合规考察程序的企业采取出罪措施,仅仅意味着放弃追究其刑事责任,而其需要承担的其他责任并不会因此“一笔勾销”。出罪的原因主要是其在涉案后进行了有效的合规整改,消除了企业的管理漏洞和治理缺陷,之后能够有效地预防同类犯罪的发生,如果行政监管部门也放弃对其违法行为的惩罚则会大大降低企业违法成本,让合规成为企业逃避责任的手段。所以作为检察机关刑事监管措施的延伸,为优化整体市场营商环境并保证企业后续长期稳定和可持续的发展,行刑衔接也是目前企业合规建设的最终落脚点。[②]

---

① 参见赵旭光:《“两法衔接”中的有效监督机制——从环境犯罪行政执法与刑事司法切入》,载《政法论坛》2015 年第 6 期。

② 参见最高人民检察院涉案企业合规研究指导组编:《涉案企业合规办案手册》,中国检察出版社 2022 年版,第 12 页。

### （三）行刑衔接有利于保证行政处罚与刑事归责的统一

正如前文所述，检察机关作出不起诉决定后，往往会采取检察建议、检察意见等方式建议行政机关对涉案企业从宽处罚，但从目前的司法实践来看，行政处罚与刑事归责仍存在一定的考量冲突。缺乏关于合规制度建构履行对企业刑事责任和行政责任的减免作用的细化规定，且检察机关与行政机关双方也没有处罚手段配合原则和处罚结果互认原则，易造成检察建议缺乏刚性以及行政机关后续处罚畸轻畸重的现象。值得注意的是，一些基层检察机关在办案中已经充分认识到了“合规出罪”后行刑衔接工作的重要意义。宁波市人民检察院在《关于建立涉罪企业合规考察制度的意见（试行）》中规定：“被不起诉的涉罪企业需要给予行政处罚的，检察机关应当提出检察意见，连同不起诉决定书一同移送有关主管机关处理，并要求有关主管机关及时通报处理情况。”可见基于前期在第三方合规监管小组中的密切配合，检察机关已经与行政主管部门对企业合规计划的完成情况及所造成社会危害的弥补程度达成了一定的共识，有效建立起了合规结果的互认制度，从而有利于行政处罚与刑事归责的有机统一，避免了多重评价和双重处罚对企业合规建设积极性的打击。

## 三、实务中行刑衔接所面临的主要问题

### （一）合规启动阶段检察机关与行政机关职责划分不清

在最高人民检察院目前颁布的涉案企业合规检察改革规范性文件中，除最开始发布的《关于开展企业合规改革试点工作方案》外，其余四部均针对的是涉案企业合规计划履行考核中第三方评估机构的人员选任和具体考核评估实施细则，主要为企业合规考察验收上的行刑衔接工作提供了具体指引，但对合规启动阶段检察机关与行政机关的职责划分则鲜有规定。例如，在合规考察对象的准入方面如何做到有效的行刑衔接就亟待研究。首先，不是所有的企业犯罪类案件均能适用刑事合规改革，例如对于个人为进行违法活动而设立的公司，企业设立以后以实施犯罪为主要活动，以及存在涉嫌危害国家安全、恐怖活动等情况的就不能适用企业合规，一些明显因单位职工或管理人员个人行为

导致的单位犯罪,可以清楚实现责任切割的,也无须适用企业合规。其次,根据我国试点地区实际案例,被纳入合规考察的涉罪企业在经过半年至一年的合规考察期后绝大部分获得了轻缓量刑、不起诉或是建议行政主管机关减轻或免除处罚等宽大处理意见。所以,什么样的企业可以纳入合规考察的范围?针对不同功能性质、不同经营业务和不同规模大小的企业是否以及应当如何设置差异化的准入门槛?这都是值得思考的问题。根据部分地方试点的探索,检察院在对涉案企业适用合规考察制度前,通常要听取其相关主管行政机关的意见,根据其专业判断并结合企业早期有无其他行政违法行为及其严重性和社会危害程度,进行综合性决策,这也是我国刑事诉讼中专门机关决策模式的应有之义。部分地区如辽宁省人民检察院甚至赋予了行政监管机关在企业合规准入方面的一票否决权。但是检察院具体应采取何种方式征询行政机关意见?被征询的行政机关可以获得哪些案件信息?又应在多长期限内以何种方式进行回复?这些衔接配合问题均有待细化规定。[①] 另外,检察院虽是涉案企业合规改革及第三方监督评估机构建立的主导者,但行政机关与其并无职权隶属关系,没有配合刑事执法部门参与企业犯罪案件办理的法定义务,所以目前检察机关通常只能在作出不起诉决定后再依法向行政部门发出检察建议,主要针对的是事后处罚的部分,使刑事合规对企业犯罪的事前警示和预防的功能较为不足。并且,在这种附条件不起诉的情形下,涉罪企业为了获取刑事减免优惠,在较短的考核期内也主要针对自身架构体系中的刑事风险点进行整改,通常只能完成“去犯罪化”方面的改造,即使建立起了行政公益性的专项合规计划,也很难真正实现刑事合规与行政合规的有效衔接,难以对企业的违法犯罪进行统一预防。

(二)合规适用阶段缺乏可衔接且科学化的审查判断标准

要想通过改革试点促使涉案企业“真整改”“真合规”,重要的前提条件就是要保证合规适用阶段第三方评估组织、人员可以做到“真监管”“真评估”,但是自试点改革以来,各地方基层检察机关虽然出台了

---

① 参见李奋飞:《涉案企业合规改革还需强化“刑行衔接”》,载《检察日报》2022年5月11日,第3版。

不少规范性文件,但尚未能根据我国中小微民营企业占比较大的实际情况,形成切实可行的差异化规范考察标准。部分地方文件中只是参考国外针对规上企业的合规标准,套路性地要求涉罪企业提交包括合规组织架构、合规管理章程、合规审查体系、合规风险预警及应对、违规行为留痕上报、合规文化培养等一系列外在合规表现,且这些制度安排多围绕对涉案企业的刑事违法行为进行"去罪化"改造展开,但正如本文开篇所举的某氟硅材料有限公司的例子,很多企业在真正犯罪之前往往已经出现了较多违法行为,正是这些"小节"(行政违法行为)未能及时阻断,以至于酿成"大错"(刑事犯罪行为)。因此"第三方组织"监管下的专项合规,应基于行刑衔接的处理原则建立行政合规和刑事合规的双向审查机制,尽可能预防前置行政违法行为的发生。① 另外,很多检察机关在设置合规审查标准时也未能充分区分和重视不同企业的差异性。不同规模、类型的企业,对合规的需求不同,承载力也有差异,不能"一把尺子量到底,一套标准全适用",反观目前部分检察机关设置的合规考察标准,只注重外部考察项目的条分缕析,而未能和行政主管部门密切配合真正将合规考察与公司管理结合在一起。甚至部分地区以"合规独立"为由"另起炉灶",让本就人员、资金困难的中小微企业背负庞大的运行负担和经济成本,使合规审查拖累企业发展,造成本末倒置。

### (三)整改验收阶段如何联合行政机关进行后续考察缺乏规定

对企业合规整改工作的考察验收直接关系涉案企业、企业家能否获得不起诉或从宽处罚的优惠结果,所以绝大部分企业会尽全力配合第三方评估机构工作,以求最终能顺利通过考核,但对于企业合规计划的持续运行和整改效果的长效保持的关注度则没那么高。分析各地检察机关的企业合规建设、评估和审查办法,我们也不难发现不同于国外可以持续数年的驻企合规监管员制度,我国企业基于附条件不起诉的合规整改期限多设置为3—6个月,期限届满后第三方组织就需要对企业进行终期考察并形成相关报告。此时企业相对完善的合规治理体系

---

① 参见谢鹏程:《论涉案企业合规从宽检察改革的内在逻辑》,载《民主与法制》2021年第12期。

可能刚刚建好，甚至其对外公布的合规举报渠道都还没有接到过一次举报，但碍于刑事诉讼的期限，第三方组织必须给出一个节点性考察结论，然而对于企业合规制度能否在后续长期运行中真正发挥作用的考察其实才刚刚开始。[①] 目前，针对不起诉决定作出后的行刑衔接规定还主要集中于由刑事处罚向行政处罚的合理转化这一方面，笔者认为后续对企业合规整改落实情况的持续考察可能更应是检察机关和行政主管部门关注的问题。实际上，最高人民检察院已经关注到了这一问题，在发布的第二批企业合规典型案例"深圳 X 公司走私普通货物案"中就分享了深圳市人民检察院在整改验收结束后为确保合规整改的持续性，继续组织第三方工作组对涉案企业进行为期 1 年的回访考察。但笔者认为对于这样一种涉及较多部门且具有一定"临时搭班"性质的第三方组织，要长期点对点地考察一个企业合规整改的保持情况显然不太现实，还是需要通过明确相关行刑衔接规定交由其原本的行政监管部门接棒完成更为适合。

## 四、企业合规建设行刑衔接路径探索

### （一）搭建衔接信息共享平台形成行政部门提前介入机制

通过上文对企业合规建设全过程的问题分析，我们不难发现涉企犯罪，尤其是经济类的行政犯成因复杂，涉及诸多社会类、系统性的综合问题，单靠刑事法律的"孤军作战"，难以取得良好的社会治理效果。并且由于检察机关缺乏必要的专业知识和力量，涉案企业刑事合规过程中也离不开行政监管部门的有效参与。而有效参与的前提就是信息共享，2021 年 8 月中共中央、国务院印发的《法治政府建设实施纲要（2021—2025 年）》就指出要"完善行政执法与刑事司法衔接机制，加强'两法衔接'信息平台建设，推进信息共享机制化、案件移送标准和程序规范化"。对应到合规监管领域，在当前数字化改革全面铺开的大背景下，就是要检察机关根据相应法律规范，通过明确在合规监管领域建立起信息共享机制，提高司法、行政资源的利用效率，为合规工作开展提

---

① 参见秦长森：《企业合规的刑事化发展方向与具体路径》，载《民主与法制时报》2021 年 12 月 9 日，第 6 版。

供信息支撑。[①] 具体来说，在刑事合规的启动阶段检察机关就应充分发挥主导作用，通过信息共享平台构建行政部门提前介入机制。在厘清双方职责边界的前提下，检察机关应有针对性地邀请行政监管部门的专业人士参加，来确定涉案企业是否需要开展合规考察；同时组织联席听证会议，听取行政监管部门对企业自身经营情况、有无行政违法前科劣迹、社会贡献程度等的相关说明，初步达成对合规整改评估标准的"行刑协同"，进而为之后第三方监督评估机构如何进行科学的合规考评做出符合企业实际的判断。

### （二）针对中小企业制定有差异化的行刑衔接合规审查标准

中小企业一直是我国经济的重要组成部分，在司法实践中涉企犯罪也以中小企业为主，虽然在公布的前两批典型案例中不难发现各地检察机关已经认识到合规建设需要"量体裁衣"，但检察机关和行政机关在适用第三方监督评估机制对其进行整改有效性评估的过程中，还没有一套针对中小企业的合规审查标准为评估工作提供参考。[②] 不过，值得注意的是，2022 年 5 月 23 日我国中小企业协会发布了《中小企业合规管理体系有效性评价》团体标准（以下简称《中小企业标准》），并于 2022 年 7 月 1 日生效，其虽然不是检察机关或其他有关国家部门出台的规范性文件，但对中小企业合规管理体系的建设和评估确有相当的指引作用。检察机关可以以此为契机，充分学习理解《中小企业标准》，根据企业的经营规模、业务范围、行业特点、合规风险水平等因素针对不同的企业和专项合规要求，设立差异化的合规审查标准，真正让合规监管考察体系与企业现行内部管理体系相互匹配，避免合规建设成为企业发展的负担。这就离不开与企业管理层和其行政主管机关的密切配合，尤其是在合规适用阶段，由于合规管理体系的建设与执行是一个动态循环的过程，而检察机关在其中不宜参与过深，更应侧重于做一个组织推动者的定位，主要负责审查企业的合规申请

① 参见陶朗道：《民营企业刑事合规的解构与展望》，载《浙江工商大学学报》2021 年第 1 期。

② 参见孙振江、陈广计：《中小微企业合规改革第三方监督评估机制的构建与完善——基于郯城县人民检察院企业合规改革试点的实证考察》，载《河南警察学院学报》2022 年第 3 期。

和最后根据合规监管委员会的审查验收报告做出是否出罪的判断。至于如何从管理学的角度，考量整个体系的科学性和合理性，如何将合规管理体系拆解为员工方便理解、企业可以落实的操作要点，如何培训宣传合规文化，如何妥善处理企业违法行为所造成的社会影响等问题，则应参考《中小企业标准》，本着行刑衔接的处理原则，在检察机关的组织下积极邀请行政机关、律所、会计师事务所等三方专业性机构联合公司管理层共同出台考评落实细化规定，最终以评促建、推动中小企业合规管理体系建设。

（三）持续优化"行刑双向衔接"，做好合规办案"后半篇文章"

《行刑衔接工作规定》发布后，"行刑双向衔接"这一执法新理念逐步替代了之前完全由检察机关主导，要求行政执法机关移送涉罪企业信息的单向规定，明确了检察机关与监察机关、公安机关、司法行政机关和行政执行机关协调配合的必要性。笔者认为该项制度规定应进一步着眼于企业犯罪行为，通过考量企业"行政犯"的特殊性更好地服务我国的合规制度改革。虽然涉企类案件具有行刑衔接的天然优势，但同样存在一定程序衔接方面的问题。从行政机关移送涉罪企业、合规建设程序启动这一"行刑衔接"角度来看：一方面，企业类犯罪案件的证据收集和前期侦查专业性较强且相对复杂，公安机关需要得到行政机关的技术支持才能高效处理；另一方面，企业犯罪案件往往对社会公共利益有较大影响，检察机关在决定是否将涉案企业纳入考察范围时，应与行政机关积极配合对企业经营情况、违法记录、影响范围等因素进行充分调查。当然，这里也存在程序衔接上的问题，即在案件移送公安机关、检察机关之前，行政执法机关能否对企业实施行政处罚？若科处相对严厉的行政处罚是否会影响企业后续刑事合规建设的积极性？从检察机关办案权的延伸，保证合规建设不会成为降低企业违法成本的"免罚金牌"这一"刑行衔接"的角度来看：在检察机关作出不起诉决定后，如果相关检察建议缺乏刚性，或监管部门不考虑刑事合规阶段企业的整改成果，一律对涉案企业作出严厉的行政处罚，势必也会影响企业后续贯彻合规计划的决心。因此，根据"行刑双向衔接"的原则要求，可以通过建立"行刑联合办案小组"，充分发挥检察机关的法律监督职能提前介入案件侦查，要求行政机关不得先行作出处罚决定，而应联合公安机关共同调查;同时通过“合规联席听证制度”充分听取行政机关对涉罪企业问题的分析及处理意见,并在最终检察建议上进行一定程度的反馈。在最终处理结果的衔接问题上,则可以考量建立企业合规结果互认制度,提前与行政机关根据涉罪企业整改情况、补救措施、社会影响等内容确定后续行政处罚的措施和强度,提高检察建议的合理性和刚性,让积极整改的企业可以获得可靠稳定的心理预期。最后,为发挥好办案后的社会宣传和引导作用,真正做好合规办案的“后半篇文章”,检察机关还应联合当地行政主管部门定期汇总并发布本地域范围内企业违法犯罪的典型案例,对典型案例中的重点领域企业经营风险点进行深入剖析,以“案例教育 + 法律引导”的方式帮助企业快速识别出其发展过程中可能产生的新的风险点,以适应不断变化的监管和执法情况。在加强企业合规文化和员工合规意识培养方面,检察机关还可以主动联合行业行政主管部门、行业协会以及第三方专业机构等主体加强对企业刑事合规建设的针对性培训,通过专家授课、以案释法、针对性地开展预防警示教育等形式,增强企业自我刑事合规意识及企业对刑事合规重要性的认识。

## 五、结语

当前,合规改革已成为检察机关服务市场经济发展的重要切口,通过办好每一个案件营造“亲清型”政商关系,打造法治化营商环境,促进企业规范发展已成为每位检察人的共同愿景。但作为一场国家层面的制度创新改革,检察机关继续“单打独斗”明显已经力不从心,在全国政法领域全面深化改革的大框架下通过“行刑衔接”让司法、执法、行业监管部门携手共管、接续履职才能让涉企合规建设完成从事后合规向事前合规、从被动合规向主动合规、从强制合规向自愿合规的转变,最终将内控化、制度化的预防责任由企业承担,实现对频发性重点犯罪的一般性预防,真正从源头上预防企业违法犯罪行为的发生。

# 涉案企业合规异地协作问题探索

席　敏　颜蒙蒙*

**内容摘要**：检察机关自开展涉案企业合规改革工作以来，办理了大量的涉案企业合规案件，取得良好的效果。在涉案企业注册地、生产经营地和犯罪地分离的情况下，要开展涉案企业合规，就涉及涉案企业合规异地协作工作机制的问题。在市场经济条件下，涉案企业合规的异地协作机制必然是涉案企业合规的重要组成，目前异地协作机制尚不健全，存在企业合规改革中异地协作社会调查难、监督考察难、刑行衔接难等问题。从实务操作角度，发现开展涉案企业异地协作工作十分必要，对于工作中存在的一些困难，有必要进行分析研究，提出解决涉案企业异地协作问题的思想及路径，必将进一步推动涉案企业合规工作发展。

**关键词**：企业合规；异地协作；委托地检察机关；受托地检察机关

为深入贯彻党的十九大和十九届二中、三中、四中、五中全会精神，认真贯彻习近平法治思想，2020年3月起，最高人民检察院在上海浦东、金山，江苏张家港，山

---

* 席敏，泗阳县人民检察院检察员；颜蒙蒙，宿迁市人民检察院助理检察员。

东郯城,广东深圳南山、宝安6家基层检察院开展企业合规改革第一期试点工作。目前,最高人民检察院启动的涉案企业合规改革工作已在全国深入推进。随着我国市场经济高速发展,企业合规逐渐走入公众视野。企业合规赋予了企业及其经营者自主降低法律风险的积极义务,形成国家和企业合作的社会治理模式,有效提高犯罪治理效率。[①]在市场经济条件下,检察机关在办理涉案企业合规案件时,经常碰到涉案企业注册地、生产经营地和犯罪地分离的情况,检察机关有必要开展异地协作工作。如何打破涉案企业合规区域壁垒,构建跨区域的协同机制,是实现涉案企业合规不可或缺的机制保障之一,也是检察一体化的重要体现。[②] 异地涉案企业合规涉及办案地检察机关与协作地检察机关、第三方管理委员会、第三方组织,需要厘清各方权责,各司其职,正确处理各方角色定位,才能保障涉案企业合规落地见效与评估结果的准确运用。

## 一、涉案企业合规异地协作问题研究的背景

### (一)涉案企业合规异地协作成为合规工作的重要组成部分

随着我国市场经济的发展成熟,全国已经建立了统一的大市场。区域经济进入高质量发展,长三角、珠三角、京津冀发展尤为迅速。依据刑事诉讼法,检察机关受理、管辖的案件,其涉案企业的注册地、经营地常不在检察机关的受理、管辖范围之内,对涉案企业进行合规就必然涉及异地协作问题。笔者所在的检察院对近3年涉企刑事犯罪情况进行调研,发现该县域以外的涉案企业占比70.4%,主要分布在浙江省、上海市、广东省和江苏省内的其他地区。之所以会有这么多的县域外企业涉案,主要还是由企业犯罪的特点来决定的。涉企犯罪案件的罪名主要集中在虚开增值税专用发票罪、串通投标罪、重大责任事故罪、污染环境罪、合同诈骗罪等。这些罪名都和企业生产经营密切相关,而

---

① 参见孙国祥:《刑事合规的理念、机能和中国的构建》,载《中国刑事法杂志》2019年第2期。

② 参见逄政、任志伟:《探索异地涉案企业合规跨区域协作机制》,载《检察日报》2021年10月25日,第3版。

企业跨地区经营行为也符合市场经济的规律。企业合规改革试点工作开展以来,向笔者所在检察院申请合规的企业均为外地企业。此类企业生产经营地和犯罪地分离,适用企业合规极其不便,面临着异地调查难、监管考察难等现实问题。根据人口、面积等来判断,笔者所在的县城在全国县域城市里只是个中等县城,办理的涉企案件中外地企业占比达到70%,对于那些人口密集、经济总量大的县区,涉案企业存在跨区域经营更是正常现象。因此,企业在外地涉罪的风险也随之加大,更需要有个能够复制的企业合规跨区域协作操作模式来防范或降低该风险。

(二)涉案企业合规异地协作机制建立、完善意义

自企业合规改革试点工作以来,笔者所在的检察院共办理了4个企业合规案件,而4个涉案企业的生产经营地和犯罪地都不在同一个区域,且相分离的情形涵盖了跨区域的所有类型。其中,1个涉案企业的生产经营地和犯罪地在同市的两个不同县区,1个涉案企业的生产经营地和犯罪地在同省的两个不同县区,2个涉案企业的生产经营地和犯罪地在不同省的两个县区。在案件办理过程中,无论是从案件办理质效,还是从节约司法资源等现实因素考量,通过异地协作来对涉案企业开展合规建设都是最佳的选择。笔者所在的检察院在合规案件办理数量相对较少的情况下,已经面临了涉案企业生产经营地和犯罪地相分离需要异地协作的现实问题,而那些案件体量大、合规案件办理数量多的检察院在合规案件办理中遇到涉案企业生产经营地和犯罪地相分离,需要异地协作的问题会更加突出。为了解决办案中存在的现实困难,需要单独就企业合规异地协作问题进行深入的分析研究,提出切实可行的应对措施。下一步,涉案企业合规改革试点工作仍然会继续深入推进,为了促进企业依法合规经营,实现企业合规改革的目的,顺畅企业合规异地协作、打通异地协作路径,有非常紧迫的现实需求。

(三)跨区域异地协作机制建立、完善的实践与探索

涉案企业合规改革工作已在全国检察机关全面推开,随着合规案件办理数量的增多,针对涉案企业注册经营地和犯罪地相分离的情况,如何开展跨区域的办案影响评估、监管考察、公开听证,评价企业合规

整改效果，是一个值得深入研究的问题。区域经济发达的长三角、珠三角、京津冀等区域检察协作不断被推进，区域配套机制建设也在不断被完善。如上海市、江苏省、浙江省、安徽省人民检察院在 2020 年 10 月联合制定了《长三角区域检察协作工作办法》（以下简称《办法》），为长三角区域检察协作提供了制度保障，而企业合规异地协作也应属于检察协作的其中一项内容，所以该办法也为异地涉案企业合规的跨区域协作提供了一定程度上的机制保障。2021 年 12 月，最高人民检察院发布的第二批企业合规典型案例中，上海市浦东新区人民检察院就依托长三角检察协作机制，开展了涉案企业合规异地协作，对跨区域涉案企业启动合规调查、开展第三方组织监管等难题进行了有益的探索。但是，上述《办法》虽然在苏浙沪皖检察机关有一定的约束力，但不具有强制性，且规定的内容较为笼统、原则，不能涵盖企业合规异地协作过程中的具体问题。而在该办法之外的区域异地协作如何开展，目前尚无成熟可复制的模式。

## 二、涉案企业合规异地协作存在的问题与不足

### （一）监督考察模式标准不统一，第三方监管机制尚不成熟

根据最高人民检察院《〈关于建立涉案企业合规第三方监督评估机制的指导意见（试行）〉实施细则》有关规定，企业合规异地协作可以绕开检察机关，直接通过双方的第三方管委会进行委托协作。实践中，全国各地合规改革试点推进并不均衡，部分地区第三方组织不够健全规范或还未被建立，无法通过此途径实现异地委托。此外，即便成立了第三方组织，但因各地经济社会发展水平、产业结构、行业特点、行政监管政策等差异，合规考察模式、标准、结果等方面也存有差异，甚至不能排除地方保护的影响，各地沟通协调的效果难以得到保证。笔者所在的检察院开展异地合规的 4 起案件中，有 3 个地区没有设立第三方管委会。应本着因地制宜、入乡随俗的原则，灵活适用涉案企业生产经营地第三方监管机制。对未建立第三方管委会的，双方根据案件罪名、涉案企业规模、性质等因素，协商委托律师、会计师、行政执法人员等组成第三方监管小组实施监管；对已建立第三方管委会的，委托当地检察机关联系第三方组织进行合规监管；对实行行政监管的，则先委托当地检察

机关,进而转委托行政主管部门开展合规监管。如在A检察院办理的A公司虚开增值税专用发票合规案中,该院委托企业所在地检察院开展社会调查,再由企业所在地检察院委托行政主管机关税务部门负责监管考察。实践中,上海浦东、河北保定、南京浦口、山东沂水等地检察院开展异地合规,均通过两地检察机关开展异地协作。

(二)跨区域协作沟通不畅,一体化长效机制尚不健全

企业合规异地协作多依赖于个案沟通。对于跨县、跨市的企业合规,可以通过市级、省级检察院协调,达成异地协作意向。如在B检察院办理的省内B公司污染环境合规案中,在收到涉案企业申请合规后,积极衔接涉案企业所在地检察机关,协商异地协作事宜,并电话告知涉案企业所在地检察机关企业的基本信息,听取初步意向;涉案企业所在地检察机关初步同意后,由该院领导带队至涉案企业所在地检察机关,当面沟通案件情况,达成合作事宜。对于跨省域的异地协作,若缺乏一体化机制支撑,则开展相对困难、沟通成本较高,存在部分涉案企业所在地检察机关不愿意接受异地合规委托的情形。如笔者所在的检察院拟就外省C公司虚开增值税专用发票案开展异地协作,但企业所在地检察机关认为当地医药企业涉嫌虚开增值税专用发票犯罪相对普遍,难以保证C公司没有其他虚开增值税专用发票犯罪事实或者合规后不会再犯,虽参与协调协查的积极性很高,但不愿意接受委托。

(三)监督考察责任分配不明确,考核激励性机制尚不完善

受托地检察机关作为第三方监督考察的"再监督者",具有熟悉企业、亲历性强等优势,对第三方监督考察的评估结果的审查更具权威性。对开展异地协作的案件,笔者所在的检察院及时通过委托协议确立委托方与受托方的职责,确立以"委托方为主导,受托方为主体"的原则,共同打造"监督共同体"。如我院为委托方,对案件全过程负责,全程衔接涉案企业、受托地检察机关,接受涉案企业投诉意见;受托地检察机关作为异地协作的具体实施者,是监管主体,根据监管考察实际情况,选择第三方监管方式、建议延长监管时间、中止监管等,并对监管结果负责。如在A检察院办理A公司虚开增值税专用发票合规案中,企业所在地检察院在受托组织监管过程中,根据企业整改内容和合规考

察情况，与该院协商延长考察期限，后该院决定延长。

但是在改革试点过程中，因审查责任不够明确，受托地检察机关愿意参与监督并对报告进行审查，向第三方提出进一步完善意见，但不愿意对考察报告发表审查意见。如在开展异地协作的案件中，受托地检察机关审查后，一并将评估报告和所有资料移送，并不提出“同意”或者“不同意”的意见。目前，企业合规开展情况是委托地检察机关工作考核的重要内容之一，但对受托地检察机关而言，业绩考核中无法体现相关工作成效，考核激励措施不足。部分受托地检察机关考虑到人力、物力、财力的投入问题，参与异地合规的积极性不高。

（四）其他影响涉案企业异地协作的因素

司法实践中异地协作机制尚未在全国范围内建立、完善，仍有其他因素制约着工作的质效。

1. 经费保障问题。目前，不同地区针对第三方考察费用如何保障存在不同模式，有的地方由当地财政单独拨付专项经费来保障，如江苏省张家港市。有的地区是由涉案企业来支付该笔费用，主要是鉴于对涉案企业开展合规建设，无论是从案件的刑事处理方面，还是从企业自身经营考虑，最终目的都是给企业带来了实惠。但是，在涉及异地协作的过程中，为了便于对涉案企业的合规整改进行监管考察，更多的是通过委托企业所在地检察机关再转委托第三方对企业进行监管考察，如果两地检察机关的费用保障方式不同，那由谁买单？

2. 涉案企业的前科核实问题。目前，据了解，在公安机关的系统内，无法查询到涉案企业之前有无被行政、刑事处罚过的记录，如果涉案企业的相关人员不如实讲，办案机关无从查询企业之前的一贯表现，这势必会影响办案机关在前期社会调查时对涉案企业作出全面客观的评价。

3. 跨区域的刑行衔接问题。涉案企业合规整改通过后，犯罪地检察机关对涉案企业、人员作出不起诉决定后，认为需要给予行政处罚的，可以提出检察意见移送企业所在地行政机关。因刑事处理和行政处罚由不同区域的司法机关和行政机关作出，会影响双方之间的衔接。

## 三、建立、完善涉案企业合规异地协作机制思路与建议

### （一）尽快出台规范性文件，建立、完善检察一体化工作机制

目前，单个检察院内部的一体化相对较强，而检察系统的一体化水平有待提高。由于缺乏一部专门的法规规范检察一体化之中各项权利义务的配置以及运行，检察机关未能够有效的推进检察一体化的进程。笔者建议从最高人民检察院层面加强检察一体化建设，制定出台相关的规定，梳理"上命下达"之职权分配，规范下级对上级的请示程序。为了规范上级对下级的指令与监督的内容与范围，最高人民检察院或者各省人民检察院可以设置专门机构监督检察一体化中"上命下达"的具体内容，严格指令责任。[①] 只有在全国层面建立规范的检察一体化机制，才能让企业合规异地协作有规可依、有章可循。此外，笔者建议最高人民检察院就企业合规异地协作出台专门办法，明确办案地与企业所在地检察机关在异地协作过程中承担的任务范围、履职期限、争议处理、费用承担等；制作全国统一的异地协作格式文本，解决异地协作意愿达成难、程序启动难、效率无保障、操作不统一等问题。为了推行检察机关主导的异地协作模式，笔者建议由办案地检察机关与受托地检察机关建立异地协作关系，由受托地检察机关联系当地第三方机制管委会或者直接牵头组建第三方监管小组，便于沟通协调，提升合规效率。

### （二）规范第三方监督考察模式

推进涉案企业合规改革，重在落实第三方机制。全国各地第三方监管组织还没有健全规范，对于没有成立或者已成立但难以承担异地协作任务的第三方机制管委会，明确临时第三方小组的组建规则。即便各地区都成立了第三方机制管委会，但在考察模式、标准、结果等方面也存在差异。笔者建议在改革试点过程中，由最高人民检察院或者各省人民检察院组织研究确立考察模式选择、结果评估、机制运用等统一规则，鼓励市场化第三方监督组织的发展壮大，从长远角度推动建立

---

① 参见赵露：《中国检察一体化结构与发展》，载《现代妇女（下旬）》2013 年第 8 期。

行业标准。在适用第三方机制过程中,发挥好检察机关的主导作用,进一步明确受托地检察机关对考察过程的监督、对评估结果的审查责任,真正发挥异地协作的功能作用。

### (三)建立、健全保障机制

企业合规异地协作涉及人力、物力、财力的投入,但在当前试点过程中,企业合规又是检察工作考核的重要内容之一。但是目前,对开展企业合规异地协作工作缺少统一的考核评价标准,特别是对受托地检察机关来说,需要完善考核的激励政策,以调动参与异地协作的积极性。笔者建议建立对受托地检察机关开展异地协作工作的考核评价,将协助异地合规办案数量、案例培育等情况纳入考核评价内容,提高异地协作的积极性。在检察业务应用系统中研发企业合规案件模块时,一并考虑异地协作需要,推行案件化办理,依托系统流转异地协作事项,推动企业合规异地协作常态化开展。

# 提升涉案企业合规第三方监管有效性的基本路径

袁佶晨*

**内容摘要**：第三方机制是涉案企业合规全过程的主要载体，要实现有效合规，企业的整改要满足纠正性、预防性、完整性、持续性、内生性五个基本指标。在监管中科学选用监管人员，保持监管的独立性，并通过动态管理机制保持监管人员的水平，以"指导、纠偏、扶持、促进"作为合规监管工作的主线。要保障监管人员尽可能大的工作权限，通过嵌入式的监管方式掌握企业真实情况，针对企业负责人开展专项合规，第三方组织作为监管主体还应尝试推动体系合规在涉案企业合规中的确认，以降低企业合规成本，提高合规监管效率。

**关键词**：合规；第三方；有效性；体系

借助刑事法手段，构罪或者是量刑，以推动组织体自我管理的相关立法和实践，都属于刑事合规范畴。[①] 涉案企业合规的直接目的在于修复被犯罪行为破坏的法益，以换取司法上的宽缓处理或者谅解；根本目的在

---

* 袁佶晨，江苏省南通市人民检察院检察官助理。

① 参见李本灿：《刑事合规理念的国内法表达——以"中兴通讯事件"为切入点》，载《法律科学（西北政法大学学报）》2018 年第 6 期。

于完善企业治理模式,推动企业回归合法经营的正轨,这也是合规制度最大的价值。最高人民检察院以第三方机制为平台和载体推动涉案企业合规改革,表明合规不是某一个部门或某一个领域内的工作,而是一项内容丰富、覆盖广泛、需要多部门共同履职推进的重大改革,因此合规整改的标准和要求也不同于一般的问题整改。

## 一、合规整改有效性的标准

由于不同案件的涉案企业合规标准受行业特点、涉案人员身份、企业管理模式、内控流程等因素影响,每个公司的合规计划都应该是个性化的、动态的。[①] 合规并不适合制定普适性的规范标准,只能以个案为对象制定个案标准,但不论是什么样的合规案件,一次成功的涉案企业合规应当符合纠正性、预防性、完整性、持续性和内生性五个基本指标。

### (一)消除法益继续受到侵害的危险,即纠正性标准

这是合规整改最低的要求。对于重大责任事故、虚开增值税专用发票、假冒注册商标等常见的单位犯罪,企业在停止实施犯罪、进入合规程序后,需要在制度机制上进行修订完善,消除继续实施犯罪的可能。如由于管理资质缺失导致重大责任事故,应当在启动合规程序后补齐相关作业资质,或者对相关人员予以岗位调整,配足具有从业资质的人员,即在客观条件上消除继续发生重大责任事故的风险。

### (二)企业具备防范同类犯罪再次发生的能力,即预防性标准

通过合规对企业管理制度、内控流程进行完善甚至再造:一是推动企业在机制层面建立依法运行、监督受控的管理模式,一旦犯罪风险再次出现,能够通过制度机制及时被提醒;二是在人员管理上,通过教育培训引导管理层知法守法,特别是涉外企业,提升获取、掌握异域法律的能力,提高依法经营的意识;三是在企业内部构建依法经营的企业文化,提高员工法律意识,健全依法作业的流程,尽可能降低违法犯罪的发生概率。

---

① 参见李玉华:《有效刑事合规的基本标准》,载《中国刑事法杂志》2021 年第 1 期。

### （三）企业不因合规而剥离业务或利益受损，即完整性标准

涉案企业合规是对企业“治病”的过程，对企业的“用药”应当有利于企业恢复“肌理健康”，对企业原有生产经营活动进行恢复性建设。企业在合规整改过程中应保持现有主营业务的完整，对存在问题的领域和业务禁止采取全面放弃或彻底转型的方式达到整改目标，也禁止采取回避或者暂停业务的方式达到问题消除的假象，这种“截肢式”的整改方式背离涉案企业合规的基本精神，也会造成司法资源的浪费。

### （四）企业具备继续合法经营的条件，即持续性标准

合规体现了企业向合法的回归，在司法上表现为对单位的不起诉或宽缓处理，最终实现企业持续合法的经营。因此，为企业创造合法经营的条件、提供合法经营的环境是合规的重要目标，如果企业经历合规建设后失去了继续经营的可能，或者企业失去继续经营企业的基础甚至放弃继续经营，则不能视为成功的合规建设。

### （五）企业具有自主合规经营的能力，即内生性标准

企业完成合规整改任务并获得司法宽缓处理，脱离了第三方组织的监管和帮助后，企业应当具备自发合规经营的能力。例如，企业合规整改后在管理制度、内控流程、风险防控识别和预防、内部监督纠错等方面都得到完善和提升，在脱离第三方组织监管后，仍然能够以制度和机制保障企业的合规经营，即具有合规经营的自愿性。

## 二、提升合规整改有效性的主要途径

根据当前企业合规改革工作经验，合规过程主要由第三方机制管委会主导，负责审核合规计划、监督合规整改过程及最终验收评估三个阶段，其中第二阶段是整个合规过程的关键和核心，第三方机制可采取以下举措提升过程监管效果，确保整改的有效性。

### （一）科学选用第三方组织作监管人

最高人民检察院等部门联合发布的《关于建立涉案企业合规第三方监督评估机制的指导意见（试行）》（以下简称《指导意见》）规定，第三方机制管理委员会选任组成的第三方监督评估组织（以下简称第三方组织）负责对涉案企业的合规承诺进行调查、评估、监督和考察，考察

结果作为人民检察院依法处理案件的重要参考。第三方组织需要对合规进行全流程监督,这意味着对第三方组织的组成人员提出了更高的要求。根据当前各地工作实际,第三方组织成员主要包括律师、会计师、审计师等中介组织人员,以及高校学者、公权力机关工作人员,部分地区还将特定行业专业人员、退休法官、检察官纳入名录库。最高人民检察院发布的第一批第三方机制专业人员共207人,其中律师、会计师、审计师共112人,占到总人数的54%。广东省人民检察院这一比例为76.9%,上海市人民检察院比例为42.7%;从市县级院看,深圳市人民检察院比例为90%,苏州市人民检察院比例为83.6%,南通市崇川区人民检察院比例为80%,上海嘉定区人民检察院比例为56.5%。可见,律师、会计师、审计师等中介组织人员是第三方组织的主要组成力量,该类人员在法律、财务等方面具有较强的专业知识,与当前合规案件中涉及税务、资本类案件较多的现象相吻合。这种配置模式能有效满足合规监管中对法律等专业知识的需求,但也存在一定弊端:一是与代理涉企案件的矛盾。虽然各地在设计第三方监管制度中均设置了回避条款,如《指导意见》第17条规定,“第三方组织组成人员系律师、注册会计师、税务师(注册税务师)等中介组织人员的,在履行第三方监督评估职责期间不得违反规定接受可能有利益关系的业务;在履行第三方监督评估职责结束后一年以内,上述人员及其所在中介组织不得接受涉案企业、个人或者其他有利益关系的单位、人员的业务”,但未针对企业过去的案件设置回避规则。大中型企业合规整改时间长、涉及面较广,特别是对企业管理模式进行全面整改很可能会关联到企业曾经涉及的刑事、民事、行政案件,尤其是仍未执行完毕的案件,一旦与第三方组织选任的中介组织产生关联,有可能会影响验收评估的公正性。若涉案企业有多层级的子分公司、控股参股公司,参与合规监管事务的异地所能否代理与涉案企业有股权关系的其他公司的业务?这些问题都仍需再研究明确。二是行业管理的专业性不足。合规企业涉及案由众多,既需要以统一的合规范本作为整改的参照,也需要根据企业的特点开展定制化、专项化的合规。如涉重大安全责任事故的企业,安全责任事故种类繁多,工矿安全、交通安全、建筑安全、消防安全的工作重点各不相同,管理方法也千差万别,如果仅从企业日常管理的角度进行合规整改,而不深入安全专项管理中去,那合规整改也仍将处在表面和浅层次。且从当前各地公布的名录库组成人员看,行业专业领域人员还相对较少,如果第三方组织成员完全限制于现有名录库范围,恐怕难以实现最佳的监管效果。在现有第三方机制下实现监管效果的最大化,可以从以下几个方面重点加强。

1. 保持监管的独立性。《指导意见》规定由第三方组织负责合规过程的监管工作,但实践中部分地区除了适用第三方组织监管外,还在逐步探索独立监管人模式。独立监管人模式是美国在企业合规中普遍适用的一种监管模式,如美国对中兴公司进行合规监管中,任命曾有检察官履历的律师罗斯科·霍华德(Roscoe C. Howard Jr.)为中兴公司特别合规协调员(Special Compliance Coordinator),其主要负责协调、监督、评估和汇报中兴公司对美国相关法律的遵守情况。独立性是权威性和公正性的重要保证,独立监管人是一项成本高昂的制度,要在我国实现转化应用,显然不能全盘引进,在适用时应当摒弃专注于"人的身份"的美国模式,而在"独立性"上做好文章。例如,在第三方组织之外成立独立的监管小组对合规过程进行监督,并向第三方组织汇报,直接向第三方机制负责,具有独立的检查权、监督权、报告权,其监管结论作为第三方组织验收评估和对监管人考核的依据。至于监管人员只要符合独立性的特征即可,完全不必采用美国由退休高官或业界精英担任的做法,个人能力或信用方面可能出现的瑕疵完全可以通过制度设计予以弥补。通过独立监管人模式可以有效克服第三方组织全程监管中可能出现的不公正甚至腐败问题,对第三方组织工作形成制约。

2. 采取灵活的名录库人员选用模式。在设置名录库人员组成方式上,目前主要有两种模式:一种是包括最高人民检察院在内绝大多数地区适用的个人入库模式,通过个人申报、第三方机制审核建立名录库;另一种是机构单位入库的模式,其对具体人员、数量不设限制。深圳市检察机关便采用该种方式。该种模式能扩大监管人员的选择面,减少其他因素对人员选择的限制,但增加了名录库的管理和人员选用的难度,在确定人员时需进行二次筛选,影响工作效率。要科学合理地选择第三方监管人员,可以在组成方式上采取固定加灵活的方式,以律师、会计师、审计师等中介机构人员作为常态化的监管人员,对特定企业进行合规监管时,根据监管需要聘请具有相关资质的专业人员作为临时的第三方监管成员。例如,在对涉重大责任事故罪的企业开展合规时,可以聘请应急管理局、安全管理咨询公司专家或同类企业安全管理专业人员作为临时人员参与合规监管,即以"一案一聘请"的方式提高监管人的专业性。但应注意的是,在聘请同类企业人员参与监管时应充分考虑同业竞争和商业秘密保护问题,确保监管的客观公正。

3. 建立动态管理模式。对名录库成员实行不定期调整的动态管理模式。一方面对名录库实行年限制管理,设定两到三年的有效期,到期后重新进行申报审核,给更多机构、人员进入名录库的机会,给现有成员营造危机感。另一方面对名录库人员实行定期考核。以参与监管的出勤率、提出监管意见的采纳率、发现问题的查实率等作为主要考核指标,建立人员退出机制甚至末尾淘汰制,督促名录库人员积极参与合规监管,防止出现占用名额却不参与实际合规案件的问题。

### (二)最大程度赋予监管人工作权限

刑事责任是最严厉的法律责任,涉案企业合规在某种程度上可以视为与刑事责任的"对抗",既然是反向性的"脱责",那就应当建立在查阅所有资料、掌握所有信息、充分了解情况的基础之上,以最真实完整的材料证据体系应对最严苛的责任追究。监管人在监管过程中应具有最大限度的工作权限,能够阅读到企业生产经营和内部管理的所有信息。其工作权限至少包括企业所有文件资料和工作记录的查阅权、财务信息查阅权、所有员工的询问谈话权、所有生产经营场所的进入权、接受举报和反映问题的权力等等。同时监管人应当签订保密协议,严格保守企业商业秘密。同行业专业人员担任监管人时,应当对相关权限予以限制,根据监管人的不同身份设置不同权限,保障企业合法权益。

### (三)提高第三方组织监管工作质量

合规监管方式是行政机关、司法机关通过施加压力或创造激励条件,迫使企业接受的一种自行整改的公司治理方式。[①] 合规过程是企业

---

① 参见陈瑞华:《论企业合规的基本价值》,载《法学论坛》2021 年第 6 期。

对合规计划的执行和贯彻，过程监管是第三方组织或第三方监管人对企业执行和贯彻情况的监管。监管具有双重性，既是对涉案企业自身整改完善活动的监管，也是对第三方组织监管活动的再监管。从工作目的看，一是确保企业根据计划开展合规活动，二是确保企业在规定时间内完成合规计划中的整改任务，三是确保企业通过整改实现合规计划的预期效果。从工作方式看，一是为了确保第三方组织有充分的空间在涉案企业开展必要工作，二是确保第三方组织监管的真实性和合法性，三是保障第三方组织合规活动的完整性和企业整改措施的闭环。想要实现合规监管效果的最大化，必须从以上两个层面寻找途径。

第三方监管的对象是涉案企业，监管的内容是企业对合规计划的执行情况，但如果仅仅是检查式、运动式的监管，将合规任务全部交由企业自行落实，则有违合规改革的初衷。第三方监管的主要职责可以概括为"指导、纠偏、扶持、促进"，实现第三方组织或监管人与企业的深入融合，让第三方组织或监管人的监管对企业合规过程实现全覆盖。

1. 厘清企业合规的两种模式。企业合规在刑事司法上的效果体现在对单位的轻缓从宽处理甚至不起诉。单位犯罪的不同范围和程度，也决定了企业合规的不同模式。根据企业合规改革试点经验，目前主要有两种合规模式：一种是对于中小微企业或犯罪行为较轻的单位犯罪，企业组织架构、经营业务相对简单，可以只围绕涉及的罪名开展针对性的整改，在江苏省前期改革试点中称之为"简式合规"，"就事论事"是该种模式最重要的特征。另一种是对规上企业或者犯罪相对严重、行为相对复杂的企业，需要对其开展系统性、再造性的整改，也是企业合规的标准模式，在江苏省前期改革试点中称之为"范式合规"。该种模式以问题为导向，在问题整改的同时更加注重对将来可能出现的违法犯罪风险的预防。两种模式在过程监管上有不同的要求，第三方监管的任务也存在差异：在第一种模式下，第三方监管更偏重法律层面的审核，重点关注企业发生违法犯罪行为的诱因是否得到消除。第二种模式对第三方监管提出了更高的要求，要求监管人熟悉企业的经营方式和管理制度，帮助企业防范化解漏洞，需要监管人在具备一定法律专业知识的基础上有一定的经营管理才能。但不论适用哪种模式，第三方监管的运作都是围绕"指导、纠偏、扶持、促进"这一基本脉络展开的,这也是第三方监管工作的主线。

2. 统筹合规整改工作。涉案企业合规是一项系统性极强的工作,企业的整改以刑事合法、管理合规为主要内容,因此开展合规必须依照一定的规范和程序。虽然合规计划由企业负责执行,但第三方组织与企业在合规中属于指导与被指导的不平等关系,不存在协商或者讨价还价的空间,企业对计划的执行瑕疵甚至不执行都可以视为验收评估中的不合格项,直接影响检察机关的最终处理决定。第三方组织在合规工作伊始,应当由监管小组或监管人组织召开首次会议,主要工作包括明确由企业负责人或其他高层担任合规整改责任人、向企业释明第三方组织或监管人名单、对企业合规计划的执行进行说明、要求企业制定落实计划时间表、进行任务分解并明确责任人、对外公布监督举报渠道等,督促企业进入合规工作状态,通过首次会议奠定整改工作的总基调,这项工作是过程监管的开端,也是合规整改取得成功的前提和基础。

3. 监督企业落实合规经营管理职责。不少学者提出在合规整改中,企业首先应当建立专门的合规部门或者设立专职合规官,但从我国企业管理实际来看,往往只有大型企业才会设立专门的法务部门或者企业管理部门,因此要求涉案企业建立专门的合规部门在现阶段是不现实的,尤其是对数量庞大的涉罪中小微企业来说,设立专门的合规部门势必增加企业管理成本。机构设置上虽然可以不做硬性要求,但监管人应当监督企业落实合规经营管理的职责,包括制定经营管理制度的职责、管理层汇报职责、员工合规作业监督职责、风险排查职责、考核追责职责等等,可将工作职责设置在企业行政部门、人事部门甚至工会部门,经营层落实人员分管,监管人通过清单式的检查确保该项要求落地。

4. 监督帮助企业执行合规计划。这是合规监管的主要环节,由第三方组织帮助指导企业完成每一项合规计划。根据江苏省企业合规改革试点经验,该环节要实现高质量的合规监管应当采用“嵌入式”监管模式,核心在于第三方组织或监管人要融入企业日常管理,在参与管理中开展监管、在开展监管中督促整改,企业在落实整改中提升管理水平。主要方式有以下几个方面:

(1)落实专人参与企业日常管理。第三方组织应当选派专人在企业实行"坐班",进行脱产式监管。在对规上企业进行合规监管时尽可能以小组形式入驻企业,小组成员除了包含法律专业人员,也应当包含企业涉案案由方面的专业人才。为防止监管人员进驻企业后可能出现的廉政风险,应当以第三方机制的名义设立专项监督渠道,接受涉案企业及企业员工监督。

(2)对企业管理实行全流程监管。监管人应当参与企业重大决策过程,成为企业"有形而无声"的管理者。例如,列席企业股东大会、董事会、监事会等会议,或者根据企业涉案案由列席其他专项会议,如对涉虚开增值税专用发票罪的企业开展合规时,可以列席企业的财务例会、审计例会等。监管人应当参与企业重大活动实施过程,包括"三重一大"决策、业务审计、招投标、重点人员培训等。在对案件相关方面进行监管时,应以更高的标准融入日常管理。如涉重大责任事故罪交通服务企业的,监管人应当从安全生产责任制的贯彻执行、驾驶员安全教育、车辆安全检查、线路安全隐患排查、技防监控、应急管理等方面对企业安全管理进行全流程跟踪,涉案事故是管理人员缺乏管理资质、不具备安全管理技能等原因导致的,还应当从管理人员资质培训、业务考核、岗前审核等更细化的环节入手,将合规监管紧贴到最根本和最具体的管理层面,在监管中实现溯源治理。

(3)及时纠正企业不规范管理行为。合规监管人除了履行尽职报告义务外,对违规行为的及时纠偏也是其一项十分重要的工作。全过程"嵌入式"监管给监管人发现问题创造了有利条件,对监管中发现的问题应当及时向企业管理者进行提示,以第三方组织的名义发送"整改通知书"或"风险告知书"。例如,最高人民检察院发布的"上海J公司、朱某某假冒注册商标案"①,浦东新区人民检察院结合办案中发现的经营管理不善情况,向J公司制发合规风险告知书,从合规风险排查、合规制度建设、合规运行体系及合规文化养成等方面提出整改建议,引导J公司作出合规承诺。同时,经提示后企业未组织整改的,可将其作为

① 最高人民检察院:《企业合规典型案例(第二批)》,载中华人民共和国最高人民检察院网,https://www.spp.gov.cn/spp/xwfbh/wsfbt/202112/t20211215_538815.shtml#1。

合规计划执行情况的不合格项供第三方组织在验收评估环节予以参考。

(4)督促企业修复受损法益。停止侵害行为、修复因犯罪行为受损的法益并作出承诺是企业适用涉案企业合规制度的基础,修复受损法益是企业通过合规评估验收的重要前提。对于无法即时修复的法益应当在监管过程中督促企业通过赔偿、补偿等方式积极弥补。例如,涉污染环境罪的企业应在合规期限内立即开展环境修复治理,积极赔偿对他人合法利益造成的损害。涉案企业应当在合规期限结束之前完成法益修复,受行政机关监管的应当通过行政机关验收。同时监管人应当将企业合规计划执行情况向第三方组织报告。

5. 第三方组织对监管情况进行检查。监管人或监管小组在涉案企业开展"嵌入式"监督的同时,第三方组织应定期或不定期对企业合规情况开展监督检查。例如,通过巡回检查、飞行检查、协同监管等方式进行定期或突击式的检查,掌握企业整改的真实情况。又如,最高人民检察院发布的"山东沂南县 Y 公司、姚某明等人串通投标案"[1],沂水县第三方机制管理委员会通过制定专项方案,结合案情,选取 6 名熟悉企业经营和法律知识的人大代表、政协委员、人民监督员组成巡回检查小组。巡回检查小组和办案检察官通过不预先告知的方式,深入两个企业进行实地座谈,现场抽查 Y 公司近期中标的招标项目,对第三方组织履职情况以及企业合规整改情况进行"飞行监管"。这种第三方的突击式监管既是对企业合规整改情况的监督,也是对第三方组织监管履职情况的监督,是合规监管中"一举两得"的有效方式。

6. 发挥检察机关监管主导作用。在第三方机制中,检察机关与其他机关是协作配合的关系。在新时代,检察机关对行政机关实施法律监督是实施依法治国方略,建设法治中国的应然内容,是法律实施的重要环节,是从外部促进依法行政的重要举措。[2] 作为法律监督机关的检察机关有责任监督其他成员单位履行合规工作职责。同时由于合规的

---

① 最高人民检察院:《企业合规典型案例(第二批)》,载中华人民共和国最高人民检察院网,https://www.spp.gov.cn/spp/xwfbh/wsfbt/202112/t20211215_538815.shtml#1。

② 参见尹吉、王梦瑶:《新时代检察机关行政法律监督制度研究》,载《国家行政学院学报》2018 年第 4 期。

最终结果体现在检察机关的诉权运用中，因此检察机关应当居于合规监管工作的主导位置，以第三方机制为媒介发挥好监督主导作用。检察机关在监管人员选择、计划审核、监督实施、评估验收等多方面都必须作主导，主动推动合规进程，对第三方监管责任落实不到位的单位或个人进行监管甚至追责，确保真实的验收评估结论在检察机关的诉权中得到有效运用。

（四）对涉案企业负责人的个人监管

单位犯罪是适用涉案企业合规的前提，公司刑事责任归责理论经历了从自然进路向规范进路研究范式的转变。在规范路径的研究中，学者们观点的本质基本上是一致的，即“批判了传统代位责任的不足，但公司自身责任的认定也都离不开自然人责任，只是需要在自然人责任外，寻找公司自身责任的实质”①。即使是单位犯罪归责的规范路径，也仍然不否认单位责任与自然人之间的联系。从当前我国企业管理情况看，自然人主导因素在企业内部占据着重要地位。在中小微企业中，企业主的意志往往代表着公司意志，单位实施犯罪行为基本源于企业负责人的判断或决定。大型企业即使有完整的董事会决策体系，但董事长在决策体系中的地位往往也是不可撼动的。从最高人民检察院发布的前三期共15起企业合规典型案例来看，7起案例的单位犯罪行为由企业法定代表人或实控人组织实施，可见企业主要负责人在单位犯罪中具有不可替代的作用，尤其是涉税务、知识产权、环境资源类犯罪，没有企业主要负责人的主导或批准，单位几乎没有自发实施犯罪行为的空间。对涉案企业负责人的个人监管主要包括以下内容。

1. 建立企业负责人信息报告制度。一方面，根据合规计划，企业负责人定期向第三方组织汇报整改情况时，应当同步汇报个人履职情况。例如，在重大责任事故案件中，涉案企业负责人每周或每月应向第三方组织监管人汇报自己在安全生产方面的履职情况，包括工作部署情况、建章立制情况、监督检查情况、考核推进情况等，监管人将企业负责人履职情况作为验收评估的重要参考。另一方面，企业负责人要将管理企业中的重要举措、重大事项实时向监管人进行报告，便于第三方组织

---

① 李本灿：《刑事合规制度的法理根基》，载《东方法学》2020年第5期。

第一时间掌握企业负责人工作动态，以报告制度推动企业负责人落实管理职责。

2. 对企业负责人开展专题辅导。以涉案领域为基础对企业负责人开展专题合规培训。最高人民检察院等部门联合发布的《指导意见》未对第三方机制提出组织企业培训的要求，但第三方组织作为一个多部门的集合，具有组织培训的便利。成员单位可根据各自职责组织企业负责人开展培训，缺乏必要条件的，可以将合规培训与日常行业培训相结合，最大限度节约成本，这与能动治理、溯源治理的理念是相一致的。

3. 个人监管结果的运用。对企业负责人的单独监管结果可在验收评估中作为参考，但不能因为企业负责人责任未完全落实到位而否定企业整改的总体成果。如果以个人整改代替企业整改，则混淆了自然人与法人的关系，也违背了惩治个人、放过企业的涉案企业合规制度设计初衷。若企业负责人是犯罪嫌疑人，监管结果更不能成为其出罪的依据。对企业负责人的个人监管是提升合规监管效果的一种辅助方式，其整改情况不能决定验收评估的结果，但可以作为素材提供给第三方机制各成员单位，作为行政处罚及今后日常监管的依据材料。

## 三、逐步推动体系认证结果在涉案企业合规中的确认

在刑事合规试点开展之前，企业在合规建设方面已经有了很成熟的经验，当前各律师事务所在帮助企业开展合规建设，特别是预防性的合规体系建设时广泛使用 ISO 37301：2021《合规管理体系—要求及使用指南》（以下简称 ISO 37301），其于 2021 年 4 月 13 日发布，同时以该标准为基础的《中小企业合规管理体系有效性评价》经中国中小企业协会批准于 2022 年 5 月 23 日发布。ISO 37301 对企业管理内控提供了一个框架性和基础性的标准，是行业认证、贸易增信、印证管理能力的重要凭证。这种标准化的体系认证对当前推行的刑事合规不具有当然的替代性，但具有一定的补充作用，为了提升合规整改效果可以筛选性的吸收和确认。第三方机制作为涉案企业合规的主要平台，可以适当扩大工作范围，尝试推动涉案企业合规与体系合规的衔接，将体系合规中相对固定、不易变动、能够量化、与行政监管要求一致的指标引入涉案企业合规，在局部实现结果的确认，降低企业的整改成本，也有利于

提高第三方机制的工作效率。

### (一)体系合规是对企业管理工作的梳理

体系合规的底层逻辑是管理学上的 PDCA 理论,这种理论体系具有通用性和普遍适用性,且不需要以某一具体的事件作为发起体系建设的前提。但涉案企业合规必须以一件涉企案件或现实存在的刑事风险点作为起点,其合规内容具有极强的针对性。例如,中兴公司被美国"长臂管辖"后,中兴公司有义务接受美国法院指定的监察官(the US Court-appointed Monitor)和美国商务部工业和安全局(Department of Commerce, Bureau of Industry and Security, BIS)指定的特别合规协调员(SCC)与其进行充分合作,并接受其在出口管制合规计划重建方面的监督和指导。[①] 制订的计划必然带有对企业管理方式、流程控制等方面的完善和改进,但其终究是一个专项领域的改进计划,不是彻底的管理洗牌。中兴公司公布了合规举报途径(compliance reporting options),提醒举报人对于任何违法违规行为,既可以直接向出口管制合规领导团队进行举报,也可以利用中兴公司的其他通讯方式(包括匿名举报方式)进行举报,这就是检查(check)环节在合规计划中的体现。

### (二)不断细化的认证体系具有较高的合规价值

标准化体系在各个细分领域具有相当详细的规定,例如许多企业开展的职业健康安全体系建设对照 OHSAS 18000 标准。该标准诞生于 20 世纪 90 年代末,在员工健康管理、风险防范、作业环境改善等方面提供了基本参照。相比 ISO 37301,这种细化的标准针对的是企业管理的细分领域,针对性、操作性都更强,对不同案由的涉案企业有不同的价值,也更能被涉案企业合规体系所接受和转化。

### (三)推动对体系合规结论的确认

体系合规在实体上不能代替涉案企业合规,但体系合规的结论可以作为涉案企业合规的重要素材和证据。这些素材可以分为两类:一类是企业自行开展并得到相关组织认证的体系合规。如前述提到的管理体系通过相关认证机构认证。大量认证机构实施体系认证的商业行

---

① 参见陈瑞华:《中兴公司的出口管制合规计划》,载《中国律师》2020 年第 3 期。

为,受市场监管部门监管,认证结果一定程度上体现了企业管理水平和能力,在涉案企业合规中可以作为资料予以参考。另一类是经行政机关间接确认的活动。如在工矿、交通行业实施的安全生产标准化模式。企业根据国家标准对安全生产实施标准化管理,通过安全标准化考评取得合格证书,并作为企业取得行业经营许可的资格证明文件之一,这种类似由行政机关“背书”的体系认证在涉案企业合规中可以作为企业依法依规管理的重要依据,甚至可以在某些具体整改事项中获得“免检”的待遇,也具有更大的参考价值。

# 企业合规听证的探索与思考

陈 皓 顾 亮*

**内容摘要**：在涉案企业合规改革试点工作中，对于涉案企业合规开展听证是其中的重要环节。但是由于企业合规听证工作仍处于探索阶段，相关的法律法规制度建设尚不完善，检察办案人员在企业合规听证中面临困难。企业合规听证需要检察机关能动履职，结合有关涉企案件开展企业合规工作的经验，以提高企业合规听证工作的效果。

**关键词**：企业合规；听证；能动履职

## 一、问题的提出

国内刑事案件涉案企业合规工作已经过两轮的试点，目前的试点地区各级人民检察院的工作重心已经从机制摸索阶段逐渐过渡到规范化制度建设阶段。以上海市为例，随着《〈关于建立涉案企业合规第三方监督评估机制的指导意见（试行）〉实施细则》《上海市检察机关办理涉案企业合规试点案件工作规定（试行）》等规定的逐步出台，对于各级检察机关相关条线的一线办案人员而言，合规工作的开展方式和抓手逐步清晰。目

---

* 陈皓，华东政法大学博士研究生，上海市奉贤区人民检察院第六检察部副主任；顾亮，上海市奉贤区人民检察院第三检察部检察官助理。

前工作中的难点已经从是否应该对涉案企业开展企业合规,逐渐转变为在涉案企业合规工作开展过程中,检察机关应该如何扮演好自己的角色,依法依规完成每一步的工作进程。其实,从目前的试点工作情况来看,各级检察机关在开展合规试点工作的时候,依然会遇到一些"有法无章"的情况。由于企业合规在国内方兴未艾,需要检察官基于目前的相关文件规定并结合自身的办案经验及对法律理解来处理现实中存在的问题。其中,企业合规听证的开展便是一个非常典型的此类应用场景。虽然《上海市检察机关办理涉案企业合规试点案件工作规定(试行)》[①]第20条中对企业合规听证工作作出了一定纲领性规定,但是尚无更明确的操作指导性细则。而检察听证制度作为一个被引入刑事检察工作20余年,相对稳定又在不断完善的成熟制度,将之与企业合规试点工作相结合,对于提高司法公信力不无裨益。目前理论界对企业合规制度已有大量的学术研究,但是对企业合规听证这一实务问题却缺少更进一步的研究。

## 二、检察听证制度及企业合规听证的谱系考察

听证制度在我国检察环节中的引入,起始于1999年5月的《人民检察院办理民事行政抗诉案件公开审查程序试行规则》(已失效),该规则中虽然没有对检察听证制度作出明确的规定,但是提出了"听取当事人陈述"的相关要求。最高人民检察院在2000年颁发的《人民检察院刑事申诉案件公开审查程序规定(试行)》(已失效),第一次对刑事检察制度作出了正式的规定。其后,检察听证制度在我国经过20余年的发展,大致有两个关键的时间节点。第一个节点是在2000年《人民检察院刑事申诉案件公开审查程序规定》的施行和《中华人民共和国刑事诉讼法》的第二次修正,改变了之前10余年检察听证作为检务公开的一项手段,缺少独立的制度性程序地位的状况。其后,全国各级检察机关开始积极探索听证程序的运用,取得了一定的成果。第二个节点是在2020年,最高人民检察院正式颁布了《人民检察院审查案件听证工

---

① 关于印发《上海市检察机关办理涉案企业合规试点案件工作规定(试行)》的通知。沪检发办字〔2022〕1号。

作规定》,使刑事检察制度在前20余年探索发展的基础上,正式形成了统一的制度化规定。这一规定的出台,解决了探索阶段的各类问题,对听证适用范围、参与人员、程序流程等方面均确立了明确的标准。[①] 在该规定颁布后,又出台了各类文件,对检察听证制度的内容进行了不断细化。随着检察职能的不断发展,越来越多的检察工作内容开始被探索与听证程序结合,逐渐形成标准化的做法。本文所探讨的企业合规听证,也是这种发展的体现。随着企业合规试点工作的不断推进,企业合规不起诉制度的运用也逐渐成熟,检察听证也逐渐被引入其中。所谓企业合规不起诉制度,是指检察机关对于那些涉嫌犯罪的企业,发现其具有建立合规体系意愿的,可以责令其针对违法犯罪事实,提出专项合规计划,督促其推进企业合规管理体系的建设,然后作出相对不起诉决定的制度。[②] 有学者认为,当前企业犯罪形势严峻,而相应的犯罪治理手段欠佳,对于以企业附条件不起诉制度推动企业合规有充分的必要性和紧迫性。[③] 对于企业来说,企业合规工作的重点就是企业合规计划的构建。相较于外部监督机构,企业合规计划具有更为明显的制度优势。[④] 那么,检察机关通过企业合规听证来对企业合规计划进行考察,继而将考察结果列为参考依据,最终作出是否不起诉的决定,也显示出了必要性。

## 三、听证实务问题分析

如前文所述,从目前来说,在企业合规听证的相关法律法规中,除《人民检察院审查案件听证工作规定》外,就以《上海市检察机关办理涉案企业合规试点案件工作规定(试行)》中第20条的规定为准。该条文虽然简单,但是切中肯綮地作出了两方面的规定。一是关于听证会的组成人员问题,二是听证会具体开展内容问题。这是听证会的两个核

① 参见刘亦峰、杨坤、周云:《刑事检察听证程序的反思与重塑》,载《广西警察学院学报》2021年第6期。

② 参见陈瑞华:《企业合规不起诉制度研究》,载《中国刑事法杂志》2021年第1期。

③ 参见李勇:《企业附条件不起诉的立法建议》,载《中国刑事法杂志》2021年第2期。

④ 参见李本灿:《法治化营商环境建设的合规机制——以刑事合规为中心》,载《法学研究》2021年第1期。

心,但是对于一线办案人员来说,该规定尚不足以对一场听证会的设计以及会碰到的相关问题做出足够的解释。接下来笔者将从相关案例的听证会实际碰到的问题出发,对企业合规听证实务问题做进一步分析。

### (一)听证会的组成人员

在《上海市检察机关办理涉案企业合规试点案件工作规定(试行)》的条文中,提到了"……应当邀请第三方机制管委会成员、第三方组织成员参加,可以邀请巡回检查小组成员担任听证员"。值得注意的是,在提及第三方机制管委会成员、第三方组织成员的时候,使用的是"应当"一词,而对于听证员的人选则使用的是体现了任意性的"可以"。结合该项条款来看,由于第三方机制管委会成员、第三方组织成员均有相关的报告义务,故必须出席。但是听证员的选择,则没有明确的规定。从笔者观察相关案例的听证过程来看,将此处的规定进行一定的谦抑,确实有相当的必要。从目前来说,该规定抓住了企业合规听证活动有别于其他听证程序的特殊参与人员,但是并不能涵盖全部的参与人员的关键。那么,对于承办检察官而言,就碰到了以下问题:在现有的法律规定尚没有明确规定的情况下,应当设计哪些人员来参与一场企业合规听证,而这种设计的逻辑依据又是什么?

本文将以两个正在办案中的案例作为叙事基点,从现实检察工作角度对企业合规听证工作进行一定的阐述探究。

**案例一:**A 公司系上海市一家经营厨房设备、用品、食品添加剂的股份有限公司。A 公司及其实际经营人员,在未取得危险化学品经营许可证的情况下,通过香港地区某公司进口了某品牌的 Cream Charger(中文译名有:氮气充气囊、奶油发泡气弹、氧化氮气弹等),利用公司自建的销售网站销售至上海多家公司,非法经营数额超过百万元。

**案例二:**B 公司系上海市一家模具制造、销售有限公司。b 作为 B 公司的实际控制人,在经营 B 公司期间,为谋取非法利益,在无实际业务的情况下以支付开票费的方式,先后让他人为其虚开多家公司增值税专用发票数十份,价税合计人民币 400 余万元,税款合计 50 余万元。

接下来我们看看上述两个案例在组成人员上的相同点与不同点。非常有趣的是,虽然两个案例使用了同一套流程设计来组织开展企业合规听证程序,但是由于工作的具体安排不同,各方人员的出席情况均有一定的差异，而这种差异也使听证会的开展过程呈现迥异的效果。第一，从检方人员来说，由于目前企业合规听证处于探索阶段，为了使合规听证程序更具司法公信力，体现检察机关对于企业合规试点工作的重视，并使听证会有更好的示范效果，上述两起案例均由院领导主持，检察官报告涉案企业情况，检察官助理记录听证会内容。然而，案例一的听证会由办案部门的条线分管检察长主持，其对上海市的企业合规试点工作开展具有相当的熟悉程度。同时，参与听证的检察官及检察官助理均参与了案件的办理以及整个企业合规流程的开展，这使后续在面对听证员的大量提问甚至是对涉案企业相关人员的质询的时候，主持人及检察官均能作出相对妥帖且全面的回应，并起到较为良好的控场作用。而案例二的主持工作由分管其他工作的院内领导主持，其提前做了大量的功课，对案情也达到了相当的熟悉程度。且该案件有两名检察官参与办理，参与听证会的检察官虽然参与案件办理，但是未参与对涉案企业及相关人员的合规工作开展。所以检方在回应听证员相关问题及控制听证会节奏方面呈现一定的被动。当然，由于案例二作为涉税案件专业程度较高，且涉案企业及个人准备得相当充分，听证员并没有做太多的提问。

第二，从听证参与人员的角度来说，除《上海市检察机关办理涉案企业合规试点案件工作规定（试行）》中提到的第三方机制管委会成员及第三方组织成员外，案例一及案例二中均邀请了公安机关的案件侦查人员来参与。一方面，公安机关承办人员对案件的侦破过程最为熟悉，可以在承办检察官介绍案件情况的时候进行一定的补充。另一方面，让侦查人员了解涉案企业合规整改的进程，也有利于后续行刑衔接等工作的开展。在案例二的听证过程中，在接受听证员对于案件提问的过程中，公安机关的侦查人员也起到了帮助解答的作用。

由以上的案例引申，企业合规听证会的人员组成，应当对涉案企业合规工作有相当的参与度，且能够在听证过程中起到积极且直接的作用。以主持人为例，如前文所述，如果主持人与汇报检察官不是同一个人，那么对主持人的人选应当提出一定的要求。主持人，指的是虽然不要求其参与案件的办理，但是仍然应当对基本案情有一定的了解，且对企业合规试点工作有整体的把握，使其可以比较良好地完成主持控场的工作。再以检察官来说,其对于案件办理及涉案企业合规工作的参与程度,也影响了听证会开展中的实际效果。因为从实际听证会的开展过程来看,检察官不单单要完成《上海市检察机关办理涉案企业合规试点案件工作规定(试行)》第20条中所规定的工作,即报告涉案企业社会调查评估情况,还需要对听证员作基本案情介绍,并对其提出的问题作出一定的解答。这些问题既可能是关于案件本身,也可能是关于涉案企业合规整改工作的开展,甚至还可能是一些关于政策方面的疑问。无论是从检察职能角度考虑,还是从专业能力考量,参加听证会的检察官都应当对这些问题作出适当的回应。同时,考虑到企业合规工作的开展过程相当复杂,涉及的块面内容较多,当听证员对涉案企业及相关人员或者第三方组织成员提出的问题无法得到恰当回应的时候,检察官也要作出一定的补充说明来保障企业合规听证工作的开展效果。从这个角度而言,检察官需要在整个听证过程中发挥出相当的主导性作用,这对检察官的要求也最高。另外,第三方机制管委会成员、第三方组织成员在听证过程中的参与情况,也体现出了这一规则的合理性。在《上海市检察机关办理涉案企业合规试点案件工作规定(试行)》第20条的规定中,强调了第三方机制管委会代表报告第三方组织组建过程、公示程序、组成人员利益回避情况审查和履职情况;第三方组织组成人员代表报告涉案企业合规计划审查情况、监督评估相关情况及考察评估报告。条文明确了第三方机制管委会成员、第三方组织成员均由代表进行发言,那么从此而观,其他不发言的成员是否有必要参与听证会呢?

从前述两个案例来看,第三方机制管委会成员派出了工商联代表,在听证会上汇报了第三方监督组织的组建过程、公示时间,并说明了该第三方监督组织的成员与该案的涉案企业及相关人员均不存在利益冲突。由此看出,第三方机制管委会成员在听证过程中主要就程序性的工作进行说明,并无值得过多深究之处,发言代表出席即可。但是,第三方组织成员则不同,其参与听证会除了报告涉案企业合规计划审查情况、监督评估相关情况及考察评估报告的基本开展内容外,还要接受听证员对其考察评估工作的评议。而根据《关于建立涉案企业合规第三方监督评估机制的指导意见(试行)》的要求,第三方组织成员应当从专业人员名录库中随机抽取，故而其专业背景及能力侧重均有不同。在案例一的听证过程中，安排了三位第三方组织成员共同参与，而案例二则仅邀请了一名代表参与听证。从听证效果来说，两种安排方式各有利弊。

一方面，第三方组织汇报企业合规计划审查情况、监督考核情况等，事先已经形成了书面结果，各个成员的观点经过归纳整理，由代表进行集中的阐述，已经足以清晰、明确地让听证员及其他听证参与人员接受到位，亦不需要其他成员进行补充发言。故而，仅有一名第三方组织成员作为代表到场，足以履行其听证参与人员的职能，而且有利于听证会现场人员的座位安排。目前尚未出台规范性文件对企业合规听证程序的席位安排作明确规定，但是可根据《人民检察院检察听证室设置规范》中检察人员背对背景墙居中，听证员面对背景墙设置席位，案件当事人席位分两侧相对设置的相关规定来参考执行。参考行政公益案件、民事公益案件中的席位设置，第三方机制管委会代表、第三方组织成员以及其他的听证参与人员与当事人也应当分两侧相对而坐。有别于其他检察听证程序，企业合规听证的参与人数较多。当事人一侧有犯罪嫌疑人、犯罪单位诉讼代表人及辩护人。而其他的诉讼参与人员独占一侧。在前述的两个案例中，侦查人员、第三方机制管委会代表、第三方组织成员与当事人相对而坐，因而案例一中三名第三方组织成员全部到齐的情况下，座位的安排就稍显局促。而案例二中第三方组织成员和第三方机制管委会都是代表出席，则加上侦查人员后，三人就相当适宜，与当事人相对而坐，较为符合《人民检察院检察听证室设置规范》中所要求的平等参与、统一规范、办案安全的原则。

另一方面，案例一中三名第三方组织人员悉数到场的方式，在面对听证员的提问时，也更为游刃有余。第三方组织的汇报工作虽然由一名代表进行，但是理论上属于三人的共同工作成果，包含了各自基于专业背景、参与合规考察工作的不同侧重所得出的相关结论。在案例一中，当听证员在听取了第三方组织代表报告涉案企业合规计划审查情况、监督评估相关情况及考察评估报告等内容后，在提问环节提出来一些相对来说比较深入的问题。这时，三名第三方组织人员悉数到场的优势就得以体现了，他们各擅胜场的发言，使听证员的问题均得到了较为到位的回应,这是单一代表到场的形式很难取得的效果。从上述分析可以看出,第三方组织成员的到场人数多少对听证会的整体效果也有较大的影响。笔者认为,鱼与熊掌不可兼得,既然两种安排方式各有优劣,那么如何选择,检察人员应当从案件的特点、复杂程度、专业性等维度,在听证之前有一个通盘的考量,恰当地判断听证会的侧重。至于当事人一方的人员选择,并没有过多值得探讨的空间,把握听证会的基本要求,相关嫌疑人、诉讼代表人、辩护人到场即可。其中,辩护人在企业合规听证中也需要发挥一定的作用,后文中将作更为详细的论述。

(二)听证会具体开展内容

总体而言,把握前述推导的规则,确定了企业合规听证的参与人员后,需要解决的就是企业合规听证的具体开展内容的问题。在《上海市检察机关办理涉案企业合规试点案件工作规定(试行)》第20条中,对企业合规听证会的开展作出了如下四点要求:(1)负责办理案件的检察官报告涉案企业社会调查评估情况;(2)涉案企业、个人报告企业合规计划及整改、落实情况;(3)第三方机制管委会代表报告第三方组织组建过程、公示程序、组成人员利益回避情况审查和履职情况;(4)第三方组织组成人员代表报告涉案企业合规计划审查情况、监督评估相关情况及考察评估报告。显然,在进行企业合规听证流程设计、明确具体开展内容的时候,这四点要求是必须满足的。接下来,笔者将以上述案例的企业合规听证流程设计及开展过程为例,对企业合规听证的具体内容作一定的讨论。

根据上述条文要求,企业合规听证的核心发言人选基本可以确定为检察官、涉案当事人、第三方机制管委会代表、第三方组织组成人员代表。这四方各自的职能不同,在流程中所需要承担的职责也不同。在流程设计上,案例一与案例二的企业合规听证过程相仿,均涉及为两大块,一是听证准备内容,二是合规听证主体内容。听证准备内容主要包括纪律宣读、听证会基本情况介绍、听证会参与人员介绍、当事人信息核实、案情介绍等。显然,这部分内容与《上海市检察机关办理涉案企业合规试点案件工作规定(试行)》第20条中罗列的要求关联不大,其主要是围绕案件情况来展开的。笔者认为,企业合规整改虽然是一个长效工作,但是其基本落脚点依然是案件办理,听证人员只有在对案情有较为全面的认识的情况下，才能更为有效地做出评议。因而在听证会过程中，将整个案件做基本的阐述介绍有相当的必要性。而从《上海市检察机关办理涉案企业合规试点案件工作规定(试行)》第20条可以看出，对于检察官的发言内容要求主要是报告涉案企业社会调查评估情况，将案情介绍穿插其中虽然也无不可，但是总有画蛇添足之嫌，且使听证会节奏脱节。故而将其与其他程序性工作独立设计成块，并前置在企业合规听证主体之前进行，是较为妥帖的做法。从案例一和案例二的两次实践来看，确实取得了较为良好的效果。

同时对于检察官而言，由于前述已经阐明，主持人与检察官不设定为同一人，故而听证准备内容中的纪律宣读、人员介绍、信息核实等工作可以由主持人完成或者安排检察官助理进行，检察官可以专注于案件本身进行发言，更体现听证活动的严肃性和司法公信力。同时，案件介绍环节中主持人还可以安排公安侦查人员就案件侦查工作进行补充发言，让听证员对于案件有更为全面的认识。

在合规内容听证中，就必须紧紧围绕《上海市检察机关办理涉案企业合规试点案件工作规定(试行)》第20条中的四点要求展开。其中，由于检察官基本全程参与涉案企业合规工作，故而在前述案情介绍的基础上，进一步报告涉案企业社会调查评估情况基本上没有太大问题，像案例二中参与听证的检察官仅参与案件办理而未参与企业合规工作的情形也较为少见，且这种情况也可以通过检察机关内部沟通与事先的准备得以妥善解决，故不再展开论述。而第三方机制管委会代表的发言内容根据要求的安排，相对偏程序性，前文中也有一定的介绍，此处不再展开讨论。比较有探究价值的是，涉案企业、个人对企业合规计划及整改、落实情况的汇报与第三方组织成员代表对涉案企业合规计划审查情况、监督评估相关情况及考察评估报告的汇报。此处需插入一个概念，案例一与案例二的企业合规工作均适用了简式合规。所谓简式合规，指的是对于对涉案企业规模较小、合规问题明确、监督评估专业性要求较为简单的案件，通过对其制发企业合规检察建议的形式代替企业合规计划的提交。反映到企业合规听证中，即涉案企业、个人不再报告企业合规计划及整改、落实情况，取而代之的是汇报其落实检察建议内容对企业进行的合规整改情况。关于这一差异，目前在《上海市检察机关办理涉案企业合规试点案件工作规定(试行)》并没有明确的指出,所以在企业合规听证开展过程中,主持人应当在涉案企业、个人发言之前进行重点说明,以期听证员能有充分的理解。关于涉案企业、个人的汇报内容,应当重点在明确具体的整改措施,而不宜作过多的抽象展开。因为从目前来说,企业合规尚处于探索发展阶段,听证员的提问积极性较高,其会对涉案当事人进行大量提问,而问题的基本出发点就是涉案、企业个人的报告内容。如果报告过于抽象,则会导致听证员的提问发散,使报告人难以回应,场面陷入被动。另外,由于涉案企业、个人往往会在听证会前提交书面报告,报告人会考虑选择用念诵报告的方式来进行汇报,笔者认为这是不可取的。书面报告内容追求详尽、全面,是涉案企业集体智慧的结果,报告人对其中内容未必有完全的掌握。如果听证员抓住报告的某个点进行纠问,而报告人无法进行妥善的应对,那么听证员可能提出是否涉案企业的合规整改仅仅是纸面合规的疑问。故而笔者提出了前述的观点,涉案企业、个人的合规整改内容汇报,应当集中于具体的整改措施,对于听证员可能提出的问题有一定的预期,做到有收有放。引申来讲,前文中所提到的设置听证会人员席位的原因,也有这方面的考量。辩护人一般是涉案企业聘请的律师,会深度参与企业合规工作,且具备相当的专业知识。虽然根据《上海市检察机关办理涉案企业合规试点案件工作规定(试行)》的规定,汇报企业合规整改情况应当由涉案企业、个人来进行,但是并未限制辩护人从专业的角度进行一定的补充。辩护人不但可以就汇报人汇报内容疏漏之处进行补充发言,在应对听证员的各类问题时也能帮助回应。这也印证了笔者在前文中提出的听证会人员组成规则在企业合规听证过程中所发挥的效用。而关于第三方组织组成人员代表报告涉案企业合规计划审查情况、监督评估相关情况及考察评估报告的注意要点,与前者相似,也应当对听证会上可能的问题有一定的准备,力求紧扣具体措施,而不宜对书面的报告材料照本宣科。

最后,再引申讨论一个小问题。从目前的企业合规听证实践来看,由于目前企业合规工作尚处于摸索阶段,对于大部分涉案的中小型企业来说,要在短时间内形成完备的企业合规治理体系,并形成充分的总结材料以期在听证会上充分回应听证员的询问乃至质询完成答辩并不是一件简单的事情。从案例一的听证现场来看,面对听证员关于企业合规整改报告的提问,案件当事人并没有作出恰当的回应,以至于有听证员在评议企业合规整改有效性的时候,提出了保留意见。那么面对这种情况,检察官应当依法能动履职,努力把工作往前推进一步,往深做实一分。企业合规整改是一项长期的工作,涉案企业通过合规整改工作,健全完善公司合规制度体系,在公司内部形成了合规守法经营的企业文化,为公司长远健康发展打下基础,故不应当以相关人员在一场听证会上的表现来否定涉案企业的所作出的全部努力。且把握《人民检察院审查案件听证工作规定》中的要求,听证员意见只是人民检察院依法处理案件的重要参考,具体的处理结果还是应当由案件承办检察官来把握。如果涉案企业、个人确实制定并完成了妥善的合规计划,或者落实了检察机关所制发的企业合规检察建议,那么对其合规整改的有效性,还是应当作出充分的肯定。

# 附　录

2022年12月由江苏省企业合规检察研究基地(江苏省人民检察院与东南大学联合设立)、宿迁市人民检察院、沭阳县人民检察院主办,东南大学法学院、东南大学民事检察研究中心(最高人民检察院民事检察研究基地)、东南大学反腐败法治研究中心承办的“企业合规改革试点疑难问题研讨会”在宿迁市沭阳县举行,来自全国高校、研究机构以及江苏、上海、湖北等地司法部门的专家学者就议题内容进行深入探讨和交流,北京大学法学院陈瑞华教授、山东大学法学院谢鹏程教授、南京大学法学院孙国祥教授分别做了主旨发言。附录为三位教授主旨发言的文字整理稿。

# 重大单位涉罪案件分案处理的理论根据

陈瑞华

重大单位涉罪案件如何处理好单位和个人的责任问题、程序问题在企业合规改革中存在较大的争议。在实体法上这是单位责任和个人责任的程序分离的问题,在程序法上这是单位和个人在一个案件中分案处理的问题。

## 一、重大单位涉罪案件逐渐被纳入改革适用对象

合规不起诉改革自 2020 年 3 月开始试点,在一开始的改革探索中,适用的案件绝大部分是轻微的单位犯罪案件。通过观察研究最高人民检察院三批典型试点案例可以发现,第一批、第二批试点案例绝大部分是对轻微的单位犯罪案件,即 3 年以下的单位犯罪案件,适用相对不起诉在此可以说没有任何的法律障碍。因为根据我国《刑法》《刑事诉讼法》,犯罪情节轻微可以减轻或免除刑罚,再考虑到其他宽大的量刑情节,检察机关对单位经过合规考察作出不起诉的决定,同时对责任人也作出不起诉的决定,可以说是不存在太大的争议和理论障碍的,实践中把这种不起诉叫双重不起诉制度。但是随着改革的深入以及纳入改革的检察院层级的提高,重大的、严重的单位犯罪案件开始逐渐被纳入改革的适用对象,现在已经形成了相当大的规模。

## 二、重大单位涉罪案件分案处理相关案例

### (一)第一批试点案例中有一个上海虚开增值税发票案

该案涉案金额达到数千万元,显然是 3 年以上甚至 10 年以上的重大案件,最后对此案做了分案处理,对单位经过合规整改后作出了不起诉决定,对责任人则判处缓刑。这显然是一种分案处理。

### (二)第三批试点案例中有一个提供虚假证明文件的犯罪

根据《刑法》分则,提供虚假证明文件罪的量刑第一档是 5 年以下

有期徒刑,而该案同样是对单位经过合规整改后作出了不起诉决定,对责任人判处缓刑。

(三)广州市人民检察院办理的一起高额的虚开增值税发票案

该案涉案金额高达86亿元人民币,造成国家税款流失数十亿元人民币。案件主要的责任人是单位的一个副总经理和黄金交易部的6名工作人员,该企业在经营过程中一直与不法分子相互串通谋取非法利益,在此过程中,单位仅获得不到1千万元人民币的开票费用,而责任人获取的非法利益超过3亿元人民币。在此案中,单位存在重大的管理漏洞、制度隐患。对内部人员的犯罪行为存在严重的管理责任,可以说是重大的过失。广州市人民检察院在这个案件当中对责任人员向广州市中级人民法院提起公诉,3年以上的案件甚至10年以上的案件是不能够作相对不起诉处理的,否则改革可能就会面临重大的法律风险甚至政治风险,所以广州市人民检察院向法院提起公诉后,广州市中级人民法院对责任人直接受理并进行单独处理。

该案争议的焦点在于如何处理单位。该单位是一家老牌的国有企业,是岭南地区唯一一家从事大额黄金交易的国有企业,他的上级母公司是当地的轻工业集团,也是一家上市公司,这家企业拥有上海黄金交易所的会员资格,一旦被定罪判刑,便会丧失该资格。而且,其拥有当地一个知名商业品牌,在市场上拥有巨大号召力,有大量的客户,每年该企业的产值都能达到十几亿元人民币,其企业员工尤其是退休职工达320人,一旦这个企业垮掉,会对职工的生活造成严重的影响。考虑到其重大的社会贡献和特殊的地位意义,且母公司有非常强烈迫切的合规整改的意愿,当地党委和政府也对保护这家企业提出了殷切的希望。在种种因素之下,检察机关准备将其纳入合规考察的对象,在这个过程中,引发了争议。如果对该案件适用合规考察程序,单位责任和个人责任能分离吗?这是实践中一种比较大的障碍。在该案中,如果单位犯罪不成立,责任人员又不能单独成立自然人犯罪,该如何追究?追究的依据又是什么?该案中涉案企业是国有企业,那么以后出现民营企业,又该如何处理?在种种争议之下,检察院面临巨大的压力。这里涉及一个重大的理论争议问题,即重大单位犯罪案件实行单位和个人程序分案处理必须解决它的正当性问题,必须在思想上、认识上、理论上给予充分的论证。该案件在经过一番探索之后，解决了这种理论认识问题，最终检察院进行了顺利的合规整改，过程极其严格极其慎重，两次合规考察延长了3个月，取得了比较好的社会效果。

## 三、对案例的思考

在今后，重大单位犯罪案件越来越多是必然的趋势，但是法律和相关司法解释短时间根据数额来确定刑罚的标准发生重大改变的可能性不是很大，而目前的标准是很容易被突破的，导致很多此类犯罪量刑的起点为3年以上，这意味着这种案件一旦被纳入合规考察的适用对象，每个检察机关都会面临重大单位犯罪案件如何处理的难题。甚至很多人提出只对3年以下的轻微单位犯罪案件做改革，忽略3年以上的重大案件。根据我的了解，包括最高人民检察院的内部，也有这样的争论和分歧。但我们认为，这条路更是走不通的，如果重大单位犯罪案件都不敢大胆实验大胆探索，那么改革的空间会很小。欧美国家强调合规，主要针对的便是重大单位犯罪，针对的是像西门子、德意志银行、法兰西银行这样的超大型的跨国企业集团。企业规模大，涉及的就常常是非常严重的犯罪，这样的改革才有意义，才能真正发挥改革的预期效果。

我个人认为重大单位犯罪案件实行分案处理是大势所趋，也是唯一一种解决这个制度难题的方案。所谓分案处理，是指对重大单位犯罪案件，这里特指有期徒刑的法定刑在3年以上，也就是说对可能判处3年以上有期徒刑的重大单位犯罪案件，把单位与责任人分成两个案件，对责任人员包括主管人员和其他责任人员由检察机关像对待自然人那样提起公诉，由法院开庭审理。考虑到是因单位犯罪而起，所以对这种案件在量刑上可以参照单位犯罪对责任人员的追究方式来提出量刑建议，在量刑上区别于纯粹的自然人犯罪。与此同时，如果企业符合合规考察的条件，可以对企业适用附条件不起诉，启动合规考察程序，就像上文中广州市人民检察院处理的虚开增值税发票案一样对所有的责任人提起公诉后，对企业启动合规考察程序，对企业是否提起公诉则根据合规考察的最后的结果来定，这就是分案处理。分案处理最后的结果很有可能是对责任人员提起公诉，由法院定罪判刑，企业经过合规整改,对经过验收合格的企业作出不起诉的决定。

## 四、重大单位涉罪案件分案处理的正当性

重大单位涉罪案件分案处理,可以从四个角度论证其正当性。

### (一)基于社会公共利益的考量

首先,我们要认识到企业合规改革既是制度的革命,也是观念的革命,如果固守某些法律的教条、某些定义、某些构成要件,那么我们的改革寸步难行。其次,改革的过程既是制度的创新,也是理论的革命,所以社会公共利益的考量是这次改革的灵魂,也是最大的理论基础。出于社会公共利益的考量,就要考虑一旦对这个企业定罪给整个社会、国家和企业的利益相关方带来的重大的损失和灾难性的后果。

### (二)法益修复理论

我们之所以对一个通过合规考察的企业宽大处理还基于法益修复理论。犯罪破坏了法益,这是追究刑事责任的基础,企业在合规整改过程当中或者整改之前,修复了犯罪破坏的法益,减弱或者消除了犯罪的社会危害,这种情况下,企业实际上也遭受了惩罚。很多的合规考察程序启动之前企业已经遭受了惩罚,修复了法益,挽回了损失。比如,缴纳罚款、缴纳税款、修复犯罪所破坏的环境资源,赔偿了被害方,跟被害方达成了和解协议等,犯罪带来的社会后果实际上已经消除,法益得到修复,这就要跟没有修复法益的企业相区别,这是为给予其宽大处理提供的第二个依据。

### (三)法人犯罪中的责任分离理论

作为刑事诉讼法的老师,我提出应当引入一个法人犯罪中的责任分离理论,即单位责任和自然人责任是可以相对分离的。分离的主要依据就是有些案件的责任人员责任重大,他是创立者,教唆启动、组织、策划、实施犯罪,而且也得到了大量的非法利益,因此应该受到严厉惩处。企业的责任在很多案件中,主要是管理有漏洞、制度有缺陷、治理结构有重大的障碍。换句话说,企业的管理方式、治理结构、预防性的措施,对这个犯罪的发生纵容失职,没有尽到管理责任。所以单位责任和个人责任的承担方式出现的形态是各不相同的。既然单位主要是因

为管理有漏洞、制度有隐患、治理结构有缺陷,出现了纵容失职,导致了犯罪的发生,那么我们对单位进行严厉处罚就变得没有意义,我们应该对其进行合规整改,堵住漏洞、消除隐患、解决治理结构的缺陷、引入合规管理体系。

(四)有效预防犯罪的理论

现在刑事诉讼制度已经发生了革命性的变化,我们传统的预防犯罪是公检法机关办理案件,生效判决后对罪犯进行矫治来实现预防。这个预防犯罪的模式已经过时了。检察机关作为承前启后的一个司法机关要承担预防犯罪的使命,这种预防犯罪发生在刑事诉讼过程当中,针对的是犯罪的原因。因此,在合规整改中,针对犯罪的原因找到犯罪发生的内生性结构原因,予以有针对性的消除,引入一种合规的管理体系预防类似犯罪的再次发生,这种预防犯罪可以最大限度地实现特殊预防的效果。与此同时,在实现特殊预防的基础上,能够针对同行业的类似犯罪活动扩大合规整改的效果,进行源头治理,让更多的企业消除制度隐患、改变经营方式、实现商业模式中的去犯罪化,达到了一般预防的效果,实现社会综合治理的目标。因此,我认为检察机关对重大单位犯罪案件分案处理是有正当依据的,有利于社会公共利益的维护,有利于法益的修复,能达到最佳的社会效果。

## 五、结论

对重大单位犯罪案件不应该畏缩,应该把它视为重大的改革契机,进行大胆探索,大胆实验重大单位犯罪。案件再大也是人实施的犯罪,应当把惩罚的重点转移到责任人。对责任人应当依法起诉,依法定罪判刑。我认为越是重大单位犯罪,特别是大型企业的重大单位犯罪,它的治理结构相对来说比较完善。过去我们担心把一个企业的管理人员给定罪判刑会使企业遭受灾难性的后果,这种判断是有根据的,我也同意。但是我个人认为这种观点建立的基础是大量的小微企业。改革试点一开始针对的是小微企业、民营企业、家族企业,一旦把这种企业的责任人处理确实会导致企业面临灾难性的后果。但是随着改革的深入推进,大量的国有企业,上市公司,大型的企业集团或者集团的分公司、子公司开始被纳入改革的实验对象，这些企业的经营生存对某一个人的依赖性大大降低，所以对责任人起诉、定罪、判刑不会影响这个企业的正常生存发展，因此我在这里也提出一个个人的观点：随着改革的逐渐步入正轨，改革的思维要进行转型。对小微企业、家族企业、民营企业适用合规考察制度要极其慎重，因为这样的小企业进行合规整改社会效益不高，公信力不强，从维护社会公共利益的角度考虑收益不大。应该把合规改革逐渐集中在重大单位犯罪案件和大型企业、正规的企业、有现代公司治理结构的企业上，引入合规管理体系，这样才能发挥合规整改最好的社会效果。

## 合规改革的拓展和创新

谢鹏程

### 一、合规改革步入新阶段，面临新问题

（一）规范和案例的引导

合规改革经过两年多的探索，从六个试点院到全国铺开，已经取得了重要的成绩，主要可以总结为三个方面：第一，高检院和第三方机制发布了一系列有关合规改革的规范性文件，保证了合规改革基本正常的发展。第二，截至2022年7月，推出了三批合规典型案例，很好地发挥了引领作用。第三，改革试点已全面铺开，说明改革工作已得到中央及各方的充分肯定。

（二）规范操作层面基本达成共识

虽然目前有一些问题在理论界与实务界仍然存在争议，但共识已经基本达成，主要包括三个方面：第一，对合规案件适用的范围和程序基本达成共识。高检院的改革方案其实已经相当明确，只是各地在执行过程中个别方面执行得不太全面而已，在合规案件适用的范围和程序基本上已经达成共识。第二，对监督评估的方法和步骤基本达成共识。第三，对起诉的标准和从宽幅度基本达成共识。

试点全面铺开后，检察机关面临的新问题主要包括：一是如何推广合规建设；二是如何运用合规调查；三是如何培育典型案例。

### 二、推广合规建议：探索与评议

（一）由集团下属的一家涉案企业推广到下属的所有企业

某公司是某国化工集团在中国投资的十几家公司之一，因涉嫌污染环境罪被移送检察机关审查起诉，在合规整改和有效性评估后，经公开听证，检察机关作出了不起诉决定。随后，该国化工集团接受检察机关的建议，对在中国投资的其他公司普遍实行合规管理。

这个做法值得鼓励和提倡,也是合规文化建设成就的一种体现。检察机关对此应当给予积极评价,但是不宜做普遍要求,因为涉案企业是特定的单位主体。

(二)由一家涉案企业推广到该企业的所有商业伙伴

某网络科技公司涉嫌帮助信息网络罪,在合规整改后,要求在其网络平台上运营的所有公司都必须建立合规管理体系,以防止同类犯罪再次发生。

合规企业要求其商业伙伴实行合规,这是全面合规的体现,也是国外一些大型企业的要求。在我国《中央企业合规管理办法》中也有此类要求。这主要是企业自主行为,但是对于一些合规风险主要来自商业伙伴的平台企业,检察机关也可以提出这样的整改要求。

(三)由一家涉案企业推广到区域内特定行业的所有企业

某市工商联结合本市建筑工程公司较多的特点,利用第三方机制管委会的优势和经验,在本市建筑行业普遍推行合规管理。

行业合规是推广和普及合规管理的重要途径,具有独特的专业优势。检察机关应当给予支持、指导和帮助,但是不宜领导或者主导行业合规。

(四)由一家或者几家涉案企业推广到特定区域内的所有企业

某市委办公室、市政府办公室专门印发《关于推进企业合规建设工作的意见》,指定市检察院牵头成立全市性的企业合规监管委员会,并提出打造"企业违法犯罪率、被违法犯罪率最低"的城市名片,要求检察院、工商联等凝聚全市力量将事后合规延伸到事前合规,即向全区域内的所有企业普遍推行合规管理。

这是地方党政机关的职能,检察机关应当给予支持和协助,但不宜作为领导者。因为这项工作涉及多个行政主管部门和行业协会等组织以及众多非涉案企业,检察机关作为司法机关和法律监督机关不宜脱离案件,拓展职能活动范围。

## 三、延伸合规调查范围:尝试与评议

(一)主动进行企业合规调查

某县某塑料包装袋公司骗取工伤保险赔偿款,涉嫌诈骗罪,被移送检察机关审查起诉。检察机关利用涉案企业合规改革的机制优势:一方面建议行政机关依法履职,推动全县开展工伤保险"回头看"、安全生产等专项整治活动;另一方面对非涉案的同类企业主动开展合规调查,发现涉嫌违法犯罪的,直接督促该企业认罪认罚,退赃退赔,主动提交合规申请,接受合规整改。

在没有任何犯罪线索,也没有立案的情况下,检察机关根据企业的业务相关性推测某类企业具有刑事合规风险,主动进入企业进行合规调查,难免会引起质疑。当然,合规调查毕竟不是刑事侦查,不一定要用刑事诉讼程序来约束,但是应当建立相应的新规则。

(二)企业合规风险预警

某区人民检察院联合各相关部门,形成工作机制,对有涉刑事风险的企业进行事先评估和预警,对这些非涉案企业进行定期或者不定期的合规调查。

合规风险预警是企业合规管理体系的组成部分,属于企业自主权的范围。检察机关可以要求企业建立健全合规风险评估机制,但不宜直接主导或者参与其中,否则既干扰了企业经营,又混淆了职责。

## 四、合规改革向侦查环节和审判环节延伸

合规改革不是检察机关一家之事,就目前来说,侦查环节与审判环节也都会涉及合规改革的问题。

在合规改革向侦查环节延伸方面,一些检察机关通过向侦查环节延伸,争取合规整改时间,在审前阶段,检察机关通过合规整改发挥主导作用。

在合规改革向审判环节延伸方面,2022 年 3 月 15 日上虞区人民法院审判的一起污染环境案,就在审判阶段探索适用涉刑企业合规整改评审程序,最后作出了从轻量刑的从宽处罚。审判机关直接引入合规整改或者参与检察机关主导的合规整改都是没有问题的,不仅是一种补充,而且是一种助力。

## 五、培育和选编合规典型案例的新需求

### (一)合规典型案例选编的特点

1. 在办案方式上创新的空间小

从近期各地提供的案例材料看,为了工作机制创新,生造了许多不必要的新名词、新概念,比如,模块化合规、并轨双查、双层委托、“1+2”联动考察等,其实这些都只是检察职能正常行使的不同方式而已。

2. 很少涉及专项合规的适用标准和成效评估

基层检察机关真正需要的是典型案例在适用专项合规包括类型选择、内容结构、运行机制和监督评估等方面的一些示范性做法,而现有典型案例在这方面都语焉不详。

### (二)未来合规典型案例选编的趋势

典型案例培育和选编的原则,在于应针对合规办案工作的薄弱环节和发展趋势,满足基层合规改革的需求。典型案例培育和选编的重点在于:一是各种专项合规的适用条件和建设经验;二是建立健全合规建设成效的评价指标和评价工作机制。

## 刑事合规激励对象的三个问题

孙国祥

企业合规改革,是近年来法学界、实务界所关注的一个前沿问题,各检察机关试点以来取得的经验和成绩都是实实在在的,但是总体上仍然处在一种起步试错的发展阶段,试点过程中也确实遇到了不少新的问题,此时聚焦于企业合规改革中的疑难问题具有重要意义。我就其中三个焦点问题谈一些看法。

### 一、涉案企业合规整改的问题

合规整改的对象是企业,在通常的理解下,其适用的前提应该是企业构成犯罪,需要承担刑事责任,但是最高人民检察院等九部门印发的《关于建立涉案企业合规第三方监督评估机制的指导意见(试行)》,规定企业合规改革的类型既包括企业实施了单位犯罪案件,也包括企业实际控制人、经营管理人员、关键技术人员实施的与生产经营管理活动相关的犯罪案件。也就是说,即使企业没有涉罪,但是企业成员的犯罪与企业的生产经营活动密切相关,也可以通过企业合规改革进而对企业成员不予起诉。

企业成员与生产经营活动密切相关的犯罪在实践中的把握非常灵活,引起了很大的争议。例如,有学者针对最高人民检察院印发的王某某、林某某、刘某对非国家工作人员行贿案提出,在案件中,公司并不是案件的当事人,将企业接受合规监督作为对王某某等人不起诉的条件之一是扩大了处分的对象,有违罪刑自负的刑法原则。又如,最高人民检察院印发的第三批指导案例中,对王某某泄露内幕信息金某某内幕交易案进行审查起诉时,检察机关对被告人的公司进行合规整改,考察结束以后,对两个人提起公诉,结合犯罪事实以及企业整改的情况,提出有关量刑的建议,同样引起了很大的争议。因为企业本身没有罪,但是却要承担合规整改的后果。而合规整改本身具有准刑罚的性质,企业没有犯罪却需要承担准刑罚，实际上是企业成了个人犯罪的“替罪羊”，这不是在保护企业，而是在加害企业。对于这个争议，我认为最高人民检察院提出的，对非涉罪的企业进行合规整改具有一定的合理性。因为我们国家单位犯罪的范围比较窄，在国外可能可以构成单位犯罪的，在我们国家立法上，可能仅仅是个人犯罪。或者说有一些犯罪，在刑法上，虽然规定是自然人犯罪，企业不是这个罪的主体，但是这些犯罪的发生与企业经营管理的曲线实际上有着直接的关系，应该属于事实上的单位犯罪，或者可以被称为犯罪学意义上的单位犯罪。

例如，刑法规定的重大责任事故罪，其主体是对生产作业负有组织、指挥或者管理职责的负责人，管理人员，实际控制人，投资人以及直接从事生产作业的人员，那么单位并不是这个罪的涉罪主体，但是这些人员的犯罪发生在企业的生产经营活动中，与企业的生产经营管理活动有着密切的联系。可以说，这就是一个事实上的单位犯罪。又如，《刑法》第137条规定的工程重大安全事故罪。这个罪的行为主体是建设单位、设计单位、施工单位、工程监理单位，但是刑法上，只追究执纪责任人员个人的行为责任。企业是事实上的涉罪单位，或者说事实上的单位犯罪，只是刑法没有规定刑事责任而已，而且企业也无法回避。这类企业，须承诺合规建设、查找风险、堵塞漏洞、建章立制，构建安全生产的长效机制，如果说相关的涉罪人员也参与其中，我觉得是可以做一个从宽处罚的情节的。犯罪较轻的，对相关的涉罪人员予以不起诉也是可行的。但是合规整改与合规激励对象的分离、置换有可能导致合规制度的滥用，成为自然人逃避责任的一个工具，需要警惕。这里面涉及对涉案企业的合规治理。我觉得需要限缩，不能泛化，限缩的基础在于，不是企业需不需要通过合规整改来促进企业合规，而是相关的个人犯罪是不是跟企业生产经营活动密切相关，是不是暴露了企业经营管理方面的漏洞问题，是不是需要通过合规整改来堵塞漏洞。而且这些个人的犯罪是不是为了企业利益，还是实际上是危害了企业利益。总结而言，是否达到了事实上企业犯罪的程度？如果说企业的工作人员的犯罪跟企业的生产经营活动没有太大的关系，只是利用了自己企业成员的身份、企业成员的职务便利实施，那本质上就是个人犯罪，没有启动企业合规的余地。例如，企业成员职务侵占或者挪用犯罪、企业成员的受贿犯罪,可以说与企业的财务制度不健全有关系,也可以说是在企业生产经营活动过程中实施的,但是涉案人员不是为了企业利益,而是损害了企业利益,并不具有通过企业合规整改而对涉案人员予以从宽处理的前提。所以我觉得最高人民检察院报告印发的内幕信息犯罪的案件,本质上是内幕信息的知情人员的个人犯罪,与企业的生产经营活动没有太多关系,通过企业合规整改,而对泄露内幕信息的被告人从宽处罚,应该说缺乏实质的正当性依据。又如,企业实施诈骗,刑法规定了个人诈骗的责任,但是如果诈骗是为了企业利益,跟企业的经营管理有关系,我觉得可以进行合规整改。

## 二、重大犯罪案件不起诉问题

企业合规改革过程中,如果完全受制于犯罪情节轻微 3 年以下有期徒刑的案件,那么改革意义就不大。因为 3 年以下有期徒刑的案件,如果其他犯罪情节轻微,本身就可以不起诉,所以现在不少地方对涉嫌重罪,大多数是指企业成员应当判处 3 年以上有期徒刑的企业犯罪判处合规不起诉,确实也引起了不少质疑。反对的意见主要是从罪刑法定和罪责刑相适应原则出发。他们认为企业合规改革不起诉不应该适用于重罪案件,因为可能违背了刑法的一些基本的原则,牺牲了公平正义。肯定的观点主要认为,现在很多犯罪,特别是企业犯罪,因为企业犯罪本身的规模就比较大,如果仅限于 3 年以下,那能够进行合规整改的是不多的。我认为,对企业的重罪案件,同样可以进行合规整改,而且同样可以不起诉,但是并不包括所有的涉嫌重罪的案件。涉嫌重大犯罪的企业是否可以通过合规整改来获得不起诉,关键要看是不是具备一定条件。

企业实施了重大犯罪,如果仅仅通过了合规整改后就可以不起诉,可能与罪责刑相当的原则相抵触。在刑法理论里,刑事责任的轻重实际上包括了责任刑和预防刑两个方面的考量。责任刑的基础,是已然犯罪的危害性,即实施的犯罪本身的危害性;预防刑大多考量的是事后的未然犯罪的可能性,即从预防犯罪再犯的可能性去考量。既然实施了重罪,从责任刑的角度,需要承担较重的刑罚,这是罪刑相当的应有之义,成功进行了合规整改只是从事后预防的角度考虑。但是预防刑,只是对责任刑起到调节的作用,无法直接消解责任刑,也就是说,预防刑只能在法定刑的幅度内考量。所以预防刑的消解不能直接地予以不起诉。公共利益的考量固然也很重要,但是公共利益的考量,这种政策的需要只是对这个责任刑的一种调节,否则刑法就会完全沦为政策的工具,罪责刑相当的原则就无法实现。所以从这个角度上讲,重罪仅仅是通过合规整改一般是不能决定不起诉的。但从另外一个角度上来讲,从责任刑的角度上看,责任刑是应罪而生的,影响责任刑的因素很多。从结果无价者的角度,法益侵害的程度是重要的考量维度。通常一个犯罪既遂以后,法益侵害的结果已然造成,责任刑也就基本确定。但是有一些犯罪,法益侵害的结果是具有可修复性的,在法益可以修复的情况下,修复法益的效果对责任刑能够起到一种消解的作用。例如,失税案件案发以后主动补缴关税;污染环境等案件发生后,在可修复的情况下,进行实质性的环境修复的;有人身损害的案件履行赔偿责任取得被害人或者近亲属谅解的,进而影响到责任刑的承担。在最高人民法院、最高人民检察院 2021 年联合印发的《关于常见犯罪的量刑指导意见(试行)》中对非法吸收公众存款罪的量刑意见有明确的表述:在提起公诉以前,积极退赃、退赔,减少损害结果发生的,可以减少基准刑的 40% 以下;犯罪较轻的,可以减少基准型的 40% 以上,乃至免除处罚。这个规定就充分体现了法益损害的修复对责任刑的影响。所以我认为重罪进行合规整改以后,予以不起诉应该是有条件的,即是否有法益修复的举措。另外还可以借助共同犯罪的一些理论,考虑单位在共同犯罪中的作用。有些企业犯罪,单位成员具有主犯的地位,企业是从犯,那责任刑就自然的低一些,可以依法减轻或者免除处罚。总的来说,我觉得在确定是重罪以后,只有存在责任刑降低的情节时,才可以通过企业合规整改予以不起诉。如果责任刑没有办法降低,就算通过了企业合规整改验收,也只是一个从轻量刑的情节而已,不能轻易地予以不起诉。

### 三、企业与涉罪企业成员的关系问题

在企业合规改革过程中,如何处理单位和责任人员的关系,成了一个无解的难题。改革实践中许多地方把合规不起诉的落脚点落到了对

责任人的不起诉,这受到了广泛的质疑,这似乎背离了放过企业、留下涉罪的企业成员这一企业合规制度设计的初衷。企业合规改革会不会沦落为企业家规避形式责任的渠道?企业合规制度会不会成为一种企业家不犯罪的制度?为了防止这个偏向,许多学者主张合规不起诉的改革要对单位犯罪进行责任分离,单位的归单位,责任人员的归责任人员。单位犯罪中,单位承担单位的责任,责任人员更多应该体现个人犯罪的责任。就我个人来看,企业合规改革过程中涉嫌犯罪的企业成员能不能同时不起诉不能一概而论。在我们国家,企业犯罪的涉案主体主要是中小微企业,这些企业很重要的特点就是人企合一。企业所有者与经营者往往难以割舍,企业的意志常常与企业主个人的意思竞合在一起。而且,企业的事后合规整改,往往也需要依赖于他们才能实现。如果仅仅放过企业,不同时放过这些企业家,那么,放过的企业也难以存活,无法实现放过企业的初衷。所以我觉得企业合规考察的激励对象,与企业的负责人无法完全分开,在企业改革试点中,不仅仅对企业实施激励,对中小型企业的负责人也需要有一定的连带的激励作用。在符合不起诉条件的时候,也可以进行不起诉处理,这具有合理性,但是应该注意的是,同样是不起诉,企业合规改革不起诉与企业负责人的不起诉的实体条件应该有差别。对涉案企业的不起诉主要是因为其事后构建了有效的合规计划,消解了一定的责任。如果对企业成员或者说企业负责人不起诉需满足以下条件:一方面要考虑他对企业合规改革做出了一定的贡献,鼓励他们积极参与企业合规整改;另一方面,还是要看他们是不是符合刑事诉讼法所规定的所涉犯罪应该处3年以下有期徒刑。3年以上的,看有没有法定的减轻或者免除处罚情节,依照刑法是不是情节轻微不需要判处刑罚,可以把企业合规整改、参与企业合规整改做出的贡献作为一个酌定的考量情节,与其他的法定的、酌定的从宽情节综合判断决定是否不起诉。所以其和企业的不起诉条件是不一样的。总的来看,我认为尽管各个地方检察机关实施企业合规改革的积极性都比较高,但是还是处在探索中。在积极探索时,仍然需要保持一份谨慎,防止把企业合规当作一个“什么都可以装的筐”,导致合规激励的滥用,特别要防止司法中虚置单位犯的现象。